Norbert Campagna

Prostitution
Eine philosophische Untersuchung

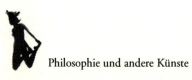
Philosophie und andere Künste

Norbert Campagna

Prostitution
Eine philosophische Untersuchung

PARERGA

Bibliografische Information der Deutschen Bibliothek

Die Deutsche Bibliothek verzeichnet diese Publikation in der
Deutschen Nationalbibliographie; detaillierte bibliografische Daten
sind im Internet über http://dnb.ddb.de abrufbar.

Dieser Band wurde hergestellt mit Unterstützung des
Fonds Culturel National (Luxemburg).

Umschlagabbildung:
Walter Stöhrer,
Die Schönheit wird konvulsiv sein
oder sie wird nicht sein II (Ausschnitt)

Erste Auflage 2005
© Parerga Verlag GmbH
Alle Rechte vorbehalten – Printed in Germany
Satz- und Umschlaggestaltung:
Uniset Grafik Design & Reprotechnik GmbH & Co.KG
Druck: AZ Druck und Datentechnik Kempten (Allgäu)
ISBN 3-937262-15-6

Inhalt

„Ich will nicht die Apologie dieses Berufes machen. Er ist oft schrecklich, schmerzhaft und zerstörerisch. Aber Frauen haben diese Wahl getroffen. Laßt sie diesen Beruf unter Bedingungen ausüben, die es ihnen erlauben, den Selbstrespekt zu bewahren."

(Sonia, eine 49jährige Brüsseler Prostituierte. In: Catherine François und Françoise Raes, *Paroles de prostituées*. Bruxelles 2001. S. 26)

„Es ist also auf der Ebene der Qualität der sich ergebenden Beziehung, daß sich die Frage nach dem moralischen Wert wirklich stellt. [...] Wie erleben die beiden Partner die flüchtige und auch bestimmt qualitätsmäßig sehr minderwertige Beziehung, die sie eingehen? Füllen alle beide sie mit dieser minimalen Sorge um Respekt – jawohl! [...] –, von Diskretion und gegenseitiger Achtung?"

(Marc Oraison, *La prostitution ... et alors?* Paris 1979. S. 149)

Vorwort

In seinem zuerst im Frühjahr 1980 in der Zeitschrift *Ethics* veröffentlichten Aufsatz ‚Charges against prostitution' hält Lars Ericsson gleich zu Beginn fest, daß die Prostitution noch nicht zum Gegenstand einer philosophischen Untersuchung gemacht worden ist (Ericsson 1980: 335). Er versucht auch, eine Erklärung hierfür zu geben: Man geht einfach davon aus, sozusagen als unerschütterliches Grundpostulat, daß die Prostitution unerwünscht ist. Anders gesagt: Da man einfach annimmt, daß die Prostitution *a priori* verurteilenswert ist und daß jeder – zumindest jeder billig und gerecht denkende Mensch – dies auch von selbst einsieht, verzichtet man darauf, dies auch noch philosophisch zu beweisen. Das Selbstverständliche bedarf keiner Diskussion – und sollte eigentlich auch nicht zum Diskussionsgegenstand gemacht werden, da sonst die Gefahr besteht, daß Zweifel aufkommen und der Charakter des Selbstverständlichen untergraben wird.

Ungefähr ein Vierteljahrhundert nach Ericssons Diagnose hat sich aber einiges im Bereich der Prostitutionsforschung getan, und dies vor allem im englisch- und französischsprachigen Raum. Stammen auch heute noch die meisten Arbeiten über Prostitution aus der Feder von Soziologen, Historikern oder Juristen, so findet man doch einige philosophische Aufsätze oder Bücher zum Thema. Und selbst in den Schriften der Soziologen usw. finden sich Ansätze zu einer philosophischen Reflexion.

Das philosophische Interesse für die Prostitution ist natürlich keine direkte Konsequenz von Ericssons Aufsatz, wiewohl dieser zu einigen und manchmal heftigen Reaktionen, u. a. von Carole Pateman, geführt hat (Pateman 1983). Es entspringt vielmehr der Tatsache, daß die Prostitution heute nicht mehr unbedingt als *a priori* moralisch verurteilenswert angesehen wird.[1] Und vor allem: Viele

---

1   In Deutschland galt die Prostitution bis vor kurzem noch als sittenwidrig, was zur Folge hatte, daß Prostituierte nicht in den Genuß von Sozialversicherung usw. kommen konnten. Ein Urteil des Berliner Verwaltungsgerichts aus dem Jahre 2000

Prostituierte und Prostituiertenorganisationen melden sich selbst zu Wort und verlangen eine Entstigmatisierung ihrer Aktivitäten.[2] Viele fordern sogar, daß die Prostitution als normaler Beruf anerkannt wird. Das Angebot sexueller Güter oder sexueller Dienstleistungen soll ihrer Meinung nach genauso behandelt werden wie das Angebot irgendeines anderen Guts oder irgendeiner anderen Dienstleistung. Ja, sie sollte vielleicht sogar zum Bereich der sozial nützlichen Aktivitäten gerechnet werden, und das Ansehen einer Prostituierten sollte dem eines Seelsorgers in nichts nachstehen. Es wird also ein regelrechter Paradigmenwechsel verlangt.

In diesem Buch soll es mir in erster Linie darum gehen zu untersuchen, ob man sexuelle Güter und Dienstleistungen tatsächlich so behandeln kann und darf, wie man es mit sonstigen Gütern und Dienstleistungen tut. Ob also die sexuelle Befriedigung, die eine sich prostituierende Person jemandem vermittelt, etwa auf dieselbe Stufe mit der ästhetischen Befriedigung gestellt werden kann, die ein Konzert jemandem vermittelt, oder mit der kulinarischen Befriedigung, die einem ein großer Koch vermitteln kann. Warum stört uns die geldvermittelte Befriedigung sexueller Wünsche, nicht aber die geldvermittelte Befriedigung ästhetischer oder gustativer Wünsche? Was könnte das so Eigenartige an der Sexualität sein, daß man ihr eine Sonderstellung einräumt?

Bei meiner Untersuchung werde ich soweit wie möglich die rein begriffliche von der empirischen Dimension trennen. Eine philosophische Untersuchung der Prostitution muß in einem ersten methodischen Schritt von der – selbstverständlich nicht zu leugnenden – Tatsache absehen, daß es zum größten Teil Frauen – und darüber hinaus sozial schwache Frauen – sind, die sich prosti-

---

und dann das am 1.1.2002 in Kraft getretene Gesetz zur Regelung der Prostitution haben letzterer den sittenwidrigen Charakter genommen. Für das deutsche Recht ist die Prostitution heute nicht mehr sittenwidrig. Oder noch anders gesagt: Die Berliner Verwaltungsrichter wie auch eine Mehrheit der deutschen Abgeordneten sind der Meinung, daß „das Anstandsgefühl aller billig und gerecht Denkenden" – das als Maßstab für Sittenwidrigkeit galt – nicht durch die Prostitution verletzt wird. Man kann also die Prostitution als moralisch indifferente Praxis akzeptieren und trotzdem noch ein billig und gerecht denkender Mensch sein.

2   Hingewiesen sei auch auf die zahlreichen Bücher, die entweder von Prostituierten selbst geschrieben wurden oder in denen Prostituierte zu Wort kommen. Solche Bücher sind selbstverständlich nicht neu. Was neu ist, ist erstens das Ausmaß und zweitens die Tatsache, daß in vielen solchen Büchern die Prostituierten ihre Aktivität als etwas Normales darstellen.

tuieren, und daß auch viele dieser Frauen mit Gewalt zur Prostitution gezwungen und dann auch in der Prostitution ausgebeutet werden.[3] Wenn Kathleen Barry schreibt, die Beziehung zwischen Sex und Macht mache „die männliche Prostitution zu einer von der weiblichen Prostitution grundlegend verschiedenen Praxis" (Barry 1984: 11), so stimmt das natürlich, insofern wir die real existierende Prostitution betrachten. Doch abstrahiert man von den real existierenden Machtbeziehungen zwischen Männern und Frauen – eine methodologische Abstraktion, die dem philosophischen Denken, wenn es sich dem Grundsätzlichen zuwendet, nicht nur erlaubt, sondern zu der es fast verpflichtet ist –, so liegen keine unterschiedlichen Praktiken mehr vor.

Wenn Prostitution an sich moralisch beurteilt werden soll, dann muß man von dem Geschlechterunterschied absehen. Ob eine Frau sich von einem Mann, ein Mann sich von einer Frau, eine Frau von einer Frau oder ein Mann von einem Mann zum Zwecke der sexuellen Befriedigung bezahlen läßt, spielt dann keine Rolle. In allen Fällen liegt ein und derselbe Sachverhalt vor: Ein Mensch A erhält von einem anderen Menschen B eine bestimmte Summe Geld – oder eine sonstige nichtsexuelle Gegenleistung –, damit A den B durch direkten Körperkontakt sexuell befriedigt. Daß es zwischen diesen Menschen eine durch das Geschlechterverhältnis bedingte Machtasymmetrie gibt, sollte erst – und muß dann aber auch – in einem zweiten Schritt berücksichtigt werden.

Vielleicht gäbe es *de facto* keine Prostitution, wenn wir in einer Welt leben würden, in der die Frauen auch *de facto* dieselben Rech-

3 Das Recht hat inzwischen auch gelernt, vom Geschlechterunterschied abzusehen. Noch im Jahre 1972 setzte ein Gericht in der kanadischen Provinz Ontario einen Mann wieder auf freien Fuß, dem „soliciting", also Anwerben von Kunden zur Prostitution, vorgeworfen wurde. In ihrer Begründung machten die Richter darauf aufmerksam, daß das Wörterbuch bei der Eintragung „prostitute" von einer *weiblichen* Person sprach, so daß also *per definitionem* – und das Wörterbuch gibt uns ja die Definition von Wörtern – ein Mann kein Prostituierter sein konnte und dementsprechend auch nicht Kunden zur Prostitution anwerben konnte (Brock 1998: 51). In England machte man diesbezüglich einen ganz subtilen Unterschied: Ein Mann konnte wegen „soliciting" rechtlich belangt werden, aber nur, wenn er *einem anderen Mann* sexuelle Dienste anbot (Edwards 1997: 60). Hier ging es nicht so sehr um die Prostitution als vielmehr um den homosexuellen Akt. Eine Prostituierte im klassischen Sinne konnte auch für das englische Recht, und zwar bis zur Mitte des 20. Jahrhunderts, immer nur eine Frau sein. In Australien mußte ein Gericht noch im Jahre 1986 ausdrücklich festhalten, daß das Wort „prostitute" sich sowohl auf Frauen wie auch auf Männer bezog, und dies unabhängig von der sexuellen Ausrichtung.

te und dieselbe Macht hätten wie die Männer. Es könnte also einen *faktischen* Zusammenhang zwischen Prostitution und ungerechter Gesellschaft geben. Doch wäre es sicherlich übertrieben zu behaupten, daß es auch einen *begrifflichen* Zusammenhang zwischen beiden gibt.[4] Die Begriffe der Gerechtigkeit und der Prostitution schließen sich nicht notwendigerweise aus. Man kann sich auch eine gerechte Gesellschaft vorstellen, in der bestimmte Personen anderen Personen sexuelle Dienstleistungen gegen Geld anbieten. So meint etwa die als *sex radical* bekannte und sich für bizarre sexuelle Praktiken einsetzende Autorin Pat Califia: „Sogar in einer gerechten Gesellschaft würde es wahrscheinlich viele Leute geben, die zu beschäftigt sind, um sich auf die Rituale des Hofmachens, des Verabredens und des Verführens einzulassen. [...] Es wird immer Menschen geben, die nicht den nötigen Charme oder die sozialen Fähigkeiten haben, um einem Partner den Hof zu machen. Was würde in einer Gesellschaft, in der gegenseitige Anziehung und sexuelle Reziprozität die Basis für das Sichzusammentun sind, mit den unattraktiven Leuten geschehen, mit denen, die nicht fähig sind oder kein Interesse daran haben, das zu geben, was sie erhalten? Behinderte Menschen, Leute mit chronischen oder terminalen Krankheiten, die älteren Menschen, diejenigen, die an sexuellen Dysfunktionen leiden, würden auch noch weiterhin (wie es jetzt der Fall ist) von den Diensten von fähigen Sexarbeiter(inne)n profitieren, die sich diesen Bevölkerungsgruppen gegenüber nicht diskriminierend verhalten" (Califia 2000: 264–5). Was in einer solchen gerechten Gesellschaft sicherlich anders wäre, das wäre der Umgang der betroffenen Personen miteinander.

Wir haben also hier zwei sich widersprechende Aussagen. Auf der einen Seite diejenige Kathleen Barrys, laut welcher es in einer gerechten Gesellschaft keine Prostitution mehr geben wird – und

---

4   Barry nähert sich einer solchen begrifflichen These, wenn sie behauptet, Prostitution sei ein Indikator für eine ungerechte soziale Ordnung (Barry 1984: 9). Gibt man dieser Behauptung eine starke Bedeutung, dann ist damit gemeint, daß man die Existenz einer ungerechten sozialen Ordnung daran erkennt, daß dort Prostitution – von Frauen – zu finden ist. Die Prostitution wird zur *ratio cognoscendi* der ungerechten sozialen Ordnung. Und mag Barry auch vielleicht nicht so weit gehen, in ihr ein *notwendiges* Merkmal einer solchen Ordnung zu sehen, so genügt schon die Auffassung – und diese kann man Barry durchaus zuschreiben –, sie sei ein *hinreichendes* Merkmal, um die Behauptung des Zusammenhangs Prostitution/Ungerechtigkeit von der empirischen auf die begriffliche Ebene zu heben.

auch keine mehr geben darf –, und auf der anderen Seite diejenige Pat Califias, laut welcher es auch in einer gerechten Gesellschaft wahrscheinlich noch Prostitution geben wird – und auch geben darf, wenn nicht sogar geben sollte (wohlverstanden im Sinne von Wünschbarkeit und nicht von staatlich sanktionierter Verpflichtung). Da wir weder in einer absolut gerechten Gesellschaft leben noch *per Experiment* eine solche Gesellschaft ins Leben rufen können, um sie zu beobachten, bedarf es der philosophischen Reflexion. Ihr gebührt die Aufgabe, zumindest auf begrifflicher und fundamentalethischer Ebene zu untersuchen, ob Prostitution und Gerechtigkeit sich tatsächlich ausschließen.

Nachdem ich 1998 in meinem Buch *La pornographie, l'éthique et le droit* das Problem der Pornographie aus (rechts)ethischer Sicht betrachtet hatte, soll in dem vorliegenden Buch das – für viele mit dem ersten in engem Zusammenhang stehende – Problem der Prostitution aus ethischer Sicht betrachtet werden.[5] Genauso wie in meiner Studie über die Pornographie wende ich auch hier die Methoden der analytischen Philosophie an. Und das bedeutet u. a., daß ich großen Wert darauf lege, ein Problem in seine Teile oder seine Aspekte zu zerlegen. Dies mag wie Haarspalterei erscheinen, doch ist es die einzig sinnvolle Art und Weise, sich der Komplexität

---

5 Der Hauptmangel von *La pornographie, l'éthique et le droit* war es, die rechtsethische Perspektive zu stark in den Mittelpunkt gestellt zu haben, wobei dies zum Nachteil einer fundamentalethischen Analyse geschah. In meinem Buch über Pornographie ließ ich mich von der Frage leiten: „Gibt es Gründe, die Pornographie rechtlich zu verbieten?" Diese Frage ist ohne Zweifel wichtig, doch fällt sie nicht mit der Frage zusammen: „Gibt es Gründe, die Pornographie moralisch zu verurteilen?" Bei der ersten Frage wollen wir wissen, was der Gesetzgeber eines liberalen Staates – dieser politische Rahmen wurde vorausgesetzt – im Hinblick auf die Pornographie tun darf, wohingegen wir bei der zweiten Frage wissen wollen, wie die Individuen – Pornodarsteller(innen), Zuschauer(innen) usw. – im Hinblick auf die Pornographie handeln sollen. Ist es unmoralisch, in Pornofilmen mitzuspielen? Ist es unmoralisch, sich Pornofilme anzusehen?

Im vorliegenden Buch habe ich versucht, der ethischen Fundamentalanalyse einen etwas größeren Platz einzuräumen. Ich bin mir bewußt, daß dieser Platz vielleicht noch nicht groß genug ist. Vor allem: Eine wirklich angemessene Behandlung der Prostitution – aber auch der Pornographie und sonstiger sexuell bestimmter Phänomene – setzt eigentlich eine detaillierte moralische Auseinandersetzung mit der Sexualität als solcher voraus. Anders gesagt: Ein moralisches Urteil über die Prostitution sollte im Idealfall aus einer ausgearbeiteten und wohlbegründeten Sexualethik abgeleitet werden. Im vorliegenden Buch liefere ich erste Ansätze zu einer solchen Sexualethik. Ich hoffe, ihr eines Tages eine solide Grundlage liefern und sie in ihren Details ausarbeiten zu können.

des Problems bewußt zu werden. Diese Methode hat auch den Vorteil, daß sie uns zwingt, Farbe zu bekennen: *Was* ist es eigentlich an der Prostitution, das wir als prinzipiell moralisch verurteilenswert betrachten?

Vielleicht werden die vielen und vielfältigen Analogien stören. Diese Analogien sollen aber zum Denken anregen. Nur indem man die Prostitution mit vielen anderen Aktivitäten vergleicht, wird man klarer sehen können, in welcher Hinsicht sie sich von diesen anderen Aktivitäten unterscheidet. Aber indem man diese anderen Aktivitäten auch diachronisch sieht, wird man gleichzeitig feststellen, daß es zum Beispiel Zeiten gab, wo die Situation der Textil- oder sonstiger Arbeiter auch ein Indikator für soziale Ungerechtigkeit war. Doch hat niemand – von einigen Utopisten abgesehen – für die Abschaffung dieser Berufszweige als solcher plädiert. Die Vergleiche sind also kein Selbstzweck, sondern sie sollen zum Nachdenken anregen.

Die von mir im Rahmen dieses Buches vorausgesetzte ethische Perspektive ist die einer Ethik des Respekts: Solange die Teilnehmer an einer Praxis sich gegenseitig respektieren – aber auch: solange jeder sich selbst respektiert –, das heißt, solange sie sich immer *auch* als Zwecke an sich betrachten, als Wesen, die auch noch außerhalb der betreffenden Praxis das Recht und die Möglichkeit haben sollen, ihre selbstgesetzten Zwecke zu verfolgen, kann die Praxis aus moralischer Sicht nicht verurteilt werden. Man kann zwar bedauern, daß die Praxis existiert – genauso wie man bedauern kann, daß Leute ihren Lebensunterhalt damit verdienen müssen, daß sie den Müll der anderen einsammeln –, und man kann auch behaupten, daß die Entscheidung, sich seinen Lebensunterhalt mittels der Prostitution zu verdienen, eine dumme Entscheidung ist[6] – genauso wie es in den Augen vieler Leute auch eine dumme Entscheidung sein kann, seinen ganzen Urlaub an einem sonnigen Strand zu verbringen, anstatt sich die kulturellen und sonstigen Sehenswürdigkeiten der Urlaubsgegend anzusehen –, doch handelt es sich bei diesen Urteilen nicht um *moralische* Urteile.

---

6   So schreibt Wolfgang Lenzen: „Die Tatsache, daß das Tun und Treiben einer Hure für sie selber im Normalfall ziemlich erniedrigend ist, bedeutet freilich nicht, daß die Prostituierte im eigentlichen Sinne unmoralisch handelt. Prostitution ist – nüchtern betrachtet – schlicht und einfach *dumm*, d. h. gegen das wahre, längerfristige Interesse der Hure gerichtet" (Lenzen 1999: 114).

Die Hauptfrage des vorliegenden Buches könnte wie folgt formuliert werden: *Ist die Prostitution eine Praxis, die es an sich unmöglich macht, sich selbst und sich gegenseitig zu respektieren, oder ist es möglich, auch noch innerhalb der Prostitution eine Form des Eigen- und des gegenseitigen Respekts aufrechtzuerhalten?* Dabei ist zu betonen, daß es nicht nur um den Selbstrespekt der sich prostituierenden Person geht, sondern auch um den Selbstrespekt derjenigen Person, die ihre Dienste in Anspruch nimmt.[7]

Auch wenn die ethische Analyse als Grundlage für eine juristische Antwort dienen kann, sollte man doch beide ganz klar auseinanderhalten. Hat die ethische Fundamentalanalyse es mit dem Begriff der Prostitution zu tun und sieht sie also von der kontingenten und empirischen Existenzform der Prostitution ab, so hat das Recht es immer nur mit der real existierenden Prostitution zu tun. Insofern kann aus der Tatsache, daß wir im Rahmen einer ethischen Fundamentalanalyse zum Schluß kommen, daß die Prostitution an sich nicht moralisch verurteilenswert ist, nicht geschlußfolgert werden, daß eine rechtliche Regulierung der Prostitution illegitim ist. Wenn in der real existierenden Prostitution Frauen sexuell ausgebeutet werden, dann gibt es berechtigte Gründe für eine rechtliche Intervention zum Schutz dieser Frauen. Allerdings: Diese Gründe beziehen sich nicht auf die Prostitution an sich, sondern auf die sexuelle Ausbeutung der Frauen im Rahmen einer bestimmten existierenden Form der Prostitution.

Indem es immer wieder den Unterschied zwischen dem Begriff der Prostitution und der real existierenden Prostitution betont, unterscheidet sich dieses Buch – zumindest in den beiden ersten Kapiteln – von den üblichen Schriften zum Thema. Diese verbleiben nämlich gewöhnlich auf der empirischen Ebene, wobei die Gegner der Prostitution zahlreiche Beispiele von Frauen anführen, die mit Gewalt zur Prostitution gezwungen wurden, während die Befürworter der Prostitution ebenso viele Beispiele von Frauen anführen, die behaupten, sich freiwillig zu prostituieren und sich

---

7   Auch wenn es oft schwerfällig klingen mag, so werde ich im folgenden meistens von der sich prostituierenden Person einerseits und von der die Dienste der sich prostituierenden Person in Anspruch nehmenden Person andererseits sprechen. Es ist dies eine geschlechtsneutrale Sprechweise, durch die vermieden werden soll, die Prostitution immer nur als das Verhältnis zwischen einer weiblichen Prostituierten und einem männlichen Kunden zu sehen. Manchmal werde ich aber auch, zur Abwechslung, von der Prostituierten und dem Kunden sprechen.

dabei wohl zu fühlen. Und zwischen Opponenten und Befürwortern findet dann ein oft steriler Kampf statt, wobei die Opponenten den Befürwortern vorwerfen, nur die Spitze des Eisberges zu sehen oder aber nicht zu erkennen, daß die Prostituierten, die behaupten, sich freiwillig zu prostituieren, eigentlich manipuliert werden oder ein falsches Bewußtsein ihrer eigentlichen Lage haben, während die Befürworter der Prostitution den Opponenten vorwerfen, aus der Spitze des Eisberges die große Masse desselben machen zu wollen oder aber von einer antiquierten Sexualmoral auszugehen.

Ich werde hauptsächlich im dritten Teil dieses Buches auf die Realität der Prostitution in unserer heutigen Welt eingehen. Zuvor soll in einem ersten Teil der Begriff der Prostitution genauer unter die Lupe genommen werden, da es nur dann Sinn hat, über die Prostitution zu sprechen, wenn man weiß, worüber man eigentlich spricht. Der zweite Teil wird der eigentlichen ethischen Analyse vorbehalten sein.

Dieses Buch wirft sicherlich mehr Fragen auf, als es Antworten gibt. Und auch die Antworten, die es gibt, oder die Argumente und Thesen, die es vorbringt, beanspruchen keineswegs, absolute und unanfechtbare Wahrheiten zu sein. Ich behaupte nicht, zu einer nicht mehr weiter hinterfragbaren Meinung über die Prostitution gekommen zu sein. Ich will nur meinen Teil zum Aufbau einer philosophischen Reflexion über die Prostitution beisteuern und hoffen, daß er viele Leser und Leserinnen des Buches dazu anregen wird, dasselbe zu tun und von ihren Vorurteilen abzusehen oder diese zumindest einer kritischen Prüfung zu unterwerfen.

Das Ziel des Buches ist zum Teil schon dann erreicht, wenn es den Leser oder die Leserin dazu bringt, sich der Tatsache bewußt zu werden, daß die im Zusammenhang mit der Prostitution aufgeworfenen moralischen Fragen unterschiedliche Aspekte der Prostitution betreffen können und daß man sich immer genau darüber Rechenschaft ablegen muß, welchen Aspekt man treffen möchte. In diesem Sinne gilt, daß die in einem Buch aufgeworfenen Fragen manchmal wichtiger als die Antworten sein können. Wo Antworten gegeben werden, ist es manchmal nützlich, zunächst nach den Fragen – und nach einer möglichst präzisen Formulierung dieser Fragen – zu suchen, auf die sie Antworten sind oder sein sollen. Der Philosoph hat schon einen wesentlichen Teil seiner – pädagogischen – Pflicht erfüllt, wenn er den Menschen beibringt, präzise Fragen zu stellen und wesentliche Unterschiede zu sehen.

Es wird aber auch Stellung bezogen: Meine These lautet, daß die Prostitution an sich noch keine Verletzung der Menschenwürde darstellt. Menschen können selbstverständlich innerhalb der Prostitution menschenunwürdig behandelt werden, aber diese menschenunwürdige Behandlung impliziert nicht den menschenunwürdigen Charakter der Prostitution an sich. Nicht die prostitutionelle Handlung als solche ist herabwürdigend, sondern sie wird es erst, wenn eine herabwürdigende Absicht im Spiel ist. Was Veronica Monet hinsichtlich der Pornographie sagt, gilt auch für die Prostitution: „Die Herabwürdigung hängt nicht von den Teilnehmern ab, noch von der Situation, dem Kontext oder der Handlung. Die Herabwürdigung resultiert nur aus der Absicht" (Monet 1999: 208). Ich will also die prostitutionelle Handlung als solche vom Makel des Unmoralischen befreien, lasse dabei aber selbstverständlich die Möglichkeit offen, bestimmte Erscheinungsformen der Prostitution nicht nur moralisch zu verurteilen, sondern auch zum Gegenstand strafrechtlicher Sanktionen zu machen.

Einleitung

Wenn wir das Wort „Prostitution" hören, denken wir meistens an folgende Situation: Eine Frau läßt sich dafür bezahlen, daß Männer mit ihr Geschlechtsverkehr haben können – wobei die Identität der Männer ihr gleichgültig und ihr auch nicht am Empfinden sexueller Lust gelegen ist.

Doch kann das Wort „Prostitution" auch in anderem als dem sexuellen Kontext verwendet werden, und bevor wir auf die sexuelle Form der Prostitution zu sprechen kommen, wollen wir uns zunächst kurz ein Beispiel für einen nicht sexuell bestimmten Gebrauch des Wortes ansehen. Es soll dabei gezeigt werden, daß die Prostitution auch in ihren nichtsexuellen Formen eine ganze Reihe von Problemen aufwirft, deren Klärung eine philosophische Untersuchung voraussetzt. Diese Probleme der nichtsexuellen Prostitution sollen hier allerdings nur aufgeworfen werden und als Hintergrund für die Formulierung ganz ähnlicher Probleme im Zusammenhang mit der sexuellen Form der Prostitution dienen.

Wenn ein Schriftsteller sein literarisches Talent in den Dienst eines politischen Regimes stellt, ohne die Zielsetzungen dieses Regimes zu teilen, sondern einzig und allein, um Schutz, Geld oder Ruhm zu erlangen bzw. um durch diese Mitarbeit seine persönliche Karriere zu fördern, sagt man manchmal von ihm, er *prostituiere* sich oder sein Talent. Damit soll nicht einfach mit einem kurzen und bündigen Verb *beschrieben* werden, was er tut, sondern das gewählte Verb soll auch, wenn nicht sogar in erster Linie, das Handeln des Schriftstellers *bewerten*, und zwar *negativ bewerten:* Wer sich oder sein literarisches Talent prostituiert, tut etwas, was er nicht tun sollte.

Doch welcher Aspekt der Handlung wird eigentlich negativ bewertet? Was macht aus der Handlung eine prostitutionelle und keine rein künstlerische Handlung, bzw. warum gebraucht der Urteilende ein stark negativ geprägtes Verb?

Wenn man sich die oben gegebene Handlungsbeschreibung genauer ansieht, welche dem negativen Urteil zugrunde liegt, so wird man feststellen, daß sie mehrere Elemente enthält, und hinsichtlich eines jeden dieser Elemente läßt sich die Frage stellen, ob seine Präsenz hinreichend, notwendig oder hinreichend und notwendig ist, um das negative Urteil zu rechtfertigen. Sehen wir uns diese verschiedenen Elemente etwas genauer an.

Ist es die Tatsache, daß der Schriftsteller sein Talent in den Dienst von etwas anderem als der Literatur oder der Kunst stellt – in unserem Beispiel der Politik, aber man könnte auch an die Religion oder an ein anderes Gebiet denken –, die die Beschreibung seiner Handlung als einer prostitutionellen Handlung und damit auch gleichzeitig das in der Verbwahl ausgedrückte negative Urteil rechtfertigt? Einer sich durch die Handlung des Schriftstellers prostituierenden Kunst würde dann die Kunst als *l'art pour l'art*, als Kunst um der Kunst willen, gegenüberstehen. Und nur letztere wäre als positiv zu bewerten und würde demnach auch nicht als eine Form von literarischer Prostitution angesehen werden können. Prostitution würde also hier in der allgemeinen Zweckentfremdung bestehen. Allgemein ist diese Zweckentfremdung insofern, als es um einen Kontrast zwischen allgemeinen Kategorien von Zwecken – ästhetische im Gegensatz zu politischen Zwecken – geht und nicht nur um einen Kontrast innerhalb einer bestimmten Kategorie.

Was den Prostitutionsvorwurf rechtfertigt, könnte andererseits aber auch die Tatsache sein, daß der Schriftsteller sein Talent in den Dienst eines Unrechtsregimes stellt. Hier liegt das Problem nicht in einer kategorialen Zweckentfremdung. Es wird vielmehr implizit vorausgesetzt, daß man Kunst für politische Zwecke einsetzen darf. Problematisch ist die innerhalb der Kategorie des Politischen getroffene Wahl. Hätte der Schriftsteller sein Talent etwa in den Dienst der politischen Opposition zum Unrechtsregime gestellt, dann wäre seine Handlung nicht als eine Form von Prostitution angesehen worden. Dabei bleibt natürlich offen, wer letztendlich darüber zu entscheiden hat, wann der Schriftsteller sich in den Dienst der falschen Instanz stellt bzw. wo die Mächte des Guten und wo diejenigen des Bösen sind.

Was die Dienstbarmachung des literarischen Talents zu einer prostitutionellen Handlung macht, könnte drittens die Tatsache sein, daß der Schriftsteller die *Ziele* derjenigen Instanz *nicht teilt*, in deren Dienst er sich stellt. Ein solcher Schriftsteller könnte sich in den Dienst eines jeden politischen Regimes stellen: Wie der Wetterhahn würde er sich in diejenige Richtung drehen, in die gerade eben der Wind bläst. Wo er die Ziele nicht teilt, sie aber trotzdem in seinen Texten verteidigt und lobt, prostituiert er sich. Ein rassistisch denkender Schriftsteller, der, um offizielle Anerkennung zu gewinnen, eine Lobeshymne auf den Multikulturalismus verfaßt, würde sich also genauso prostituieren wie ein multikulturalistisch denkender Schriftsteller, der, auch wieder, um offiziell anerkannt zu werden, eine Lobeshymne auf den Rassismus verfaßt. Die prostitutionelle Natur der Handlung entsteht hier, so könnte man sagen, zwischen Schein und Sein. Literarische Prostitution wäre demnach eine Form von Heuchelei.

Doch man könnte noch einen vierten Fall erwähnen: Was die Handlung zu einer prostitutionellen macht, ist die Tatsache, daß der Schriftsteller sein Talent ‚vermünzt‘, daß er es gewissermaßen als Tauschobjekt betrachtet, für das es eine Nachfrage gibt und das man insofern mit Profit vermarkten kann. Dabei spielt es keine Rolle, ob er materielle oder immaterielle Güter als Gegenleistung erwartet und erhält. Genausowenig spielt es eine Rolle, von wem er diese Gegenleistung erhält und ob er auch tatsächlich hinter den Texten steht, die er schreibt. Wesentlich ist hier nur die Tatsache, daß der Schriftsteller sich eine *Gegenleistung* für seine literarischen Texte – die man dann als Produkte, wenn nicht sogar als Waren bezeichnen wird – erwartet. Seine Kunst wird ihm zu einem bloßen Mittel und hat für ihn keinen Eigenwert mehr.

Hinsichtlich dieser verschiedenen Punkte wird man fragen können, ob es notwendig ist, daß es dem Schriftsteller jedesmal *ausschließlich* um das eine oder andere geht, oder ob es genügt, daß eines der erwähnten Merkmale vorliegt, mag es allein, vorwiegend oder auch nur am Rande in die Waagschale fallen. Macht es etwa einen Unterschied für die Bewertung aus, ob der Schriftsteller *ausschließlich* das Geld im Auge hat, das ihm seine Kunst einbringen kann, oder ob der Geldgewinn zwar ein Motiv für sein Schreiben ist, dem aber andere Motive, wie etwa die Lust am Schreiben, bei-, wenn nicht sogar übergeordnet sind? Und sollte man nicht weiter sehen als auf das unmittelbare Motiv? Macht es einen Unterschied, ob er das Geld verdienen will, um ein Leben im Luxus zu verbringen, oder ob er damit seine Familie ernähren will? Es muß allerdings hier gesagt werden, daß diese Motive nur die Bewertung des prostitutionellen Charakters der Handlung mildern können, daß aber die Sache an sich unberührt bleibt.

Wie schon oben gesagt wurde, hat der Begriff der Prostitution seinen üblichen Ort in einem sexuellen Kontext – und der nicht sexuell bestimmte Gebrauch ist dann auch von dem sexuell bestimmten Gebrauch abgeleitet. Wir sagen gewöhnlich von einer Person – Mann oder Frau –, sie prostituiere sich, wenn sie – und hier nehme ich die anfangs gegebene Beschreibung in ihrer Grundstruktur wieder auf und ändere lediglich einige inhaltliche Elemente, um sie dem sexuellen Kontext anzupassen – ihren Körper und ihre erotischen Talente – wenn wir einmal argumentationshalber voraussetzen, daß dieser Ausdruck eine Bedeutung hat – in den Dienst von Individuen stellt, die ihr im Prinzip als konkrete Personen gleichgültig sind und denen auch sie (die sich prostituierende Person) als konkrete Person mehr oder weniger gleichgültig ist, um dadurch Geld zu verdienen oder einen sonstigen materiellen oder immateriellen Vorteil – wie etwa die Beförderung der Karriere – zu erlangen.

Auch diese Handlungsbeschreibung – die selbstverständlich nicht den Anspruch erhebt, eine genaue und vollständige Definition der Prostitution zu liefern – enthält mehrere Elemente, die man sorgsam auseinanderhalten muß, wenn man sich der Aufgabe stellt, die Prostitution einer unvoreingenommenen moralischen Analyse zu unterziehen. Ein Hauptmangel vieler Diskussionen über die Prostitution liegt heute sicherlich darin, daß man sich nicht der Tatsache bewußt ist, daß eine prostitutionelle Handlung mehrere Aspekte umfassen kann, und daß man, bevor man die Prostitution als Ganzes verurteilt oder gutheißt, sich nicht zunächst einmal Klarheit darüber verschafft, welche der vielen Aspekte – und die von uns gegebene Beschreibung umfaßt selbstverständlich noch nicht alle – einer prostitutionellen Handlung ihr notwendig – so daß man sich keine prostitutionelle Handlung ohne diese Aspekte vorstellen kann – und welche ihr nur kontingent anhaften und dementsprechend nicht unbedingt mit jeder prostitutionellen Handlung gegeben sind. Solange man die Prostitution keiner ernsthaften philosophischen Analyse unterzieht, wird ein reflektierter, nicht ideologisch bestimmter Umgang mit diesem Phänomen Schwierigkeiten haben, sich durchzusetzen. Die Debatte über die Prostitution wird dann weiterhin ein Schlachtfeld bleiben, auf dem kein Konsens möglich ist, weil die Debattierenden sich nicht der Voraussetzungen ihrer Standpunkte bewußt sind.

Was ist also problematisch an der Prostitution? Oder sollte man nicht vielleicht besser fragen, welche Aspekte der Prostitution zu welcher Art von Problemen Anlaß geben können? Das Phänomen der Prostitution ist nämlich der Schnittpunkt vieler Arten von Problemen: sozialer, ökonomischer, medizinischer, psychologischer, politischer, rechtlicher, philosophischer, moralischer usw. In der Vergangenheit hat man oft den Fehler begangen – und begeht ihn noch oft –, diese verschiedenartigen Probleme nicht klar voneinander zu trennen. So wurde etwa das Vorliegen eines medizinischen Problems – die Prostitution als Vektor sexuell übertragbarer Krankheiten – zum ausschlaggebenden Grund für eine moralische Verurteilung der Prostitution und auch der sich prostituierenden Personen: Prostitution wurde als moralisch verwerflich betrachtet, weil sie zur Verbreitung sexuell übertragbarer Krankheiten beiträgt. Unter dem Vorwand des an sich ganz legitimen Ziels der Bekämpfung sexuell übertragbarer Krankheiten bekämpfte man dann tatsächlich die Prostitution als solche. Und da die Prostitution sich in der Form der sich prostituierenden Person verwirklicht, wurde letztere zum Gegenstand der gesellschaftlichen Mißachtung.

Doch kommen wir zurück zur Frage: Was ist eigentlich problematisch, und jetzt genauer noch: *moralisch problematisch,* an der Prostitution? Welches der in unserer kurzen Bestimmung gegebenen Elemente könnte als der Grund für den moralisch problematischen Charakter der Prostitution angesehen werden? Ist es etwa die Tatsache, daß eine Person *ihren Körper und ihre erotischen Talente* anderen Personen zur Verfügung stellt, sie also gewissermaßen nicht mehr als zwecklos oder als Selbstzweck betrachtet, sondern sie jemandem zur Verfügung stellt, damit er darüber bestimme – und sei es nur während einiger Minuten und auch nur zum Teil? Sind der Körper und die erotischen Talente nicht etwas, worüber nur ihr Besitzer – wenn es überhaupt sinnvoll ist, hier von Besitzer zu sprechen – verfügen können sollte, also etwas seinem Wesen nach Unveräußerliches – oder doch zumindest etwas *im Rahmen einer Tauschbeziehung* Unveräußerliches? Und ist die Prostitution nicht gerade eine Art von Verfügbarmachung dieses Unveräußerlichen?

Wer keinen solchen radikalen Standpunkt vertreten will, könnte behaupten, daß nicht die Verfügbarmachung des Körpers und der erotischen Talente als solche moralisch problematisch ist, sondern die Tatsache, daß es *keine eigentlich persönliche Beziehung* zwischen den an der prostitutionellen Handlung beteiligten Individuen gibt. Genauso wie der Schriftsteller im dritten von uns oben erwähnten Fall keine persönliche Beziehung zum Regime und zu dessen Zielen hat, scheint auch die sich sexuell prostituierende Person keine persönliche Beziehung oder doch zumindest keine enge persönliche Beziehung zu demjenigen Individuum zu haben, in dessen Dienst sie sich stellt. Und auch umgekehrt: Genauso wie das politische Regime wahrscheinlich kein Interesse am persönlichen Wohlergehen des ihm zu Diensten stehenden Schriftstellers hat – es ist nur am Nutzen interessiert, den es aus dessen Texten ziehen kann –, hat auch das den Dienst einer sich prostituierenden Person in Anspruch nehmende Individuum oft kein Interesse am persönlichen Wohlergehen des Gegenübers[1] – es ist nur an der Befriedigung seiner sexuellen Bedürfnisse interessiert. Liegt hier das moralisch Problematische an der Prostitution? Prostitution scheint die Bindung zwischen Sexualität und Liebe aufzulösen und die Sexualität zu einem reinen Selbstzweck zu machen. Muß sie aber als solche nicht geächtet werden? Erhält die Ausübung der Sexualität ihren moralisch legitimen Charakter nicht erst durch die – zivile oder religiöse – Ehe?

Oder liegt das Problem mit der Prostitution nicht vielmehr darin, daß die Benutzung des Körpers und des erotischen Talents vermarktet wird, daß also die sich prostituierende Person die zeitweilige Verfügung über ihren Körper und ihr erotisches Talent gegen ein anderes Gut tauscht, mag es sich um ein materielles – Geld, Kleider, Schmuck, ... – oder ein immaterielles – berufliche Beförderung, Schutz, Liebe, ... – handeln? Werden nicht hier der Körper und das erotische Talent zu bloßen Waren, die man, wie sonst irgendeine Ware, auf dem öffentlichen Markt anbietet? Wird hier nicht die menschliche Sexualität in den Bereich der Ökonomie herabgezogen – und das *herab* drückt schon implizit ein klares Urteil aus?

Den Blick über die engen Grenzen unserer Beschreibung der prostitutionellen Handlung ausweitend, könnte man noch andere Elemente als moralisch problematische Aspekte der Prostitution anführen, wobei man sich dann aber überlegen sollte – und diese Überlegung gilt natürlich auch für die von uns angeführten Merkmale –, ob und inwiefern diese Aspekte wesentlich zur Prostitution an sich – in jeder möglichen Welt, wie die Logiker sagen würden –

---

1   Zu betonen ist hier das *oft*, denn es wäre falsch zu behaupten, daß dem immer so ist, oder gar, daß es nicht anders sein kann. Aus der Tatsache, daß p oft der Fall ist, darf man nicht schließen, daß p immer der Fall ist bzw. daß p immer der Fall sein muß.

gehören und nicht einfach Begleiterscheinungen sind, die, mögen sie auch viele prostitutionelle Handlungen begleiten, trotzdem nicht notwendig jede prostitutionelle Handlung begleiten *müssen*. Die Behauptung, es *sei* immer so, ist eine empirische, die Behauptung aber, es *müsse* immer so *sein*, ist keine empirische und kann auch nicht durch Beispiele, wie zahlreich diese auch sein mögen, bewiesen werden.

Ich denke bei diesen Merkmalen etwa an die Freiwilligkeit: Wird eine prostitutionelle Handlung nicht erst dadurch moralisch problematisch, daß die sich prostituierende Person diese Handlung *nicht freiwillig* ausführt, sondern dazu gezwungen wird? Man könnte dann zwischen einer freiwilligen und einer unfreiwilligen Prostitution unterscheiden. Doch was heißt hier eigentlich freiwillig? Gehe ich heute wirklich freiwillig zur Arbeit, wo ich doch lieber zu Hause bliebe, um an diesem Buch weiterarbeiten zu können?

Man könnte aber auch den Gedanken einiger Feministinnen aufgreifen und den gesellschaftlichen Kontext berücksichtigen. Moralisch problematisch wäre dann etwa eine prostitutionelle Handlung, insofern sie in einem *frauenfeindlichen Kontext* stattfindet, da hier die sich prostituierende Frau vom Mann ausgebeutet wird, wobei nicht die zufälligen Merkmale der jeweiligen konkreten Handlung ausschlaggebend sind – einige Klienten können durchaus freundlich mit der Prostituierten umgehen –, sondern der gesamte Rahmen, in dem die prostitutionellen Handlungen stattfinden. Schließlich ändert es ja auch nichts am Übel der Sklaverei, daß einige Herren ihre Sklaven mehr oder weniger ordentlich oder menschlich behandeln. Wichtig ist nicht, wie einzelne glückliche Sklaven *tatsächlich behandelt werden*, sondern welche Rechte sie in der gegebenen Gesellschaft haben, d. h., wie sie *tatsächlich behandelt werden können oder dürfen*. Und als Sklaven, so will es die Definition des Sklaven, können sie tatsächlich immer wie Gegenstände behandelt werden: Sie sind Teil des Besitzes ihres Eigentümers und keine eigene juristische Person.

Ist die Prostitution als solche – und demnach *unter allen Umständen* – eine Form der Sklaverei, so daß nur die völlige Abschaffung der Prostitution eine zufriedenstellende Lösung des Problems darstellt – wobei es allerdings noch tiefe Meinungsverschiedenheiten darüber geben kann, welche Mittel die geeignetsten sind, um das Ziel zu erreichen (Kriminalisierung der sich prostituierenden Person, Kriminalisierung der den prostitutionellen Dienst in Anspruch nehmenden Person, Resozialisierung der sich prostituierenden Person usw.)? Oder nimmt die Prostitution nur unter bestimmten und dann näher zu kennzeichnenden Umständen die Gestalt einer modernen Form der Sklaverei an, so daß man zwar einerseits mit Recht verlangen kann, daß diese Umstände geändert werden, ohne aber dadurch andererseits verlangen zu müssen, daß die Prostitution als solche abgeschafft oder als solche bekämpft wird?

Hier liegt m. E. die zentrale Frage: Muß man die Prostitution *abschaffen*, um die sich aus ihr ergebenden moralischen Probleme zu lösen, oder lassen sich diese Probleme auch schon dadurch lösen, daß man die Prostitution oder doch zumindest die Bedingungen, unter denen sie praktiziert wird, *reformiert?* Im letzteren Fall kann man übrigens noch zwischen einer prinzipiellen oder theoretisch-möglichen und einer praktisch möglichen Lösung unterscheiden: Auch wenn empirische – z. B. soziale, ökonomische, kulturelle – Faktoren es nicht zulassen, die sich innerhalb der real existierenden Prostitution ergebenden moralischen Probleme hier und jetzt endgültig durch eine tiefgreifende Reform zu lösen, so kann man doch wenigstens versuchen anzugeben, was geändert werden müßte, um sie zu lösen. Es geht also nicht nur um die mögliche *Wirklichkeit* einer keine moralischen Probleme mehr aufwerfenden Prostitution, sondern auch um deren mögliche *Denkbarkeit.*

Um die soeben erwähnte und ähnliche Fragen zu beantworten, kommt man allerdings nicht an einer Analyse des Begriffs *Prostitution* vorbei. Ohne eine solche Analyse ist nämlich nicht klar, worüber man eigentlich spricht. Bei dieser Analyse wird man sich davor hüten müssen, Werturteile heimlich in den Begriff der Prostitution einfließen zu lassen. Eine Definition der Prostitution darf nicht schon ein implizites – positives oder negatives – Urteil über die Prostitution enthalten. Wir müssen vielmehr versuchen, eine moralisch neutrale Definition der Prostitution zu geben, um daran anschließend zu sehen, welche Elemente dieser Definition – aber auch welche Begleiterscheinungen der Prostitution – zu moralischen Problemen Anlaß geben könnten.

Eine solche neutrale Definition der Prostitution als Ausgangspunkt zu nehmen heißt dabei keineswegs, daß man sich von vornherein jede Möglichkeit nimmt, die Prostitution anschließend moralisch zu verurteilen. Wir wollen nicht einer möglichen *Verur-*

teilung aus dem Wege gehen, sondern lediglich einer begrifflichen
*Vorver*urteilung – wenn man mir diese Wortneubildung hier gestattet. Dem Gegner der Prostitution wird vielleicht diese Forderung
nach einer neutralen Definition der Prostitution selbst nicht als
neutral erscheinen, setzt sie doch schon voraus, daß die Prostitution nicht mit begrifflicher Notwendigkeit moralisch verurteilenswert ist.

Die Sorge um eine größtmögliche begriffliche Klarheit sollte
eine der Grundsorgen des Philosophen sein: Wenn er sich in der
oft sehr kontrovers und mit viel Leidenschaft geführten Debatte
über Prostitution zu Wort meldet, so nicht deshalb, weil seine
Ansichten sich auf eine höhere Einsicht stützen könnten und sich
demnach gegen die mangelhaften und falschen Ansichten der
Nicht-Philosophen durchsetzen sollten. Sondern er meldet sich zu
Wort, weil er der Meinung ist, daß es der zwischen Nicht-Philosophen – aber leider auch oft zwischen Philosophen – stattfindenden
Debatte an begrifflicher Klarheit fehlt.

Die philosophische Analyse sollte auch zeigen, worauf die Meinungsverschiedenheiten zwischen den Gegnern und den Befürwortern der Prostitution bzw. denjenigen, die, ohne die Prostitution zu befürworten, sie nicht als *a priori* moralisch problematisch
betrachten, beruhen. Der Philosoph führt also nicht nur einen
Diskurs über die Prostitution – Objektebene –, sondern auch einen
Diskurs über die Diskurse über die Prostitution – Metaebene. Und
es ist übrigens zu einem großen Teil dieser Metadiskurs, der den
Philosophen dazu bringt, den Diskursen auf der Objektebene mit
kritischer Distanz zu begegnen. Eine der Hauptaufgaben des Meta-
diskurses besteht u. a. darin, die Bedingungen für einen klaren,
wirklich sachbezogenen Diskurs auf der Objektebene festzulegen.

Die Meinungsverschiedenheiten auf der Objektebene können
einerseits auf unterschiedlichen Definitionen der Prostitution
beruhen, so daß die eine Partei bestimmte Phänomene als Prostitution bezeichnet, während die andere Partei den Begriff nicht auf
diese Phänomene anwenden will. Wo dies der Fall ist, reden die
beiden Parteien schlicht aneinander vorbei, und sie kommen keinen
Schritt weiter, solange sie sich nicht bewußt werden, worauf ihre
Meinungsverschiedenheit letztendlich beruht. In einem solchen
Fall kann es manchmal ratsam sein, das Wort ‚Prostitution‘ provisorisch zu vergessen und von einer bloßen Beschreibung der Phänomene auszugehen. Wertgeladene Wörter – und das Wort ‚Pro-

stitution' gehört nun einmal im Sprachgebrauch vieler Menschen
zu dieser Kategorie – stehen einer Verständigung oft im Wege, und
man sollte demnach den Versuch machen, ob man in der Bewertung bestimmter Phänomene nicht eher vorankommt, wenn man
über sie redet, ohne wertgeladene Wörter zu gebrauchen. Die
Debatte über Prostitution darf nicht zu einer sterilen Debatte über
ein Wort entarten.

In diesem Zusammenhang kann auch der Fall betrachtet werden, in dem beide Parteien von unterschiedlichen paradigmatischen Fällen ausgehen. Wo die eine Partei das Urbild der sich prostituierenden Person in dem jungen ukrainischen Mädchen sieht,
das durch schöne Versprechen nach Westeuropa gelockt wurde, um
dann dort in die Hände einer kriminellen Organisation zu fallen,
welche das Mädchen ausbeutet und ihm jede Freiheit nimmt, geht
die andere Partei vom Paradigma des unabhängigen Callgirls aus,
also einer Frau, die ganz selbständig ist und die demnach auch selbständig darüber bestimmt, wann sie und mit wem sie sich prostituiert. Zwischen diesen beiden Extremen gibt es natürlich noch
eine ganze Reihe von Zwischenstufen, und man sollte sich stets der
Tatsache bewußt sein, daß eine Diskussion der Prostitution nicht
daran vorbeikommt, allen möglichen paradigmatischen Fällen
Rechnung zu tragen. Man kann nicht eines dieser vielen Paradigmen zum Paradigma der Prostitution schlechthin erheben. Die Tatsache, daß zu einer bestimmten Epoche oder gar während mehrerer Jahrhunderte eine Form der Prostitution besonders verbreitet
ist oder war, gibt uns noch kein Recht, diese Form als *das* Paradigma der Prostitution schlechthin zu bezeichnen. Man sollte vielmehr darüber nachdenken – aber das wäre dann die Aufgabe des
Sozialhistorikers –, warum zu bestimmten Epochen bestimmte
Formen der Prostitution derart vorherrschend sind, daß man leicht
dazu geneigt sein kann, diese Formen mit der Prostitution als solcher zu identifizieren und ihnen demnach einen ausschließlichen
Paradigmastatus zu verleihen. Von einigen radikalen Feministinnen
einmal abgesehen, käme wohl kaum jemand auf den Gedanken,
die Ehe zu verurteilen, weil sie während Jahrhunderten ein Ort der
Unterdrückung der Frau war. Wenn man über die Ehe spricht, sollte man nicht nur über die – leider noch viel zu zahlreichen – Ehen
sprechen, in denen die Ehefrau ständig gedemütigt und geschlagen
wird, sondern auch über diejenigen, in denen Mann und Frau
gleichberechtigt und in gegenseitigem Respekt in einem gemein-

sam definierten Lebensprojekt kooperieren. Die geschlagene und gedemütigte Ehefrau ist nicht *das* Paradigma der Ehefrau *tout court*, sondern höchstens dasjenige der Ehefrau eines respektlosen Ehemannes.

Doch auch wo beide Parteien eine gemeinsame Definition der Prostitution zugrunde legen und von einem gemeinsamen Paradigma ausgehen, können Meinungsverschiedenheiten hinsichtlich der moralischen Bewertung der Prostitution auftauchen. Diese sind dadurch bedingt, daß die jeweiligen Urteile im Lichte unterschiedlicher Moralkriterien gefällt wurden. Wer von kantischen Prämissen ausgeht, muß nicht unbedingt zu demselben Urteil kommen wie derjenige, der von utilitaristischen Prämissen ausgeht. Was eine Ethik des unbedingten Respekts der persönlichen Würde seiner selbst und des anderen verurteilt, kann von einer den allgemeinen Nutzen – das größte Glück für die größte Zahl, wie der englische Philosoph Jeremy Bentham das utilitaristische Moralprinzip am Ende des 18. Jahrhunderts kurz und prägnant formulierte – als Maßstab nehmenden Ethik akzeptiert werden. Hier sind die verschiedenen Meinungen also durch unterschiedliche Bewertungskriterien bedingt, und hinter der Frage nach der Richtigkeit der Meinung profiliert sich die Frage nach dem richtigen moralischen Maßstab.

In diesem Kontext wird es wichtig sein zu sehen, welchen Stellenwert man der Beurteilung der Prostitution gibt. Meistens kann man moralische Maßstäbe nicht direkt angreifen, sondern nur indirekt, d. h. hinsichtlich der Konsequenzen, die sich aus ihrer konkreten Anwendung in bestimmten entscheidenden Fällen ergeben. Diese Fälle – die durchaus bloß der oft sehr produktiven Vorstellungskraft des Moralphilosophen entspringen können – gelten dann als sogenanntes *experimentum crucis*, d. h. als alles entscheidender Test: Führt die Anwendung des Maßstabs in einem solchen Fall zu einem Urteil, das unseren tiefsten moralischen Intuitionen widerspricht, dann hat sich die Falschheit des Maßstabs gezeigt, und er muß verworfen werden. Im Falle der Prostitution gibt es nun allerdings keine allgemein verbreiteten tiefsten moralischen Intuitionen. Es gibt sie höchstens hinsichtlich bestimmter Formen der Prostitution – der oben erwähnte Fall des ukrainischen Mädchens zum Beispiel –, so daß man sagen könnte, daß ein moralischer Maßstab, in dessen Licht der Fall des ukrainischen Mädchens als moralisch unproblematisch erscheint, falsch sein muß.

Doch selbst wenn wir annehmen, daß der Kantianer und der
Utilitarist zu demselben Urteil kommen, muß die Identität des
Urteils doch in Frage gestellt werden. Die Identität zweier Urteile
hängt nämlich nicht nur vom Wortlaut der Urteile ab, sondern
auch und vor allem von der Begründung. Auch in der Diskussion
über Prostitution gilt: Man sollte Urteile und Bewertungen nie
unabhängig von ihren Begründungen betrachten. Nur wo dieselbe
Begründung zugrunde liegt, kann man davon ausgehen – aber diese Erwartung kann natürlich enttäuscht werden –, daß ein ähnliches Urteil nicht nur zufällig im Hinblick auf einen konkreten Fall
gefällt wurde, sondern daß auch hinsichtlich vieler anderer Fälle
unter sich ähnliche Urteile gefällt werden. Dieser Tatsache muß
besonders dort Rechnung getragen werden, wo bestimmte soziale
Gruppen mit unterschiedlichen ideologischen Horizonten und
dementsprechend auch oft mit unterschiedlichen moralischen
Maßstäben sich zu Koalitionen für oder gegen die Prostitution zu-
sammenschließen. Wo eine Feministin die Prostitution mittels
feministischer und ein Katholik sie mittels religiöser Argumente
verurteilt, liegt nicht ein und dieselbe Verurteilung vor, sondern
handelt es sich um zwei verschiedene Verurteilungen.

Doch selbst wenn wir uns im Rahmen einer einzigen Moralphilosophie mit einem einheitlichen moralischen Maßstab
bewegen, gibt es noch Möglichkeiten für oft unüberwindliche
Meinungsverschiedenheiten. Dabei gilt es zwischen hermeneutisch
und empirisch bedingten Möglichkeiten oder Ursachen zu unterscheiden.

Die Meinungsverschiedenheiten können etwa die Interpretation eines der Grundbegriffe der vorausgesetzten Moralphilosophie
betreffen. So können Bewertungen, die sich auf das Prinzip der
Menschenwürde stützen, zu ganz unterschiedlichen Resultaten
führen, da der Begriff der Menschenwürde unterschiedlich ausge-
legt werden kann – und diese unterschiedlichen Auslegungsmög-
lichkeiten haben übrigens einige Philosophen dazu gebracht, auf
den Begriff der Menschenwürde zu verzichten[2]. Für die einen liegt
im Falle der Prostitution eine Verletzung der Menschenwürde erst
dann vor, wenn man mit Gewalt oder durch Gewaltandrohung zur
Prostitution gezwungen wird. In diesem Fall ist es eigentlich nicht

2   Ich denke hier etwa an Ruwen Ogien in seiner Diskussion der Pornographie (Ogien
      2003).

die Prostitution, sondern der Zwang, der die Verletzung der Menschenwürde ausmacht. Für die anderen aber kann man auch dann von Verletzung der Menschenwürde sprechen, wenn jemand sich ganz freiwillig, also ohne durch die Drohungen eines Dritten eingeschüchtert zu werden, prostituiert. Im ersten Fall wird die Menschenwürde meistens als etwas gedacht, das nur *andere* verletzen können, und zwar auch nur dadurch, daß sie das Millsche *harm-principle* verletzen, während die Menschenwürde im zweiten Fall zu etwas wird, das auch *der Betroffene selbst* verletzen kann.

Manchmal versucht man solche Meinungsverschiedenheiten dadurch zu lösen, daß man die Schriften des ‚Meisters‘ durchstöbert, um dort dessen eigene *dicta* zum Thema zu finden. Das setzt dann aber voraus, daß (1) der ‚Meister‘ sich zum Thema geäußert hat, (2) der ‚Meister‘ das von ihm entworfene Beurteilungskriterium richtig angewendet hat und es nicht künstlich dem Prokrustesbett der zu seiner Zeit gängigen unreflektierten Vorurteile angepaßt hat und (3) der ‚Meister‘ nicht unreflektiert eine Form der Prostitution als stellvertretend für alle möglichen Formen genommen hat. Je größer der Zeitraum, der uns vom ‚Meister‘ trennt, um so akuter wird das Problem, ob wir dem bloßen Buchstaben seiner *dicta* oder dem Geist seiner Philosophie folgen wollen. Das *quod magister dixit* liefert also nicht unbedingt den geeignetsten Schlüssel, um die eben angesprochenen Meinungsverschiedenheiten auf eine dem Gegenstand angemessene Art und Weise aus der Welt zu schaffen.

Meinungsverschiedenheiten können aber nicht nur auf unterschiedlichen Auslegungen der Grundbegriffe einer Theorie, sondern sie können auch auf unterschiedlichen empirischen Annahmen beruhen. Hier nehmen wir also an, daß die Parteien die Grundbegriffe gleich auslegen, daß es aber bei der konkreten Anwendung dieser Grundbegriffe zu unterschiedlichen Ergebnissen kommen kann. Solche Meinungsverschiedenheiten wird man vor allem – aber natürlich nicht ausschließlich – im utilitaristischen Lager finden. So werden zwei Utilitaristen darin übereinstimmen können, daß Prostitution nur dann moralisch verwerflich ist, wenn sie mehr Unglück als Glück hervorbringt – und wir nehmen auch an, daß sie beide dasselbe unter Glück und Unglück verstehen –, aber zu unterschiedlichen Resultaten kommen, wenn sie Glück und Unglück aller Betroffenen – und sie gehen beide von dem gleichen Betroffenenkreis aus – messen, und dies, obwohl sie die selbe Meßmethode angewendet haben. Solche Meinungsverschiedenheiten interessieren den Philosophen nur noch am Rande, da sie rein empirischer Natur sind.

Meinungsverschiedenheiten entstehen allerdings nicht nur hinsichtlich der abstrakten und zunächst einmal um ihrer selbst willen durchgeführten moralischen Bewertung der Prostitution. Eine Sache ist es nämlich, ein moralisches Urteil über die Prostitution zu fällen, eine ganz andere ist es, rechtliche und politische Konsequenzen aus diesem Urteil zu ziehen. So können etwa zwei Personen darin übereinstimmen, daß die Prostitution uns vor moralische Probleme stellt, ohne daß sie aber auch die gleichen rechtlichen Konsequenzen aus diesem Urteil ziehen müssen: Für die eine Person muß die Prostitution rechtlich unterbunden werden, während die andere eine solche rechtliche Unterbindung ablehnt. Und eine ähnliche Bemerkung gilt für soziopolitische oder ökonomische Konsequenzen: Man kann die Prostitution moralisch verurteilen, ohne dadurch gezwungen zu sein, eine Sozialpolitik zu unterstützen, welche den sich prostituierenden Personen helfen soll, der Prostitution zu entkommen. Wo Moral, Recht und Politik keine Einheit bilden – wie sie es etwa in einer streng nach der Tradition lebenden islamischen Gemeinschaft tun –, implizieren moralische Urteile noch nicht automatisch rechtliche und politische Maßnahmen. Was unmoralisch ist, wird nicht auch automatisch mit dem strafrechtlichen Stempel der Illegalität versehen, und die Politik ist nicht in erster Linie eine gesellschaftliche Anstalt, deren oberstes Ziel es ist, die Menschen moralisch zu machen.

Unter diesen Umständen kann eine Behandlung der Prostitution nicht bei den rein moralischen Fragen stehenbleiben, sondern muß sich auch rechtlichen und politischen Fragen öffnen. Dabei wird sich zeigen, daß der Vielfalt moralischer Urteile auch eine Vielfalt rechtlicher und politischer Urteile entspricht. Und auch hier ist es wichtig zu sehen, worauf die jeweiligen Urteile beruhen. Wird etwa die rechtliche Unterbindung abgelehnt, weil sie unwirksam ist? Oder wird sie abgelehnt, weil sie bestimmte Werte bedroht? Anders gesagt: Gründet das ablehnende Urteil auf bloßen Effizienz- oder aber auf moralischen Gründen?

Im ersten Fall hätten wir es mit einer rein empirischen Meinungsverschiedenheit zu tun: Der Befürworter einer rechtlichen Unterbindung glaubt an ihre Wirksamkeit, während der Gegner nicht daran glaubt. Der beste Weg, diese Meinungsverschiedenheit zu beheben, würde darin bestehen, die betreffenden rechtlichen Maßnahmen zu implementieren und dann nach einigen Monaten oder Jahren eine empirische Studie in Auftrag zu geben, die zeigen soll, welche empirischen Konsequenzen die Maßnahmen hatten.

Im zweiten oben erwähnten Fall haben wir es mit einer moralischen Meinungsverschiedenheit zu tun: Der Befürworter einer rechtlichen Unterbindung nimmt die Gefahr einer Verletzung bestimmter Werte in Kauf, während der Gegner nicht bereit ist, diese Gefahr in Kauf zu nehmen. Dabei kann man allerdings auch hier wieder die Unterscheidung zwischen einer empirischen und einer normativen Ebene treffen: Wird die Gefahr einer Verletzung in Kauf genommen, weil sie höchst unwahrscheinlich ist – empirische Ebene –, oder wird sie in Kauf genommen, weil die möglicherweise bedrohten Werte zweitrangig gegenüber den durch die Prostitution bedrohten Werten sind – moralische Ebene?

So unvollständig dieser kurze Überblick über die unterschiedlichen Quellen der Meinungsverschiedenheiten auch sein mag, zeigt er doch zur Genüge, daß man das Problem der Prostitution einer ernsthaften philosophischen Analyse unterziehen muß, damit alle an der Diskussion beteiligten Parteien wissen, wo sie eigentlich stehen und worum es in der Diskussion geht. Meinungsverschiedenheiten können erst dann aufgehoben werden, wenn man weiß, worin sie überhaupt bestehen bzw. worauf sie gründen. Und selbst wo diese Einsicht in die Natur der Meinungsverschiedenheiten nicht zu deren Aufhebung führt, weckt sie doch in den Parteien ein Verständnis für den Grund der Meinungsverschiedenheit. Und ein solches Verständnis ist oft notwendig für das Respektieren der Meinung des anderen. Wer eine globale Verurteilung der Prostitution ablehnt und sich auch strafrechtlichen Maßnahmen zu ihrer Bekämpfung widersetzt, braucht nicht unbedingt ein „perverser Lustmolch" zu sein noch ein eingefleischter patriarchaler „Macho", der die Unterdrückung der Frau bis zum Weltuntergang fortbestehen lassen will.[3] Wo die Diskussion zu manichäischen Frontstel-

---

3   Gleich in der Einleitung zu seinem inzwischen zu einem Klassiker gewordenen Buch über die Prostitution in Paris bemüht Parent-Duchâtelet sich um eine Rechtfertigung seines Unternehmens. 1836 war es nämlich alles andere als moralisch dezent, sich *überhaupt* mit der Prostitution abzugeben. Dabei stellt er die rhetorische Frage: „Bin ich notwendigerweise durch den Kontakt mit diesen Unglück-

lungen führt, wo man also hinter den Argumenten jederzeit böse
Absichten wittert, hört sie auf, fruchtbar zu sein.

Manche der entschiedensten Gegner(innen) der Prostitution
werden dem Philosophen wahrscheinlich vorwerfen, einen distanzierten, fast schon klinischen Blick auf eine der schlimmsten Formen menschlicher Ausbeutung zu werfen.[4] Behandelt er nicht die
Prostitution genau so, wie er ansonsten etwa den ontologischen
Status der Zahlen oder die Frage nach dem Sein des Seienden
behandelt? Wie kann man sich überhaupt philosophische Fragen
über den Begriff der Prostitution stellen, wo doch Tausende von
Frauen Opfer eines international organisierten Menschenhandels
sind? Wie kann man das Leid dieser Frauen in Klammern setzen,
um sich mit der abstrakten und scheinbar weltfremden Frage zu
befassen, woher denn eigentlich die unterschiedlichen Urteile über
dieses doch für jeden sichtbare Leid herrühren? Kann, ja darf man
überhaupt einen distanzierten Blick auf die Prostitution werfen? Ist
nicht schon dieser distanzierte, kalte, nicht verurteilende Blick,
dieses Sichfragen, ob die Prostitution uns überhaupt vor unlösbare
moralische Probleme stellt, ein moralisches Problem? Offenbart ein
solcher Blick nicht die Teilnahmslosigkeit des Betrachtenden, sein
mangelndes Mitgefühl, so daß er, wenn er auch kein „Lustmolch"
zu sein braucht, doch Charakterzüge erkennen läßt, die ihn zumindest suspekt erscheinen lassen?

Und trägt eine sogenannte sachliche philosophische – oder allgemeiner noch: wissenschaftliche – Betrachtung nicht letztendlich

---

lichen verschmutzt, dadurch, daß ich die Prostituierten zum Forschungsgegenstand
mache." (Parent-Duchâtelet 1981: 59). Heute braucht man sich natürlich nicht
mehr lang und breit zu rechtfertigen, wenn man sich *überhaupt* mit der Prostitution und den Prostituierten abgibt. Aber man muß sich noch manchmal rechtfertigen, wenn man nicht schon gleich im ersten Satz seiner Untersuchung die Prostitution moralisch verurteilt.

4   Die Feministin Kathleen Barry meint etwa: „[E]motionslose Objektivität führt
direkt zur Verdinglichung – der Anfangspunkt der Gewalt, besonders der sexuellen
Gewalt" (Barry 1984: 253). Was Barry hier in Frage stellt, ist eine objektive, teil-
nahmslose Betrachtung der sexuellen Gewalt. Diese führt gewissermaßen zu einer
zweiten Verdinglichung: Die mißhandelte Frau wird erstens durch den sie mißhan-
delnden Mann verdinglicht und zweitens durch den diese Verdinglichung objektiv
betrachtenden Wissenschaftler oder Philosophen. Barry zufolge sollte die Wissen-
schaft sich aber von einer solchen Verdinglichung distanzieren, was sie aber nur dann
leisten kann, wenn sie sich nicht von den Opfern distanziert. Barry zufolge sollte der
Wissenschaftler sich also *auch als Wissenschaftler* auf die Seite der Opfer stellen.

zu einer Banalisierung oder Trivialisierung der Prostitution bei? Wird das Leid von Millionen von Frauen nicht dadurch salonfähig gemacht, daß der Philosoph es *behandelt*, statt es klar und deutlich zu *verurteilen?* Daß er sich die Frage stellt, ob die Prostitution denn überhaupt moralisch verurteilungswürdig ist? Kann man sich jemanden vorstellen, der sich im Ernst die Frage stellt, ob der Völkermord überhaupt ein moralisches Problem darstellt und, wenn ja, welcher Aspekt davon moralisch problematisch ist? Und der sich daran anschließend in aller Ruhe fragt, wieso die Täter anders über den Völkermord urteilen als die Opfer oder ein unbeteiligter Dritter? Ja, kann man sich jemanden vorstellen, der zwar einerseits behauptet, daß alle bisherigen Völkermorde aufgrund bestimmter Umstände tatsächlich unmenschlich waren und dementsprechend zu Recht verurteilt werden müssen, der sich dann aber andererseits die Frage stellt, ob man sich nicht doch vielleicht einen *menschlichen Völkermord, einen Völkermord mit menschlichem Antlitz* denken kann?

Wer diesen Vorwurf erhebt, hat schon (vor)entschieden: Prostitution ist an sich unmenschlich, und was auch immer man an ihr ändern oder reformieren mag, sie wird unmenschlich bleiben. Genauso wie ein Völkermord nicht dadurch menschlicher wird, daß man den Opfern jedes Leid erspart – etwa durch eine ‚Wunderwaffe‘, welche innerhalb weniger Sekunden und ohne Schmerz alle Mitglieder eines bestimmten Volkes tötet –, wird auch die Prostitution nicht dadurch menschlicher, daß man diese oder jene Reformen vorschlägt.

Abgesehen davon, daß der Vergleich der Prostitution mit dem Völkermord äußerst fraglich ist und zu einer gefährlichen Trivialisierung des letzteren führen kann, muß hier darauf hingewiesen werden, daß die Unmenschlichkeit der Prostitution, im Gegensatz zur Unmenschlichkeit des Völkermords – unter welcher Form auch immer er durchgeführt wird –, weit davon entfernt ist, Gegenstand einer einhelligen Meinung unter vernünftigen und zivilisierten Menschen zu sein. Das ist natürlich noch kein Indiz dafür, daß sie tatsächlich nicht unmenschlich ist. Aber zumindest muß man einräumen, daß vernünftige Menschen – Männer und Frauen – nicht alle darin übereinstimmen, daß die Prostitution als solche – unabhängig von ihren bisher angenommenen historischen Formen – unmenschlich ist. Eine detaillierte philosophische Untersuchung wird diesen Dissens vielleicht nicht überwinden können, aber sie kann den Kontrahenten doch helfen, klarer die Natur und Struktur ihres Dissenses zu erkennen.

Es soll hier selbstverständlich nicht geleugnet werden – und dies klarzustellen liegt mir besonders am Herzen, da ich meine philosophische Analyse nicht mißverstanden wissen will –, daß viele sich prostituierende Personen – ob Frauen, Männer oder Kinder – auf eine unmenschliche und demnach unter keinen Umständen hinnehmbare Art und Weise behandelt wurden und noch immer behandelt werden. Von vielen Betroffenen wird die Prostitution tatsächlich als eine Form von Sklaverei erlebt, und auch ein normal denkender Außenstehender wird die Situation dieser betroffenen Personen als solche sehen. Es besteht kein Zweifel darüber, daß man diese Form von Prostitution aufs schärfste verurteilen muß und daß man nach den geeigneten Mitteln suchen soll, um ihr ein Ende zu bereiten. Hier läßt sich kein vernünftiger Dissens mehr feststellen oder auch nur beobachten. Wo Menschen wider ihren Willen und oft durch Gewaltandrohung oder sogar Gewaltanwendung zu sexuellen Handlungen gezwungen werden, wird die Fähigkeit dieser Personen, vernünftig über ihr eigenes Leben zu entscheiden, geleugnet. Und das genügt schon, um einen vernünftigen Dissens unmöglich zu machen. Die Vernunft kann die Leugnung ihrer selbst nicht wollen.

Doch wie gerechtfertigt und notwendig diese Verurteilung bestimmter Formen der Prostitution – die eigentlich schon Formen von Vergewaltigung sind – auch sein mag, sie macht eine sachliche Behandlung der Prostitution nicht entbehrlich. Denn nicht jede sich prostituierende Person wird auf eine auf den ersten Blick unmenschliche Art und Weise behandelt. Der Gegner der Prostitution wird vielleicht darauf hinweisen, daß nur sehr wenige Prostituierte das Glück haben, von einem Klienten oder einer Klientin auf eine nicht unmenschliche Weise behandelt zu werden, so daß uns der Blick auf diesen einsamen Baum nicht dazu führen soll, den Wald zu übersehen. Wie richtig dieser Hinweis auch immer sein mag, so kann er uns doch keine genauere Untersuchung ersparen. Wenn die Prostitution immer unmenschlich sein soll, wie es viele Gegner der Prostitution behaupten, dann kommt man nicht daran vorbei zu fragen, wo sich diese Unmenschlichkeit befindet, wenn die sich prostituierende Person *nicht* auf eine unmenschliche Weise behandelt wird.

Der Gegner der Prostitution muß genau angeben können, auf welcher Ebene er die moralisch problematischen Aspekte der Prostitution lokalisiert. Denn von dieser Lokalisierung hängt es ab, ob man sich eine Prostitution mit menschlichem Antlitz – oder eine „sound prostitution", wie Ericsson sie nennt (Ericsson: 365) – denken kann oder nicht bzw. ob sich diese Prostitution, wenn wir sie einmal als denkbar voraussetzen, auch tatsächlich verwirklichen läßt. Und wenn wir dann weiter annehmen, daß sie denkbar und verwirklichbar ist, dann stellt sich die weitere Frage nach den für ihre Verwirklichung zu treffenden Maßnahmen.

Die Rede von einer Prostitution mit menschlichem *Antlitz* wirft die Frage auf, ob sich nicht hinter jedem möglichen menschlichen Antlitz der Prostitution – so wie die Prostitution erscheint und erlebt wird – eine unmenschliche *Seele* – so wie die Prostitution tatsächlich ist – versteckt und ob man demnach durch eine Reform des Oberflächlichen, wenn man sie einmal als möglich voraussetzt, nicht die eigentliche Wurzel des Übels bestehen läßt.

Aber hat die Prostitution tatsächlich eine unmenschliche Seele? Liegt das Übel in der Prostitution selbst und nicht nur in den Bedingungen, unter denen sie ausgeübt wird? Ist der Tausch „Sex gegen Geld" – um es in einer griffigen Formel auszudrücken – schon in seinem Wesen ein moralisches Übel? Wenn wir einmal argumentationshalber annehmen, daß die Prostitution tatsächlich eine unmoralische Seele hat, so folgt noch nicht, daß der Versuch, ihr doch zumindest ein menschliches Antlitz zu geben, notwendigerweise fehl am Platz ist. Wer nur die Wahl zwischen einerseits einer Prostitution mit einer unmenschlichen Seele und einem unmenschlichen Antlitz und andererseits einer Prostitution mit einer unmenschlichen Seele und einem menschlichen Antlitz hat, würde sich sicherlich der Kritik aussetzen, wenn er sich für das erste Glied der Alternative entscheiden würde. Und das heißt, daß die Entscheidung für das erste Glied der Alternative nicht selbstverständlich ist.[5]

Man kann natürlich Gründe haben, um das unmenschliche Antlitz der Prostitution weiterbestehen zu lassen. So könnte etwa

5   Aber: Haben wir in Wirklichkeit nur die Wahl zwischen diesen beiden Möglichkeiten? Oder: Ist das zweite Glied der Alternative tatsächlich verwirklichbar? Frage: Wenn man wirklich nur die Wahl zwischen einem auf grausame Weise und einem mit schnell und schmerzlos tötenden Mitteln ausgeübten Völkermord hätte, gäbe es dann moralische Gründe, die zweite Art von Völkermord vorzuziehen?

argumentiert werden, daß die Menschen sich so lange über die
unmenschliche Seele der Prostitution empören werden, wie die
Prostitution ihr unmenschliches Antlitz bewahrt. Nur solange das
Übel tatsächlich auch wie ein Übel *aussieht,* wird man es als Übel
wahrnehmen und nach seiner Abschaffung verlangen. Diese Überlegung findet man bei Jane Addams, einer amerikanischen Sozialaktivistin, die sich zu Beginn des 20. Jahrhunderts mit dem Problem der Prostitution – dem „ancient evil", wie man es damals
euphemistisch (heute würde man sagen: politisch korrekt) bezeichnete – befaßt hat: „Wie alt ein Übel auch immer sein mag, in jeder
Generation muß es sich wieder in lebendigen Individuen verkörpern, und die soziale Gewohnheit, in deren Form es sich über die
Jahre verfestigt hat, muß sich in individuellen Leben fortsetzen.
Solange die gegenwärtige Generation nicht angesichts der jetzigen
Verkörperung des alten Übels durch Zärtlichkeit gerührt oder
durch Empörung aufgewallt ist, kann eine wirksame Handlung
nicht garantiert werden" (Addams 2002: 64). Ein auf das Abschaffen des Übels gerichtetes Handeln setzt also die Wahrnehmung des
Übels als Übel voraus. Der Wunsch, der Prostitution ihr unmenschliches Antlitz zu lassen, entspringt also nicht unbedingt
einem perversen Willen.

Oder man kann folgende Überlegung anführen: Nur solange es
ihnen schlecht geht, werden die Prostituierten versuchen, der Prostitution zu entkommen. Sobald man aber ihre Arbeitsbedingungen
verbessert, werden sie die Prostitution nicht mehr als Leiden empfinden und sich in ihr etablieren.[6] Diese Überlegung findet man
etwa bei der französischen Vereinigung S.O.S. Prostitués: „Dem
mindesten Anspruch der aktiven Prostituierten entgegenzukommen
würde Tür und Tor für weitere Rechte öffnen, die sie beansprucht.
Wir würden so zur ‚sanften Prostitution' gelangen, also: *lebenslänglich.* Man würde somit die Versklavung von Männern und Frauen
zulassen die, weil sie keine ‚Entschuldigung' mehr haben, um sich
zu befreien, auch nicht mehr danach begehren würden" (zitiert in:

---

6   Es geht allerdings noch viel zynischer: „Frauen, die als Prostituierte arbeiteten,
waren während des Nationalsozialismus von besonderen Maßregelungen und spezieller Verfolgung betroffen. Ein Nationalsozialist äußerte dazu: ‚Die Dirne kann
uns gleichgültig sein: Ob eine Dirne ausgenutzt wird oder nicht, geht uns nichts
an. Je mehr sie ausgenutzt und je schneller sie dadurch ausgemerzt wird, um so besser ist es'" (Paul 1994: 11).

Chaleil 2002: 121). Eine Prostituierte, der es gutgeht, so die Logik dieses Argumentes, ist eine Prostituierte, die sich auch weiter prostituieren wird. Aber niemand sollte den Wunsch hegen, sich (weiter) zu prostituieren. Also darf man keine Schritte in die Wege leiten, die den Prostituierten *qua* Prostituierten das Leben leichter machen. Wenn sie es besser haben wollen, dann sollen sie ihre Aktivität aufgeben. In diesem Kontext sei folgendes konkrete Beispiel zitiert: „1996. Im Gewerbegebiet in Recklinghausen eröffnete Micha K. einen Nachtclub, dem er den Namen ‚Penthouse Exclusive‘ gab. [...] Die ‚Geschäftsführung‘ übertrug Micha K. seiner Freundin Verena S., die bereits sieben Jahre als Prostituierte gearbeitet hatte. Bei ihr glaubte er das Geschäft in guten Händen: Sie wusste, worauf es ankommt, was wichtig ist, welche Bedürfnisse die Frauen haben. Micha K. bewegte sich zwar in einer Branche, die berüchtigt ist für ihren Habitus, aber ein fairer Arbeitgeber wollte er trotzdem sein. [...] 1997 stürmten Staatsanwaltschaft und eine ganze Kompanie Polizeibeamte den Laden, *weil die Prostituierten im ‚Penthouse Exclusive‘ besonders gut behandelt wurden*" (Feige 2003: 39–40 – Hervorhebung N. C.). Bis zum Inkrafttreten des neuen Prostitutionsgesetzes im Jahre 2002 machte man sich nicht nur strafbar, wenn man die Prostituierten unter unsäglichen Bedingungen ausbeutete, sondern auch, wenn man versuchte, akzeptable Bedingungen für die Ausübung ihres Gewerbes zu schaffen, indem man ihnen etwa Sicherheit vor Kunden gewährte, Gleitmittel oder Kondome gratis zur Verfügung stellte usw. Dies galt als Förderung der Prostitution und war strafbar gemäß Paragraph 180 a Punkt 2 des Strafgesetzbuches. Eine solche Förderung konnte eine Freiheitsstrafe von bis zu drei Jahren nach sich ziehen.[7]

In diesem Zusammenhang lassen sich zumindest sechs mögliche Positionen unterscheiden. Dabei wird vorausgesetzt – und diese Voraussetzung muß m. E. selbst der eingefleischteste Befürworter der Prostitution ihrem Gegner zugestehen –, daß die Prostitution heute im allgemeinen oder doch sehr oft ein unmenschliches Ant-

---

7 Wie Riecker – allerdings vor der Gesetzesnovellierung – schreibt: „Doch schlägt sich das Gesetz nicht grundsätzlich auf die Seite der Opfer, sondern orientiert sich an dem angeblichen Moralempfinden ‚aller billig und gerecht Denkenden‘ – und fördert sogar mit voller Absicht schlechte Arbeitsbedingungen. Es gibt wohl wenig andere Beispiele dafür, daß der Alltag von Menschen per Gesetz verschlimmert werden soll, um sie so zum Wandel ihres Lebensstils zu bewegen" (Riecker 1995: 44).

litz trägt. Diese sechs Positionen lassen sich wie folgt zusammenfassen:

1) Die Prostitution hat eine unmenschliche Seele, und es ist unmöglich, ihr ein menschliches Antlitz zu geben.[8] Die Unmöglichkeit
kann begrifflicher, ontologischer oder empirischer Natur sein.
Wer diese erste Position vertritt, und vor allem dann, wenn er
sich für die begriffliche Variante der Unmöglichkeit entscheidet,
kann sich die normative Frage nach der Wünschbarkeit einer
Prostitution mit menschlichem Antlitz eigentlich ersparen. Denn
über das, was sowieso nicht sein kann, braucht man sich nicht zu
fragen, ob es nicht doch wünschenswert wäre.

2) Die Prostitution hat eine unmenschliche Seele, es ist möglich,
ihr ein menschliches Antlitz zu geben, aber es soll ihr kein
menschliches Antlitz gegeben werden. Hier haben wir es mit
einer grundsätzlich normativen These zu tun: In ihr wird sich
gegen die Verwirklichung einer moralisch relevanten Möglichkeit ausgesprochen. Auf die mögliche Begründung des letzten
Teils dieser These haben wir schon vorhin aufmerksam gemacht.

3) Die Prostitution hat eine unmenschliche Seele, es ist möglich,
ihr ein menschliches Antlitz zu geben, und man sollte ihr ein
menschliches Antlitz geben. Auch diese These ist normativer
Natur, jedoch wird sich hier *für* die Verwirklichung einer moralisch relevanten Möglichkeit ausgesprochen.

4) Die Prostitution hat keine unmenschliche Seele, und es ist
unmöglich, ihr ein menschliches Antlitz zu geben. Die Unmöglichkeit ist hier vom Wesen der Prostitution losgekoppelt: An

---

8   Eine solche radikale Position vertritt etwa Claudine Legardinier: „‚Zusammenge-
    halten' durch Machtverhältnisse, sind die Zuhälter, die Prostituierten und die Kun-
    den in einem gegenseitigen Gewaltzirkel gefangen. Jeder ist irgendeinmal Subjekt
    und irgendeinmal Objekt von Gewalt. In ihrer Logik selbst öffnet die Prostitution
    dem Sadismus und Masochismus Tür und Tor. Es ist nicht, indem man glaubt, die
    Prostitution zu ‚vermenschlichen' (humaniser), dadurch, daß man sie in Studios, in
    ‚Häusern', in Eros-Centern organisiert, daß die Gewalt verschwinden wird. Sie ist
    dem prostitutionellen System inhärent" (Legardinier 2002: 39). Das Unmenschli-
    che steckt also in der Logik der Prostitution selbst, und eine humane Prostitution
    ist dementsprechend ein Widerspruch.

sich ist die Prostitution nicht unmenschlich, aber wo immer es sie geben wird, wird sie unmenschlich erscheinen. Diese Position könnte ontologischer Natur sein: Das Sein einer jeden möglichen Welt ist so beschaffen, daß die Prostitution in ihr nur in ihrer unmenschlichen Form erscheinen kann. Sie kann aber auch nur empirischer Natur sein: In unserer Welt kann die Prostitution niemals ein menschliches Antlitz annehmen.

5) Die Prostitution hat keine unmenschliche Seele, es ist möglich, ihr ein menschliches Antlitz zu geben, aber es sollte ihr kein menschliches Antlitz gegeben werden. Wie die zweite Position, der sie ähnelt, ist auch diese Position normativer Natur. Da hier allerdings vorausgesetzt wird, daß die Prostitution keine unmenschliche Seele hat, ist der Begründungsdruck auf denjenigen, der sich weigert, der Prostitution ein menschliches Antlitz zu geben, noch stärker. Konnte der Vertreter der Position 2 noch argumentieren, daß man das an sich Unmenschliche nicht als menschlich erscheinen lassen darf – denn man liefe dadurch Gefahr, die unmenschliche Seele zu vergessen –, so fällt dieses – moralische – Argument für den Vertreter der Position 5 weg.

6) Die Prostitution hat keine unmenschliche Seele, es ist möglich, ihr ein menschliches Antlitz zu geben, und man sollte ihr ein menschliches Antlitz geben. Ausgehend von der Feststellung, daß die Prostitution an sich keine Unmenschlichkeit darstellt, zieht der Vertreter dieser Position die Konsequenz, daß auch die Art und Weise, wie sie sich zeigt und wie sie erlebt wird, menschlich gestaltet werden sollte.

Um diese sechs möglichen Positionen ganz kurz zusammenzufassen[9]:

---

9 Ich habe hier alle Fälle nicht erwähnt, in denen die Prostitution schon ein menschliches Gesicht hat. Nicht aufgelistet wurden auch die zwei folgenden Fälle: (1) unmenschliche Seele – unmenschliches Gesicht – Gesichtsveränderung unmöglich, aber wünschenswert; (2) menschliche Seele – unmenschliches Gesicht – Gesichtsveränderung unmöglich, aber wünschenswert. Wenn nur etwas Mögliches wünschenswert sein kann – und wir haben hier den Begriff des Wünschenswerten in einem starken Sinn genommen –, dann kann man das Unmögliche nicht wünschen, und die beiden eben genannten Fälle fallen einem inneren – wenn nicht logischen, so doch sicherlich pragmatischen – Widerspruch zum Opfer.

1) Seele unmenschlich – Gesicht unmenschlich – Gesichtsveränderung unmöglich.
2) Seele unmenschlich – Gesicht unmenschlich – Gesichtsveränderung möglich, aber nicht wünschenswert.
3) Seele unmenschlich – Gesicht unmenschlich – Gesichtsveränderung möglich und wünschenswert.
4) Seele menschlich – Gesicht unmenschlich – Gesichtsveränderung unmöglich.
5) Seele menschlich – Gesicht unmenschlich – Gesichtsveränderung möglich, aber nicht wünschenswert.
6) Seele menschlich – Gesicht unmenschlich – Gesichtsveränderung möglich und wünschenswert.

Nach diesen einleitenden Bemerkungen möchte ich anschließend kurz auf die Struktur des Buches eingehen. Das erste Kapitel ist hauptsächlich begrifflicher, das zweite hauptsächlich normativer und das dritte hauptsächlich empirischer Natur. Im ersten Kapitel wollen wir das Phänomen der Prostitution begrifflich bestimmen, d. h., wir wollen aus der Vielzahl an sexuellen Handlungen einen besonderen Handlungstyp herausgreifen und ihn als Prostitution bezeichnen. Dieser Handlungstyp soll dabei von ihm zum Teil ähnlichen Handlungstypen – wie etwa der Vergewaltigung, der Mitarbeit an einem pornographischen Film usw. – abgegrenzt und unterschieden werden. Die Prostitution wird dabei als eine Form der sogenannten Sexarbeit (*sex work,* wie der in der Fachliteratur sicherlich etwas geläufigere englische Begriff lautet) identifiziert werden, die sich in erster Linie dadurch von anderen Formen der Sexarbeit unterscheidet, daß es bei ihr zu einem unmittelbaren Körperkontakt zwischen der dienstleistenden und der ihre Dienste in Anspruch nehmenden Person kommt.

Das zweite Kapitel wird von der im ersten Kapitel gegebenen Bestimmung der Prostitution ausgehen und das Phänomen einer moralischen Analyse unterziehen. Dabei wird es uns vor allem darum gehen zu sehen, wo genau sich der moralische Wurm im Apfel der Prostitution befindet. Liegt er im Tausch als solchem, in der Natur der getauschten Güter (sexuelles gegen nichtsexuelles Gut), in dem beim Tausch eingesetzten Mittel (dem Körper) oder in der Modalität des Tausches (der Tausch kann freiwillig oder unfreiwillig sein)? Es wird sich zeigen, daß es keinen allgemeingültigen Grund gibt, um eine auf Freiwilligkeit beruhende prostitutionelle Handlung moralisch zu verurteilen.

Das dritte Kapitel wird sich der konkreten Wirklichkeit der Prostitution zuwenden und sich mit den Motiven der Kunden und der Prostituierten, aber auch mit dem Umfeld der Prostitution (Zuhälter, Anrainer, ...) befassen. Es soll des weiteren ein kurzer Überblick über fast drei Jahrtausende ‚Prostitutionspolitik' gegeben werden bzw. sollen wenigstens einige der wichtigsten Etappen des rechtlichen Umgangs mit der Prostitution nachgezeichnet werden.

In dem schlußfolgernden Teil soll dann schließlich die rechtliche Frage nicht mehr in historischer – wie im letzten Teil des dritten Kapitels –, sondern in rechtsethischer und rechtspragmatischer Perspektive aufgeworfen werden: Wie sollte ein Gemeinwesen mit der Prostitution umgehen?

Kapitel 1: Was ist Prostitution?

Viele werden diese Frage wahrscheinlich als überflüssig betrachten und mit dem amerikanischen Richter Potter Stewart – der sich im Urteil *Jacobellis vs. Ohio* allerdings nicht über Prostitution, sondern über Pornographie äußerte – sagen: „Ich erkenne sie (wieder), wenn ich sie sehe" – „I know it when I see it". Mit einer solchen Äußerung wird implizit ausgedrückt, daß es im Grunde genommen keiner genaueren Kennzeichnung des betreffenden Phänomens bedarf, da die Prostitution etwas ist, was wir *unmittelbar* mit Gewißheit erkennen können. Die Frage: „Woran erkennen Sie, daß es sich um Prostitution handelt?" klingt dann so komisch wie die Frage: „Woran erkennen Sie, daß dieser Gegenstand rot ist?" In beiden Fällen sehen wir es unmittelbar.

Wenn wir die erkenntnistheoretische in eine semantische Formulierung übersetzen, dann wird mit ihr implizit ausgedrückt, daß wir den Begriff *Prostitution* auch dann noch richtig anwenden können, wenn wir keine Liste der Anwendungsbedingungen des Begriffs aufstellen können. Wir wissen, *daß* Prostitution vorliegt, vermögen aber nicht zu sagen, was die Merkmale sind, die das *Wissen-daß* in uns auslösen. Eine berühmte, von Ludwig Wittgenstein in den *Philosophischen Untersuchungen* zitierte Passage des Augustinus von Hippo leicht umwandelnd – Augustinus spricht im Originaltext von der Zeit –, könnte man sagen: „Solange man mich nicht fragt, was die Prostitution ist, weiß ich, was sie ist. Wenn man mich aber fragt, was sie sei, dann weiß ich es nicht mehr."[1]

Auch wenn jeder von uns über ein implizites Vorwissen bezüglich des Wesens der Prostitution verfügt oder doch zu verfügen glaubt, entbindet uns dieses Vorwissen nicht davon, nach einer klar

---

[1] „Augustinus (Conf. XI/14): ‚quid est ergo tempus? si nemo ex me quaerat scio; si quaerenti explicare velim, nescio.' – Dies könnte man nicht von einer Frage der Naturwissenschaft sagen (etwa der nach dem spezifischen Gewicht des Wasserstoffs). Das, was man weiß, wenn uns niemand fragt, aber nicht mehr weiß, wenn wir es erklären sollen, ist etwas, worauf man sich *besinnen muß.* (Und offenbar etwas, worauf man sich aus irgendeinem Grunde schwer besinnt.)" (Wittgenstein 1982: Nummer 89).

artikulierten Definition zu suchen. Wenn das implizite Vorwissen uns auch in unserem alltäglichen Umgang miteinander genügen mag, kann man bei einer philosophischen Betrachtung der Prostitution nicht bei ihm stehenbleiben. Die Notwendigkeit einer möglichst genauen Bestimmung der Prostitution ist besonders für die Sphären des Rechts und der Politik wichtig. Schließlich muß man hier, wenn man die Prostitution bekämpfen will, wissen, was man genau bekämpfen möchte. Will man ganz allgemein gegen den Tausch eines sexuellen gegen ein nichtsexuelles Gut vorgehen, oder will man nur dann gegen einen solchen Tausch vorgehen, wenn ein Element von Zwang in ihm vorkommt? Ist der Zwang ein konstitutiver Bestandteil der prostitutionellen Beziehung oder nur ein diese Beziehung manchmal – oder vielleicht sogar oft – begleitendes Phänomen?

In diesem ersten Kapitel werden wir den Begriff der Prostitution auf denjenigen der prostitutionellen Beziehung zurückführen. Eine bestimmte Person kann im Laufe ihres Lebens keine, eine, mehrere oder viele prostitutionelle Beziehungen eingehen. Daß die *Zahl* der eingegangenen prostitutionellen Beziehungen sowie die Umstände, unter denen sie eingegangen werden, eventuell bestimmte Konsequenzen für die betroffene Person haben können, soll nicht bestritten werden. Doch dürfte es für eine die Sache selbst und nicht ihre mehr oder weniger kontingenten Begleiterscheinungen betrachtende Untersuchung zunächst keine Rolle spielen, wie oft und unter welchen konkreten Umständen eine Person eine prostitutionelle Beziehung eingeht. [2]

Man sollte also hier zwei Dinge auseinanderhalten. Einerseits die ethische Betrachtung der einzelnen prostitutionellen Handlung

---

2 Ein ägyptisches Gesetz aus dem Jahr 1961 macht die Prostitution nur dann strafbar, wenn sie gewohnheitsmäßig geschieht. Nicht bestraft wird also eine Frau, die *einmal* Geld im Austausch für eine sexuelle Handlung akzeptiert (diese Information ist folgender Internet-Site entnommen: http://www.lpj.org/Nonviolence/Sami/articles/frn-articles/Ethics.htm, dort Seite 5 von 17; die Einsicht erfolgte am 23.01.03). Mag es sicherlich rechtspragmatische oder vielleicht sogar rechtsethische Gründe geben, um eine Person erst dann zu bestrafen, wenn sie gewohnheitsmäßig prostitutionelle Handlungen ausführt, so ist doch aus ethischer Sicht nicht erkennbar, warum man die zweite prostitutionelle Handlung anders als die erste beurteilen sollte. Entweder ist eine Handlung an sich *strafwürdig*, oder sie ist es nicht. Die Strafwürdigkeit ist prinzipieller Natur. Ob man dann aber tatsächlich denjenigen bestraft, der die Handlung ausgeübt hat, kann von konkreten Umständen abhängen.

in dem, was sie zu einer prostitutionellen Handlung macht. Liegt schon in der einzelnen Handlung etwas, was diese zu einer moralisch verurteilenswerten macht? [3] Hiervon unterschieden ist andererseits die Frage, ob die Wiederholung solcher Handlungen zu einer moralischen Verurteilung führt – wobei es nicht unbedingt die diese Handlungen ausübende Person sein muß, die verurteilt wird. Die meisten Bücher über Prostitution befassen sich nur mit den Hobby- oder professionellen Prostituierten und fragen nicht nach der moralischen Natur der einzelnen prostitutionellen Handlung. Eine sich professionell prostituierende Person ist aber nichts anderes als eine Person, die zahlreiche prostitutionelle Handlungen ausübt. Man sollte dementsprechend die Betrachtung bei der prostitutionellen Handlung oder Beziehung ansetzen.

1. Realismus und Nominalismus: Definition und Wirklichkeit

Bevor wir uns dem Versuch einer Definition der Prostitution zuwenden, soll zunächst kurz ein Wort über Definitionen im allgemeinen und damit auch über das, was sie eigentlich leisten sollten bzw. was man von ihnen erwarten kann, gesagt werden.

Grob gesehen kann man zwischen zwei Typen von Definition unterscheiden: einerseits die sogenannte Real- und andererseits die sogenannte Nominaldefinition. Diese beiden Definitionstypen stehen nicht im luftleeren Raum, sondern sie verweisen, die eine auf eine realistische, die andere auf eine nominalistische Sicht der Begriffe. Diese zwei Ansichten sollen im folgenden kurz dargestellt werden, wobei wir auch schon kurz die Problematik der Prostitution anschneiden werden.

Der *Begriffsrealismus* geht davon aus, daß unsere allgemeinen Begriffe sich auf objektive Korrelate beziehen, die schon als solche klar abgegrenzt sind: Die Welt schreibt uns ganz genau vor, wo die Grenzen für die Anwendung eines Begriffes liegen. Es gibt also eine klar umrissene Wirklichkeit, die dem allgemeinen Begriff entspricht und die sich nicht auf die Vielheit der Phänomene reduzieren läßt, auf die wir den Begriff anwenden. Wir stehen also nicht

---

3   Und ich sehe hier einmal davon ab, ob man diese Verurteilung im Rahmen einer Ethik des guten Lebens oder in demjenigen einer Ethik des Gerechten formuliert.

vor einem schieren Chaos, in das wir zuallererst Ordnung bringen müssen, sondern die Wirklichkeit ist schon geordnet und unsere Erkenntnis muß sich an diese vorgegebene Ordnung anpassen.

Bei manchen Autoren – und ich denke hier natürlich in erster Linie an Platon und an seine Ideenlehre – wird diese Wirklichkeit als eine zeitlose, unveränderliche angesehen, so daß der Begriff dementsprechend auch niemals seine Bedeutung verändern kann. Im Rahmen einer solchen begriffsrealistischen Theorie besteht die Aufgabe einer Definition darin, das Wesen der objektiven, dem Begriff entsprechenden Wirklichkeit auszudrücken. Die durch die Definition gezogenen Grenzen – und wortwörtlich heißt „definieren" ja eigentlich nichts anderes als „begrenzen", „die Grenzen festlegen" – sollen nicht willkürlich sein, sondern den real existierenden Grenzen entsprechen.

Vor diesem Hintergrund hat es dann auch einen Sinn, von einer wahren und einer falschen Definition zu sprechen: Wahr ist eine Definition genau dann, wenn sie das ewige Wesen der objektiven Wirklichkeit richtig abbildet; falsch – oder doch zumindest ungenügend oder unangemessen – ist sie in allen anderen Fällen, wenn also die Grenzen nicht genau dort gezogen worden sind, wo sie die Wirklichkeit gezogen hat. In den meisten Fällen wird die Falschheit entweder darin bestehen, daß der objektiven Wirklichkeit, die wir als Korrelat des Begriffs annehmen, vergängliche, zufällige – akzidentelle, wie man in der philosophischen Fachsprache zu sagen pflegt – Merkmale zugesprochen werden, oder aber darin, daß man bestimmte wesentliche, nichtakzidentelle Merkmale vergißt. Die gegebene Definition kann also zu weit oder zu eng sein.

Der *Begriffsnominalismus* geht im Gegensatz dazu davon aus, daß die allgemeinen Begriffe sich nicht auf eine ihnen entsprechende, vorgegebene objektive Wirklichkeit beziehen, sondern er postuliert, daß eine Ordnung und Eingrenzung des Mannigfaltigen nur durch die ordnende Tätigkeit des menschlichen Geistes zustande kommen kann. Die allgemeinen Begriffe existieren weder vor noch in den Gegenständen, sondern gewissermaßen erst nach ihnen *(post rebus)*.

Aus nominalistischer Sicht gibt es letzten Endes nur konkrete Individuen bzw. konkrete Individualbeziehungen. Da aber eine Sprache, die jedem individuellen Objekt oder jeder individuellen Beziehung zwischen solchen individuellen Objekten einen eigenen

Namen zuordnen würde, äußerst kompliziert wäre, verwenden wir allgemeine Begriffe, durch die wir mehrere Individuen bezeichnen und durch die wir sie von den anderen Individuen abgrenzen können. Das Mannigfaltige der Wirklichkeit wird also erst durch unseren Geist vereinheitlicht, und unabhängig von dieser geistigen Einheit gibt es keine realexistierende Einheit.

Geschieht diese Abgrenzung auch nicht *völlig* willkürlich, so haftet ihr doch eine gewisse Dosis Willkür an. Was die Willkür einschränkt, ist die Tatsache, daß die Individuen sich in manchen Hinsichten wirklich ähneln, d. h. bestimmte Merkmale gemeinsam haben, und diese Ähnlichkeiten oder Gemeinsamkeiten legen bestimmte Abgrenzungen nahe. Allerdings legen sie diese nur *nahe:* Ob und vor allem in welchem Maße wir sie tatsächlich als Grundlage für unsere Abgrenzungen benutzen, hängt von unserer Entscheidung ab. Und diese kann weder wahr noch falsch sein, sondern höchstens nützlich oder unnütz im Hinblick auf bestimmte Zwecke oder Interessen.

Wer sich mit dem Phänomen der Prostitution befaßt, kommt nicht an der durch jede Diskussion vorausgesetzten Frage vorbei, ob der Begriff *Prostitution* eine ewige, unveränderliche objektive Wirklichkeit bezeichnet oder ob er lediglich bestimmte Merkmale zusammenfaßt, die wir bei einer großen Zahl von Einzelhandlungen feststellen können und die wir – aus welchen Gründen auch immer – herausgreifen und als relevant betrachten. Sagt uns die Wirklichkeit, was Prostitution ist, oder fassen wir mehrere ähnliche Phänomene unter diesen Begriff? Existiert die Idee der Prostitution in einer platonischen Ideenwelt, oder existiert der Begriff immer nur innerhalb bestimmter Kulturen? Der Prostitutionsbegriff der Römer zur Kaiserzeit könnte etwa ein anderer als der unsrige sein, und was wir heutigen Westeuropäer unter Prostitution verstehen, muß nicht dasselbe sein wie das, was in einer chinesischen Provinzstadt oder in einer zentralafrikanischen Kleinstadt darunter verstanden wird. Man kann sich sogar vorstellen, daß es Epochen oder Kulturen gibt, die überhaupt keinen Prostitutionsbegriff kennen. Das heißt dann aber, daß wir äußerst vorsichtig sein müssen, wenn wir unseren Prostitutionsbegriff gebrauchen, um bestimmte Phänomene in einem anderen Kulturkreis oder aus einer anderen Epoche zu kennzeichnen.

Diese Vorsicht müssen natürlich in erster Linie die Historiker walten lassen, wenn sie eine sogenannte „Weltgeschichte der Prostitution" verfassen wollen.[4] Und sie muß um so größer sein, als das Wort „Prostitution" ein wertgeladenes Wort ist, so daß die „Weltgeschichte der Prostitution" für viele mit einer „Weltgeschichte der sexuellen Unzucht" gleichgesetzt wird. Eine solche Weltgeschichte lehrt uns dann eigentlich mehr über die vom Autor – aber der Autor ist auch immer Ausdruck einer Zeit – verabscheuten sexuellen Praktiken als über das, was man gemeinhin unter Prostitution versteht.

Bevor wir uns also an eine Diskussion der Prostitution heranwagen, müssen wir entscheiden, ob wir von begriffsrealistischen oder von begriffsnominalistischen Prämissen ausgehen wollen, ob wir also voraussetzen, daß es den Gegenstand, über den wir reden wollen, als solchen tatsächlich gibt, unwandelbar und klar umgrenzt, oder ob wir nicht eher davon ausgehen sollten, daß es diesen Gegenstand als solchen, zumindest unter dieser unwandelbaren und klar umgrenzten Form, nicht gibt.

Ich werde hier den begriffsnominalistischen Standpunkt einnehmen, da ich die ontologischen Prämissen des begriffsrealistischen Standpunktes nicht teile. Und selbst wenn man dem Realisten die Richtigkeit seiner Prämissen zugesteht, wird man sich vor schwierige erkenntnistheoretische Probleme gestellt sehen: Wie kann man und wer kann das objektive Wesen der Prostitution mit Gewißheit erkennen?

Diese Entscheidung für begriffsnominalistische Prämissen heißt natürlich nicht, daß ich die Existenz einer Kernbedeutung des Prostitutionsbegriffs leugnen muß. Prostitution ist im wesentlichen, um es kurz zu formulieren, der Tausch eines sexuellen gegen ein nichtsexuelles Gut. Unsere Kultur, aber auch viele andere Kulturen, hat Handlungen mit diesem Merkmal als eine besondere Kategorie von Handlungen herausgegriffen und unter einen Begriff

---

4   Vor allem in den im 19. Jahrhundert verfaßten Weltgeschichten der Prostitution wird über alle Formen sexueller „Ausschweifung" berichtet. Ein Beispiel wäre hier etwa William W. Sanger: *The history of prostitution. Its extent, causes and effects throughout the world*, Amsterdam, 2002. Nachdruck der Ausgabe von 1897. In diesem Monumentalwerk wird über fast alle möglichen sexuellen Praktiken berichtet, die nicht der monogamen Ehe entsprechen. Im Jahre 1851 veröffentlichte Paul Lacroix – unter dem Pseudonym Pierre Dufour – eine dreibändige *Histoire de la prostitution chez tous les peuples du monde depuis l'antiquité la plus reculée jusqu'à nos jours*. Diese Ausgabe diente einem Autorenkollektiv als Grundlage für eine 1980 in Genf erschienene und bis ins 20. Jahrhundert reichende Geschichte, die allerdings nicht mehr eine *Histoire de la prostitution*, sondern eine – so der Titel – *Histoire de la galanterie* ist.

gebracht. Bestimmte dieser Handlungen hatten auch noch andere Eigenschaften: Sie führten etwa zur sozialen Stigmatisierung der sie ausübenden Person – zumindest derjenigen Person, welche das sexuelle Gut anbot. Diese Merkmale gehören aber m. E. nicht zum Wesen der Prostitution, sondern sind lediglich eine Begleiterscheinung. Andere Kulturen haben dieses Merkmal nicht herausgegriffen und als konstitutiv für eine bestimmte Art von Praxis betrachtet. Das heißt aber nicht, daß es diese Praxis bei ihnen nicht gab oder daß es bei ihnen keine Handlungen gab, die das Merkmal besaßen. So war etwa im Mittelalter die Promiskuität das wesentliche Merkmal der Prostitution, und man sprach auch dann noch von Prostitution, wenn die Frau sich nicht bezahlen ließ: Wichtig war nur, daß sie mit vielen Männern geschlechtlich verkehrte. Doch dieser Sprachgebrauch läßt die Frage nicht verschwinden, ob die Annahme von Geld oder einem sonstigen nichtsexuellen Gut die – für viele damalige Denker – schon moralisch verurteilenswerte Promiskuität nicht noch verurteilenswerter machte.

Handlungen mit anderen Merkmalen als den eben erwähnten – wie etwa: Geschlechtsverkehr zwischen zwei Personen mit unterschiedlichen Haarfarben – wurden nicht herausgegriffen und mit Hilfe eines spezifischen Begriffs abgegrenzt – obwohl dies durchaus möglich gewesen wäre. Aus begriffsnominalistischer Sicht heißt das, daß die meisten Kulturen das eine Merkmal als relevant, das andere hingegen als irrelevant betrachtet haben. Man kann allerdings nicht daraus schließen, daß es die Prostitution *wirklich* gibt, das andere Phänomen – die Allochromotrikophilie, wie man es nennen könnte – aber nicht. *Wirklich* gibt es immer nur eine Mannigfaltigkeit von individuellen Fällen und individuellen Handlungen, die sich in manchem ähneln und in manchem nicht.

Es ist die Relevanz eines bestimmten Merkmals, die uns dazu führt, diesem Merkmal einen definitorischen oder konstitutiven Rang zu geben, d. h. aus diesem Merkmal ein solches zu machen, mittels dessen wir eine Abgrenzung in der Mannigfaltigkeit vornehmen. Aus welchen Gründen auch immer wurde es ab einer bestimmten Stufe der menschlichen Entwicklung relevant, einen bestimmten Typ sexueller Handlungen herauszugreifen und diese Handlungen unter einen gemeinsamen Begriff – den Begriff der Prostitution – zu bringen.

Wann und wo der Begriff der Prostitution zuerst aufgetaucht ist, kann nicht belegt werden – obwohl selbstverständlich das (vermut-

lich) erste Auftreten des Wortes „Prostitution" in der geschriebenen
Sprache belegt werden kann. Wir haben allerdings gute Gründe
anzunehmen, daß sich der Begriff relativ früh gebildet hat, da man
das Phänomen der Prostitution schon bei den ersten Hochkulturen
wiederfindet – und sogar schon in der Tierwelt, wie wir noch im
letzten Teil dieses Kapitels sehen werden, lassen sich Phänomene
belegen, die der Prostitution durchaus ähnlich sind.

Es dürfte allerdings nicht einfach sein zu sagen, was die „Erfinder"
des Begriffs genau mit ihm bezeichnen wollten bzw. ob für sie neben
dem Element des Tauschs eines sexuellen gegen ein nichtsexuelles
Gut noch andere Elemente wichtig waren: sei es im Hinblick auf die
Modalitäten des Tauschs, die Natur des nicht sexuellen Guts oder das
Verhältnis der Tauschenden zueinander. Doch wie dem auch sei: Der
Begriff der Prostitution hat für uns eine Kernbedeutung, und diese
muß von allen anderen Elementen isoliert werden.

Das beste wäre vielleicht, ganz auf das Wort „Prostitution" zu
verzichten, und dies aus mehreren Gründen. Erstens wird es sehr
unterschiedlich verwendet, so daß, wo die einen schon Prostitution
sehen, die anderen nur Promiskuität feststellen. Und ein zweiter
Grund ist folgender: Die konnotative Dimension des Wortes hat
heute schon fast die Oberhand über seine denotative Dimension
gewonnen. Indem man ein Phänomen als Prostitution bezeichnet,
will man es sehr oft nicht auf eine neutrale und objektive Art und
Weise kennzeichnen, sondern man will es verurteilen. Dies gilt
natürlich in einem noch viel größeren Maß für die Wörter Hure,
Hurerei usw.

Wenn man sich ein moralisches Urteil über die Prostitution bilden will, dann muß man sich immer der Tatsache bewußt sein, daß
man sich ein Urteil über den Tausch eines sexuellen gegen ein nichtsexuelles Gut bilden will und kein Urteil über die sexuelle Ausbeutung der Frau oder über das Patriarchat im allgemeinen. Eine philosophische Analyse der Prostitution muß zunächst geschlechtsneutral
sein und von den real existierenden Geschlechtsverhältnissen oder
anderen Faktoren, wie etwa den gesellschaftlichen Verhältnissen,
absehen.[5] Erst in einem zweiten Schritt können auch diese Elemen-

---

5   Laurie Shrage meint, es gäbe keinen einheitlichen Gegenstand, den man Prostitu-
     tion nennen und den man unabhängig von dem Hintergrund eines kulturellen
     Rahmens bewerten könnte (Shrage 1994: 119). Es stimmt zwar, daß die prostitu-
     tionelle Beziehung – verstanden als Tausch eines sexuellen gegen ein nichtsexuelles

te berücksichtigt werden. Sie sind vor allem dann wichtig, wenn man sich die Frage nach der rechtlichen Regulierung des Phänomens stellt, da das Recht immer den konkreten Bedingungen Rechnung tragen muß: Das Recht regelt nicht die Prostitution als solche, sondern die Prostitution innerhalb einer bestimmten Gesellschaft.

Angesichts der vorhergehenden Überlegungen soll also festgehalten werden, daß wir hier den Begriff der Prostitution für ein bestimmtes Phänomen gebrauchen werden, nämlich für den Tausch eines sexuellen gegen ein nichtsexuelles Gut. Wer mit dem Wort Prostitution andere Phänomene bezeichnen will, kann dies selbstverständlich tun. Das wird ihn aber nicht von der Aufgabe einer moralischen Bewertung des Tausches eines sexuellen gegen ein nichtsexuelles Gut befreien. Und um diese Bewertung geht es letzten Endes, mit welchem Wort man auch immer diesen Tausch bezeichnen mag.

2. Prostitution als sexuelle Beziehung

Die Menschen gehen im Laufe ihres Lebens vielerlei Arten von mehr oder weniger dauerhaften und sie prägenden Beziehungen miteinander ein: Sie reden miteinander, sie arbeiten miteinander, sie singen miteinander usw. Und sie gehen auch sexuelle Beziehungen miteinander ein. Was ist das Spezifikum dieser Art von Beziehung, oder anders gesagt, was macht das Sexuelle einer Beziehung aus?

Seit der im Überfluß mediatisierten Affäre des ehemaligen amerikanischen Präsidenten Bill Clinton mit Monica Lewinski wissen wir, daß man sich hinsichtlich der genauen Natur einer *sexuellen* Beziehung zu fast schon jesuitischen Haarspaltereien hinreißen lassen kann. Clintons berühmtes kategorisches „I did not have sex with that woman" sollte eigentlich bedeuten: „Ich hatte keinen *vaginalen Geschlechtsverkehr* mit dieser Frau." Der Begriff der sexuellen Handlung wurde hier von Clinton ziemlich eng gefaßt. Daß sich im Oval Office etwas anderes als vaginaler Geschlechts-

---

Gut – immer nur im Rahmen einer bestimmten gesellschaftlichen Struktur existiert, die ihr eine bestimmte Form verleiht. Doch sollte uns das nicht daran hindern, die prostitutionelle Beziehung, so gut es nur geht, in ihrer Reinheit zu betrachten, d. h. von den real existierenden kontingenten Faktoren zu abstrahieren. Tut man das nicht, so läuft man Gefahr, diese Faktoren und nicht die Prostitution zu beurteilen.

verkehr ereignet hatte, sollte dadurch selbstverständlich nicht geleugnet werden, nur sollten diese Handlungen nicht unter den Begriff „sex" fallen. Dabei ging es Clinton selbstverständlich nicht darum, einen Begriff genau zu definieren, sondern er wollte sich ganz einfach aus einer für ihn sehr peinlichen Affäre ziehen.

Für die meisten von uns war das, was sich im Weißen Haus zwischen Clinton und Lewinski ereignet hat, eindeutig eine sexuelle Beziehung. Sie hatten zwar nicht, wie man euphemistisch zu sagen pflegt, „miteinander geschlafen", aber sie hatten sich auch nicht damit begnügt, schön brav Händchen zu halten. Es war u. a. zu oralem Sex gekommen, und oraler Sex ist eine Form von sexueller Beziehung oder ein Bestandteil einer solchen Beziehung.

Doch was macht eigentlich eine Beziehung zu einer sexuellen? Insofern wir die Prostitution als eine Form von sexueller Beziehung kennzeichnen wollen, ist es wichtig, daß wir uns zunächst einmal Gedanken über das eigentlich Sexuelle an einer Beziehung machen.

Ist eine Beziehung schon deshalb sexueller Natur, weil an ihr die sexuellen Teile des Körpers beteiligt sind – also etwa die Geschlechtsteile, bestimmte sekundäre Geschlechtsmerkmale (etwa die Brüste) und eventuell noch bestimmte sogenannte erogene Zonen?[6] Dies würde zu weit greifen, denn wir müßten dann auch z. B. viele medizinische Handlungen unter den Begriff des Sexuellen bringen. Wenn etwa ein Arzt einen Patienten an den Geschlechtsteilen operiert, um etwa einen Tumor zu entfernen, kann die Operation wohl kaum als sexuelle Handlung angesehen werden, sondern es handelt sich bei ihr um eine medizinische Handlung. Und auch wenn z. B. ein Elternteil die Geschlechtsteile des Kindes wäscht, weil die Körperhygiene und damit auch die Gesundheit des Kindes es verlangt, wird man nicht von einer sexuellen Handlung sprechen können – auch wenn wir in einer Gesellschaft leben, in der ein bestimmtes öffentliches Gewissen hinter jeder solchen Handlung schon erste Anzeichen von Pädophilie vermutet und die Handlung demnach sexuell konnotiert.[7]

6   Der *Wordsworth Dictionary of Sex* unterscheidet zwischen primären und sekundären erogenen Zonen. Zu den zweiten gehören die Brüste, die Nase, die Ohren „und in einem gewissen Maße die gesamte Hautoberfläche".

7   Der Begriff der sexuellen Handlung wird aber manchmal viel weiter gefaßt: „In der juristischen Kasuistik steht fest, daß das Antasten der erogenen Zonen eine sexuelle Handlung darstellt, auch wenn es einen Zweck verfolgt, der von jeder sexuellen

Sollen wir also sagen, daß eine Beziehung dann zu einer sexuellen wird, wenn die Geschlechtsteile der *beiden* Partner beteiligt sind? Diese Kennzeichnung lag gewissermaßen der Clintonschen Verteidigung zugrunde, als der amerikanische Präsident ausdrücklich bestritt, „sex" mit Lewinski gehabt zu haben. Insofern aber die allermeisten von uns die Beziehung Clinton–Lewinski durchaus als eine sexuelle bezeichnen würden, scheint diese Kennzeichnung zu kurz zu greifen. Eine sexuelle Beziehung kann also auch dann vorliegen, wenn nur die Geschlechtsteile eines Partners involviert sind.[8]

Wir haben bislang vornehmlich von einer sexuellen *Beziehung* gesprochen. Wir sollten vielleicht zunächst einen noch grundlegenderen Begriff klären, nämlich denjenigen der sexuellen *Handlung*. Dieser Begriff ist fundamentaler als derjenige der sexuellen Beziehung. Sexuelle Handlungen brauchen nämlich nicht unbedingt im Rahmen einer sexuellen Beziehung zwischen zwei oder mehreren Personen ausgeübt zu werden. So ist etwa die Masturbation eine Form von sexueller Handlung, die man zwar auch im Rahmen einer sexuellen Beziehung ausführen kann – der *Wordsworth Dictionary of Sex* spricht in diesem Fall von „mutual masturbation", also von gegenseitiger Masturbation –, die man aber meistens selbst und für sich ausführt – und in diesem Fall kann man dann statt von Masturbation – aus dem lateinischen „manus stuprare" = „sich selbst mit der Hand beschmutzen" – auch von Selbstbefriedigung sprechen.[9]

Wenden wir unseren Blick also von der Beziehung auf die Handlung: Was macht aus einer Handlung eine *sexuelle?* Handelt

---

Beimischung frei ist (z. B. aus Verachtung geschieht oder um jemanden zu verletzen oder sogar nur aus Spaß)" (Cordovana 2002: 45). Gemäß der hier von Cordovana erwähnten juristischen Kasuistik liegt also eine sexuelle Handlung vor, wenn ein Elternteil seinem Kind die Genitalien – eine primäre erogene Zone gemäß dem *Wordsworth Dictionary of Sex* – wäscht.

8   Und es muß nicht einmal unbedingt zu einem Körperkontakt zwischen den beiden Partnern kommen. Cordovana erwähnt folgenden Fall, der vor ein italienisches Gericht kam: Ein Arzt, der die Genitalien einer Frau untersuchen sollte, hatte der Patientin gesagt, sie müsse sich ihre Genitalien streicheln, damit die Untersuchung optimal verlaufen könne. Während die Frau dies tat, wurde sie von einer versteckten Kamera gefilmt. Die Affäre flog auf, und der Arzt wurde wegen sexueller Gewalt verurteilt (Cordovana 2002: 44).

9   Im Fall der Masturbation kann es natürlich eine virtuelle sexuelle Beziehung zu einer anderen Person geben, etwa wenn man sich bei der Selbstbefriedigung vorstellt, Geschlechtsverkehr mit dieser Person zu haben.

man sexuell bzw. führt man eine sexuelle Handlung aus, wenn man sich einen pornographischen Film anschaut? Wenn wir diese Frage angemessen beantworten wollen, dann müssen wir noch tiefer als nur zur Handlung vordringen. Eine Handlung setzt nämlich immer eine Absicht voraus, so daß wir uns also über den Begriff der sexuellen *Absicht* Klarheit verschaffen müssen, wenn wir den Begriff der sexuellen Handlung klären wollen. Es ist nämlich nicht dasselbe, ob man sich einen pornographischen Film mit einer wissenschaftlichen oder mit einer sexuellen Absicht anschaut. Wer sich etwa den Film *nur* anschaut, weil er dabei ist, eine Dissertation über die Geschichte des pornographischen Filmes zu schreiben, der schaut sich den Film primär, wenn nicht sogar ausschließlich, mit einer rein wissenschaftlichen Absicht an. Er erwartet sich im Prinzip nichts anderes, als neue Informationen für seine Arbeit zu gewinnen. Die sexuelle Absicht kann sich natürlich der wissenschaftlichen Absicht zugesellen – oder auch umgekehrt –, doch sollten beide klar auseinandergehalten werden.

Was müßte der Fall sein, damit er sich den Film nicht mehr mit einer wissenschaftlichen, sondern mit einer sexuellen Absicht anschaut? Worin besteht das eigentlich Sexuelle einer Absicht? Wer etwas mit einer bestimmten Absicht tut, der tut es gewöhnlich auch im Hinblick auf einen bestimmten Zweck: Er will etwas, und weil er dieses Etwas will, führt er die Handlung aus. Wer sich also einen pornographischen Film mit einer sexuellen Absicht anschaut, verfolgt dabei einen bestimmten, sexuellen Zweck. Der Begriff der sexuellen Absicht verweist uns auf den Begriff des sexuellen *Zwecks.* Dieser Zweck, so unsere These, ist die sexuelle Stimulierung und gegebenenfalls die sexuelle Befriedigung, welche der sich in der sexuellen Stimulierung ausdrückenden Spannung ein Ende bereitet.[10] Wer einen sexuellen Zweck verfolgt, sucht also nach sexueller Stimulierung und gegebenenfalls Befriedigung, wobei es keine

---

10 Kapitel 567 der *Missouri Revised Statutes* definiert den sexuellen Kontakt im Hinblick auf die Prostitution wie folgt: „jedes Anfassen, mit Hilfe der Hand oder anderswie, des Analbereichs oder der Genitalien einer Person durch eine andere, mit der Absicht, die sexuelle Begierde einer der beiden Parteien zu erregen oder zu befriedigen" (http://www..moga.state.mo.us/statutes/C500-599/5670010.HTM, dort Seite 1 von 2; eingesehen am 9.12.02). Solomon hat einen weiteren Begriff der sexuellen Handlung: Für ihn ist eine Handlung dann sexuell, wenn sie ein „Verlangen nach körperlichem Kontakt mit einem anderen Menschen" ausdrückt (Solomon 2000: 64).

Rolle spielt, ob er sich selbst oder ob er eine andere Person sexuell stimuliert oder befriedigt. Die sexuelle Stimulierung und gegebenenfalls Befriedigung ist der Zweck, zu dem die sexuelle Handlung ausgeführt wird – was selbstverständlich nicht ausschließt, daß man mit der Handlung auch noch gleichzeitig viele andere Zwecke verfolgen kann.[11]

Doch was sind eigentlich die sexuelle Stimulierung und die sexuelle Befriedigung? Haben wir hier nicht das definitorische Problem lediglich verschoben, statt es einer Lösung näher zu bringen? Im Gegensatz zu den Begriffen der sexuellen Handlung, der sexuellen Absicht und des sexuellen Zwecks, die sie erklären sollen, handelt es sich bei den Begriffen der sexuellen Stimulierung und Befriedigung um primär physiologische Begriffe. Man kann heute den Grad der sexuellen Stimulierung wissenschaftlich messen, und auch die sexuelle Befriedigung – die allerdings nicht mit der sexuellen Zufriedenheit gleichgestellt werden kann – läßt sich in der klinischen Sprache der Physiologen ausdrücken. Sowohl während der Phase der sexuellen Erregung wie im Moment des sogenannten Höhepunktes wie auch in der abklingenden Phase ereignen sich bestimmte körperliche Veränderungen, die von der betroffenen Person auf eine bestimmte subjektive Art und Weise erlebt werden.

Sind die sexuelle Erregung und Befriedigung wirklich *nichts anderes* als diese physiologischen Phänomene? Kann man das Sexuelle auf etwas rein Physiologisches reduzieren? Bedarf es nicht etwa auch eines bestimmten Kontextes, in dem sich diese physio-

---

11 Wenn etwa zwei Liebende sich gegenseitig sexuell befriedigen, dann geht es ihnen selbstverständlich nicht nur darum, die von ihnen selbst geschaffene sexuelle Spannung abzubauen, sondern die sexuelle Handlung hat für sie u. a. auch eine kommunikative Funktion: In ihr drücken sie ihre Liebe und ihre Nähe zueinander aus. In diesem Zusammenhang schreibt Robert Solomon: „Der Orgasmus ist allenfalls in dem Sinn das ‚Ziel' sexuellen Handelns, in dem das Herunterschlucken beim Kosten einer Sachertorte das ‚Ziel' ist" (Solomon 2000: 49). Dazu würde ich folgendes anmerken: Wer eine Sachertorte ißt, tut es gewöhnlich, um eine geschmackliche Befriedigung zu erleben. Diese läßt sich selbstverständlich nicht mit einem Reiz der Geschmackszentren auf der menschlichen Zunge gleichsetzen, da sie nämlich auch eine geistige Dimension hat. Das Essen der Sachertorte zielt also nicht auf das bloße Herbeiführen bestimmter chemischer Reaktionen ab, sondern auf ein bestimmtes Erleben. Im Falle des sexuellen Handelns kann gesagt werden, daß auch dieses auf ein bestimmtes Erleben abzielt, wobei der Orgasmus das biologische oder natürliche Ereignis ist, durch welches dieses Erleben herbeigeführt wird. Wenn wir im Text von sexueller Befriedigung sprechen, meinen wir damit nicht nur die rein physiologischen Vorgänge, sondern auch das subjektive Erleben dieser Vorgänge.

logischen Reaktionen abspielen? Angenommen, jemand zeigt die physiologischen „Symptome" einer sexuellen Erregung, ohne daß aber irgendein Element vorhanden ist, das zu einer solchen Erregung führt – Vorstellungen, Bilder, reale Personen usw. Es gäbe also keine sexuelle Ursache für die sexuelle Erregung. Ist es dann aber noch eine *sexuelle* Erregung?[12]

Auf diese Frage gibt es eigentlich keine „richtige", wissenschaftlich korrekte Antwort. Man kann durchaus behaupten, daß ein physiologischer Zustand nicht *per se* einen Zustand sexueller Erregung darstellt, sondern daß er es nur dann ist, wenn er durch eine sexuelle Ursache hervorgerufen wurde. Wenn man dann allerdings die sexuelle Ursache als eine solche bestimmt, welche bei den meisten Menschen einen Zustand sexueller Erregung hervorruft, dann läuft man Gefahr, sich im Kreis zu drehen. Denn entweder bestimmt der Charakter der Ursache den Charakter der Erregung, oder der Charakter der Erregung bestimmt den Charakter der Ursache. Einer der beiden Begriffe muß unabhängig von dem anderen bestimmt werden. Wir werden im folgenden davon ausgehen, daß das Sexuelle – sofern wir von der mit ihm möglicherweise verbundenen emotionalen Erlebnisdimension absehen – sich letzten Endes auf bestimmte physiologische Reaktionen reduzieren oder doch zumindest zurückführen läßt.

Im Jahre 1999 hat ein italienisches Gericht gemeint, es gäbe weder in der Umgangssprache noch in der wissenschaftlichen Literatur einen allgemein akzeptierten Begriff der sexuellen Handlung. Drei Jahre zuvor hatte aber ein anderes italienisches Gericht versucht, eine objektive Definition der sexuellen Handlung zu geben. Als sexuell bezeichnete es „jede Verhaltensweise, die im Rahmen einer interpersonalen Beziehung Ausdruck der Absicht ist, den Instinkt zu befriedigen, verbunden mit den genitalen anatomischen Eigenschaften des Individuums". Diese Verhaltensweise muß des weiteren „eine Berührung jener Körperteile des Gegenübers [darstellen], die – im Normalfall – Gegenstand des Vorspiels sein können, das zum vollen Reiz oder zum Höhepunkt führt" (Cordovana 2002: 39). Insofern diese Definition die sexuelle Handlung in eine interpersonale Beziehung einschreibt, ist die Selbstbefriedi-

---

12   Man könnte in diesem Zusammenhang auch den Fall der nächtlichen Pollution erwähnen, wobei allerdings bemerkt werden muß, daß diese Pollution höchstens ein sexuelles Ereignis und keine sexuelle Handlung ist.

gung keine sexuelle Handlung, da ihr die interpersonale Dimension fehlt.[13]

Wir wollen eine Handlung genau dann als *sexuelle* Handlung bezeichnen, wenn sie mit der ausdrücklichen Absicht ausgeführt wird, sich selbst oder eine andere Person sexuell zu erregen und eventuell sexuell zu befriedigen – was natürlich nicht ausschließt, daß auch noch andere Absichten gegeben sein können. Durch seine Handlung will der Handelnde bestimmte physiologische Reaktionen – um ihrer selbst willen oder als Mittel zu einem darüber hinausliegenden Zweck – bei sich selbst oder bei einem anderen hervorrufen. Die sexuelle Natur der Handlung hängt also ganz eng mit der Absicht des Handelnden zusammen: Wenn eine Person eine andere Person durch eine bestimmte Handlung sexuell erregt, ohne dies aber im geringsten beabsichtigt zu haben, liegt keine sexuelle Handlung vor.[14] Eine nichtsexuelle Handlung kann also durchaus zu sexuellen Konsequenzen führen. Es gilt aber auch: Wenn eine Person eine Handlung ausführt, um eine andere Person – gegebenenfalls aber auch sich selbst – sexuell zu erregen, es aber zu keiner Erregung kommt, dann ist die Handlung trotzdem eine sexuelle Handlung. Es zählt also nicht das Ergebnis, sondern bloß die Absicht.

Eine sexuelle Beziehung wollen wir dementsprechend als eine Beziehung bezeichnen, in welcher zumindest eine der implizierten Personen eine sexuelle Handlung ausführt. In diesem Sinne war

---

13 Auch für Alan Goldman scheint es sexuelles Handeln nur im Rahmen einer intersubjektiven Beziehung geben zu können. Er definiert das sexuelle Verlangen nämlich „als ein Verlangen nach körperlichem Kontakt *mit einer anderen Person* und nach der Lust, die ein solcher Kontakt hervorbringt; sexuelles Handeln ist ein Handeln, das darauf abzielt, ein solches Verlangen des Handelnden zu befriedigen" (Goldman 2000: 62 – Hervorhebung N. C.). Es wäre besser gewesen zu sagen, daß sexuelles Handeln ein Handeln ist, mit dem man sexuell erregen oder befriedigen will, wobei man dies auch – aber nicht nur – durch körperlichen Kontakt mit einer anderen Person erreichen kann. Die Selbstbefriedigung mag zwar eine minderwertige Form sexuellen Handelns sein, doch ist sie nichtsdestoweniger eine Form sexuellen Handelns.

14 Man denke hier etwa an den Fall eines Frauenarztes, der bei einer Untersuchung der Geschlechtsteile der Patientin ungewollt eine sexuelle Erregung bei dieser hervorruft. Oder wenn eine erwachsene Person einem Kind auf den nackten Hintern schlägt und das Kind dabei eine Erektion bekommt – wie es nach seinen eigenen Worten Jean-Jacques Rousseau ergangen ist –, dann kann man die Handlung der erwachsenen Person nicht als sexuelle Handlung bezeichnen, da die Erregung nicht beabsichtigt war.

das, was zwischen Bill Clinton und Monica Lewinski stattfand, durchaus eine sexuelle Beziehung – denn ich will einmal voraussetzen, daß zumindest einer der beiden Beteiligten den anderen sexuell erregen und sexuell befriedigen wollte.

Legt man diese Definition der sexuellen Beziehung zugrunde, so wird man auch in der Prostitution eine Form von sexueller Beziehung sehen müssen, da auch hier zumindest eine der beteiligten Personen die Absicht hat, die andere sexuell zu befriedigen.

3. Prostitution als sexuelle Tauschbeziehung

Daß es sich bei der Prostitution um eine sexuelle Beziehung handelt, dürfte – setzt man unsere Bestimmung der sexuellen Beziehung voraus – wohl von niemandem in Frage gestellt werden. Problematisch ist allerdings, was den eigentlichen Charakter dieser Art von sexueller Beziehung ausmacht, die wir als Prostitution bezeichnen. Wie unterscheidet sich eine prostitutionelle Beziehung von anderen Formen sexueller Beziehungen? Ihr *genus proximus* ist die sexuelle Beziehung, aber was ist ihre *differentia specifica,* also das, was nur sie und keine der anderen Arten der sexuellen Beziehung hat? Nur wenn es uns gelingt, diese *differentia specifica* festzulegen, wissen wir, wovon wir reden, wenn wir von Prostitution reden. Diese spezifische Differenz, so unsere These, liegt darin, daß bei der Prostitution die sexuelle Erregung oder Befriedigung durch einen *direkten Körperkontakt* vermittelt wird.[15]

15 Dieses Merkmal finden wir in vielen juristischen Bestimmungen wieder. So meinte etwa das französische Kassationsgericht 1996, Prostitution bestünde darin, daß man sich, gegen eine Entschädigung, auf körperliche Kontakte einlasse, welcher Natur sie auch immer sein mögen, mit dem Ziel, die sexuellen Bedürfnisse von jemandem zu befriedigen (cf. Ouvrard 2000: 19). Wir haben hier folgende Oppositionspaare: gegen Entschädigung/umsonst; mit körperlichem Kontakt/ohne körperlichen Kontakt; zwecks Befriedigung der sexuellen Bedürfnisse/zu anderem Zweck als der Befriedigung der sexuellen Bedürfnisse. Das ergibt insgesamt acht Möglichkeiten – wobei der Begriff der sexuellen Befriedigung denjenigen der sexuellen Erregung enthalten soll:

1. gegen Entschädigung/körperlicher Kontakt/zwecks Befriedigung der sexuellen Bedürfnisse

2. gegen Entschädigung/körperlicher Kontakt/anderer Zweck als sexuelle Befriedigung

3. gegen Entschädigung/kein körperlicher Kontakt/zwecks Befriedigung der sexuellen Bedürfnisse

Bestimmte radikale Gegner oder Gegnerinnen der Prostitution – aber auch bestimmte sich prostituierende Personen – behaupten diesbezüglich, daß es bei der Prostitution zum Verkauf des Körpers kommt: Eine sich prostituierende Person ist eine Person, welche ihren *Körper verkauft*, damit andere daraus sexuelle Befriedigung ziehen können. Indem sie aber ihren Körper derart verkauft, verkauft sich die sich prostituierende Person selbst. Legt man diese Bestimmung zugrunde, so ist es natürlich nur ein kleiner Schritt bis zu der jeden möglichen Kontrahenten moralisch vernichtenden Behauptung, Prostitution sei nichts anderes als eine moderne Form der Sklaverei. Hier wird Prostitution nur im Rahmen des Menschenhandels gesehen.

Wenn wir aber den Rahmen des organisierten Menschenhandels verlassen und uns dem Fall der unabhängig arbeitenden prostituierten Person zuwenden, so sieht man, daß die Rede von einem Verkauf des eigenen Körpers unangemessen ist. Wenn jemand mir etwas verkauft, dann verliert er sein Recht auf den Gebrauch des verkauften Gegenstandes. Wenn er dieses Recht wiedererlangen will, dann muß er mir den Gegenstand wieder abkaufen bzw. warten, bis ich ihn ihm schenke und dadurch mein Besitzrecht aufgebe. Durch den von mir getätigten Kauf wird der Gegenstand zu meinem Eigentum.

4. gegen Entschädigung/kein körperlicher Kontakt/anderer Zweck als sexuelle Befriedigung

5. ohne Entschädigung/körperlicher Kontakt/zwecks Befriedigung der sexuellen Bedürfnisse

6. ohne Entschädigung/körperlicher Kontakt/anderer Zweck als sexuelle Befriedigung

7. ohne Entschädigung/kein körperlicher Kontakt/zwecks Befriedigung der sexuellen Bedürfnisse

8. ohne Entschädigung/kein körperlicher Kontakt/anderer Zweck als sexuelle Befriedigung

Fall 1 entspricht der Prostitution. Fall 2 entspräche z.B. dem Arzt, der meinen Körper abfühlt. Fall 3 entspricht etwa dem Telefonsex. Als Beispiel für Fall 4 könnte man einen Anwalt nennen, der sich bezahlen läßt, um mich vor Gericht zu verteidigen. Fall 5 wäre der Geschlechtsverkehr zwischen sich liebenden Partnern. Als Beispiel für Fall 6 ließe sich etwa folgendes angeben: Ein Ehepartner, der dem anderen eine schmerzhafte Stelle auf dem Rücken einsalbt. Bei Fall 7 könnte man an folgende Situation denken: Zwei Liebende schreiben sich feurige Liebesbriefe, durch die der andere sexuell erregt werden soll. Und Fall 8 wäre z. B., wenn A dem B bei der Gartenarbeit behilflich ist.

Inwiefern läßt sich nun behaupten, der Körper der sich prostituierenden Person werde zum Eigentum des Klienten oder der Klientin? Einmal abgesehen davon, daß man den eigenen Körper nicht im eigentlichen – juristisch relevanten – Sinne des Wortes verkaufen kann[16], wäre die Rede vom Verkauf des Körpers auch noch dann unangemessen, wenn das Recht es den Individuen erlauben würde, ihren Körper als solchen zu verkaufen. Angenommen, Person A verkauft ihren Körper an Person B. Dann gehört der Körper von A der Person B. Doch was geschieht, wenn B die sich prostituierende Person verläßt? Bleibt der Körper von A dann noch immer Eigentum von B? Soll man behaupten, daß Person B, wenn sie A verläßt, dadurch letzterer Person ihren Körper zurückschenkt, so daß A ihren Körper wieder an eine andere Person verkaufen kann? Oder soll man etwa sagen, daß A ihren Körper von B zurückkauft? Aber wann geschähe dieser Rückkauf, und womit würde er getätigt werden?

Um diesen Fragen zu entgehen, könnte man behaupten, daß die sich prostituierende Person ihren Körper nicht jeweils an einzelne Personen verkauft, sondern an ein Kollektivsubjekt. Konkreter: Die Prostituierten verkaufen ihren Körper an die Männerwelt. Der Körper der sich prostituierenden Person wird somit zum Gemeineigentum, und jedes Mitglied der kaufenden Gruppe erhält dadurch das Recht, diesen Körper zu gebrauchen, aber nur unter der Bedingung, daß er auch alle anderen Gruppenmitglieder den Körper gebrauchen läßt.[17]

Mit dieser Konstruktion entgeht man tatsächlich den eben aufgeworfenen Problemen. Allerdings wird man angeben müssen,

---

16 Ein Verkaufsvertrag, durch welchen jemand seinen Körper verkaufen würde, hätte in den meisten heutigen Rechtssystemen keinen juristischen Wert.

17 In ihrer Studie über die Prostitution im mittelalterlichen England schreibt Ruth Mazo Karras: „Im England des Mittelalters war eine ‚common woman' eine Frau, die viele Sexualpartner hatte, wobei sie oft Geld verlangte. Irgendeine Frau, die nicht unter der Herrschaft eines Mannes – Ehemann, Vater, Meister – stand, lief Gefahr, daß ihr unabhängiges Verhalten dazu führte, daß man sie als Hure (whore) bezeichnete. Die mittelalterliche Gesellschaft versuchte, solche Frauen zu kontrollieren, indem sie sie so behandelte, als ob sie den Männern im allgemeinen gehörte (obwohl nicht als rechtmäßiges Eigentum)" (Karras 1996: 3). Man ging also davon aus, daß eine Frau nicht frei sein konnte, sondern immer zumindest einem Mann unterworfen sein mußte. Wenn nun eine Frau keinem spezifischen Mann unterworfen war, sondern es unspezifisch mit jedem Mann „trieb", sann man sich den Gedanken einer gemeinschaftlichen Herrschaft aus. Die Prostituierte ist also nicht einem, sondern allen Männern unterworfen.

wann der Verkauf des Körpers an das Kollektivsubjekt geschehen ist und wer das Kollektivsubjekt beim Kauf vertreten hat. Hinzu kommt, daß das betreffende Kollektivsubjekt, wenn man es etwa mit der Männerwelt gleichsetzt, kein institutionalisiertes Subjekt, d. h. keine moralische Person ist. Man arbeitet also hier mit Fiktionen, d. h., man tut so, *als ob* es ein bestimmtes Subjekt tatsächlich gäbe, das bestimmte Absichten hegt und bestimmte Akte vollziehen kann. Wie nützlich solche Konstruktionen – als Schreckbild – auch für den militanten Kampf der Feministinnen gegen das Patriarchat sein mögen, einer genaueren philosophischen Analyse halten sie nicht stand.

Wer die Rede vom Verkauf des eigenen Körpers auf den Fall der Prostitution anwenden will, muß sich des weiteren die Frage gefallen lassen, wieso man diese Rede – und die mit ihr einhergehende Verurteilung, denn darum dreht es sich letztendlich – nicht auch auf andere Gebiete anwenden sollte. Was sollte man etwa von professionellen Rettungsschwimmern sagen? Verkaufen nicht auch sie ihren Körper? Oder nehmen wir das Beispiel von Personen, die ihren Körper für Modenschauen zur Verfügung stellen? Oder denken wir auch an professionelle Fußballspieler, für die es einen institutionalisierten Markt gibt? Warum sollte man nicht auch von ihnen sagen, daß sie ihren Körper verkaufen oder daß ihr Körper verkauft wird?

Wir werden noch im zweiten Kapitel auf diesen Punkt zurückkommen. Halten wir vorerst fest: Innerhalb der mafiös organisierten Prostitution werden tatsächlich Menschen verkauft. Der prostitutionelle Akt als solcher muß aber nicht mit einem Verkaufsakt gleichgesetzt werden, bei dem eine Person A den Körper – oder auch nur bestimmte Körperteile – einer Person B kauft. Wie Wendy Chapkis zu Recht sagt: „Eines der tiefsten Mißverständnisse bezüglich der sexuellen Arbeit (sex work) liegt darin, daß [man meint], es impliziere den Kauf des Körpers der Prostituierten für jedweden sexuellen Gebrauch" (Chapkis 2000: 181).[18] Dieses Mißverständnis ist allerdings nicht immer zufällig und erfolgt manchmal absichtlich: Es ist eine sehr nützliche Waffe im rhetorischen Instrumentarium der Gegner der Prostitution.

Die Prostitution sollte als eine sexuelle Beziehung betrachtet werden, innerhalb deren ein Tausch wesentlich heterogener Güter

---

18   Watenabe zitiert in diesem Zusammenhang eine thailändische Prostituierte, die sagt: „Ich verkaufe meine Zeit, aber nicht mich selbst (myself)" (Watenabe 1998: 120).

geschieht: Die sich prostituierende Person gibt sexuelle Erregung und gegebenenfalls auch sexuelle Befriedigung – d. h. sexuelle Güter oder Güter sexueller Natur –, und die die Dienste der sich prostituierenden Person in Anspruch nehmende Person gibt ein nichtsexuelles Gut als Gegenleistung. Letzteres kann sehr unterschiedlicher Natur sein: Geld, Macht, eine Stelle, eine Rolle in einem Film, ein Schmuckstück, Ruhe usw. In der Regel wird es sich allerdings um ein Gebrauchsgut handeln, also um ein Gut, das für die es erhaltende Person einen bestimmten Nutzen hat.

In die Richtung einer solchen ‚entideologisierten‘ Bestimmung der Prostitution gehen etwa der französische Soziologe Daniel Welzer-Lang und sein Team, die sich eingehend mit dem prostitutionellen Milieu in Lyon auseinandergesetzt haben: „Die Prostitution ist ein Markt, wo sich Angebot und Nachfrage treffen und wo die Absicht darin besteht, ein sexuelles Gut gegen Geld zu tauschen" (Welzer-Lang/Barbosa/Mathieu 1994: 191).

An dieser Bestimmung der Prostitution stört eigentlich nur die Einschränkung auf das Geld als das nichtsexuelle Gut, das getauscht wird. Welchen Unterschied macht es aus, wenn man das sexuelle Gut gegen eine bestimmte Qualität Gold oder gegen eine bestimmte, dem Wert des Goldes entsprechende Quantität Geld tauscht? Warum sollte die chemische Zusammensetzung des getauschten Gutes einen intrinsischen moralisch relevanten Unterschied begründen?

Die *Missouri Revised Statutes* vom 28. August 2002 greifen hier etwas weiter aus. So heißt es im Kapitel 567 des Gesetzes, eine Person begehe Prostitution, „wenn er (he!) sich auf ein sexuelles Handeln mit einer anderen Person einläßt oder ein solches Handeln anbietet oder sich damit einverstanden erklärt, ein solches Handeln auszuüben, und dies tut, um einen Wertgegenstand (something of value) von dieser Person oder von einer dritten Person als Gegenleistung zu erhalten". Ein Wertgegenstand wird definiert als „Geld oder Besitz oder irgendein Ding, Gegenstand oder Artikel, das oder den man gegen Geld oder Besitz eintauschen kann".[19]

Diese Bestimmung wirft die Frage auf, was man alles gegen Geld eintauschen kann bzw. was man erhalten kann, wenn man Geld gibt. Sollte man nicht auch dann von Prostitution sprechen,

---

19 Nachzulesen im Internet unter: http://www.moga.state.mo.us/statutes/C500-599/5670010.HTM. Eingesehen am 9.12.2002.

wenn eine Person A nur deshalb in eine sexuelle Handlung einwilligt, weil sie dadurch hofft, die Liebe einer anderen Person zu erlangen oder zu behalten? Wird hier nicht ein sexuelles gegen ein nichtsexuelles Gut getauscht, und ist das betreffende nichtsexuelle Gut nicht gerade eines jener Güter, von denen man gemeinhin annimmt, man könne sie nicht mit Geld kaufen, sie seien also *extra commercium?* Sollte man innerhalb der nichtsexuellen Güter eine Trennung machen, so daß nicht jedes dieser Güter notwendigerweise zu einer prostitutionellen Beziehung führt, wenn es gegen ein sexuelles Gut getauscht wird?

Wer eine solche Unterscheidung einführen will, tut dies meistens nur deshalb, weil er bestimmte wertvolle Beziehungen vor dem Makel der Prostitution retten will. Insofern der Begriff der Prostitution ein stigmatisierender Begriff ist, kann man verstehen, daß bestimmte Personen bestimmte Beziehungen nicht als Formen der Prostitution betrachtet sehen wollen. Sobald aber dieser Begriff, wie es hier geschehen soll, in einem neutralen Sinn gebraucht wird, spricht eigentlich nichts dagegen, auch den Tausch „Sex gegen Liebe"[20] als eine Form von Prostitution zu bezeichnen.[21] Das hindert

---

20 Reiner Gödtel schreibt in diesem Zusammenhang: „Prostitution, die körperliche Hingabe des Körpers zur sexuellen Befriedigung aus anderen Motiven als Liebe, widerspricht dem sexuell-erotischen Standard und empört das moralische Empfinden" (Gödtel 1995: 59). Hierzu ist zu bemerken, daß die Liebe in zweierlei Weisen Motiv sein kann. Sie kann es erstens als *causa efficiens* sein, also als das, was eine Person dazu führt bzw. dazu treibt, sich einer anderen Person körperlich hinzugeben. Als solche ist sie bei der sich hingebenden Person präsent. Man könnte die Liebe aber auch als *causa finalis* verstehen, als das, was man anstrebt, was einen gewissermaßen dazu hinzieht, sich körperlich hinzugeben. In diesem zweiten Fall kann die Liebe im Augenblick der Ausführung der sexuellen Handlung bei keinem der beiden Partner präsent sein. Eine Person A kann z. B. glauben, daß eine Person B sich nur dann in sie verlieben wird, wenn sie sich ihr körperlich hingibt. Dabei kann A in B verliebt sein, und die sexuelle Handlung ist dann für sie ein Mittel, ein gegenseitiges Liebesverhältnis zu schaffen. Aber das braucht nicht der Fall zu sein: Eine Geheimdienstagentin kann sich etwa körperlich hingeben, damit eine wichtige Person des feindlichen Lagers sich in sie verliebt, dadurch von ihr abhängig wird und ihr dann gegebenenfalls geheime Informationen mitteilt. Im Laufe der Geschichte – und das hat sich bis heute nicht wesentlich geändert – wurden übrigens Prostituierte zu solchen Diensten herangezogen bzw. Geheimdienstagentinnen wurde befohlen, prostitutionelle Beziehungen einzugehen, um somit dem Vaterland zu dienen. Sie sollten dabei, wie gesagt, Sex gegen Informationen tauschen, und dieser Tausch funktionierte normalerweise nur dann, wenn derjenige, der die Informationen besaß, sich Hals über Kopf in die Agentin verliebte. Eine berühmte Figur ist hier Mata Hari.

21 Man wird hier natürlich darauf hinweisen müssen, daß man wirkliche Liebe nicht

uns allerdings nicht, im nachhinein zwischen dieser und anderen Formen der Prostitution zu unterscheiden und diese Formen dann auch gegebenenfalls anders zu beurteilen.

Eine philosophische Betrachtung der prostitutionellen Beziehung sollte bei der ganz abstrakten Bestimmung ansetzen und nicht schon real existierende Formen voraussetzen. Die fundamentalste moralische Frage ist, wiederholen wir es noch einmal, folgende: Gibt es moralisch relevante Gründe, um eine sexuelle Beziehung zu verurteilen, in welcher eine Person A ein sexuelles Gut gibt und im Gegenzug ein nichtsexuelles Gut von einer Person B erhält?

Hier wird man vielleicht geneigt sein zu sagen: Das hängt davon ab, um welches nichtsexuelle Gut es sich handelt (Geld, ein Schmuckstück, eine Rolle in einem Film, ...) oder wer A und B sind (ihr Alter, ihr Geschlecht, ihr Verwandtschaftsverhältnis, ...) oder unter welchen sozialen und ökonomischen Verhältnissen sich der Tausch abspielt (in einer gerechten oder ungerechten Gesellschaft, ...) oder wie A und B miteinander umgehen (respektvoll, unpersönlich, respektlos, ...) oder durch welche sexuelle Handlung das sexuelle Gut erreicht wird (vaginaler, oraler, analer Verkehr usw.).

Diese Faktoren – und wahrscheinlich noch eine Reihe anderer – können selbstverständlich, und müssen zu einem bestimmten Zeitpunkt auch, alle berücksichtigt werden, nur sollte man sich bewußt sein, daß man dann nicht eigentlich die prostitutionelle Beziehung als solche beurteilt, sondern lediglich ihre Modalitäten. Daß es sich etwa bei A – der sich prostituierenden Person – in den meisten Fällen um eine Frau handelt oder daß B in vielen Fällen von der Notsituation von A profitiert, sollte zunächst einmal in Klammern gesetzt werden. Wenn die prostitutionelle Beziehung als solche moralisch problematisch ist, dann nur aus drei möglichen Gründen:

1. weil ein *sexuelles Gut* gegen ein *nicht sexuelles Gut* getauscht wird [22]

„kaufen" kann. Wenn A nur durch das Versprechen einer sexuellen Befriedigung dazu gebracht werden kann, B zu lieben, dann kann man vermuten, daß diese „Liebe" wahrscheinlich nicht lange währen wird. Wirkliche Liebe kann nur als gegenseitiges Geschenk existieren und kann durch nichts erkauft werden.

22 Dieser erste Fall beinhaltet eigentlich zwei Fälle: 1a) weil ein *sexuelles Gut* gegen ein nichtsexuelles Gut getauscht wird; Fall 1b) weil ein sexuelles Gut gegen ein *nichtsexuelles* Gut getauscht wird. In beiden Fällen würde die Heterogenität stören, bloß daß im ersten Fall das sexuelle und im zweiten Fall das nichtsexuelle Gut in den Mittelpunkt gestellt wird.

2. weil ein *sexuelles Gut* gegen ein nichtsexuelles Gut *getauscht* wird
3. weil beim Tausch ein bestimmtes *Mittel* (der Körper) eingesetzt wird

Im ersten Fall würde die Heterogenität der Güter ein moralisch relevantes Problem darstellen, wohingegen es im zweiten Fall die Tatsache des Tausches ist. Im dritten Fall ist nicht so sehr der Tausch als solcher problematisch noch die Heterogenität der Güter, sondern die Tatsache, daß der Tausch nicht ohne den Einsatz eines bestimmten Mittels – des Körpers – vollzogen werden kann, und es ist der Einsatz dieses Mittels, der moralisch problematisch ist. Würde man im ersten Fall das nichtsexuelle Gut durch ein sexuelles ersetzen – A erregt B unter der Bedingung, daß B auch A erregt –, verschwände das moralische Problem. Problematisch ist hier nicht der Tausch als solcher, sondern die Verschiedenheit der getauschten Güter. Im zweiten Fall tritt letztere in den Hintergrund und der Tausch als solcher wird beanstandet. Oder genauer noch: Es wird beanstandet, daß ein sexuelles Gut wie die sexuelle Erregung und Befriedigung zum Teil einer Tauschbeziehung gemacht wird. Hier würde es nichts daran ändern, wenn man das nichtsexuelle Gut durch ein sexuelles ersetzen würde. Was verworfen wird, ist die Einführung einer wesentlich ökonomischen Kategorie – des Tausches – in die Sphäre der sexuellen Beziehungen. Wenn überhaupt, dann kann im Kontext der Sexualität nur die Kategorie des Geschenkes angewendet werden. Im dritten Fall schließlich würde das moralische Problem dann verschwinden, wenn man das sexuelle Gut auch ohne den Einsatz des Körpers erreichen könnte.

Zu bemerken ist aber, daß in den zwei ersten Fällen das sexuelle Gut den eigentlichen Stein des Anstoßes liefert.[23] Gewöhnlich wird kaum jemand etwas dagegen einzuwenden haben, wenn ein nichtsexuelles Gut gegen ein nichtsexuelles Gut getauscht wird – wenn etwa ein Buch gegen Geld getauscht wird oder wenn der

---

23 Kürzlich erhielt ich ein Rundschreiben des *Mouvement du Nid,* einer französischen Vereinigung, die sich für die Abschaffung der Prostitution einsetzt. Ganz oben links war die Abbildung eines Frauenbeines und von zwei 20-Euro-Scheinen, die eine männliche Hand hielt. Unter dem Bild war folgendes zu lesen: „Was empört, ist nicht die Sexualität (le sexe), es ist das *Geld:* die Tatsache, daß ein Mann, ein ‚Kunde' eine Frau kauft, wie man eine Ware kauft." Das stimmt so nicht: Was die Mitglieder des *Mouvement du Nid* empört, ist die Tatsache, daß Frauen sexuelle Handlungen gegen Geld ausführen.

Klempner seine Zeit und sein Können gegen Geld eintauscht, indem er eine Reparatur bei jemandem vornimmt. Und man wird auch nichts dagegen einzuwenden haben, daß hier getauscht und nicht etwa geschenkt wird. Wenn dem so ist, dann wird man sich fragen müssen, was sexuelle Güter gegenüber anderen Gütern auszeichnet, so daß bestimmte Personen einen Grund haben könnten, Tauschbeziehungen, bei denen ein sexuelles Gut impliziert ist, anders zu beurteilen als gewöhnliche Tauschbeziehungen – also etwa solche, bei denen Dinge wie Gemüse, Autos, Kleider usw. den Gegenstand des Tausches bilden.

Wenn man natürlich die prostitutionelle Beziehung als eine Beziehung kennzeichnet, in deren Rahmen der Körper als solcher *verkauft* wird, dann wird man es relativ leicht haben, sie in moralisch relevanten Hinsichten von anderen Tauschbeziehungen zu unterscheiden. Für unsere Moral- und Rechtskultur sind der Körper und auch die meisten seiner Teile nämlich nicht vermarktbar und können demnach nicht verkauft – und der Verkauf ist letzten Endes nichts anderes als eine Form von Tausch – werden. Man kann sein Blut *spenden*, aber man kann es nicht verkaufen. Und dasselbe gilt für Organe, wie etwa eine Niere. Für eine bestimmte Kategorie von Gütern ist jede Form von Tausch ausgeschlossen. Diese Güter gelten als *extra commercium*.[24]

Wenn dementsprechend die Prostitution als ein *Verkauf des Körpers* dargestellt wird, dann wird man sie als im Widerspruch zu unserer Moral- und Rechtskultur stehend sehen können. Doch liegt ein solcher Widerspruch nicht mehr auf der Hand, wenn man das von der sich prostituierenden Person angebotene Gut nicht mit ihrem Körper, sondern mit einer sexuellen Erregung oder Befriedigung gleichsetzt. Die sich prostituierende Person verkauft nicht ihren Körper, sondern sie gebraucht ihren Körper, um dadurch eine andere Person sexuell zu erregen und zu befriedigen.

Halten wir fest: Die prostitutionelle Beziehung ist eine Form von sexueller Beziehung, in welcher eine Person sexuelle Erregung und gegebenenfalls sexuelle Befriedigung anbietet, wobei sie als Gegenleistung ein nichtsexuelles Gut verlangt oder erwartet.

Der Vollständigkeit halber kann hier noch kurz angemerkt werden, daß einige Autoren die Prostitution nicht nur im Hinblick auf

---

24 Siehe hierzu Irma Arnoux (1994).

den *Verkauf,* sondern auch im Hinblick auf den *Kauf* bestimmen. So schreiben etwa Hoigard und Finstad, Prostitution sei „der Kauf und Verkauf sexueller Dienste gegen Barzahlung (cash payment)" (Hoigard/Finstad 1992: 8). Normalerweise wird nur der Aspekt des Verkaufs hervorgehoben. Indem man aber, wie die beiden norwegischen Autorinnen es in ihrer Studie über die Prostitution in Oslo tun, auch den Aspekt des Kaufs explizit in die Definition der Prostitution mit einbezieht – implizit war er sowieso immer mit gegeben –, lenkt man den Blick auch auf den Kunden und somit auf die Beziehung: Prostitution ist wesentlich eine Beziehung, in deren Rahmen zwei Personen Güter tauschen, wobei eines dieser Güter sexueller Natur ist.

4. Prostitution, Vergewaltigung und Pornographie

Für manche Feministinnen – aber auch für Autoren, die sich nicht unbedingt den feministischen Thesen anschließen – gibt es keinen markanten Unterschied zwischen den drei in der Überschrift dieses Kapitelteiles erwähnten Phänomenen. Kathleen Barry meint etwa: „Beim Anbrechen der 90er Jahre sieht der Sex, den man durch die prostitutionelle Handlung kauft und für den die Pornographie wirbt, nicht wesentlich verschieden aus vom Sex, den man sich durch die Vergewaltigung holt, den man im *teenage dating* erpreßt und der in vielen privaten Beziehungen anscheinend gegeben wird. Dies führt zur Schlußfolgerung, daß im Westen die Grenzen zwischen der Vergewaltigung, der Prostitution und dem privaten Sex normativ verwischt wurden" (Barry 1995: 59). Pornographie wird oft als eine praktische Anleitung zur Vergewaltigung – wenn nicht sogar als ihre Verherrlichung – angesehen[25], und die Prostitution wird mit einer institutionalisierten und sozial akzeptierten Form der Vergewaltigung gleichgesetzt. Lassen die drei sich also vielleicht noch begrifflich auseinanderhalten, so fließen sie doch in der sozialen Realität ineinander über.

In seinem Traktat über die Pornographie widmet der französische Journalist Laurent Guyenot ein ganzes Kapitel der Frage nach dem Zusammenhang zwischen Pornographie und Prostitution. In

---

25 Eine These, die vor allem Catharine A. Mc Kinnon in vielen ihrer Schriften vertreten hat.

seinen Augen ist die Pornographie eine Form von Prostitution. Er weist des weiteren darauf hin, daß diejenigen, die den Markt der Pornographie kontrollieren, auch über den Markt der Prostitution verfügen (Guyenot 2000: 26 ff.). Auch die Autoren des *Livre noir de la prostitution* hatten schon auf einen Zusammenhang zwischen Prostitution und Pornographie hingewiesen und gezeigt, daß die Pornographie das Bedürfnis schafft, das die Prostitution dann befriedigen soll (Coquart/Huet 2000: 148). Sarah Wynter beschreibt den Zusammenhang wie folgt: „Prostitution ist das Fundament, auf dem die Pornographie gebaut ist. Pornographie ist das Vehikel, mittels dessen die Männer den Eigentumsstatus (chattel status) der Frauen sexualisieren. Pornographie kann nicht ohne Prostitution bestehen" (Wynter 1998: 268). Hier wird also ein klarer Zusammenhang zwischen Pornographie und Prostitution behauptet, sei es, daß die Pornographie regelrecht als eine Form der Prostitution dargestellt wird, oder daß ein Kausalverhältnis zwischen beiden behauptet wird.

Eine Gleichsetzung der Prostitution mit der Vergewaltigung finden wir etwa bei Kathleen Barry. In ihrem Buch *The prostitution of sexuality* schreibt sie, die Prostitution sei Sex, den Männer sich unter den von ihnen gestellten Bedingungen *kaufen*, wohingegen Vergewaltigung Sex sei, den Männer sich unter den von ihnen gestellten Bedingungen *nehmen* (Barry 1995: 37). In beiden Fällen sind es also die Männer, die bestimmen, und dies macht für Barry den Aspekt der Vergewaltigung aus.[26] Daß in dem einen Fall gekauft statt einfach genommen wird, stellt für Barry keinen relevanten Unterschied dar, denn für sie wird die eigentliche Natur der Handlung durch den gesellschaftlichen Kontext bestimmt, in dem sie ausgeübt wird. Auch Hoigard und Finstad weisen auf einen Zusammenhang zwischen Prostitution und Vergewaltigung hin. Während ihrer Studie haben sie festgestellt, daß viele Prostituierte dieselben Gefühle haben wie Frauen, die vergewaltigt wurden (Hoigard/Finstad 1991: 115). Die prostitutionelle Beziehung wird also gefühlsmäßig so erlebt, wie man normalerweise eine Vergewaltigung erlebt. Oder anders gesagt: Für das innere Gefühlsleben der

---

26 In ihrer *Convention on the Elimination of all Forms of Sexual Exploitation of Women* reiht die von Kathleen Barry gegründete *Coalition against Trafficking in Women* die Prostitution in die Kategorie der sexuellen Ausbeutung ein, zusammen mit Vergewaltigung, Inzest, Gewalt gegen Frauen usw.

Frauen besteht kein Unterschied zwischen Prostitution und Vergewaltigung. Was aus einer bloß externen Perspektive wie zwei verschiedene Phänomene aussieht, entpuppt sich bei Einnahme des
internen Standpunktes als wesentlich das gleiche. Für die beiden
norwegischen Autorinnen steht demnach fest, daß, wer eine Legalisierung der Prostitution verlangt, nichts anderes als eine Legalisierung der Vergewaltigung fordert (Hoigard/Finstad 1991: 183).
Daraus ergibt sich dann, daß es vom strafrechtlichen Standpunkt
aus nur eine Antwort auf das Problem der Prostitution gibt, und
zwar genau dieselbe, die unsere modernen Gesellschaften auf dasjenige der Vergewaltigung gegeben haben: Prostitution sollte als
Gewaltverbrechen definiert werden (Hoigard/Finstad 1991: 200).

Wenn man auch nicht leugnen kann, daß solche Gleichsetzun-
gen den militanten Gegner(inne)n der Prostitution entgegenkom-
men und sich für deren berechtigten Kampf gegen die sich unter
dem Deckmantel prostitutioneller Beziehungen tarnenden Vergewaltigungen gebrauchen lassen, sollte man doch, wenn einem an
begrifflicher Klarheit und philosophischer Analyse gelegen ist, einen
Unterschied zwischen diesen Phänomenen machen. Wer heute
behauptet, daß jede sich prostituierende Person vergewaltigt wird,
wenn sie sexuelle Erregung/Befriedigung gegen ein nichtsexuelles
Gut tauscht, wer also Vergewaltigung und Prostitution einfach
gleichsetzt, der liegt genauso falsch wie die Polizisten oder Richter,
die noch bis weit ins 20. Jahrhundert hinein behaupteten – und es
gibt wahrscheinlich einige, die es noch immer behaupten oder doch
zumindest denken –, daß eine sich prostituierende Person nicht vergewaltigt werden *kann* – was übrigens auch von verheirateten Frau-
en seitens ihres Ehepartners gesagt wurde. Diese These des Nicht-
vergewaltigt-werden-Könnens der sich prostituierenden Person war
selbstverständlich keine empirische, sondern eine begriffliche These.
Die ihr zugrundeliegende Überlegung kann etwa wie folgt rekon-
struiert werden: Jemanden vergewaltigen heißt, ihn seiner sexuellen
Ehre zu berauben. Insofern eine sich prostituierende Person durch
ihre prostitutionellen Handlungen auf die Anerkennung ihrer
sexuellen Ehre verzichtet, kann sie sich nicht mehr darüber beklagen,
daß man sie ihrer sexuellen Ehre beraubt – man kann ihr das nicht
mehr wegnehmen, was sie von sich aus weggeworfen hat.[27]

27 Siehe hierzu Alexander (1998: 186) für die Vereinigten Staaten und Pheterson
    (1998: 241) für die Niederlande. Jean-Claude Bologne weist darauf hin, daß ab

Genausowenig wie man aus dem Vorliegen einer prostitutionellen Handlung – oder Absicht – schließen kann, *daß keine* Vergewaltigung vorliegt, kann man aus dem Vorliegen einer solchen Handlung schließen, *daß eine* Vergewaltigung vorliegt. Das eine schließt das andere genausowenig automatisch aus, wie es es einschließt. Was die prostitutionelle Handlung wesentlich von der Vergewaltigungshandlung unterscheidet, ist die Tatsache, daß es bei der Vergewaltigung nicht zu einem im voraus vereinbarten Tausch zwischen zwei sich frei entscheidenden Personen kommt[28], sondern daß die vergewaltigende Person sich gewissermaßen die sexuelle Erregung und Befriedigung ohne Gegenleistung nimmt, und zwar auch noch gegen den ausdrücklichen Willen der anderen Person. Bei einer Vergewaltigungshandlung setzt die vergewaltigende Person *immer* die Bedingungen, was bei einer prostitutionellen Handlung nicht unbedingt der Fall sein muß.[29]

dem 19. Jahrhundert der Gedanke aufkam, daß, wer auf seine Schamhaftigkeit verzichtete, gleichzeitig auf sein Menschsein verzichtete, „genauso wie in der Vergangenheit die Prostituierte, indem sie auf ihre Schamhaftigkeit verzichtete, nicht mehr würdig war, eine Frau zu sein" (Bologne 1997: 408). Auch Karras weist ausdrücklich darauf hin, daß im mittelalterlichen England die Vergewaltigungsgesetze nicht für Prostituierte galten (Karras 1996: 34). Brundage, nachdem er diese traditionelle Auslegung der Vergewaltigungsgesetze bestätigt hat, macht aber auf eine Ausnahme aufmerksam: „In Sizilien und Süditalien allerdings schützten die Statuten von Melfi (1231) die Prostituierten gegen Vergewaltigung und sahen die Todesstrafe für Männer vor, die sie mit Gewalt zum Geschlechtsverkehr zwangen, vorausgesetzt, das Opfer hatte sich rechtzeitig beschwert" (Brundage 1990: 394).

28 Das *Committee to decriminalise* prostitution hat das Element der Freiwilligkeit ausdrücklich in seine Definition der Prostitution eingebaut: „Prostitution ist das Zur-Verfügung-Stellen von sexuellen Dienstleistungen für eine vereinbarte Bezahlung zwischen einwilligenden Erwachsenen" (cf. http://www.bayswan.org/decrim.html, dort Seite 1 von 12, eingesehen am 9.12.02).

29 Man kann in diesem Zusammenhang auch die sogenannte militärische Prostitution erwähnen, und dort ganz besonders den Fall derjenigen Frauen – meistens Koreanerinnen –, die während des Zweiten Weltkrieges dazu gezwungen wurden, den japanischen Soldaten zu Diensten zu stehen. Erwähnt werden sollen aber auch die Frauen – und es waren manchmal dieselben, die eben genannt wurden –, die gleich nach der japanischen Kapitulation „zwangsrekrutiert" wurden, um die amerikanischen Besatzungstruppen in Japan davon abzuhalten, sich an „ehrenhaften" japanischen Frauen oder Mädchen zu vergreifen. Mag das, was sich hier ereignet hat, auch rein äußerlich wie Prostitution ausgesehen haben, so zeigt doch ein genauer Blick, daß viele dieser Frauen regelrecht gezwungen wurden, sich zu prostituieren. Es war dies eigentlich eine organisierte Form von Massenvergewaltigung. Zu dieser ganzen Problematik siehe etwa Brock/Thistlethwaite (1996), Moon (1997), Maffei (2000) oder noch (2000).

Man sollte dementsprechend nicht *a priori* hinter jeder prostitutionellen Handlung eine Vergewaltigung vermuten, bloß weil niemand, wenn er etwas anderes tun könnte, die prostitutionelle Handlung ausüben würde. Von Vergewaltigung sollte nur dann gesprochen werden, wenn eine Person A eine Person B durch Androhung von physischer oder psychischer Gewalt dazu zwingt, eine sexuelle Handlung auszuüben. Dabei spielt es keine Rolle, ob B diese Handlung mit A oder mit einer dritten Person ausüben muß. Man könnte hier eventuell zwischen unmittelbarer und mittelbarer Vergewaltigung von B durch A sprechen, aber dieser Unterschied hat keine normative Relevanz: In beiden Fällen haben wir es mit Vergewaltigung zu tun.

Es geht letzten Endes darum, ob man davon ausgehen sollte, daß die sich prostituierenden Personen *im Regelfall* zur Prostitution gezwungen werden, oder ob man umgekehrt voraussetzen sollte, daß die sich prostituierenden Personen im Regelfall nicht zur Prostitution gezwungen werden. Legt man die erste Voraussetzung zugrunde, dann ist das Risiko einer eventuellen Anklage wegen Vergewaltigung für den Kunden viel größer als im zweiten Fall. Doch handelt es sich dabei nicht um ein prinzipielles, sondern bloß um ein empirisches Problem. Mögen auch in unserer heutigen Gesellschaft – und vielleicht in allen anderen Gesellschaften und zu allen bisherigen Epochen – die meisten sich prostituierenden Personen zu prostitutionellen Handlungen gezwungen werden bzw. worden sein, so gibt uns das kein Recht zu behaupten, daß Prostitution und Vergewaltigung *an sich* dasselbe sind bzw. daß sie sich nur durch ganz kontingente Faktoren voneinander unterscheiden. Aus der Tatsache, daß Lohnarbeit und Ausbeutung in der Vergangenheit sehr oft miteinander verbunden waren – und es manchmal auch noch sind –, kann man schließlich auch nicht schlußfolgern, daß Lohnarbeit als solche und Ausbeutung dasselbe sind. Eine solche Schlußfolgerung ergäbe sich höchstens im Rahmen eines orthodox-marxistischen Weltbildes, genauso wie übrigens die Gleichsetzung von Prostitution und Vergewaltigung oft im Rahmen eines bestimmten feministischen Weltbildes vorgenommen wird.[30]

---

30 Catharine Mc Kinnon schreibt: „Sexualität ist für den Feminismus, was die Arbeit für den Marxismus ist: Das, was einem am meisten gehört, was einem aber am meisten weggenommen wird" (Mc Kinnon 1989: 3). Für sie ist „Geschlechtsverkehr unter Bedingungen der Ungleichheit zwischen Geschlechtern" mit „forced sex", also mit Zwangssex gleichzusetzen (ebd.: 186).

Doch wie steht es mit der Pornographie und mit peripheren Phänomenen wie etwa *peep-shows, table-dancing,* Telefonsex usw.? Soll man hier auch von Prostitution und prostitutionellen Beziehungen bzw. Handlungen sprechen, oder sind wir hier auf einem ganz anderen Gebiet?[31] Sieht man sich die Situation in den englischsprachigen Ländern an, so wird man feststellen, daß sich dort ein Begriff etabliert hat, der sowohl die – wenn man so sagen kann – klassische Prostitution wie auch die soeben genannten Phänomene und Praktiken bezeichnet: *sex work.* Ganz grob gesagt, bezeichnet dieser Begriff eine Tätigkeit, durch welche eine Person bei einer anderen Person eine sexuelle Erregung hervorrufen oder eine sexuelle Befriedigung herbeiführen will, sich dafür bezahlen läßt und von dieser Form des Gelderwerbes lebt.[32] Genauso wie der Koch den Restaurantgast kulinarisch reizen und befriedigen will, will die als *sex worker* bezeichnete Person den Klienten oder die Klientin sexuell reizen und gegebenenfalls auch befriedigen.

Sehen wir hier von der Frage ab, ob man die eben genannten Tätigkeiten als legitime Berufe anerkennen soll oder nicht – was die Prostitution betrifft, werden wir noch auf diese Frage zurückkommen. Was uns im Augenblick interessieren soll, ist die Frage, ob es einen Unterschied zwischen der Prostitution und bestimmten anderen Formen von sexueller Arbeit gibt oder nicht. Angenommen, die Prostitution ist eine Form sexueller Arbeit: Was unterscheidet sie dann von allen anderen Formen sexueller Arbeit?

Man kann festhalten, daß wir es eigentlich mit einem Kontinuum zu tun haben, an dessen einem Ende wir die Situation haben, daß Person A mit Person B Geschlechtsverkehr hat, und an dessen anderem Ende wir die Situation haben, daß Person A eine Geschichte schreibt, deren Lektüre Person B sexuell erregen soll. Dazwischen liegen dann Phänomene wie Pornographie, Nackttanz, Telefonsex usw.

---

31 Dominique Folscheid meint: „Kastrierte, aber billige Prostitution zweiter Klasse (sous-prostitution), die einem den Weg zu dem aseptischsten Sex überhaupt eröffnet, erlaubt es die *peep-show,* Sex mit einem Mädchen zu haben, sogar ohne sie anfassen zu müssen" (Folscheid 2002: 163).

32 Weitzer gibt folgende Definition: „kommerzielle sexuelle Dienstleistungen, Aufführungen (performances) oder Produkte, die man gegen eine materielle Gegenleistung tauscht" (Weitzer 2000: 3).

Man sollte hier zwischen dem bloßen Erregen und dem darüber hinausgehenden Befriedigen unterscheiden, wobei sich prinzipiell drei Fälle auseinanderhalten lassen[33]:

1. Person A erregt Person B, aber Person B befriedigt sich selbst.[34]
2. Person A erregt und befriedigt auch Person B.
3. Person A erregt Person B und Person C befriedigt Person B.

Die Prostitution im eigentlichen Sinn umfaßt Fall 2 und den zweiten Teil von Fall 3 – wobei A bzw. C eine Gegenleistung von B erwarten. Wir machen also einen Unterschied zwischen der sexuellen Erregung und der sexuellen Befriedigung bzw. der Absicht, sexuell zu erregen oder sexuell zu befriedigen. Konkret heißt das, daß wir bei der prostitutionellen Handlung prinzipiell einen direkten Körperkontakt voraussetzen wollen, dessen Ziel es ist, die andere Person zur sexuellen Befriedigung zu führen.

Es wird natürlich Grenzfälle geben. Jacqueline Lewis hat auf einen solchen Fall aufmerksam gemacht: „Während eines typischen *lap dance* [wortwörtlich: Schoßtanz] sitzt die Tänzerin entweder zwischen den Beinen des Kunden oder direkt auf seinem Schoß, ihr Steißbein gegen seine Genitalien gepreßt, wobei sie ihren Körper gegen denjenigen des Kunden reibt, um ihn zu reizen. Die Natur des körperlichen Kontaktes, der während des *lap dance* stattfindet, hat zu einem Verwischen der Grenzen zwischen Strippen und Prostitution geführt" (Lewis 2000: 203). Im Falle des *lap dance* liegt ein direkter physischer Kontakt vor, ohne daß allerdings die Haut der einen Person die Haut der anderen Person direkt berühren muß. Soll man einen unter diesen Bedingungen geführten *lap dance* schon als eine Form der Prostitution betrachten, oder befinden wir uns hier noch diesseits der Grenze zur Prostitution?[35]

---

33 Wir sehen hier von dem Fall ab, in dem B sich selbst erregt und sich dann eventuell auch selbst befriedigt.

34 Es kann hier auch bei der bloßen Erregung bleiben.

35 Für Hans Blüher sind Tanz und Singen schon Formen der Prostitution – in der bürgerlichen Gesellschaft: „Es ist ein Irrtum zu meinen, daß der prostitutive Charakter einer Beziehung zwischen Mann und Frau erst dann eintritt, wenn die Frau den Beischlaf gestattet. Zwar wird diese Art der Hingabe am allerzähesten zurückgehalten, aber der Grund hierfür ist rein psychologischer Natur. Nur weil die Verdrän-

Ein anderer problematischer Fall ist der Sadomasochismus, bei dem es sehr oft zu keinem direkten Körperkontakt kommt. Von der einen Person wird nur erwartet, daß sie die ihre Dienste in Anspruch nehmende Person peitscht, beschimpft, herumkommandiert, ihr in den Mund uriniert usw. Dies alles geschieht natürlich nur um der sexuellen Erregung und Befriedigung der die genannten Dienste in Anspruch nehmenden Person willen. Es wird ein sexueller Dienst – ein Dienst, der zur sexuellen Erregung und Befriedigung führen soll und der auch mit der expliziten Absicht der Herbeiführung einer sexuellen Erregung und Befriedigung ausgeführt wird – gegen Geld oder eine sonstige Entschädigung angeboten. Zu einem Körperkontakt – abgesehen vom Körperkontakt, der nötig ist, um jemanden zu fesseln – muß es dabei nicht kommen – und er wird auch meistens von den Professionellen abgelehnt.

Wir wollen im folgenden den Begriff der Prostitution und der prostitutionellen Handlung auf jene Fälle beschränken, in denen es ein direkter Körperkontakt ist, der zur sexuellen Befriedigung führt bzw. führen soll. Dabei spielt es keine Rolle, welche Körperteile impliziert sind, ob es etwa die Geschlechtsteile beider Partner sind – wie im Fall des vaginalen Geschlechtsverkehrs – oder aber die Genitalien des einen Partners und der Mund des anderen – wie im Falle einer Fellatio oder eines Kunnilingus. Das moralische Problem wird sich dementsprechend folgendermaßen formulieren lassen: *Gibt es prinzipielle moralische Bedenken dagegen, daß eine Person A eine Person B durch direkten Körperkontakt sexuell befriedigt und als Gegenleistung ein nichtsexuelles Gut erwartet?*

Wenden wir uns jetzt noch der Pornographie zu, wobei wir nicht auf die unüberwindlichen Schwierigkeiten einer allgemein akzeptierten Definition der Pornographie eingehen wollen.[36] Stellen wir uns einfach zwei Personen vor, die vor laufender Kamera

---

gung an der Genitalpartie am stärksten zu sein pflegt und weil hier die stärkste Lustentfaltung im Falle der freien Hingabe stattfindet, nur deshalb ruhen hier die stärksten Widerstände und der höchste Preis an Geld im Falle der Prostitution. Aber eine Frau bejaht ja aus dem innersten Wesen heraus einen ungeliebten Mann nicht um einen Deut mehr, wenn sie ihm den Beischlaf gestattet, als wenn sie vor ihm tanzt. [...] Darum ist auch der Tanz und das Sängerinnentum sowie die weibliche Schauspielkunst in der *bürgerlichen* Gesellschaft Prostitution [...]" (Blüher in: Schmidt 1996: 98 –99).

36 Siehe dazu etwa das erste Kapitel von Campagna (1998).

Geschlechtsverkehr haben. Der Film – und das wissen alle Beteiligten – soll am späten Abend auf einem Kabelsender gezeigt werden. Liegt hier eine prostitutionelle Handlung vor?

Untersucht man die Situation genau, so wird man mindestens drei Personen berücksichtigen müssen: Die zwei Darsteller (A und B) und die vor ihrem Bildschirm sitzende Person (C) – die Person, welche die Kamera führt, die Filmtechniker usw. sollen hier ausgeklammert werden.[37] Zu einem direkten körperlichen Kontakt kommt es nur zwischen A und B, während C nur die Bilder sieht, auf denen dieser Körperkontakt aufgezeichnet ist. Kann man hier von einer prostitutionellen Handlung zwischen A und B sprechen?

Eigentlich nicht, da A nicht unbedingt die Absicht hat[38], B sexuell zu befriedigen – und umgekehrt auch nicht. A und B können zwar sexuell befriedigt werden, und A und B – wenn es sich um professionelle Pornodarsteller handelt – bekommen auch ein nichtsexuelles Gut, aber die sexuelle Beziehung zwischen A und B ist eigentlich nur ein Mittel zur sexuellen Erregung von C. Der Person B geht es nicht in erster Linie um eine sexuelle Befriedigung durch A, und A geht es nicht in erster Linie darum, bezahlt zu werden, *um B sexuell zu befriedigen*. Außerdem erhält auch B ein nichtsexuelles Gut, um ihn für seine Teilnahme zu entschädigen. Beide führen also die Handlung nur aus, weil sie dafür bezahlt werden. Die sexuelle Handlung ist für *beide* in erster Linie – wenn nicht sogar ausschließlich – ein Mittel zur Erlangung eines nichtsexuellen Gutes. Daß eine der beiden Personen oder gar alle beide dabei sexuell erregt und gelegentlich sogar befriedigt werden können, ist eigentlich nur ein nebensächlicher oder zufälliger, nicht gewollter Aspekt.

Aber auch wenn A nicht B und B nicht A sexuell erregen und befriedigen will, so ist ihre Handlung doch eine sexuelle Hand-

---

37 An und für sich sind diese Personen überflüssig, wie es etwa die Welle von pornographischen Aufnahmen mittels Webcam zeigen. Jeder, der mit einem solchen Gerät umgehen kann, hat heute die Möglichkeit, seine pornographischen Bilder selbst aufzunehmen und sie dann weltweit mittels Internet zu verbreiten.

38 Wohlverstanden: nicht *unbedingt*. Hier sollte man zwei Fälle unterscheiden. Einerseits haben wir den Fall eines Paares, das seine sexuellen Spielchen aufzeichnet und dann in die ganze Welt sendet. In einem solchen Fall können die beiden Partner auch an ihrer jeweiligen sexuellen Befriedigung interessiert sein und diese als Gegenstand einer Absicht haben. Andererseits haben wir den Fall von professionellen Pornodarsteller(inne)n, die nur ganz selten eine erwähnenswerte sexuelle Befriedigung bei den Dreharbeiten erleben.

lung, da beide eine Handlung ausführen, durch welche C sexuell erregt werden soll. Dabei spielt es keine Rolle, daß A und B die Person C nicht kennen und auch wahrscheinlich nie kennenlernen werden. Wichtig ist nur, daß sie ihre Handlung im Hinblick auf eine mögliche sexuelle Erregung einer – für sie im Augenblick der Ausführung der Handlung unbekannten – Person C ausführen.

Aufgrund des bislang Gesagten läßt sich folgende Unterscheidung machen:

1. Die Handlung ist für A und B ein Mittel zur Erlangung eines sexuellen Gutes: Durch die Handlung werden beide sexuell erregt oder befriedigt.
2. Die Handlung ist für eine der beiden Personen ein Mittel zur Erlangung eines sexuellen Gutes, während sie für die andere ein Mittel zur Erlangung eines nichtsexuellen Gutes ist.
3. Die Handlung ist weder für A noch für B ein Mittel zur Erlangung eines sexuellen Gutes, sondern für beide ein Mittel zur Erlangung eines nichtsexuellen Gutes. Allerdings wird die Handlung im Hinblick auf die Erlangung eines sexuellen Gutes durch eine dritte Person ausgeführt – wobei diese dritte Person aber nicht direkt A und B bezahlt.[39]

Die Prostitution fällt in die zweite und die Pornographie in die dritte Kategorie. Insofern ist eine Pornodarstellerin keine eigentliche Prostituierte, auch wenn sie bezahlt wird, um sexuelle Handlungen auszuführen. Diese Handlungen erhalten ihre eigentliche sexuelle Dimension nicht in erster Linie im Hinblick auf den Pornodarsteller, der mit an der Szene beteiligt ist, sondern im Hinblick auf eine zuschauende Person. Im Prinzip haben weder der Pornodarsteller noch die Pornodarstellerin die Absicht, einander sexuell

---

39 Hier sind eigentlich drei Fälle zu unterscheiden, auf die wir aber nicht genauer eingehen wollen. Fall 1: C zahlt ihre Kabelfernsehgebühr oder ihre Kinokarte, um sich eine sexuelle Handlung zwischen A und B auf dem Bildschirm oder auf der Leinwand anzuschauen. Hier hat C nur Zugang zum Bild, nicht zu den Personen. Fall 2: C bittet A und B in seine Wohnung und gibt ihnen Geld, damit sie eine sexuelle Handlung vor ihm ausführen. Fall 3 liegt zwischen diesen beiden Fällen: C zahlt Eintritt zu einem Lokal, in dem A und B live auf der Bühne eine sexuelle Handlung ausführen. Mit Fall 1 hat Fall 3 gemeinsam, daß C nicht direkt A und B bezahlt, während er mit Fall 2 gemeinsam hat, daß die Handelnden und der Beobachtende sich im selben Raum befinden und daß C die Wirklichkeit und nicht ein Bild dieser Wirklichkeit sieht.

zu erregen oder zu befriedigen – genausowenig wie sie die Absicht haben, denjenigen zu erregen oder zu befriedigen, der die Kamera führt. Es wird lediglich auf sie zurückgegriffen, um mögliche zuschauende Personen zu Hause vor ihrem Bildschirm oder in spezialisierten Kinosälen sexuell zu erregen. Im Falle der Prostitution erkauft sich eine Person das Recht auf den Zugang zum Körper der anderen Person, während es in der Pornographie der Zugang zum Bild ist, der erkauft wird.[40]

Soll man dann sagen, daß die beiden Darsteller Prostituierte sind und daß der Zuschauer der Kunde ist? Insofern wir nur dann von Prostitution sprechen wollen, wenn es einen direkten körperlichen Kontakt zwischen den involvierten Personen gibt, liegt hier eigentlich keine Prostitution vor. Zwischen den beiden Darstellern liegt keine prostitutionelle Beziehung vor, da es ihnen nicht um den Tausch eines sexuellen gegen ein nichtsexuelles Gut geht. Und zwischen den beiden Darstellern einerseits und dem Zuschauer andererseits liegt keine prostitutionelle Beziehung vor, da hier kein direkter Körperkontakt stattfindet. Man sollte dementsprechend nicht alles vermischen und behaupten, Pornographie setze Prostitution voraus.[41]

Wenn man über den Zusammenhang zwischen Prostitution und Pornographie nachdenkt, sollte man ganz klar zwischen verschiedenen Ebenen eines solchen Zusammenhanges unterscheiden. Man kann hier zumindest folgende Aspekte auseinanderhalten:

(1) Gehen die Pornodarsteller während der Aufnahmen eine prostitutionelle Beziehung miteinander ein?

(2) Greift man auf Prostituierte zurück, um Pornofilme zu drehen?

(3) Gibt es einen direkten Weg von der Pornodarstellerin zur Prostituierten?[42]

---

40 Oder wie es die junge französische Pornodarstellerin Ovidie formuliert: „Der/die Prostituierte wird vom Kunden bezahlt, weil er/sie ihm *eine sexuelle Befriedigung gegeben hat*. Der/die Pornodarsteller(in) wird von dem Produktionshaus bezahlt, weil er/sie diesem *erlaubt hat, über sein/ihr Bild zu verfügen*" (Ovidie 2002: 60). Gérard Jubert sieht eine Verwischung dieses Unterschieds: „Die Mädchen, die man für den Tag bezahlte, hegten die Illusion, eine Schauspielerarbeit zu leisten. Sie sind zu Quasi-Prostituierten geworden, die man auf vertraglicher Basis für ihre sexuellen Leistungen bezahlt" (zitiert in: Deleu 2002: 105).

41 Siehe dazu auch Campagna (1999).

42 Einen direkten und vielleicht sogar auch unausweichlichen Weg: „Weil man sie

(4) Leiden Pornodarstellerinnen und Prostituierte an denselben psychischen Schäden?

(5) Werden der Pornomarkt und die Prostitution von denselben Personen oder Gruppen kontrolliert?

(6) Behandeln Pornofilmproduzenten ihre Darstellerinnen genauso wie Kunden die Prostituierten behandeln?

(7) Vermittelt die Pornographie den Eindruck, alle Frauen seien nichts als „Huren"?[43]

(8) Führt der Pornokonsum dazu, Prostituierte aufzusuchen?[44]

Auch wenn man die Fragen (2) bis (8) positiv beantwortet, hat man damit noch nicht gezeigt, daß es keinen wesentlichen Unterschied zwischen der Pornographie und der Prostitution gibt. Dies hätte man nur dann bewiesen, wenn man eine positive Antwort auf Frage (1) geben könnte. Doch wie hoffentlich aus unseren Überlegungen hervorgegangen ist, dürfte eine positive Antwort auf (1) schwer zu begründen sein.

5. Prostitution in der Ehe

Spielt es eine Rolle, welches Verhältnis zwischen der sich prostituierenden Person und der ihre Dienste in Anspruch nehmenden

nicht andernorts toleriert, werden die Mädchen oft zu Luxuscallgirls, oder sie erheitern private Abende" (Deleu 2002: 110–111).

43 Hier ist vielleicht eine kleine etymologische Bemerkung angebracht: Das Wort „Pornographie" stammt aus dem Griechischen und bedeutet, wortwörtlich übersetzt, „das Darstellen (graphein) von Huren (porneia)". Der französische Schriftsteller Restif de la Bretonne hat den Begriff im 18. Jahrhundert in die modernen Sprachen eingeführt. In seinem Roman *Le pornographe* beschreibt er das Pariser Prostitutionsmilieu in der zweiten Hälfte des 18. Jahrhunderts.

44 Wer diese Frage positiv beantwortet, weist darauf hin, daß in den Pornofilmen Praktiken gezeigt werden, die nicht jede Ehefrau bereit ist auszuprobieren. Wenn der Ehemann sie demnach ausprobieren will, greift er auf eine Prostituierte zurück, die in den allermeisten Fällen, sieht man einmal von bestimmten besonders ekelerregenden Praktiken ab, bereit ist, die sexuellen Handlungen gegen eine mehr oder weniger hohe Geldsumme auszuüben. Es gibt aber Autoren, die diese Form des Zusammenhangs leugnen. So schreiben etwa Bertrand und Baron-Carvais, das Ansehen pornographischer Filme halte die Männer vom Besuch bei der Prostituierten ab (Bertrand/Baron-Carvais 2001: 129). Das setzt natürlich voraus, daß der Mann sich schon mit der bloßen Darstellung der Handlung zufriedengibt und nicht danach strebt, sie auch auszuüben.

Person besteht? Genauer gefragt: Kann man auch dann noch – oder schon – von einer prostitutionellen Handlung sprechen, wenn eine Ehefrau nur deshalb in eine sexuelle Handlung mit ihrem Ehemann einwilligt, weil sie sich dafür ein nichtsexuelles Gut als Gegenleistung erwartet – und vielleicht nur ausschließlich deshalb? Schließt das zivil und eventuell auch kirchlich abgesegnete eheliche Verhältnis die Existenz einer prostitutionellen Beziehung kategorisch aus, oder kann es auch innerhalb einer Ehe zu prostitutionellen Beziehungen kommen – ja kann vielleicht die Ehe als solche nichts anderes als eine dauerhafte prostitutionelle Beziehung sein, innerhalb welcher eine Seite ein sexuelles Gut nur deshalb tauscht, weil sie sich nichtsexuelle Güter als Gegenleistung erhofft?

Dabei braucht man nicht unbedingt nur an den Fall der Ehefrau zu denken, die, um das für den Kauf eines neuen Pelzmantels nötige Geld von ihrem Ehemann zu erhalten, sich besonders darum bemüht, letzteren sexuell zu erregen und zu befriedigen – auch wenn sie sich selbst beim Geschlechtsverkehr langweilt. Am häufigsten wird man sicherlich – und leider – folgenden Fall finden: Eine Frau befriedigt die sexuellen Wünsche ihres Mannes, bloß damit dieser sie nicht verläßt, nicht brutal wird, ihr das Geld gibt, das sie braucht, um die Familie zu ernähren, oder einfach, um in Ruhe gelassen zu werden. Hier ist die erwartete Gegenleistung kein nichtsexuelles Luxusgut, sondern es sind solche elementaren Güter wie Sicherheit, körperliche Unversehrtheit, Ruhe usw.

Auch wenn man zugibt, daß es nicht dasselbe ist, ob eine Frau sich einen Pelzmantel oder körperliche Unversehrtheit als Gegenleistung für eine sexuelle Handlung erwartet, wird man doch nicht umhinkommen, in beiden Fällen von einer prostitutionellen Handlung zu sprechen. Zumindest dann nicht, wenn man unsere Bestimmung der prostitutionellen Handlung in ihrer Allgemeinheit akzeptiert. In beiden Fällen wird nämlich ein sexuelles gegen ein nichtsexuelles Gut getauscht. Und dabei sollte es keine Rolle spielen, ob die beiden Personen miteinander verheiratet sind oder nicht.[45]

---

45 Christine Dessieux spricht in diesem Kontext von „prostitution conjugale", also von ehelicher Prostitution. Sie schreibt: „Die sexuelle Handlung unter Zwang akzeptieren, ohne Liebe, als Bedingung fürs Überleben, ist sich der ehelichen Prostitution unterwerfen" (Dessieux 1993: 101). Und weiter: „Denn es liegt nämlich eheliche Prostitution vor, jedesmal wenn eine Frau gezwungen ist, eine sexuelle Handlung

Die Frage nach dem Zusammenhang zwischen Ehe und Prostitution ist übrigens nicht neu und wurde nicht erst von den Feministinnen aufgeworfen. So sieht etwa schon der Kirchenvater Tertullian (ca. 155 bis ca. 222) keinen wesentlichen Unterschied zwischen beiden: „Wie es scheint, begründen nur die Gesetze die Verschiedenheit zwischen Ehe und Hurerei, und zwar wegen des Unterschieds im Unerlaubten, nicht wegen der Beschaffenheit der Sache an sich. Was führt Mann und Frau zum Vollzug der Ehe wie zur Hurerei? Nur die fleischliche Vereinigung! Nach ihr zu verlangen hat der Herr als Hurerei erachtet" (zitiert in Rotter/Rotter 2002: 96). Für Tertullian gibt es also keinen faktischen Unterschied zwischen einer sexuellen Handlung innerhalb einer ehelichen und einer solchen Handlung innerhalb einer prostitutionellen Beziehung. Beide Male geschieht, geht man von einer rein naturalistischen Beschreibung der Phänomene aus, genau dasselbe. Der Unterschied kommt nur daher, daß die Handlung im einen Fall gesetzlich erlaubt, im anderen gesetzlich verboten ist. Die Ehe, könnte man sagen, ist eine gesetzlich erlaubte Hurerei. Tertullian geht es dabei eigentlich nicht um die Frage des Tausches, sondern nur um die „fleischliche Vereinigung". In den Augen des Kirchenvaters ist der Geschlechtsverkehr *als solcher* sündhaft, so daß es dann als eine Nebensächlichkeit erscheint, ob man sich dafür noch bezahlen läßt oder nicht.[46]

In seinem für die damalige Zeit sehr liberalen Buch *Marriage and morals* weist auch Bertrand Russell darauf hin, daß es sehr oft keinen Unterschied zwischen der Ehefrau und der Prostituierten gibt: „Verheiratete Frauen und Prostituierte nutzen auf die gleiche

---

über sich ergehen zu lassen, nicht nur für Geld, sondern um in Ruhe gelassen zu werden. Es ist die tagtägliche Überlebensprostitution einer ehrenwerten Frau, mit einer aufgedrängten Sexualität, einem Beziehungsleben ohne Liebe, wo die Gefühle hinter den gut verschlossenen Türen der Legitimität versteckt sind" (ebd.: 171). In ihrem Buch zitiert sie folgende Aussage einer Frau: „Ich bin nicht stolz darauf, Angst zu haben, meinen Mann zu verlassen, mich nicht finanziell in die Hand nehmen zu können, ich weiß, daß das eine Art Prostituierte aus mir macht" (ebd.: 57). Es ist dies nur eine von vielen gleichlautenden Aussagen, die Dessieux in ihrem Buch gesammelt hat. Wenn man es auch ablehnen mag, diese Frauen als Prostituierte zu bezeichnen, weil man diesen Begriff nur auf die sogenannten Professionellen anwenden will – genauso wie man ja auch nicht, außer im Spaß, von der Ehefrau sagt, sie sei eine Köchin, da sie jeden Tag kocht –, so sollte man doch zumindest von prostitutionellen Beziehungen innerhalb der Ehe sprechen.

46　Zur Haltung der Kirchenväter zur Ehe siehe etwa Brundage (1990, dort besonders S. 77 ff.).

Weise ihre sexuellen Reize zum Überleben und geben deshalb nicht nur dann nach, wenn ihr eigener Instinkt sie dazu treibt" (Russell 2001: 33). Man vergleiche den ersten Teil dieses Satzes mit folgender Behauptung von Dessieux: „Eine Frau, die ihre Reize benutzt, um sich einen Vorteil zu verschaffen, prostituiert sich" (Dessieux 1993: 20). Im Mittelpunkt steht hier also die Benutzung der sexuellen Reize, um sich einen Vorteil zu verschaffen, mag dieser für das Überleben – wie bei Russell – oder für ein angenehmeres Leben – wie in den meisten von Dessieux angeführten Fällen – notwendig sein. Wo eine Frau – ob verheiratet oder nicht – in eine sexuelle Handlung einwilligt, weil „ihr eigener Instinkt sie dazu treibt", wie es Russell ausdrückt, haben wir es nicht mehr mit Prostitution zu tun. Problematisch wäre hier ein Fall, wo eine Frau von ihrem Instinkt getrieben wird, gleichzeitig aber auch Geld für den Geschlechtsverkehr verlangt.

Die Gleichschaltung zwischen Ehe und Prostitution wurde in der zweiten Hälfte des 20. Jahrhunderts u. a. von den Feministinnen aufgegriffen, um die unterdrückte Stellung der Frau zu behaupten. So Carole Pateman, die in ihrer Kritik des sexuellen Vertrags sowohl den institutionalisierten Heiratsvertrag wie den nicht-institutionalisierten Prostitutionsvertrag zur Zielscheibe ihrer Kritik macht: „Innerhalb der Struktur der Institution Prostitution sind ,Prostituierte' den ,Kunden' genauso untertan, wie ,Ehefrauen' den ,Ehemännern' innerhalb der Struktur der Ehe unterworfen sind" (Pateman 1995: 194).

Dabei wurde aber auch manchmal ausdrücklich darauf hingewiesen, daß die Prostituierte eigentlich freier ist als die Ehefrau. So etwa von Moira Griffin, deren Ansicht Trebilock wie folgt referiert: „Moira Griffin zufolge gibt es im Patriarchat viele Gemeinsamkeiten zwischen der Ehefrau und der Prostituierten: Beide liefern sexuelle Dienste gegen eine Entschädigung. Die einzigen Unterschiede bestehen darin, daß die Prostituierte nicht an einen Mann gebunden ist, daß nicht von ihr erwartet wird, daß sie Hausarbeit leistet, daß sie unabhängiger ist und gewöhnlich besser bezahlt wird" (Trebilock 1997: 42).[47] Bullough und Bullough meinen, Ehe und Prostitution unterschieden sich wesentlich dadurch, daß bei der Ehe auch noch andere Dimensionen als die bloß sexuelle gege-

---

47 In ihrem Buch *Le deuxième sexe* zitiert die französische Feministin Simone de Beauvoir folgende Stelle aus Marros Buch *La puberté:* „Zwischen denjenigen, die sich im

ben sind – u.a. die Hausarbeiten, von denen Griffin spricht, aber auch eine bestimmte Intimität (Bullough/Bullough 1993: 313).

Auch wenn sie nicht bestreiten, daß es viele Prostituierte gibt, denen es schlechter als Ehefrauen geht, so glauben doch einige Autoren, daß Frauen innerhalb der Prostitution eine Unabhängigkeit erlangen können, die für die meisten Ehefrauen unerreichbar ist – genauso wie übrigens auch oft behauptet wird, die Prostituierte sei als berufstätige Person freier und unabhängiger als die meisten Lohnarbeit leistenden Frauen.

Für die eben zitierten oder erwähnten Autoren scheint es also keinen radikalen Unterschied zwischen der Ehe und der Prostitution zu geben, ein Unterschied, der es unmöglich machen würde, von prostitutionellen Beziehungen innerhalb der Ehe zu sprechen. Allerdings sollte man hier nicht drei Thesen miteinander verwechseln, und zwar:

These 1: Innerhalb einer ehelichen Beziehung kann es zu prostitutionellen Handlungen kommen.

These 2: *Manche* eheliche Beziehungen *sind* prostitutionelle Beziehungen.

Rahmen der Prostitution, und denjenigen, die sich im Rahmen der Ehe verkaufen, besteht der einzige Unterschied im Preis und in der Dauer des Vertrags" (de Beauvoir 1976: 430). Was die Dauer betrifft, so sei hier ganz kurz auf ein in bestimmten islamischen Staaten existierendes Phänomen hingewiesen: die Ehe auf Zeit *(mut'a)*. Gehen wir davon aus, daß eine Ehe im Prinzip fürs Leben geschlossen wird, so wird bei diesen Ehen auf Zeit von Anfang an festgelegt, wann das Verhältnis aufhören soll. Bullough und Bullough schreiben zu dieser Praxis: „Verträge konnten für den Teil eines Tages, für ein Jahr oder sogar für längere Zeitabschnitte abgeschlossen werden. Während der Dauer des Vertrages war der Mann dazu verpflichtet, der Frau Unterhalt zu leisten, aber die Frau besaß kein Recht auf irgendeine finanzielle Allokation nach dem Ablauf der Vertragsdauer. Wenn mut'a als eine Form von Prostitution bezeichnet werden kann, so hatte es den Vorteil vor anderen Formen der Prostitution, daß die in einer solchen Beziehung geborenen Kinder als legitim anerkannt wurden, ausgestattet mit einem Recht, an der Erbschaft ihres Vaters teilzuhaben, auch wenn der rechtliche Anspruch der Mutter sich auf das beschränkte, was im Vertrag festgehalten worden war" (Bullough/Bullough 1993: 75).

Michel Bozon weist auf eine in Brasilien übliche Praxis hin, bei der vorwiegend europäische Touristen sich auf die Suche nach schönen Brasilianerinnen machen. Hier mischen sich, so Bozon, „käufliche Liebe, Romantik und Ehe" (Bozon 2002: 89–90), und diese Mischung hat zur Folge, daß diese Praxis nicht als Prostitution betrachtet wird, auch wenn die reichen Touristen aus dem Norden zahlen und es nicht immer zur Heirat kommt. Die Tatsache aber, daß zumindest eine der Parteien an Heirat denkt, macht aus der Beziehung etwas anderes als eine reine prostitutionelle Beziehung.

These 3: *Jede* eheliche Beziehung *ist* eine prostitutionelle Beziehung.

These 3 ist die radikalste und dürfte heute eigentlich nur von einigen Ultra-Feministinnen vertreten werden, für die auch die geringste Form von Abhängigkeit – und besonders, wenn es sich um eine ökonomische oder finanzielle Abhängigkeit handelt – einer Frau von einem Mann verurteilenswert ist. Was die beiden ersten Thesen voneinander unterscheidet, ist folgendes: Die erste These läßt die Möglichkeit zu, daß es in einer ehelichen Beziehung zu prostitutionellen Handlungen kommen kann, ohne daß dadurch schon die eheliche Beziehung sich in eine prostitutionelle Beziehung verwandelt, wie es die zweite These eventuell – zumindest implizit – nahelegen könnte.

Bevor wir das Problem der Prostitution innerhalb der Ehe diskutieren, wollen wir zunächst einen kurzen Blick auf das Phänomen der Vergewaltigung innerhalb der Ehe werfen. Es gab eine Zeit, und sie ist heute leider noch nicht so weit von uns entfernt, da wurde behauptet oder doch zumindest implizit vorausgesetzt, daß es zwischen Ehepartnern nicht zu einer Vergewaltigung kommen konnte. Wir hatten schon gesehen, daß bis ins 20. Jahrhundert hinein viele Richter und Polizisten davon ausgingen, daß eine *Prostituierte* nicht vergewaltigt werden konnte. In der uns jetzt beschäftigenden Frage der Vergewaltigung in der Ehe war die Voraussetzung, daß die *Ehefrau* nicht vergewaltigt werden konnte. Hinsichtlich der *Unmöglichkeit* bestand also eine Ähnlichkeit. Doch gab es einen Unterschied, was die Begründung dieser Unmöglichkeit betraf: Als öffentliche Frau konnte die Prostituierte von *niemandem* vergewaltigt werden, als Quasi-Privateigentum konnte die verheiratete Frau nicht von *ihrem Ehemann* vergewaltigt werden, wohl aber von Drittpersonen.[48]

Die Prostituierte hatte ihre Ehre verloren, und man konnte sie ihr also nicht mehr durch eine Vergewaltigung rauben. Außerdem

---

48 Auf diesen Aspekt des Eigentums hat Gail Pheterson hingewiesen: „Der gesetzliche Unterschied zwischen der Ehe und der Prostitution entspricht dem Unterschied zwischen einer privaten und einer öffentlichen Aneignung der Frauen" (Pheterson 2001: 23). Die Ehefrau gehört einem einzigen Mann an, der sie finanziell unterhält und als Gegenleistung u. a. sexuelle Befriedigung erwartet. Die Prostituierte wird von zahlreichen Männern finanziell unterhalten, die alle von ihr sexuelle Befriedigung erwarten. Für Pheterson gibt es eigentlich keinen radikalen, diskreten Unterschied zwischen einer ehelichen und einer prostitutionellen Beziehung, sondern man hat es mit einem Kontinuum zu tun, bei dem der eine Typ von Beziehung in den anderen übergeht.

trat die Prostituierte sexuell provokant auf, so daß sie sich nicht darüber zu wundern hatte, wenn Männer mit ihr Geschlechtsverkehr haben wollten und diesen gegebenenfalls sogar erzwangen: Wer sich freiwillig dem Regen aussetzt, der hat keinen Grund mehr, darüber zu klagen, daß er naß wird.

Im Fall der keuschen Ehefrau konnte man diese Argumente natürlich nicht anführen. Bei ihr ging man vielmehr davon aus, daß sie ihrem Ehemann gegenüber eine – staatlich und eventuell auch religiös sanktionierte – Pflicht zum ehelichen Beischlaf hatte. Es war, wie es eine unter dem Decknamen Danielle auftretende Ex-Prostituierte schreibt, „rechtlich unmöglich für einen Ehemann, seine Frau zu vergewaltigen" (Danielle 1982: 112). Das Gesetz sah einfach kein solches Delikt vor. Wenn demnach der Ehemann seine Frau zum Beischlaf zwang, womöglich sogar durch Drohungen oder Schläge, forderte er eigentlich nur, so glaubte man, sein ureigenstes Recht ein, das er sich durch die Eheschließung erworben hatte.[49] Wenn überhaupt, dann lag hier die Schuld bei der Frau, die ihre Pflicht nicht freiwillig erfüllen wollte und dementsprechend ihren Mann gewissermaßen dazu zwang, sich mit Gewalt zu holen, was ihm legitimerweise zukam.

In der Zwischenzeit hat die Lage sich erheblich verändert, und das Strafrecht vieler Länder – zumindest in Europa – erkennt die Straftat der Vergewaltigung auch dann an, wenn es sich um Ehepartner handelt. Das empirische Faktum der ehelichen Vergewaltigung existiert jetzt also auch als rechtliches Faktum.[50] Als Beispiel soll uns hier die französische Rechtsprechung dienen. Bis 1990 ging diese Rechtsprechung davon aus, daß man bei Ehepartnern nur dann von einer Vergewaltigung sprechen konnte, wenn eine der beiden Personen – im Regelfall die Frau – zu widernatürlichen oder anormalen sexuellen Handlungen – worunter man so gut wie alles verstand, was nicht vaginaler Geschlechtsverkehr war – gezwungen wurde oder wenn es zu offenkundigen körperlichen

49 In der Neuzeit wurde dieses Recht vornehmlich als Recht des Ehemannes konstruiert. Doch hat Brundage darauf hingewiesen, daß die Kirchenväter hier ein gegenseitiges Recht sahen: „Die eheliche Pflicht schuf eine Gleichheit von Rechten und Verpflichtungen zwischen den Ehepartnern. Jeder hatte ein gleiches Recht darauf, die Erfüllung der Pflicht zu fordern; jeder hatte eine gleiche Verpflichtung dazu, den Forderungen des anderen nachzukommen" (Brundage 1990: 93).

50 Zu der Entwicklung der sozialen Perzeption und damit auch der rechtlichen Anerkennung der Vergewaltigung überhaupt als eines Verbrechens siehe Vigarello (1998).

Verletzungen gekommen war. Seit 1990 kann man aber feststellen, daß die französische Rechtsprechung sich auf diesem Gebiet weiterentwickelt hat. Der einst für heilig gehaltenen vermeintlichen Pflicht der keuschen Ehefrau zum vaginalen Geschlechtsverkehr entspricht heute kein selbstverständliches Recht des Ehemannes mehr, die Einhaltung dieser vermeintlichen Pflicht einzufordern und die Frau gegebenenfalls dazu zu zwingen. Im Namen der sexuellen Selbstbestimmung innerhalb einer demokratisch gestalteten Ehe darf kein Partner mehr sexuelle Handlungen vom anderen erzwingen, weder durch Gewalt noch durch Gewaltandrohung. Wo ein solcher Zwang vorliegt und was auch immer die Natur der erzwungenen sexuellen Handlungen ist, hat man es mit Vergewaltigung zu tun, gleichgültig, ob die zwei Personen miteinander verheiratet sind oder nicht.[51]

Genauso wie man den Begriff der Vergewaltigung jetzt auch innerhalb einer Ehe verwenden kann – und soll –, scheint es uns angebracht, ebenfalls den Begriff der prostitutionellen Handlung dort anzuwenden, und zwar dann, wenn die sexuelle Handlung nur oder hauptsächlich in Erwartung einer nichtsexuellen Gegenleistung ausgeübt wird. Damit soll selbstverständlich nicht behauptet werden, daß es keinen Unterschied zwischen Prostituierten und Ehefrauen gibt und daß die bürgerliche Ehe, wie man manchmal in marxistischen oder auch feministischen Kreisen zu sagen pflegt, lediglich eine institutionalisierte, legalisierte – und womöglich auch noch kirchlich abgesegnete – Form der Prostitution ist. Hier geht es nur darum festzustellen, daß eine bestimmte Art von Handlung – der Tausch eines sexuellen gegen ein nichtsexuelles Gut – sowohl außerhalb wie auch innerhalb eines geregelten Eheverhältnisses stattfinden kann und daß es in beiden Fällen berechtigt ist, von prostitutioneller Handlung zu sprechen.[52] Von den drei oben erwähnten Thesen sollen also nur die erste und die zweite behauptet werden, während wir die dritte als zu stark verwerfen. Innerhalb einer Ehe kann es also zu prostitutionellen Beziehungen kommen, und es kann auch vorkommen, daß eine Ehe als solche

---

51 Siehe hierzu Pierrat (2002). Seit 2003 erkennt auch die deutsche Rechtsprechung den Tatbestand der Vergewaltigung in der Ehe an.

52 Zu dieser ganzen Problematik siehe die von der Psychologin Christine Dessieux gesammelten Erzählungen von Frauen, die Opfer einer „ehelichen Prostitution" wurden (Dessieux 1993).

sich auf eine prostitutionelle Beziehung reduziert[53], doch erlauben diese Fakten nicht die Schlußfolgerung, daß die Ehe als solche nichts anderes als eine prostitutionelle Beziehung ist.

Manche werden vielleicht an dieser Stelle einwenden, daß es doch einen großen Unterschied zwischen der nicht willigen Ehefrau und der Prostituierten gibt, auch wenn sie eigentlich beide dasselbe tun – ein sexuelles gegen ein nichtsexuelles Gut zu tauschen, wobei die sexuelle Handlung, die sie ausüben müssen, ihnen eigentlich widerstrebt, ja sie gegebenenfalls sogar anekelt. Dieser Unterschied, so wird gesagt, ist quantitativer Natur: Die Prostituierte hat sexuelle Beziehungen mit vielen Männern, die Ehefrau nur mit einem.

Tatsächlich findet man manche Definitionen der Prostitution, welche diesen quantitativen Aspekt direkt oder indirekt berücksichtigen und eine bestimmte Zahl von Liebhabern zu einem konstitutiven Merkmal der Prostitution machen, ja vielleicht sogar zum einzig wirklich relevanten Merkmal, der den finanziellen Aspekt ganz in den Schatten stellt. Auf dem Konzil von Karthago im Jahre 390 wurde z. B. festgehalten, daß eine Frau dann zur Prostituierten wurde, wenn man ihr zwischen 40 und 60 Liebhaber nachweisen konnte (HG II: 75). Mc Ginn weist darauf hin, daß diese quantitativen Bestimmungen im Mittelalter von 40 bis 23 000 reichten[54], daß also bestimmte Autoren die These vertraten, daß eine Frau ab dem 23 001. Liebhaber zur Prostituierten wurde (Mc Ginn 1998: 132, Fußnote 176). Zum Prostituierten oder zur Prostituierten würde man also erst ab einer bestimmten Zahl von Liebhabern werden, und die Frage des Geldes würde eigentlich nur eine untergeordnete Rolle spielen, ja vielleicht sogar keinen Einfluß haben. Wer

53 Wo die Ehefrau *niemals mehr* aus „Instinkt", wie Russell es formulieren würde, mit dem Ehemann Geschlechtsverkehr hat, wäre die Ehe als solche zu einer prostitutionellen Beziehung geworden – es sei denn, die Ehefrau sähe im Geschlechtsverkehr ein reines Geschenk, aber ein Geschenk, bei dem man sich gewissermaßen aufopfern muß.

54 Die Zahl von 23 000 stammt vom mittelalterlichen Kirchenrechtler Johannes Teutonicus. Allerdings hat sich dieser Jurist an anderen Stellen seiner Schriften auch mit einer Zahl von 60 oder sogar nur 40 zufriedengegeben. Einige mittelalterliche Städte gaben auch konkrete Zahlen an: In der italienischen Stadt Savigliano galt man ab dem vierten Liebhaber als Prostituierte, im spanischen Alfambra durfte man bis elf gehen, ohne der Prostitution bezichtigt zu werden, aber in Cremona mußte man besonders aufpassen, denn hier fing die Prostitution schon beim zweiten Liebhaber an (Brundage 1990: 465).

mit 30 Männern geschlechtlich verkehrt und von jedem Geld verlangt, wäre dementsprechend keine Prostituierte, während eine Frau, die mit 100 Männern geschlechtlich verkehrt, ohne dabei Geld zu verlangen, eine Prostituierte wäre.

Es dürfte auf der Hand liegen, daß, welche Zahl man auch immer wählt, dieser Wahl immer der Makel der Willkür anhängen wird. Denn was ist der eigentliche Unterschied zwischen der 40. und der 41. oder zwischen der 23 000. und der 23 001. Person, mit der man eine sexuelle Beziehung hat? Wer an einem strikten Prinzip der Monogamie festhält, wird wahrscheinlich behaupten, daß der Schritt zur Prostitution schon mit dem zweiten Liebhaber beginnt, während etwa Tertullian diesen Schritt schon beim ersten Liebhaber diagnostizieren würde. Wer mit genauen Zahlen operieren will, hat m. E. nur die Wahl zwischen drei Zahlen: 0, 1 und „größer als 1". Es gibt einen moralisch relevanten Unterschied zwischen 0 und 1 sowie zwischen 1 und jeder Zahl, die größer ist als 1 – letzteren gibt es zumindest dann, wenn man eine sexuelle Beziehung als eine exklusive Beziehung konzipiert und in den primären sexuellen Gütern (also in der sexuellen Erregung und Befriedigung) derart wertvolle Güter sieht, daß man sie höchstens einer Person schenken kann.[55]

Um diesen willkürlichen Zahlenangaben aus dem Weg zu gehen, haben andere Autoren oder Gesetzgeber allgemeinere Formulierungen vorgezogen, ohne aber den quantitativen Aspekt ganz aufzugeben. Dies beginnt schon im *Digesten*, der unter Kaiser Justinian verfaßt wurde und die drei folgenden Elemente zurückbehält: Die Prostituierte ist eine Frau, welche erstens mit irgendwem bzw. mit allen *(palam omnibus)* sexuell verkehrt, dafür Geld akzeptiert *(pecunia accepta)* und den Verkehr auf eine lustlose Art und Weise vollzieht *(sine delectu)* (siehe Py 1999: 77 sowie Mc Ginn 1998: *passim*). Hier wird also ein quantitatives Element genannt (mit allen), das Geldelement wird beibehalten – während es im Mittelalter oft vernachlässigt wird –, und es wird ein subjektives Merkmal angeführt – die Frau darf keine sexuelle Lust empfinden.

---

55 Diesen moralisch relevanten Unterschied zwischen 1 und 2 könnte man auch am Verlust der Jungfräulichkeit festmachen, wobei man dann etwa behaupten würde, daß eine Frau nur mit dem Mann sexuell verkehren sollte, dem sie ihre Jungfräulichkeit geschenkt hat. Dieses Kriterium funktioniert natürlich nur, wenn man den vaginalen Geschlechtsverkehr als Paradigma der sexuellen Handlung wählt.

Auch der japanische Gesetzgeber hat drei Elemente bei seiner Definition der Prostitution zurückbehalten, wovon allerdings nur die zwei ersten – und somit also auch das quantitative – der Definition der römischen Juristen entsprechen: Die Prostitution ist gekennzeichnet durch die Unspezifität der Partner, das Geld und den Geschlechtsverkehr. Und auch für Claude Habib gibt es eine Zahl – die von ihr aber nicht genauer bestimmt wird –, ab welcher eine Frau als Prostituierte angesehen wird, mag sie Geld erhalten oder nicht (Habib 1994: 75).[56]

Man kann natürlich einen Unterschied machen zwischen einer Frau, die es, wie man zu sagen pflegt, ,mit jedem treibt', und einer Frau, die es nur mit ihrem Ehemann oder mit einem ihr nahestehenden Mann ,macht'. Im alltäglichen Sprachgebrauch hat es sich übrigens eingebürgert, eine Frau, die mit vielen Männern Geschlechtsverkehr hat oder sexuelle Beziehungen unterhält, als Hure zu bezeichnen, und zwar auch dann, wenn sie kein nichtsexuelles Gut als Gegenleistung erwartet.[57] Was eine solche Frau mit einer Prostituierten im engen Sinn des Wortes gemeinsam hat, ist die Tatsache, daß sie mit vielen Männern verkehrt. Die Erwartung einer nichtsexuellen Gegenleistung rückt dann in den Hintergrund.

Auch wenn man einen solchen Unterschied machen kann, sollte man ihm doch keine allzu große moralische Relevanz geben. Oder besser: Die Frage nach der moralischen Bewertung der sexuellen Promiskuität, also der „unselektiven sexuellen Beziehungen mit einer Vielfalt von Partnern", wie der *Wordsworth Dictionary of Sex* sie definiert, ist eine andere als die nach der moralischen

---

56   Im Mittelalter hielten einige Autoren das Element der Öffentlichkeit für wichtig. Solange eine Frau im Privaten mit vielen Männern geschlechtlich verkehrte und nicht öffentlich auf sich aufmerksam machte, galt sie noch nicht als Prostituierte. Sobald sie aber damit in die Öffentlichkeit trat, wurde sie zur Prostituierten. Diese Bestimmung blieb gewissermaßen dem etymologischen Sinn des Wortes treu: *prostituere* = sich in die Öffentlichkeit stellen; sich öffentlich anbieten.

57   Aus einem von Paul Larivaille zitierten offiziellen venezianischen Dokument aus dem Jahre 1542 geht hervor, daß die Autoritäten der Dogenstadt in jedem außerehelichen Geschlechtsverkehr eine Form von Prostitution sahen, ob Geld getauscht wurde oder nicht: „Man muß jene als Prostituierte betrachten die, ohne verheiratet zu sein, Beziehungen zu einem oder mehreren Männern haben oder es mit ihnen machen. Ähnlich betrachten wird man jene, die verheiratet sind, aber nicht mit ihrem Ehemann wohnen, sondern getrennt von ihm leben und mit einem oder mehreren Männern verkehren" (zitiert in: Larivaille 1998: 159).

Bewertung der sexuellen Prostitution, also des Tausches eines sexuellen gegen ein nichtsexuelles Gut. Man kann sexuelle Beziehungen nur mit einer einzigen Person haben und von ihr eine materielle Gegenleistung erwarten oder gar verlangen, wie man auch sexuelle Beziehungen mit einer Vielfalt von Personen haben kann, ohne eine solche Gegenleistung zu erwarten oder zu verlangen. Und auch wenn im Falle der sich prostituierenden Personen gewöhnlich das quantitative und das qualitative Element gemeinsam gegeben sind, so entbindet uns das nicht von der Aufgabe, beide im Rahmen einer moralischen Analyse voneinander zu trennen.

Unter diesen Umständen scheint es uns durchaus berechtigt zu sein, auch von prostitutionellen Handlungen oder Beziehungen innerhalb der monogamen Ehe zu sprechen – was, dies sei hier noch einmal betont, selbstverständlich nicht auf eine schlichte Identifizierung der monogamen Ehe mit einem prostitutionellen Verhältnis hinausläuft. Manche werden hierin vielleicht eine verletzende Stigmatisierung der solche Handlungen ausführenden Ehefrau – oder des Ehemannes, denn es gibt keinen triftigen Grund, warum es nicht auch umgekehrt funktionieren sollte – sehen. Doch sollte man sich bewußt sein, daß wir hier den Begriff der prostitutionellen Handlung nur in einem rein deskriptiven Sinn gebrauchen.

Man wird auch nicht automatisch darauf schließen können, daß es keinen moralisch relevanten Unterschied zwischen prostitutionellen Beziehungen innerhalb und außerhalb der Ehe gibt. Das Eheverhältnis, so unsere These, schließt die prostitutionelle Beziehung nicht aus, seine Existenz kann aber zu einem differenzierteren Urteil führen, als wenn es sich um prostitutionelle Beziehungen außerhalb der Ehe handelt. Schließlich sind die Ehepartner eine besondere Art von Verhältnis miteinander eingegangen, und es ist zu fragen, ob das Auftauchen prostitutioneller Beziehungen innerhalb dieses Verhältnisses letzteres nicht gewissermaßen unterhöhlt. Prostitution *in* der Ehe wäre dann moralisch verurteilenswerter als Prostitution *außerhalb* der Ehe.

6. Gastprostitution und Tempelprostitution

Es wird berichtet, daß es bei manchen Völkern Sitte war, daß der Ehemann dem bei ihm eintreffenden Gast nicht nur Nahrung und eine Unterkunft zur Verfügung stellte, sondern daß er ihm auch für eine Nacht seine Frau oder eine seiner Töchter überließ, damit er mit ihr sexuell verkehren konnte. Dies war, so wird weiter berichtet, etwa noch vor nicht allzu langer Zeit bei den Eskimos der Fall, wobei auch gesagt wird, daß die Frau gewöhnlich ein kleines Geschenk vom Gast erhielt – der Ehemann erhielt allerdings nichts. Man hat diese Praxis aber auch bei verschiedenen Völkern aus der Antike, wie etwa bei den Assyrern oder den Hebräern, festgestellt. Im Prinzip beruhte diese Praxis allerdings nicht auf der Erwartung einer Gegenleistung seitens des Gastes, sondern sie galt als ein Akt der Gastfreundschaft.

Für Malika Nor handelt es sich bei der sogenannten Gastprostitution – die man, ihr zufolge, bei den alten Ägyptern, den Chaldäern, den Indern, den Germanen und den Inuit, also den Eskimos, finden konnte – nicht um Prostitution im eigentlichen Sinne des Wortes, da es hier nicht darum ging, durch sexuelle Handlungen Geld zu verdienen oder sich ein sonstiges materielles Gut anzueignen, sondern nur darum, die genetische Mischung zu fördern: Der Ehemann wollte also gewissermaßen, daß seine Frau oder gegebenenfalls seine Tochter durch einen Fremden geschwängert wurde, um somit die Erneuerung des genetischen Outfits zu fördern. Nicht finanzieller, sondern genetischer Reichtum war somit das Ziel, und dies, so Nor, schließt die sexuelle Gastfreundlichkeit als Form von Prostitution aus (Nor 2001: 13).

Als Nicht-Fachmann will ich mich hier nicht über die Richtigkeit der biologisch orientierten Erklärung Nors aussprechen.[58] Man sollte allerdings sehr vorsichtig sein, wenn man anderen Menschen Motive biologischer oder genetischer Natur zuschreibt, vor allem dann, wenn diese Menschen aus Kulturkreisen stammen oder Epochen angehören, die sicherlich noch nicht über ein ausgeprägtes genetisches Wissen verfügt haben. Und will man ein solches Wissen

---

58 Es gibt auch konkurrierende Erklärungen für die sogenannte Gastprostitution bei antiken Völkern. Günter Hunold sagt etwa, daß diese Völker daran glaubten, die Götter würden manchmal Menschengestalt annehmen und durch die Lande reisen. Jeder Gast, den man bei sich empfing, konnte also theoretisch ein Gott sein (Hunold 1980).

nicht unterstellen, so wird man mit der Hypothese einer unsichtbaren Hand operieren müssen, die die Menschen dazu führt, genau das zu tun, was das Überleben ihrer Ethnie fördert. Um Nors Hypothese prüfen zu können, müßte man wissen, ob jedem Gast die Frau oder die Tochter angeboten wurde oder nur den Gästen, von denen man vermuten konnte, daß sie nicht zum weiten Verwandtenkreis gehörten, oder nur denjenigen Gästen, die kräftig und gesund aussahen. Im letzteren Fall könnte man eventuell Nors Hypothese eine gewisse Plausibilität abgewinnen. Vorsicht ist vor allem auch deshalb geboten, weil es Malika Nor darum geht nachzuweisen, daß sogenannte primitive Völker die Prostitution nicht gekannt haben, ein Nachweis, der dann dazu verwendet wird, die These der Universalität der Prostitution zu widerlegen – eine Widerlegung, die ihrerseits gebraucht wird, um die Behauptung zu untermauern, daß es nicht unmöglich ist, die Prostitution zum Verschwinden zu bringen. Weil Malika Nor zeigen will, daß es eine Welt ohne Prostitution geben kann, möchte sie auch zeigen, daß es Prostitution nicht überall gegeben hat, und sie versucht deshalb, die sogenannte Gastprostitution als etwas anderes als Prostitution darzustellen.

Was geschieht aber genau im Fall der sogenannten Gastprostitution? Ein Fremder kommt zur Wohnung des Gastgebers, dieser nimmt ihn auf, bewirtet ihn und überläßt ihm dann seine Frau oder seine Tochter für die Nacht. Was sind die Motive des Gastgebers, seine Frau zu überlassen, und die Motive des Gastes, das Angebot anzunehmen? Es ist davon auszugehen, daß der Gast sexuelle Befriedigung suchte. Er befand sich vielleicht auf einer langen Reise durch einsame Gegenden und hatte somit keine Gelegenheit, seine sexuellen Bedürfnisse mit einer Frau zu befriedigen. Man kann sich deshalb vorstellen, daß er vielleicht froh darüber war, daß ihm sein Gastgeber eine Frau für eine Nacht zur Verfügung stellte.[59] Hier liegt also – wenn diese Hypothese stimmen sollte – zumindest eine Gemeinsamkeit mit der Prostitution im engeren Sinne des Wortes vor.

[59] Man könnte hier auch folgende Erklärung geben: Insofern jeder Inuit sich in der Lage eines möglichen Gastes befinden könnte, lag es allen Inuits daran, eine Praxis aufrechtzuerhalten, die jedem eines Tages von Nutzen sein könnte. Anders gesagt: Inuit A stellt Inuit B heute seine Frau zur Verfügung, weil er dadurch eine Praxis unterstützt, durch die ihm zu einem späteren Datum die Frau eines anderen Inuits zur Verfügung gestellt werden wird.

Doch wie verhält es sich mit dem Gastgeber, der seine Frau oder Tochter zur Verfügung stellte? Wenn wir annehmen, daß der Gastgeber, wie Nor es vermutet, eine Erneuerung des genetischen Materials seiner Kinder anstrebte, dann können wir behaupten, daß er ein sexuelles Gut gegen ein nichtsexuelles Gut tauschte, wobei seine Frau oder Tochter das Mittel war, um diesen Tausch vollziehen zu können. Insofern unterscheidet der Ehemann sich nicht prinzipiell vom Zuhälter, bloß daß der Zuhälter Geld will, während der Ehemann in unserem Fall ein neues genetisches Outfit für seine Kinder sucht. Sein Motiv mag zwar altruistischer sein – er denkt an die Überlebenschancen seiner Kinder – als dasjenige des Zuhälters – der sehr oft nur an seine persönliche Bereicherung denkt –, doch ändert das nichts an dem Faktum des Tausches als solchen.

Um also in der Gastprostitution etwas anderes zu sehen als eine Form von prostitutioneller Handlung, müßte man davon ausgehen, daß der Gastgeber entweder überhaupt nichts dadurch zu erreichen sucht, daß er dem Fremden seine Frau für eine Nacht zur Verfügung stellt – außer etwa, den Gast zufriedenzustellen oder dessen sogenannte sexuelle Not zu lindern –, oder daß der Ehemann hofft, seiner Frau auf diese Weise eine neue Form von sexueller Befriedigung zu ermöglichen. Im ersten Fall würde das sexuelle Gut gegen überhaupt nichts eingetauscht, während es sich im zweiten Fall um einen Tausch zweier sexueller Güter handeln würde – wobei man sich natürlich immer die Frage stellen sollte, inwiefern die Frau über ihr eigenes Schicksal mitbestimmen konnte.

Bei den antiken Völkern findet man neben der Gastprostitution noch eine andere sexuelle Praxis, die ganz oft als Prostitution bezeichnet wird: die sogenannte Tempelprostitution. Fast jede Geschichte der Prostitution beginnt mit der Tempelprostitution im alten Indien, in Babylon und bei vielen anderen Völkern der Antike.[60] Der wichtigste Gewährsmann für die Existenz dieser Form

---

60 Laut einem von Kathleen Barry zitierten Bericht über die Achtung der Menschenrechte im Himalajagebiet gibt es die Tempelprostitution immer noch im heutigen Nepal: „In Westnepal, besonders im Dorf Melouli, wo sich ein heiliger Tempel befindet, geben die Eltern ihre jungen Töchter oder Mädchen, die sie kaufen, an die Göttin Bhagwati oder an einen Familiengott in Erwartung eines Segens. Nachdem das Kind dem Gott geweiht wurde, lebt es mit seinen Eltern, aber es hat keine Mittel, um sich selbst zu ernähren, nachdem es erwachsen geworden ist. Jeder, der es heiratet, wird als Paria angesehen, denn es wird als Eigentum des Gottes

von Prostitution ist der im fünften Jahrhundert vor Christus lebende griechische Historiker Herodot[61] – dessen Beschreibung des
Phänomens allerdings umstritten ist.

Im alten Babylon fand man verschiedene Kategorien von Frau-
en in den Tempeln.[62] Erwähnt seien hier zunächst die Priesterinnen, denen es streng untersagt war, mit einem Mann Geschlechtsverkehr zu haben, zumindest solange sie gebärfähig waren. Sie
waren also, wie später auch die Vestalinnen in Rom, zur Jungfräulichkeit verurteilt, und genauso wie es auch für die Priesterinnen
der Vesta der Fall war, erwartete die der Regel zuwiderhandelnde
Frau die Todesstrafe.

Neben diesen Priesterinnen gab es allerdings eine zweite Kategorie von Frauen, die sogenannten *qadiltu*, für die der Geschlechtsverkehr eine Form von religiösem Ritual war. Im Tempel in Babylon gab es einen besonderen, dem Gotte Baal geweihten Raum, in
dem diese Frauen mit den Priestern oder den Herrschern sexuell
verkehrten. Dieser Geschlechtsverkehr sollte gewissermaßen auf
sozialer bzw. menschlicher Ebene die Wiedererweckung der Natur
zum Ausdruck bringen, und der Priester oder Herrscher war dabei
der Repräsentant des Gottes. Der Geschlechtsverkehr war also hier
ganz in einen religiösen Rahmen eingebettet.

Herodot berichtet uns noch über eine dritte Kategorie von
Frauen, die sich im Tempel aufhielten. Jede babylonische Jungfrau,
so der griechische Historiker – der eine ähnliche Praxis auch in
Zypern beobachtet hatte –, begab sich – einer gesetzlichen Verpflichtung folgend – einmal in ihrem Leben in den der Göttin
Mylitta geweihten Tempel. Dort setzte sie sich nieder und wartete,
bis ein Fremder an ihr vorbeiging, ihr eine Münze – welchen Wertes auch immer und die dem Gotte geopfert werden mußte –
zuwarf und sie mit der Formel „Ich rufe die Göttin Mylitta an"
zum Geschlechtsverkehr mit ihm aufforderte. Die so aufgeforderte
Frau mußte der Aufforderung folgen, ob ihr der Mann gefiel oder
nicht. War der Geschlechtsakt – der außerhalb des Tempels statt-

angesehen ... Da man dem Mädchen niemals eine Arbeit anbietet, ist es gezwungen, als Tempelprostituierte zu arbeiten" (zitiert in Barry 1995: 180).

61 Die Beschreibung findet sich im ersten Buch der *Historien*

62 Auch wenn es sich bei der sogenannten Tempelprostitution meistens um Frauen
handelte, so sind doch auch Fälle von Männern überliefert, die sich im Tempel für
sexuelle Handlungen bezahlen ließen (HG I: 58).

fand – vollzogen, brauchte die Frau nicht mehr in den Tempel zurückzukehren. Laut Herodot verbrachten unattraktive Frauen bis zu drei oder sogar noch mehr Jahre im Tempel, bevor jemand sie erlöste.

Der griechische Historiker sah in der eben beschriebenen sexuellen Praxis eine Form von religiösem Opfer: Die Frau opfert dem Gott ihre Gebärfähigkeit. Diese Interpretation wurde aber in Frage gestellt. Es wird nämlich auch behauptet, daß das Ganze mit dem Tabu des Blutvergießens in Zusammenhang gebracht werden muß. Da der erste Geschlechtsverkehr einer Jungfrau gewöhnlich zu einer Blutung führt, schien der Tempel der geeignetste Ort zu sein, um den schuldhaften Charakter der Handlung zu mindern, wenn nicht sogar zu annullieren. Es wird auch behauptet, daß in Babylon der Glaube herrschte, es sei gefährlich, Geschlechtsverkehr mit einer Jungfrau zu haben, so daß die Babylonier es den Fremden überließen, diesen Akt zu vollziehen. Wir wollen uns hier nicht für die Richtigkeit der einen oder anderen dieser Hypothesen aussprechen.

Zu erwähnen wären dann schließlich noch die zahlreichen dem Tempel angegliederten Sklavinnen, die auch den Männern für Geschlechtsakte angeboten wurden. Das dabei verdiente Geld kam allerdings nicht den Frauen zugute, sondern es floß direkt in die Tempelkasse.

Inwiefern kann man diese eben beschriebenen Typen sexueller Handlungen als Formen von Prostitution bezeichnen? Im letztgenannten Fall der Sklavinnen scheint die Sache relativ einfach zu sein: Hier geschieht nämlich ein regelrechter Tausch, bei dem der Mann ein sexuelles Gut und die Frau ein nichtsexuelles Gut erhält – das sie allerdings sofort wieder abgeben muß. Vorsicht ist allerdings insofern geboten, als die Sklavinnen eigentlich keine andere Wahl hatten, als den Geschlechtsverkehr zu akzeptieren. Insofern die Sklavin der Willkür ihres Herrn ausgesetzt war und dieser ihr den Geschlechtsverkehr mit Fremden aufzwang, könnte man hier sehr wohl von einer organisierten Form von Vergewaltigung sprechen.

Im Falle der Sklavinnen ist die Prostitution – wenn man hier überhaupt noch von Prostitution sprechen kann – nicht freiwillig. Sie ist es aber auch nicht im Fall der zweiten Kategorie von Frauen. Gemeint sind die Frauen, denen das Gesetz vorschreibt, im Tempel zu warten, bis jemand sie gewissermaßen freikauft. In ihrem Fall wird zwar ein sexuelles Gut gegen ein nichtsexuelles Gut getauscht, nämlich gegen die Freiheit bzw. gegen eine Münze, durch die die Frau ihre Freiheit zurückkaufen kann. Aber das Gesetz schreibt diesen Tausch vor. Und dieses Gesetz verweist auf eine konkrete Entscheidung des männlichen Gesetzgebers, der die Frau zuallererst in eine Situation versetzt hat, in welcher ihre Freiheit nicht mehr ihr selbst gehört, sondern in der sie sich diese Freiheit zurückkaufen muß.[63]

Bleibt dann noch die erste Kategorie von Frauen. Was waren die eigentlichen Motive der Teilnehmer an dieser Praxis? Suchten die Priester und die Herrscher nur oder hauptsächlich ihre sexuelle Befriedigung? War das religiöse Motiv nur ein Vorwand für libidinöse Absichten, oder waren die betroffenen Männer tatsächlich davon überzeugt, daß sie ein für das Gedeihen der Gemeinschaft notwendiges Ritual vollzogen? Und was erhielt die Frau als Tauschgegenstand? Wenn wir davon ausgehen, daß die Frau kein Gut nichtsexueller Natur erhielt, kann hier nicht von Prostitution gesprochen werden, denn es liegt kein Tausch vor.[64]

Herodots berichtet, daß eine Frau, die sich mit der menschlichen Reinkarnation des Gottes gepaart hatte, nicht mehr das Recht hatte, sich mit einem nur menschlichen Wesen zu paaren. Es sieht dementsprechend so aus, als ob diese Frauen nicht nur nicht belohnt wurden – sieht man davon ab, daß sie ernährt wurden –, sondern daß sie darüber hinaus auch noch Rechte oder Freiheiten – oder besser vielleicht: Handlungsoptionen – verloren, die so gut wie jede babylonische Frau besaß.

Wenn man diese Form der Tempelprostitution nicht als eigentliche Prostitution betrachtet, dann wird man doch auch hier eine moralische Frage stellen können: Ist es moralisch legitim, sexuelle Handlungen zu religiösen Zwecken auszuführen? Wir wollen diese Frage hier nur stellen, aber nicht beantworten. Weisen wir aber darauf hin, daß die moralische Fragwürdigkeit entweder dadurch ent-

---

63 Feministinnen werden hier sicherlich darauf hinweisen, daß es den Frauen in der heutigen Gesellschaft nicht besser geht als den eben erwähnten babylonischen Frauen. Warten die heutigen nichtverheirateten Frauen nicht auch darauf, daß jemand ihnen den Ehering zuwirft und es ihnen dadurch ermöglicht, einer strukturell bedingten Armut zu entfliehen? Ist die heutige Gesellschaft nicht immer noch so organisiert, daß eine auf sich allein angewiesene Frau sich in eine ökonomische Abhängigkeit begeben muß?

64 Man wird allerdings darauf hinweisen müssen, daß diese Frauen auf Kosten der Öffentlichkeit lebten.

steht, daß man sexuelle Handlungen zu einem anderen als sexuellen Zweck ausführt, oder aber dadurch, daß ein religiöser Zweck durch das Ausüben sexueller Handlungen erreicht werden soll. Oder anders gesagt: Liegt hier das eigentliche moralische Problem – wenn es denn ein solches gibt – in der Kontamination des Sexuellen mit etwas Nichtsexuellem – und diese Fragestellung ist mit der uns in diesem Buch beschäftigenden eng verbunden –, oder liegt es in der Kontamination des Religiösen mit etwas Sexuellem?

7. Prostitution in der Tierwelt

Wurde bislang meistens nur behauptet, Prostitution sei ein allgemeinmenschliches Phänomen, das man in jeder menschlichen Gemeinschaft wiederfindet, wie primitiv oder zivilisiert sie auch immer sein mag – was einige dazu geführt hat, in ihr den ‚ältesten Beruf der Welt' zu sehen –, nicht aber bei den Tieren[65], so haben rezente Studien über die Tierwelt gezeigt[66], daß sich auch schon hier sexuelle Praktiken finden, die der Prostitution sehr ähnlich sehen. Prostitution wäre somit kein typisch menschliches Phänomen mehr, sondern sie fände ihren Ursprung schon in vormenschlichen Lebensformen.

Bei entwickelten Primaten haben Wissenschaftler beobachten können, daß Männchen oft ein Nahrungsangebot einsetzen, um ein Weibchen dazu zu bringen, Geschlechtsverkehr mit ihnen zu haben. Das Männchen hat sich etwas angeeignet, worüber das Weibchen nicht verfügt und sehr oft nicht verfügen kann, da die Jägerrolle meist den Männchen obliegt und die Weibchen aus dem einen oder anderen Grund diese Rolle nicht übernehmen können. Das Weibchen seinerseits verfügt über ein Gut, ohne das das Männchen seine sexuelle Rolle nicht spielen kann. Beide sind also aufeinander angewiesen, wenn jede Partei das von ihr angestrebte

---

65 Im Jahre 1912 schrieb Iwan Bloch: „Auf der anderen Seite müssen wir die Tatsache, daß die Prostitution ein spezifisch *menschliches* Phänomen darstellt und eine analoge Erscheinung bei den Tieren nicht vorkommt, dahin deuten, daß sie ein ureigenstes Produkt der Kultur, speziell der besonderen Gestaltung des gesellschaftlichen Lebens und der damit zusammenhängenden geschlechtlichen Ordnung ist" (zitiert in: Schmidt 1996: 11).

66 So etwa Nissen (1951), Wickler (1972) oder De Waal und Lanting (1997).

Gut haben will. Es kommt somit zum Tausch eines sexuellen gegen ein nichtsexuelles Gut: Das Männchen teilt seine Nahrung mit dem Weibchen, unter der stillschweigenden Bedingung – die den beiden Affen natürlich nicht bewußt sein muß –, daß das Weibchen sich mit ihm paaren wird und ihm also sexuelle Befriedigung als Gegenleistung anbietet. Betrachtet man dieses Geschehen rein oberflächlich und legt man unsere Kernbestimmung der Prostitution zugrunde, so kann man von Prostitution sprechen.

Man sollte sich allerdings der Tatsache bewußt sein, daß es auch Unterschiede zwischen dem eben beschriebenen Phänomen und der Prostitution innerhalb der Menschenwelt gibt. So muß darauf hingewiesen werden, daß es dem Primatenmännchen nicht *nur* darum geht, sexuelle Befriedigung zu erlangen, bzw. daß er nicht die bewußte Absicht hegt, sich sexuell zu befriedigen. Im Gegensatz zur menschlichen Sexualität, die sich im Laufe der Jahrhunderte immer mehr davon befreit hat, gehorcht die Sexualität der Tiere immer noch in erster Linie dem Prinzip der Fortpflanzung: Das Weibchen wird meistens nur dann sexuell umworben, wenn es brünstig ist, wenn also die Möglichkeit der Fortpflanzung besteht. Im Rahmen der menschlichen Sexualität wurde diese Bindung der Sexualität an die Fortpflanzung aufgelöst, und der Geschlechtsverkehr kann zu jedem Zeitpunkt erfolgen, ja man kann ihn sogar ganz bewußt in jenen Perioden ausüben, in denen theoretisch kein Schwangerschaftsrisiko besteht. Für den Menschen ist die Sexualität mehr als nur ein lustvolles Mittel zur eigenen Fortpflanzung. Sie kann auch unabhängig von der Fortpflanzung einen Sinn haben. Im Fall der Prostitution liegt dieser Sinn primär in der Suche nach lustvollen Gefühlen – die Prostituierte wird nicht als mögliche Gebärerin oder Mutter angesehen, sondern als ein Wesen, das einem sexuelle Befriedigung geben kann[67] – oder in dem Streben nach bestimmten Gütern – der Klient wird nicht als möglicher Erzeuger oder Vater angesehen, sondern als ein Wesen, das einem Geld oder ein sonstiges Gut geben kann.

Der Hinweis auf prostitutionsähnliche Praktiken bei den Tieren kann zu ganz entgegengesetzten ideologischen Zwecken ge- oder vielleicht besser: mißbraucht werden. Für die einen ist dieses

---

67 Die Figur der Prostituierten wird sogar oft in einen krassen Gegensatz zur Figur der Mutter gesetzt: Hure oder Madonna, wie man den Gegensatz zwischen der bösen und der guten Frau oft auf den Begriff zu bringen pflegt.

scheinbare Kontinuum zwischen Tier- und Menschenwelt ein Zeichen dafür, daß die Prostitution gewissermaßen von Natur aus besteht, so daß es illusorisch erscheint, sie bekämpfen zu wollen. Sie wird vielleicht sogar als Teil der Natur gesehen, als etwas Selbstverständliches, über das man sich demnach keine weiteren Gedanken zu machen braucht. Für die anderen sind diese prostitutionsähnlichen Phänomene in der Tierwelt ein eindeutiges Zeichen dafür, daß die Prostitution einem primitiven Entwicklungsstadium angehört, das eine zivilisierte Menschheit längst schon überwunden haben müßte. Hier wird die Natur also nicht als rechtfertigendes Vorbild, sondern als abstoßendes Gegenbild genommen.

Diese beiden Interpretationen beruhen auf denselben wissenschaftlichen Fakten. Sie setzen auch nicht unbedingt ein unterschiedliches Urteil über den moralischen Charakter der Prostitution voraus. Man kann nämlich sehr wohl einerseits behaupten, daß die Prostitution von Natur aus existiert – und also nicht kultur- oder sozialbedingt ist –, und andererseits bedauern, daß dem so ist. Oder anders gesagt: Man kann sehr wohl den Wunsch nach einer Welt ohne Prostitution ausdrücken, gleichzeitig aber resigniert feststellen, daß es eine solche Welt nicht geben kann, weil die Prostitution von Natur aus existiert.

Wir wollen uns hier nicht mit der Frage befassen, ob man das, was unter Primaten geschieht, tatsächlich als Prostitution bezeichnen sollte oder nicht. Es ist nämlich immer heikel, Begriffe auf die Tierwelt anzuwenden, die der menschlichen Welt entnommen sind und für die intentionale Elemente konstitutiv sind. Wichtig für unsere Zwecke ist nur, daß auch bei den Tieren ein Tausch geschieht. Dieser Tausch beruht auf einer Asymmetrie, und zwar auf der Tatsache, daß A etwas besitzt, was B nicht hat, aber haben will, während B etwas besitzt, was A nicht hat, aber haben will. Um es sehr stark vereinfacht auszudrücken: Das Männchen hat Nahrung, das Weibchen hat weibliche Geschlechtsorgane und die damit verbundene Gebärfähigkeit. Gäbe es diese Asymmetrie nicht, so käme es wohl nicht zum Tausch – was allerdings nicht bedeutet, daß es nicht zum Geschlechtsakt käme. Der Tausch setzt immer einen beiderseitigen Mangel und einen beiderseitigen Überfluß voraus. Überfluß bedeutet hier ganz allgemein, daß jede Seite über ein Gut verfügt, auf das sie glaubt, verzichten zu können. Wenn das Weibchen schon genügend Nahrung hätte, würde es nicht durch Einsatz der primären sexuellen Eigenschaften um Nahrung werben. Und wenn für das Weibchen die Bewahrung der sexuellen Integrität wichtiger wäre als die Nahrung, würde es auch nicht zum Tausch kommen.

Die Asymmetrie kann also prinzipiell als notwendige Bedingung für das Tauschgeschäft angesehen werden. Aber ist sie auch eine hinreichende Bedingung? Muß es also zu einem Tausch kommen, jedesmal wenn eine Asymmetrie vorliegt? Nicht unbedingt. Um bei unserem Beispiel zu bleiben und um schon kurz die im ersten Teil des nächsten Kapitels entwickelten Gedanken vorwegzunehmen: Das Männchen könnte dem Weibchen die Nahrung auch einfach *schenken*, also geben, ohne irgendeine Gegenleistung zu erwarten. Und umgekehrt auch: Das Weibchen könnte sich dem Männchen hingeben, ohne irgendeine Gegenleistung zu erwarten. Das reine Schenken stellt das eine Extrem dar. Als anderes Extrem finden wir das reine Nehmen: Das Männchen, das – so wollen wir annehmen – über eine größere körperliche Kraft verfügt als das Weibchen, verschafft sich sexuellen Zugang zu letzterem, ohne irgendeine Gegenleistung anzubieten. Hier könnte man, wenn man einen Begriff der Menschen- auf die Tierwelt anwendet, von Vergewaltigung sprechen. Und wenn seinerseits das Weibchen über eine größere physische Kraft als das Männchen verfügen würde, dann könnte es letzterem die Nahrung einfach wegnehmen – und wir hätten dann ein Äquivalent zum Diebstahl.

Der Tausch liegt also zwischen zwei Extremen: dem einseitigen Geben einerseits und dem einseitigen Nehmen andererseits. Warum gibt es den *Tausch* eines sexuellen gegen ein nichtsexuelles Gut in der Tierwelt – zumindest bei den Primaten? Warum nicht nur das einfache Geben oder das einfache Nehmen? Wenn wir das Darwinsche Paradigma voraussetzen, dann könnte die Erklärung in der Optimierung der Überlebens- und Fortpflanzungschancen liegen. Für das Männchen ist es sicherlich ‚ökonomischer' und mit weniger Verletzungsrisiken verbunden, den Rest oder den von ihm nicht benötigten Überfluß seiner Nahrung gegen sexuelle Befriedigung zu tauschen, als das Weibchen zu vergewaltigen und dabei ein Verletzungsrisiko einzugehen. Und es ist auch besser für das Weibchen, eine Gegenleistung zu erhalten.[68]

---

68 Ich führe diese mögliche Erklärungshypothese hier nur an, ohne mich auf ihre Richtigkeit festlegen zu wollen.

Wie schon angedeutet wurde, darf man keine voreiligen Schlüsse aus dem ziehen, was in der Tierwelt geschieht. Die Existenz prostitutionsähnlicher Verhaltensweisen in der Tierwelt kann uns zwar zeigen, daß der reine Tausch sexueller gegen nichtsexuelle Güter kein rein menschliches oder soziales Phänomen ist, sie erspart uns aber nicht die Aufgabe einer normativen Bewertung dieses Tausches in der Menschenwelt. Nicht alles, was Tiere auch tun, ist *eo ipso* legitim oder normal oder, in einem normativ relevanten Sinn, natürlich. Es gibt schließlich einen großen und moralisch äußerst relevanten Unterschied zwischen dem Menschen und dem Tier: Der Mensch kann bestimmte Praktiken in Frage stellen und sie auf ihre moralische Legitimität hin befragen, wohingegen das Tier dies nicht kann. Und nicht nur das: Der Mensch kann diese Praktiken auch aufgeben, wenn er feststellt, daß sie moralisch illegitim sind, bzw. er kann sie von ihren moralisch illegitimen Zügen befreien, wenn nicht die Praxis als solche moralisch illegitim ist, sondern nur die Art und Weise, wie sie ausgeübt wird. Ein solches Aufgeben mag zwar sehr oft schwierig sein und eine große Willenskraft voraussetzen, aber unmöglich ist es in vielen Fällen nicht.

Schlußbemerkung

Bestimmte Formen menschlichen Handelns zielen darauf ab, sexuell zu erregen und sexuell zu befriedigen. Man kann diese Tätigkeiten ausführen, ohne eine Gegenleistung dafür zu erwarten, aber man kann ihre Ausführung auch davon abhängig machen, daß man eine Gegenleistung dafür erhält. Letzteres setzt natürlich voraus, daß es Personen gibt, die bereit sind, eine solche Gegenleistung zu erbringen, für die also die sexuelle Erregung oder Befriedigung es wert ist, auf etwas zu verzichten, das ihnen gehört.

Wo eine solche Gegenleistung erwartet wird, sprechen wir ganz allgemein von Sexarbeit. Eine Sexarbeit leistende Person ist eine Person, die Handlungen ausführt, die andere Personen sexuell erregen und/oder befriedigen sollen, und die als Gegenleistung für diese Handlungen ein nichtsexuelles Gut erhält. Dabei wird der Begriff Arbeit ganz weit gefaßt und bezeichnet nicht nur eine organisierte und anerkannte Tätigkeit – man würde dann eher von Beruf sprechen. Wenn ich meinem Nachbarn nur unter der Bedingung helfe, daß er mir dafür Geld oder ein sonstiges Gut gibt bzw.

sich dazu verpflichtet, mir auch eines Tages einen Dienst zu erweisen, dann arbeite ich für ihn, auch wenn meine Hilfe nur einmalig ist und einige Minuten dauert. Wichtig ist hier, daß ein Tausch stattfindet.

Bei der Sexarbeit wird ein sexuelles gegen ein nichtsexuelles Gut getauscht, und es ist die Erwartung, ein nichtsexuelles Gut zu erhalten, welche die eine Seite dazu motiviert, eine bestimmte sexuelle Handlung auszuführen. Die Prostitution ist eine besondere Form eines solchen Tausches und gehört somit in die Kategorie der Sexarbeit. Wesentlich für sie ist, daß der Tausch durch einen direkten Körperkontakt geschieht und daß durch diesen Körperkontakt in erster Linie sexuelle Befriedigung erzeugt werden soll. Die sich prostituierende Person schreibt kein Buch, das der Kunde dann als Unterlage für einen Selbstbefriedigungsakt gebrauchen kann, sondern sie stellt dem Kunden unmittelbar ihren Körper oder Teile desselben zur Verfügung, damit er sexuelle Befriedigung finden kann. Sie ist es also, die ihn sexuell befriedigt.

Von der ethischen Fragestellung her wird man es hier demnach mit einem über- und mit einem untergeordneten Problem zu tun haben. Das übergeordnete Problem betrifft die Sexarbeit als solche: Welche moralischen Gründe sprechen gegen den Tausch eines sexuellen gegen ein nichtsexuelles Gut? Das diesem untergeordnete Problem bezieht sich spezifisch auf die Prostitution als eine Form von Sexarbeit: Welche moralischen Gründe sprechen gegen den *mittels direkten Körperkontaktes getätigten* Tausch eines sexuellen gegen ein nichtsexuelles Gut?

Bei der ersten Frage wird der Tausch als solcher in Frage gestellt, bei der zweiten nur eine bestimmte Modalität dieses Tausches. Im ersten Fall geht es also darum zu wissen, ob Sexualität überhaupt in die Sphäre der Tauschbeziehungen einbezogen werden darf, ob also die sexuelle Beziehung die Form einer Tauschbeziehung annehmen darf – wobei vor allem die Heterogenität der getauschten Güter einen problematischen Charakter hat. Im zweiten Fall geht es darum zu wissen, ob man ein Recht dazu hat, seinen Körper zu verwenden, um jemandem durch direkten Körperkontakt und gegen ein bestimmtes Entgelt, eine sexuelle Befriedigung zu verkaufen.

Kapitel 2: Der moralische Charakter der prostitutionellen Beziehung

In den meisten Diskussionen über die Prostitution werden zum größten Teil Argumente vorgebracht, die eine oder mehrere der bestehenden Formen der Prostitution – also die realexistierende Prostitution mit einem ihrer vielen Gesichter – betreffen. Und aus diesen – sehr oft ganz richtigen – Argumenten wird dann auf den moralisch unzulässigen Charakter der Prostitution als solcher geschlossen. So wird etwa behauptet, Prostitution sei moralisch verurteilenswert, weil sie eine Form der sexuellen Ausbeutung der Frau darstellt. Und da niemand die sexuelle Ausbeutung der Frau moralisch gutheißen kann, kann auch niemand die Prostitution moralisch gutheißen. Oder es wird gesagt, Prostitution impliziere Menschenhandel. Und da niemand Menschenhandel gutheißen kann, wird auch die Prostitution als moralisch verurteilenswert angesehen.

Eine solche Argumentation geht an den fundamentalen ethischen Fragen vorbei. Sie begibt sich auf ein Terrain, auf dem ein Konsens relativ leicht zu erzielen ist – und wo es auch oft sehr wichtig ist, einen solchen Konsens zu erzielen, will man bestimmte kriminelle Aktivitäten wirksam bekämpfen –, vernachlässigt aber die eigentlich philosophisch relevanten Fragen. Mögen diese Fragen und die Suche nach einer Antwort auf sie auch nicht zur Linderung des Leids der Opfer der realexistierenden Prostitution unter bestimmten ihrer Formen beitragen, so dürfen und sollen sie doch gestellt werden.

Im ersten Kapitel haben wir versucht, eine möglichst allgemeine und elementare Definition der prostitutionellen Handlung zu geben – wobei es, dies sei hier noch einmal wiederholt, nicht darum geht, über ein bestimmtes Wort zu sprechen. Eine prostitutionelle Handlung – im sexuellen Sinn – ist dadurch gekennzeichnet, daß in ihrem Fall ein sexuelles Gut gegen ein nichtsexuelles Gut getauscht wird, und zwar mittels eines direkten Körperkontaktes zwischen den Tauschenden. Von dieser allgemeinen Kennzeichnung ausgehend, können wir fünf moralische Problemebenen unterscheiden:

1. Sind *Tauschbeziehungen* als solche moralisch problematisch?
2. Ist es moralisch problematisch, daß ein *sexuelles Gut* überhaupt zum *Tauschgut* wird?
3. Ist es moralisch problematisch, *daß ein sexuelles Gut gegen ein nichtsexuelles Gut* getauscht wird?
4. Ist es moralisch problematisch, daß der Tausch durch *direkten Körpereinsatz oder -kontakt* geschieht?
5. Macht es einen moralisch relevanten Unterschied aus, ob der Tausch *freiwillig oder unfreiwillig* erfolgt?

Die erste Frage ist die allgemeinste: Sie betrifft eine bestimmte Modalität der zwischenmenschlichen Beziehungen, und besonders derjenigen Beziehungen, bei denen ein bestimmtes Gut von A auf B übergeht. Ist der Tausch, verstanden als Beziehung, in welcher A dem B ein Gut nur dann gibt, wenn B ihm ein als mehr oder weniger äquivalent angesehenes Gut gibt, moralisch in Ordnung?

Die zweite Frage ist schon spezifischer: Angenommen, der Tausch ist prinzipiell moralisch in Ordnung, kann diese prinzipielle moralische Zulässigkeit des Tausches dadurch in Frage gestellt werden, daß es sich bei *einem* der getauschten Güter um ein sexuelles Gut handelt? Es geht hier also darum, ob es nicht bestimmte Kategorien von Gütern gibt, die nicht zu Tauschgütern werden sollten – nie, nirgends und unter keinen Umständen. Sexuelle Güter müssen nicht unbedingt die einzigen Güter sein, für die eine solche Ausnahme von der prinzipiellen Tauschbarkeit gemacht wird, aber wo es um die sexuelle Form der Prostitution geht, rücken sie natürlich in den Mittelpunkt. Doch was ist das Besondere an einem sexuellen Gut, daß man es nicht zum Tauschgut machen soll oder darf?

Bei der dritten Frage wird nicht von vornherein bestritten, daß sexuelle Güter auch zu Tauschgütern gemacht werden können. Hier liegt das wesentliche Problem weder in der Tauschbeziehung als solcher noch in der Tatsache, daß eines der getauschten Güter ein sexuelles Gut ist, sondern es liegt darin, daß das zweite getauschte Gut, das Gegengut, wie man es nennen könnte, kein sexuelles Gut ist. Hier geht es also darum, ob man sexuelle Güter gegen andere als sexuelle Güter tauschen darf oder ob nicht vielmehr gelten sollte, daß der Tausch eines sexuellen Gutes höchstens dann legitim ist, wenn auch das Gegengut sexueller Natur ist.[1]

---

1   Eine untergeordnete Frage wäre hier, ob die Illegitimität, wenn eine solche über-

Bei der vierten Frage geht es nicht um den Tausch als solchen noch um die Natur der getauschten Güter, sondern um ein beim Tausch verwendetes Mittel: den menschlichen Körper. Bei sexuellen Handlungen ist der Körper auf eine wesentliche Art und Weise beteiligt, und es stellt sich die Frage, ob man ihn auch im Rahmen einer heterogenen sexuellen Tauschbeziehung einsetzen darf. Sollte der Körper nicht außerhalb jeder Tauschbeziehung bleiben, da er derart eng mit unserer Person, unserem Selbst zusammenzuhängen scheint?

Die fünfte Frage betrifft auch eine Modalität des Tausches, allerdings nicht unter der Perspektive des eingesetzten Mittels, sondern unter derjenigen der Freiheit. Könnte der mittels direkten Körpereinsatzes erfolgte Tausch eines sexuellen gegen ein nichtsexuelles Gut dadurch moralisch legitim werden, daß er auf gegenseitiger Freiwilligkeit beruht? Doch was bedeutet hier eigentlich Freiwilligkeit? Setzt die Freiwilligkeit nur die Abwesenheit von direktem persönlichem Zwang voraus, oder erfordert sie auch die Abwesenheit jeder Form von sogenanntem Sachzwang? Auch wenn man nicht leugnen kann, daß viele Personen sich nicht freiwillig prostituieren, so scheint es doch nicht auf den ersten Blick evident zu sein, daß niemand sich freiwillig prostituiert. Will man sich mit der heiklen Frage der Freiwilligkeit der Prostitution befassen, so wird man sich zunächst einmal Rechenschaft darüber ablegen müssen, was aus einer Handlung eine freiwillige Handlung macht. Auch hier gilt es, wesentliche Begriffe zu klären, bevor man sich an Antworten wagt.

In diesem Kapitel wollen wir uns genauer mit den eben erwähnten Fragen auseinandersetzen.

1. Die Moralität des Tausches

Nicht jeder Mensch besitzt schon von Natur aus alles, was er braucht, um glücklich leben, oder auch nur, um schlicht überleben zu können. Und das gilt nicht nur von Kindern, sondern auch von

---

haupt vorliegen sollte, für *alle* nichtsexuellen Güter im selben Maße gilt oder ob nur bestimmte Gegengüter oder bestimmte Arten von Gegengütern betroffen sind. Man könnte sich nämlich vorstellen, daß es einen moralisch relevanten Unterschied ausmacht, ob man das sexuelle Gut gegen ein Gegengut der Kategorie X – etwa Geld oder einen Pelzmantel – oder gegen ein solches der Kategorie Y – etwa Liebe oder Treue – tauscht.

Erwachsenen. Aber fast jeder Mensch besitzt etwas, was andere brauchen, aber nicht besitzen. Hinzu kommt, daß fast jeder auf einen Teil dessen verzichten kann, was er besitzt. Dabei geht es selbstverständlich nicht nur um materielle Güter, sondern auch um Fähigkeiten – Wissen, technisches Können usw. – und um immaterielle Güter wie etwa Zeit, Einfluß usw. Manche Menschen verfügen etwa über ein Wissen und über Fähigkeiten, die andere nicht besitzen, auf die sie aber gegebenenfalls angewiesen sind. Der Elektriker weiß und kann etwa Dinge, die ich nicht weiß und die ich nicht kann, und wenn in meinem Haus Arbeiten an der Elektrik auszuführen sind, dann greife ich auf dieses Wissen und Können des Elektrikers zurück und lasse es mir auch etwas kosten. Der Elektriker seinerseits hat nicht die Zeit und wahrscheinlich auch nicht das nötige Wissen, um seinem Sohn fremde Sprachen, Biologie, Geographie oder Philosophie beizubringen. Will er, daß sein Sohn höhere Studien absolviert, muß er ihm die Möglichkeit geben, sich das Wissen in diesen Fächern anzueignen. Er schickt ihn deshalb auf eine Schule, an deren Finanzierung er direkt – im Falle einer Privatschule – oder indirekt über den Umweg der Steuern – im Falle einer öffentlichen Schule – beteiligt ist.

Geht man von diesen Voraussetzungen aus, so wird leicht ersichtlich, warum es zu Güterübertragungen kommen kann und muß. Um es an einem Beispiel zu verdeutlichen: A verfügt über mehrere Exemplare eines Gegenstandes X und kann gegebenenfalls auf einige dieser Exemplare verzichten, während B ein Exemplar dieses Gegenstandes braucht, aber nicht besitzt. Oder: A verfügt über eine Fähigkeit – ein Wissen, Zeit, ... –, die B nicht hat, die er aber brauchen könnte, und A kann seine Fähigkeit zur Verfügung stellen. In diesen Fällen kann es dazu kommen, daß A dem B einige Exemplare des betreffenden Gegenstandes gibt bzw. daß er dem B seine Fähigkeit für eine bestimmte oder unbestimmte Zeit zur Verfügung stellt.

Man sollte allerdings zwischen unterschiedlichen Modalitäten dieser Übertragung oder Zur-Verfügung-Stellung unterscheiden. Wir wollen deren drei zurückbehalten:

(a) A will alle Exemplare für sich behalten und läßt somit dem B keine andere Wahl, als sich entweder durch Gewalt eines Exemplares zu bemächtigen, wenn er eins haben will, oder aber ganz auf ein Exemplar zu verzichten. Oder: A will B seine Fähigkeit nicht zur

Verfügung stellen. Wenn B sie haben will, dann muß er A dazu zwingen, sich in seinen Dienst zu stellen und eine bestimmte Handlung für ihn auszuführen.

(b) A ist bereit, ein Exemplar an B abzutreten, aber nur unter der Bedingung, daß B ihm eine Gegenleistung erbringt – die etwa darin besteht, daß er dem A ein Exemplar eines Gegenstandes abtritt, das er – also B – besitzt. Oder: A ist bereit, B seine Fähigkeit zur Verfügung zu stellen, aber nur unter der Bedingung, daß er etwas von B als Gegenleistung dafür erhält. In beiden Fällen wird vorausgesetzt, daß B etwas hat, worauf er verzichten kann und was A auch brauchen kann bzw. was A will.

(c) A ist bereit, B ein Exemplar abzutreten, ohne dafür eine Gegenleistung von B zu verlangen oder zu erwarten. Oder: A ist bereit, seine Fähigkeit B zur Verfügung zu stellen, ohne eine Gegenleistung von B zu verlangen bzw. auch nur zu erwarten.

Wir haben es hier mit drei verschiedenen Formen zu tun, in denen die Übergabe eines Gutes oder die Zur-Verfügung-Stellung einer Fähigkeit stattfinden kann. Man kann sie in drei Wörtern zusammenfassen: *Raub, Tausch und Geschenk*. Im Falle des Raubes nimmt sich eine Partei das, was sie zu brauchen meint, und beachtet dabei nicht die Interessen der anderen Partei. Der Räuber denkt nur an seinen eigenen Vorteil und läßt die Bedürfnisse seines Gegenübers unberücksichtigt. Der Räuber will nicht unbedingt dem Beraubten schaden, d. h., seine Handlung muß nicht unbedingt, um mit Schopenhauer zu sprechen, die Bosheit als Triebfeder haben. Der Räuber handelt in erster Linie egoistisch und nimmt in dieser Hinsicht in Kauf, daß seine Handlung einem anderen schadet.[2]

Im Falle des Geschenkes ist der Schenkende bereit zu geben, ohne irgendeine Gegenleistung zu erwarten. Der Schenkende denkt in erster Linie, wenn nicht sogar manchmal nur, an die Interessen des Beschenkten und stellt somit seine eigenen Bedürfnisse in den Hintergrund. Ein *wahres* Geschenk kann nur aus

---

2   Wir lassen hier die Figur des guten Räubers außer Betracht. Es wäre dies jemand, der, wie der legendäre Robin Hood, den Wohlhabenden nimmt, um den Armen zu geben. Ein solcher Räuber handelt selbstverständlich nicht aus egoistischen Gründen.

altruistischen Motiven erfolgen. Es ist dies, wohlgemerkt, keine empirische, sondern eine begriffliche Notwendigkeit. Wo man, wie es manchmal geschieht, schenkt in der Hoffnung, daß der andere eines Tages ‚wiederschenken‘ wird, da handelt es sich nicht mehr um ein wahres Geschenk, sondern um eine Form von Tausch.

Ist der Raub ein einseitiges Nehmen, so ist das Schenken ein einseitiges Geben.[3] Ihnen gegenüber steht der Tausch, der, als beiderseitiges Geben und Nehmen, Elemente der beiden anderen Formen enthält. Der Tausch setzt also, anders gesagt, Reziprozität – aber nicht unbedingt auch Symmetrie und Proportionalität – im Geben und Nehmen voraus.

Wann raubt man, wann schenkt man, und wann tauscht man? Gibt es spezifische Situationen oder Umstände, unter denen man eher auf das eine als auf das andere zurückgreift? Auf den Raub wird man zurückgreifen, wenn man entweder selbst nichts hat, um zu tauschen – bzw. nichts hat, worauf man verzichten könnte, oder gegebenenfalls auch nichts hat, was ein anderer benötigt[4] –, oder wenn man nicht genügend Güter hat, um das zu erwerben, was man will, oder wenn man das, was man hat, nicht hergeben will, obwohl man darauf verzichten könnte und obwohl eine Nachfrage dafür besteht.

Man wird dabei den Notraub vom gemeinen Raub unterscheiden müssen. Ein Notraub liegt dann vor, wenn man rauben muß, um überhaupt überleben zu können. Das heißt dann aber, daß ein Notraub nur dann gegeben ist, wenn es sich bei den geraubten Gütern um solche Güter handelt, ohne die ein Mensch nicht überleben kann. Wer einen Ferrari stiehlt, weil er ihn sich nicht leisten kann, begeht keinen Notraub. Ein gemeiner Raub liegt vor, wenn man entweder Güter raubt, die keine Elementargüter sind, oder wenn man die Möglichkeit hat, sich die geraubten Güter – ob Elementargüter oder nicht – auch durch Tausch anzueignen, ohne

---

3   Man sollte vielleicht genauer sagen, daß das Schenken ein einseitiges *freies* Geben ist, da ja schließlich auch im Fall des Raubes nur eine Seite gibt, bloß daß sie es hier unter Zwang tut. Ähnlich müßte man, um genau zu sein, sagen, daß der Raub ein *zwangsbewehrtes* einseitiges Nehmen ist, da ja auch im Fall des Schenkens nur eine Seite nimmt. Der Räuber zwingt die andere Person dazu, ihm ihr Hab und Gut zu geben. Dieses Zwangselement fehlt beim Schenken.

4   Manche Leute würden lieber arbeiten als stehlen, doch wenn niemand ihnen eine Arbeit geben will, wenn also niemand ihre Fähigkeiten braucht, bleibt ihnen oft keine andere Möglichkeit, als zu stehlen, wenn sie überleben wollen.

dadurch – wenn es sich um Elementargüter handelt – in eine Situation zu geraten, die es einem in Zukunft unmöglich machen würde, sich weiterhin Elementargüter anzueignen. Im Strafrecht wird der Notraub, wenn er tatsächlich erwiesen ist, milder behandelt als der gemeine Raub.

Ein Geschenk tätigt man gewöhnlich dann, wenn entweder die andere Partei keine Möglichkeit hat, einen Tausch zu praktizieren, oder wenn man in einer besonderen Beziehung zu dieser anderen Partei steht, einer Beziehung, die einen Raub sowieso ausschließt und einen Tausch als völlig unpassend erscheinen läßt. Zum ersten Fall von Geschenk gehören etwa die Spenden für die Armen, von denen wir keine Gegenleistung erwarten können, während wir es im zweiten Fall mit dem Schenken im üblichen Sinn des Wortes zu tun haben, etwa wenn man seinen Verwandten etwas zu Weihnachten schenkt, obwohl diese Verwandten durchaus über die Mittel verfügen, uns eine Gegenleistung zu erbringen. Das Geschenk in diesem zweiten und eigentlichen Sinn soll sowohl den Beschenkten glücklich machen wie auch zum Ausdruck bringen, daß man ihn liebhat und daß man dementsprechend will, daß er glücklich ist. Das Geschenk im eben erwähnten Sinn soll also nicht nur den Zustand des anderen verbessern – was ja auch bei der Spende der Fall ist –, sondern es soll darüber hinaus die besondere Beziehung zur anderen Person ausdrücken, betonen und vielleicht sogar noch stärken.[5]

5   Eine Spende kann natürlich auch eine besondere Beziehung zum Ausdruck bringen, nur hat die Spende gewöhnlich einen anonymen Charakter: Man spendet für die Opfer einer Naturkatastrophe, weil man selbst aus dem betroffenen Land stammt, aber man spendet nicht für bestimmte klar identifizierte Individuen. Ein Geschenk im eigentlichen Sinn hat also immer eine persönliche Dimension, die der Spende fehlt.

Weisen wir auch darauf hin, daß manchmal Geschenke gemacht werden, um besondere Beziehungen aufzubauen. Ob man in solchen Fällen immer von Geschenken sprechen kann, ist allerdings problematisch. Wenn eine Firma – um einen selbsterlebten Fall als Beispiel zu geben – einem stellvertretenden Bürgermeister mehrere Flaschen Wein ‚schenkt‘, so gleicht das eher einem Tausch als einem wahren Geschenk. Die Firma erwartet nämlich, daß die kommunalen Autoritäten in Zukunft an sie denken, wenn bestimmte Arbeiten in der Gemeinde auszuführen sind. Es wird hier denjenigen etwas geschenkt, von denen man sich eine Gegenleistung erwarten kann. Das Geschenk ist hier, so könnte man es auch formulieren, eine Art von Investition in die Zukunft. Damit verliert es aber die Natur des Geschenkes, da man beim Geschenk nicht über den Augenblick des Schenkens hinaussehen sollte.

Drückt sich im Raub eine gewisse Art von Mißachtung gegenüber dem Beraubten aus – die im Falle des gemeinen Raubes gewöhnlich größer ist als im Fall des Notraubes –, so drückt sich im Gegensatz dazu im Schenken eine gewisse Art von Achtung gegenüber dem Beschenkten aus. Um es in der Sprache Kants zu formulieren: Der Räuber betrachtet den Beraubten als ein bloßes Mittel, während der Schenkende den Beschenkten – wenn es sich um ein wahres Geschenk handelt – als einen bloßen Zweck betrachtet. Keiner der beiden, wenn wir sie als Extremfälle konstruieren, behandelt sein Gegenüber als jemanden, der sowohl Mittel als auch Zweck an sich ist.[6]

Ist das Rauben prinzipiell moralisch verurteilenswert, da bei ihm der andere nur als Mittel betrachtet wird – wobei allerdings der Notraub eine spezielle Betrachtung verdienen würde –, so ist das Schenken – insofern es natürlich keine versteckte Form des Tausches ist – prinzipiell moralisch bewundernswert, da bei ihm der andere nur oder fast ausschließlich als Zweck an sich betrachtet wird. Doch wie steht es um den Tausch, bei dem beide Partner nehmen und geben? Gibt er als solcher Anlaß zu ernsthaften moralischen Problemen? Ist er moralisch indifferent, also an sich weder gut noch böse? Oder ist er moralisch wertvoll und bewundernswert?

Hierbei gilt es zu unterscheiden zwischen den inhärenten Merkmalen des Tausches und seinen allgemeinen Rahmenbedingungen, also zwischen dem, was dem Tausch als solchem zukommt, und den – partikularen, aber auch strukturellen – Umständen, unter denen konkrete Tauschgeschäfte abgewickelt werden. Denn auch wenn der Tausch als solcher nicht moralisch problematisch sein sollte, so könnte er doch unter bestimmten Bedingungen moralisch problematisch werden. Dieser moralisch problematische Charakter der Bedingungen sollte dann allerdings nicht auf den Tausch als solchen abfärben. Für den Tausch im allgemeinen gilt also auch die Warnung, die wir im Zusammenhang mit dem sexuellen Tausch ausgesprochen haben: Die kontingenten Bedingungen, unter denen ein Phänomen beobachtet wird, sollten nicht unter der Hand zu konstitutiven Bedingungen werden.

---

6   Erinnern wir hier daran, daß die berühmte Zweck-Mittel-Formulierung des kategorischen Imperativs uns dazu auffordert, den anderen nicht *nur* als Mittel zu behandeln, sondern immer *auch* als Zweck an sich selbst. Daraus könnte man folgern, daß wir den anderen *auch* als Mittel und nicht *nur* als Zweck an sich behandeln dürfen.

Als moralisch relevant und demnach als Quelle möglicher moralischer Probleme könnten dabei folgende Aspekte oder Elemente betrachtet werden:

- die konkreten Umstände des Tausches
- die Identität der am Tausch teilnehmenden Personen
- die Natur der getauschten Gegenstände in qualitativer und quantitativer Hinsicht

Sehen wir uns diese Elemente etwas genauer an. Es kann der Fall auftreten, daß einer der Tauschenden dem anderen – an physischer Kraft, an Schlauheit oder etwa dadurch, daß er über ein Gut verfügt, das der andere dringend braucht, wohingegen er das Gut des anderen nicht so dringend braucht – überlegen ist und diese Überlegenheit ausnutzt, um Bedingungen festzulegen, die für ihn äußerst günstig und für den anderen äußerst ungünstig sind. Eine solche Asymmetrie hinsichtlich der Dominanzposition der Tauschpartner führt gewöhnlich dazu, daß es einen großen Unterschied hinsichtlich der Quantität der getauschten Güter gibt: Der eine gibt viel und erhält wenig, der andere erhält wenig und gibt viel. Mag dann auch die Übergabe der Güter die Form des Tausches annehmen, so kann man doch hier von Ausbeutung sprechen. Das heißt natürlich nicht, daß der Tausch als solcher eine Form von Ausbeutung ist, sondern nur, daß er die Form der Ausbeutung annehmen kann, wenn einer der Partner sich in einer überlegenen Position befindet und diese ausnutzt, um dem anderen Partner Tauschbedingungen aufzuzwingen, die ihm, dem Dominanten, angenehm sind – frei nach dem Motto: „Vogel, friß oder stirb."

Damit soll nicht gesagt werden, daß ein Tausch, bei dem die getauschten Güter nicht strikt äquivalent sind, *eo ipso* moralisch problematisch sein muß, sondern lediglich, daß ein allzu großer Unterschied uns zumindest dazu veranlassen sollte zu fragen, ob alles mit rechten Dingen geschehen ist. Unter bestimmten Umständen kann nämlich ein Tausch fast schon eine versteckte Form von Raub sein oder einer Erpressung gleichkommen.

Für eine Betrachtung der prostitutionellen Beziehung als einer Form von Tauschbeziehung ist die Frage der Umstände des Tausches, und besonders die Frage nach der Freiheit oder Freiwilligkeit, eine sehr wichtige Frage, da oft darauf hingewiesen wird – und wir werden noch genauer auf diesen Punkt zurückkommen –, daß die sich prostituierende Person *niemals* freiwillig ihren Körper oder zumindest einen Teil ihres Körpers zur Verfügung stellt, um jemandem zu erlauben, ein sexuelles Bedürfnis zu befriedigen. Insofern würde die prostitutionelle Handlung dann zwar äußerlich wie eine Tauschhandlung aussehen – die eine Partei leistet einen Dienst und erhält dafür ein bestimmtes nichtsexuelles Gut, die andere Partei gibt dieses nichtsexuelle Gut und erhält dafür ein sexuelles Gut –, in Wirklichkeit würde es sich aber um eine Raubhandlung oder doch zumindest um eine Form von Erpressung handeln – frei nach dem Motto: „Falls du was zum Überleben haben willst, dann mußt du mir eine sexuelle Gunst erweisen, und zwar nach den von mir aufgestellten Bedingungen." Falls die sich prostituierende Person die geforderte sexuelle Gunst nicht erweist, wird sie zwar nicht geschlagen oder umgebracht, aber sie muß auf eine bestimmte Summe Geld verzichten, die sie vielleicht dringend benötigt hätte.

Als ideale Tauschbeziehung könnte man eine solche betrachten, in welcher jede Person die Möglichkeit hat, ihre elementaren Bedürfnisse auf unterschiedliche Weise zu befriedigen bzw. sich die dazu notwendigen Mittel auf unterschiedliche Arten anzuschaffen. Wo eine Frau etwa wählen kann, ob sie ihren Lebensunterhalt als Prostituierte, als Lehrerin, als Postbeamtin, als Reiseführerin oder als Designerin verdienen will, wäre ihre Wahl, wenn sie auf die Prostitution fallen sollte, frei, und der Tausch könnte auch als freiwilliger betrachtet werden. Wesentlich für den wirklich *freiwilligen* Tausch sind (a) eine Vielzahl von alternativen Optionen – die sich allerdings nicht auf Pest und Cholera reduzieren dürfen –, (b) die Abwesenheit jeglicher Dominanzbeziehung und (c) eine angemessene Information über die Tauschoptionen.

Zu den konkreten Umständen des Tausches zählen allerdings nicht nur die äußeren Umstände, sondern auch das Bild, das die Tauschpartner voneinander haben. Betrachten sie sich gegenseitig als Wesen mit eigenen Bedürfnissen und Interessen, denen es darum geht, ein glückliches Leben zu führen, oder sehen sie in dem jeweils anderen nur die goldene Milchkuh, deren Wohlergehen uns nur so lange interessiert, wie es einen Einfluß auf unser eigenes Wohlergehen haben kann? Als empirisches Phänomen ist der Tausch nicht nur ein externer Vorgang, sondern er setzt immer bestimmte subjektive Elemente voraus, die dem jeweils konkreten Tausch eine bestimmte moralische Färbung geben können.

Wenden wir uns jetzt einem anderen der oben erwähnten moralisch relevanten Aspekte der Tauschhandlung zu. Für die moralische Bewertung einer Tauschhandlung kann es oft eine Rolle spielen, *wer* die an der Handlung beteiligten Personen sind, und vor allem, in welchem Verhältnis diese Personen zueinander stehen – wobei natürlich das Verhältnis einen bestimmenden Einfluß auf die Identität haben kann. Es könnte nämlich sehr wohl der Fall sein, daß der Tausch, als Form der Übergabe eines Gutes an eine andere Person, unter bestimmten Bedingungen moralisch unproblematisch, unter anderen Bedingungen aber unangemessen, ja vielleicht sogar moralisch verurteilenswert ist, und zwar wegen des Verhältnisses, das zwischen den unmittelbar betroffenen Personen besteht. Die Übergabe von Gütern geschieht nicht nur zwischen abstrakten, unpersönlichen Individuen, sondern immer auch zwischen bestimmten Personen, und auch wenn es in bestimmten Kontexten richtig sein kann, von der konkreten Identität der betroffenen Personen abzusehen, so gibt es doch andere Kontexte, in denen diese konkrete Identität berücksichtigt werden sollte.

Um dies an einem einfachen Beispiel zu verdeutlichen: Wenn ich zu meiner Mutter sagen würde, daß ich ihr den Rasen nur dann mähen werde, wenn sie mir 50 Euro dafür gibt, dann wäre diese Forderung einer Entschädigung – unabhängig von ihrer Höhe – schlichtweg unangebracht. Eine solche Forderung im Rahmen einer Mutter-Kind-Beziehung zu erheben zeugt von einem mangelnden Sinn für das, was sich hier schickt. Eine Mutter und ihr Sohn stehen nicht im Verhältnis von Auftraggeberin und Lohnarbeiter. In der Mutter-Sohn-Beziehung sollte nicht einmal der Gedanke an eine mögliche Entschädigung aufkommen.[7] Und wenn meine Mutter mir nach vollendeter Arbeit und ohne daß ich irgendetwas von ihr verlangt habe, spontan 50 Euro anbieten würde, dann bestünde die angemessene Reaktion in der Ablehnung dieses Angebots.

---

7 Die französische Sängerin Marie Laforêt hat in den 70er Jahren diese Problematik zum Thema eines ihrer Lieder gemacht. Ein Kind macht eine lange Liste aller Dienste – beim Abwaschen geholfen usw. –, die es für seine Mutter geleistet hat, wobei es für jeden dieser Dienste eine kleine Geldsumme fordert. Und am Schluß rechnet es dann alles zusammen und legt der Mutter die Liste vor. Daraufhin macht auch die Mutter eine Liste, in der sie alles erwähnt, was sie für das Kind getan hat – neun Monate im eigenen Leib getragen, schlaflose Nächte an der Seite des kranken Kindes usw. –, und für jedes *Item* dieser Liste heißt es: *cadeau* – Geschenk. Am Schluß des Liedes zerreißt das Kind dann seine eigene Liste.

Wenn meine Mutter nun aber den Sohn eines Nachbarn fragen würde, ob er ihr den Rasen mäht, dann ist es normal oder zumindest nicht verurteilenswert, wenn dieser sich für die Arbeit bezahlen läßt. Niemand wird ihm einen moralischen Vorwurf machen können, wenn er im voraus eine Summe mit meiner Mutter aushandelt.[8] Auch wenn wir darin übereinstimmen können, daß es lobenswert wäre, wenn der Nachbarssohn meiner Mutter umsonst helfen würde, haben wir doch prinzipiell kein Recht, ihn zu tadeln, wenn er sich für die Arbeit bezahlen läßt. Einen Grund zum Tadel gäbe es höchstens dann, wenn der von ihm geforderte Lohn weit über dem Wert der Arbeit liegen würde – wenn er also etwa 200 Euro für eine Arbeit verlangen würde, für die er nur zwei Stunden braucht, die keine besonderen Kenntnisse oder Fertigkeiten verlangt und für die man ihm darüber hinaus auch noch das Material zur Verfügung stellt.[9]

8   Man müßte allerdings noch etwas differenzieren. Nehmen wir etwa folgendes Beispiel: Der Nachbar hat eine sehr große Wiese, für deren Mähen er zwei Stunden braucht, und die Wiese meiner Mutter ist in fünf Minuten gemäht. Beide Wiesen liegen direkt beieinander, und es kostet keine Mühe, von der einen in die andere überzugehen. Unter diesen Umständen wäre es unangemessen, wenn der Nachbar meiner Mutter eine Rechnung vorlegen würde. Kann man vom Nachbarn auch nicht erwarten, daß er zwei Stunden seiner Zeit opfert, um die Wiese meiner Mutter zu mähen, so kann man doch von ihm erwarten, daß er fünf Minuten dafür aufbringt, ohne sich diese fünf Minuten bezahlen zu lassen. Der Fall wäre aber anders gewesen, wenn meine Mutter sich an eine professionelle Firma gewendet hätte: Hier ist es normal, wenn der Arbeiter nach vollendeter Arbeit eine Rechnung vorlegt, auch wenn die Arbeit nur fünf Minuten seiner Zeit in Anspruch genommen hat.

9   Man sollte an dieser Stelle kurz innehalten und sich der Relativität der moralischen Bewertung bezahlter Dienstleistungen bewußt werden. Mc Ginn weist z. B. darauf hin, daß die römische Oberklasse es als entwürdigend und moralisch suspekt ansah, Geld für eine geleistete Dienstleistung anzunehmen (Mc Ginn 1998: 135). Martha Nussbaum spricht in diesem Zusammenhang von einem „aristokratischen Vorurteil" gegen Lohnarbeit (Nussbaum 2000: 278). Wir haben uns heute schon fast daran gewöhnt, daß man für fast jeden Dienst Geld erhält. Angefangen bei der Politik: Eigentlich sollte der Dienst für die Allgemeinheit als eine Ehre und als eine heilige Pflicht gelten bzw. als etwas Selbstverständliches, das seinen Lohn gewissermaßen in sich selbst und in dem Guten hat, das man seinen Mitmenschen tun kann. Zu Beginn der athenischen Demokratie wurden die Bürger nicht für die Teilnahme an den Sitzungen auf der Agora bezahlt. Die Bezahlung erfolgte erst später, als die Teilnahmerechte ausgedehnt wurden und als auch Leute mitbestimmen durften, die es sich nicht leisten konnten, während mehrerer Tage oder Wochen nicht zu arbeiten und kein Geld zu verdienen. Heute gilt es fast schon als normal, daß ein politischer Mandatsträger für seine politische Tätigkeit etwas verdient. Als ich in meiner

Der eben erwähnte Aspekt kann wichtig sein, wenn wir die prostitutionelle Beziehung innerhalb und außerhalb der Ehe miteinander vergleichen. Es ist nämlich etwas ganz anderes, ob man einer fremden Person ein nichtsexuelles Gut gibt, damit sie einen sexuell befriedigt, oder ob man dem Ehepartner ein solches Gut gibt, auch wenn man in beiden Fällen das Ganze als eine Tauschhandlung betrachtet. In unserem traditionellen Verständnis der Ehe gehen wir davon aus, daß sexuelle Güter hier nur geschenkt und nicht als Tauschgüter betrachtet werden dürfen. Das gilt aber nicht nur für sexuelle Güter: Wenn meine Frau mich etwa bitten würde, ihr den Text einer Bach-Kantate ins Französische zu übersetzen, dann käme es mir überhaupt nicht in den Sinn, dies nur unter der – eventuell vertraglich festzuhaltenden – Bedingung zu tun, daß auch sie mir eines Tages einen griechischen Text ins Französische übersetzen muß. Im Rahmen einer ehelichen Beziehung tut zwar jeder bestimmte Dinge für den anderen, so daß also ein gegenseitiges Geben und Nehmen vorliegt, aber der Hintergrund hierfür ist ein anderer als im Falle einer reinen Tauschbeziehung. Ich sehe in meiner Ehefrau keinen Tauschpartner, der etwas hat, was ich brauche, und der etwas braucht, was ich habe, sondern ich sehe in ihr eine Person, die ich glücklich machen kann und will.[10] Wenn ich etwas für meine Frau tue, dann blicke ich nicht über das Hier und Jetzt hinaus, d. h., ich tue es, weil es jetzt getan werden muß – und das ‚muß‘ verweist hier nicht auf eine abstrakte universelle Moral, sondern auf eine konkrete partikulare Beziehung –, und nicht, weil ich davon ausgehe, daß auch ich zu einem späteren Zeitpunkt einmal die Hilfe meiner Frau benötigen werde und daß es demnach

Luxemburger Geburtsgemeinde Mitglied des Gemeinderates war, erhielt ich einen doch ziemlich beachtlichen Stundenlohn. In meiner jetzigen französischen Wahlgemeinde, in welcher ich auch Mitglied des Gemeinderates bin, ist es allerdings noch anders: Nur der Bürgermeister und seine drei Stellvertreter werden bezahlt. Aus der Sicht einer streng republikanischen Auffassung der Politik dürfte eigentlich niemand für die Teilnahme an den politischen Angelegenheiten bezahlt werden. Im Kontext einer arbeitsteiligen Gesellschaft, in welcher die Politik zum *full-time* job einiger Individuen geworden ist, stellt sich die Frage natürlich anders als im Kontext einer ideal-republikanischen Gemeinschaft.

10 Man kann zwar prinzipiell jedes Verhältnis und jede Beziehung einer rein ökonomischen Analyse unterziehen, sollte sich dabei aber bewußt werden, daß man dadurch bestimmte Dimensionen des betreffenden Phänomens ignoriert, wenn nicht sogar regelrecht verrät. Zu einer rein ökonomischen Analyse der Sexualität siehe Posner (1998).

besser ist, wenn ich ihr jetzt helfe, damit sie mir dann später die Gegenleistung erbringt – *tit for tat*, wie die Engländer dafür zu sagen pflegen.

Kommen wir dann schließlich zum letzten der oben erwähnten moralisch relevanten Aspekte des Tausches: zu den getauschten Gütern. Den bloß quantitativen Aspekt hatten wir schon angesprochen: In einem Tauschgeschäft können mehr oder weniger äquivalente Güter getauscht werden, es kann aber auch der Fall auftreten, wo es einen großen Unterschied zwischen dem Wert der getauschten Güter gibt. Auch wenn der zweite Fall nicht unbedingt zu einer moralischen Problematisierung oder vielleicht sogar Verurteilung des Tausches Anlaß geben muß, zwingt er uns doch dazu, uns etwas genauer mit dem Tausch zu befassen, bevor wir ihn als moralisch einwandfrei erklären können. Wir gehen nämlich davon aus, daß Menschen, wenn sie Güter gegeneinander austauschen, gewöhnlich darauf bedacht sind, mehr oder weniger äquivalente Güter zu tauschen.

Dabei wird man natürlich zwischen dem objektiven und dem subjektiven – sehr oft sentimentalen – Wert eines Gutes unterscheiden müssen: Was für mich ein sehr wertvolles Gut ist, weil es etwa noch meinem Urgroßvater gehörte, kann für einen anderen so gut wie wertlos sein. Es kommt also hier weder auf die konkrete Beschaffenheit des Gegenstandes an noch auf seinen reinen Gebrauchswert – den Nutzen, den uns sein Gebrauch bringen kann –, sondern auf die mögliche Beziehung des Eigentümers zum Gegenstand. Man könnte dies auch folgendermaßen formulieren: Der getauschte Gegenstand ist für die Tauschenden nicht unbedingt nur ein allgemeiner Typ von Gegenstand, so daß es keine Rolle spielt, ob es sich beim getauschten Exemplar um dieses oder um ein anderes Exemplar handelt, sondern der Gegenstand kann auch als dieser spezifische, konkrete Gegenstand, mit seiner ganz eigenen Geschichte, im Mittelpunkt des Tausches stehen. So kann ich durchaus bereit sein, eine irgendwo gefundene und noch perfekt funktionierende Uhr für 50 Euro zu verkaufen, während ich eine dieser materiell fast in allen Punkten gleiche Uhr – bloß daß ihr vielleicht ein Rädchen fehlt, was sie funktionsunfähig macht – auch für 10 000 Euro nicht verkaufen würde, weil es die Uhr ist, die meinem verstorbenen Vater gehörte. An der Uhr interessiert mich weder der Gebrauchswert – ich würde die Uhr auch noch dann behalten, wenn sie für mich in ihrer zeitangebenden Funktion nutzlos wäre – noch der Tauschwert – was sie mir einbringen könnte, wenn ich sie verkaufen wollte –, sondern der sentimentale Wert, ein Wert, den sie nur für mich – und eventuell auch für meine ganz nahen Verwandten –, aber für sonst niemanden hat. Wenn man die Äquivalenz von Gütern betrachtet, muß man stets die beiden Dimensionen – die objektive und die subjektive – berücksichtigen.

Diese Unterscheidung zwischen einem objektiven und einem subjektiven Wert ist auch im Kontext der Diskussion um die Prostitution relevant. Die sich prostituierende Person gebraucht ihren Körper bzw. bestimmte Teile des Körpers, um eine andere Person sexuell zu befriedigen. Insofern letztere Person bereit ist, eine bestimmte Summe oder ein anderes nichtsexuelles Gut für einen solchen Gebrauch des Körpers zu zahlen, hat die Zur-Verfügung-Stellung des Körpers für sie einen bestimmten Wert. Für den Zahlenden ist das Recht auf Zugang zum Körper etwas, was einen Gebrauchs- und einen Tauschwert hat. Die zahlende Person verbindet einen bestimmten Nutzen mit diesem Recht und glaubt auch, daß andere Personen sich bereit finden werden, dieses Recht bis zu einem gewissen Punkt gegen Geld zur Verfügung zu stellen.

Aber kann man den Wert dieses Rechtes objektivieren, oder kann er nur subjektiv bestimmt werden? Genügt schon die Tatsache, daß – so will ich einmal vermuten – die allermeisten von uns unter keinen Umständen und für keinen Preis bereit wären, ihren Körper für sexuelle Zwecke zur Verfügung zu stellen, um zu behaupten, daß der Körper nicht für sexuelle Zwecke zur Verfügung gestellt werden kann, weil er einen durch kein anderes Gut kompensierbaren Wert darstellt? Und gilt dies nur dann, wenn man den Körper für sexuelle Zwecke zur Verfügung stellt, oder müssen auch noch andere Fälle berücksichtigt werden? Folgt aus der Tatsache, daß *ich* die Uhr meines verstorbenen Vaters auch dann nicht verkaufen würde, wenn man *mir* 10 000 Euro dafür geben würde, daß ich jemanden moralisch verurteilen darf, der die Uhr *seines* verstorbenen Vaters verkauft – immer vorausgesetzt, daß der Verkauf der Uhr nicht die einzige Möglichkeit ist, um überleben zu können? Gibt es bestimmte Güter, die, mit Kant gesprochen, einen intrinsischen Wert, aber keinen Preis haben? Und gehört nicht der Körper oder die Sexualität bzw. die sexuelle Funktion zu diesen Gütern? Wir werfen die Fragen hier zunächst nur auf und werden im weiteren Verlauf des Kapitels noch genauer auf sie eingehen.

Mit diesen Fragen sind wir eigentlich schon von den rein quantitativen zu den qualitativen Aspekten übergegangen. Aus der Tatsache, daß es hinsichtlich der meisten Güter keine moralischen Probleme bezüglich ihres Tausches gibt, folgt noch nicht, daß dies für alle Güter gilt. Genausowenig wie es moralisch unangebracht ist, mit jeder Person – also auch etwa mit einem ganz nahen Verwandten (Eltern, Ehepartner, Kinder, ...) – in ein Tauschverhältnis einzutreten, könnte es auch moralisch unangebracht sein, bestimmte Güter zu Tauschgütern zu machen. Oder noch anders gesagt: Wie es bestimmte Verhältnisse gibt, deren – eventuell nur kulturell bestimmtes – Wesen wir nur dann gerecht werden, wenn wir in ihnen keine Tauschbeziehungen aufkommen lassen, kann es auch bestimmte Güter geben, deren Wert wir nur dann respektieren, wenn wir sie nicht zu Tauschgütern machen bzw. wenn wir sie nicht gegen irgendwelche anderen Güter tauschen. Im Hinblick auf die Prostitution wäre das Problem dann nicht, daß man der sich prostituierenden Person zu wenig Geld anbietet, sondern daß man ihr überhaupt Geld oder ein anderes nichtsexuelles Gut für etwas anbietet, was man sich eigentlich nicht erkaufen kann oder soll. Das Recht auf Zugang zum Körper des anderen wird dann als ein Gut *sui generis* betrachtet, als ein Gut, das der andere uns eventuell sehr wohl schenken kann, das wir ihm aber nicht abkaufen können bzw. nicht abkaufen sollen. Aber gilt dies allgemein oder nur im Rahmen bestimmter Beziehungen? Und warum dann gerade im Rahmen *dieser* Beziehungen?

Die beiden letzten von uns betrachteten Aspekte – die Identität der tauschenden Personen bzw. des zwischen ihnen bestehenden Verhältnisses und die Natur des getauschten Gutes – sind, wie schon angeklungen ist, auch für die Frage der Prostitution relevant. Was den ersten Aspekt betrifft, stehen wir vor der Frage, ob es für ein Paar angebracht ist, wenn etwa die eine Person die andere Person zu einem Geschlechtsakt zu überreden versucht, indem sie ihr ein wertvolles Geschenk verspricht. Soll man den anderen durch ein Geben zum Geben bringen, oder soll man abwarten, bis der andere zu schenken bereit ist, um dann seinerseits auch zu schenken?

Der amerikanische Journalist David Loftus berichtet von folgendem Fall: „Nach anfänglichem Widerstand empfand seine Frau es als lustvoll, wenn er ihr, auf sein Fragen hin, Marmor oder einen vibrierenden Ben-Wa-Ball in die Scheide einführte – aber *fisting*, die Einführung eines Klistiers oder die Einführung von Metall-

stäbchen in seine Harnröhre und Blase, machten sie krank.
Manchmal tauschte er mehrere Tage Hausarbeit gegen einige der
Aktivitäten, die sie nicht mochte" (Loftus 2002: 145). Was auch
immer man von den in diesem Zitat angeführten sexuellen Praktiken halten mag sowie darüber, ob es hinsichtlich ihrer *überhaupt* zu
einem Tausch kommen darf, so paßt es doch nicht zu einem *echten Liebesverhältnis zwischen Ehepartnern*, wenn sie zu Gegenständen eines Tauschgeschäftes werden. Mag auch der Ehemann eventuell das Recht haben, seine Frau zu *fragen*, ob sie bereit ist, auf
seine speziellen sexuellen Wünsche einzugehen, so zerstört er doch
die Natur der ehelichen Beziehung als einer Beziehung zwischen
Liebenden, wenn er sich diese Aktivitäten erkauft. Und daran
ändert auch die Tatsache nichts, daß die Ehefrau besagte Aktivitäten vielleicht am Ende doch noch als lustvoll empfinden wird. Und
es ändert ebensowenig etwas daran, daß er seiner Ehefrau nur
Arbeiten abnimmt, die sie nicht gerne ausführt. In einer echten
Liebesbeziehung sollten die praktizierten sexuellen Aktivitäten ide-
alerweise als reine Geschenke betrachtet werden. Vor allem sollte
einer der Partner nicht durch ein Tauschangebot dazu gebracht
werden, Dinge zu tun, die ihn krank machen.[11] Hier wird nicht
der Tausch als solcher noch die Natur der getauschten Güter in
Frage gestellt, sondern daß dieser Tausch zwischen zwei Personen
mit einer bestimmten Identität geschieht.

Halten wir abschließend folgendes fest: Die Menschen kommen nicht daran vorbei, untereinander Güter zu tauschen. Man
kann dies durchaus als ontologisch begründetes Faktum betrachten. Der Mensch ist ein Mängelwesen, und jedes Individuum ist
darauf angewiesen, daß andere ihm die Güter übergeben, über die

---

11 Wir wollen hier keineswegs behaupten, daß es innerhalb einer gut funktionieren-
den Ehe *niemals* zu Tauschgeschäften kommen kann. Doch betreffen diese höchstens Handlungen, die ein Partner ausüben kann, ohne sich dabei krank zu fühlen.
Wenn ich etwa zu meiner Ehefrau sage, ich würde sie nächstes Jahr nach Athen
begleiten – wo es sie hinzieht, während ich diesem Reiseziel eher indifferent gegen-
überstehe –, wenn sie mich dieses Jahr nach Salamanca begleitet – wo ich hin-
möchte, während das Ziel sie eher indifferent läßt –, dann ist das ganz in Ordnung
und untergräbt nicht die Natur unserer ehelichen Liebesbeziehung. Wenn ich aber
meine Einwilligung für Athen nur unter der Bedingung gebe, daß sie mich auf eine
Trekkingtour mit Rucksack in die Wüste begleitet — was sie, gelinde gesagt, nicht
möchte –, dann bin ich unserer Liebesbeziehung nicht gerecht geworden. Auch
wenn diese Problematik einer viel präziseren Behandlung bedürfte, muß ich es hier
bei diesen kurzen Andeutungen belassen.

es selbst nicht verfügt und die es eventuell auch nicht selbst herstellen kann oder will – wobei dieses Angewiesensein selbstverständlich noch keinen Anspruch darauf begründet, daß irgend
jemand diese Güter auch zur Verfügung stellt. Diese Übergabe hat
bislang hauptsächlich die Form des Tausches angenommen. Er ist
vielleicht nicht das moralisch bewundernswerteste Mittel, um es
jedem zu erlauben, die für seine eigene Verwirklichung – und
natürlich auch für diejenige der ihm nahestehenden Personen –
notwendigen Güter zu erlangen, aber er ist ein durch und durch
moralisch legitimes Mittel. Den Bäcker trifft keine moralische
Schuld, wenn er mir den Brotlaib nur unter der Bedingung über-
reicht, daß ich ihm meinerseits auch ein bestimmtes Gut überrei-
chen werde.

2. Der Tausch eines sexuellen gegen ein nichtsexuelles Gut

Wir hatten im vorigen Teil gesehen, daß bestimmte Aspekte oder
Merkmale die moralische Legitimität bestimmter Tauschbeziehungen in Frage stellen können. In diesem zweiten Kapitelteil wollen
wir uns etwas genauer mit einem dieser Aspekte befassen, und zwar
mit dem qualitativen: Wird eine Tauschbeziehung dadurch moralisch illegitim, daß in ihr ein bestimmtes Gut, nämlich ein sexuelles Gut, zum Tausch angeboten wird, wobei ein nichtsexuelles Gut
die Gegenleistung darstellt? Gehören sexuelle Güter zur Kategorie
dessen, was nur geschenkt und nie getauscht werden kann? Kathleen Barry meint hierzu: „[Sex] muß durch Vertrauen und Teilen
verdient werden. Daraus folgt dann, daß *Sex nicht gekauft, legal
angeeignet oder durch Gewalt genommen werden kann* und daß Frau-
en sich allen Praktiken widersetzen müssen, die das ‚Bekommen
von Sex‘ auf diesen Grundlagen fördern" (Barry 1984: 270). Alle
diese Praktiken, und also auch die Prostitution, sind Barry zufolge
entmenschlichend: „[W]as bei der Erfahrung der Prostitution ver-
letzend, entmenschlichend ist, ist in allererster Linie die Reduktion
von Sex auf Tausch" (Barry 1995: 112). Sex sollte also ganz aus der
Sphäre des Tausches herausgehalten werden.

Bei unserer Untersuchung werden wir zunächst einmal davon
absehen, daß im Fall der Prostitution der Körper unmittelbar beim
Tausch eingesetzt wird. Es geht also *nicht* darum, ob der Körper zu

einem gewöhnlichen Tauschgut werden kann. Auf diese Frage wird später zurückzukommen sein. Hier interessiert uns eigentlich nur das, was die die Dienste einer sich prostituierenden Person in Anspruch nehmende Person hauptsächlich sucht und erhält: sexuelle Befriedigung. Der Körper der sich prostituierenden Person ist dabei nur ein Mittel, ohne das der Tausch nicht zustande kommen könnte. Wir sprechen also hier über ein allgemeines Merkmal der Sexarbeit und gehen noch nicht, es sei denn am Rande, auf das spezifische Merkmal der Prostitution als Form von Sexarbeit – also auf den Aspekt des direkten Körperkontaktes zur Vermittlung der sexuellen Befriedigung – ein.

Im ersten Kapitel hatten wir zwei sexuelle Güter erwähnt: die sexuelle Erregung und die sexuelle Befriedigung. Während bestimmte Formen der Sexarbeit ausschließlich sexuelle Erregung hervorrufen, sind prostitutionelle Handlungen primär darauf gerichtet, sexuell zu befriedigen. Sexuelle Erregung kann durch vielerlei Dinge hervorgerufen werden: Bilder, Wörter, Gedanken, Töne, Gesten, Berührungen usw. Sexuelle Befriedigung kann ihrerseits meistens nur durch direkten Körperkontakt hervorgerufen werden, wobei es sich bei der berührten und der berührenden Person um eine und dieselbe Person – wir sprechen dann von Selbstbefriedigung – oder aber um zwei oder mehrere verschiedene Personen handeln kann.

Wir wollen die beiden eben genannten sexuellen Güter als primäre sexuelle Güter bezeichnen, um sie somit von den sekundären sexuellen Gütern zu unterscheiden. Zu den sekundären sexuellen Gütern zählen alle Objekte, Phänomene usw., die eine sexuelle Erregung oder Befriedigung hervorrufen können. Pornofilme, Reizwäsche, Aphrodisiaka, der Körper einer anderen Person gehören z. B. zu den sekundären sexuellen Gütern. Die sekundären sexuellen Güter sind, anders gesagt, Mittel zur Erzeugung der primären sexuellen Güter. Bestimmte dieser Mittel erzeugen nur sexuelle Erregung, während andere auch bzw. nur sexuelle Befriedigung provozieren können. Zur ersten Gruppe gehören etwa pornographische Bilder, während der Körper einer anderen Person oder ein Vibrator zur zweiten Gruppe gehört.

Man wird die Frage nach der moralischen Legitimität eines Tausches, in welchem sexuelle Güter impliziert sind, nicht angemessen beantworten können, wenn man sich nicht zuvor etwas Klarheit über die Rolle der Sexualität in unserem Leben verschafft hat. Welchen Stellenwert haben sexuelle Güter eigentlich für uns, und warum wollen wir sie überhaupt erlangen? Warum sind viele Menschen bereit, Geld für die Erlangung dieser Güter auszugeben, während viele andere Menschen es ablehnen, aus diesen Gütern Tauschgüter zu machen? Auch wenn die folgenden Zeilen nicht den Anspruch erheben, die Frage nach der Rolle der Sexualität im menschlichen Leben endgültig oder vollständig zu beantworten, so sollen sie doch einige Denkanstöße geben und unsere weiteren Überlegungen einleiten.

Die menschliche Sexualität ist zunächst einmal – und darin unterscheidet sie sich nicht wesentlich von derjenigen der Tiere – ein Phänomen, das sich auf rein physiologischer Ebene ausdrückt und auch auf dieser Ebene erlebt wird. Menschen verfügen über sexuelle Organe, ihr Körper produziert sexuelle Hormone, sie können sexuell stimuliert und befriedigt werden usw. Da diese sexuelle Erregung und Befriedigung mit einem bestimmten Lustgefühl verbunden sind, werden sie vom Menschen begehrt. Auch hier befinden wir uns noch immer auf einer Ebene, die den Menschen nicht wesentlich von den Tieren unterscheidet: Genauso wie das Tier sucht auch der Mensch nach der mit der Befriedigung seines Sexualtriebs verbundenen Lust – wobei beim Tier natürlich auch der reproduktive Instinkt berücksichtigt werden muß. Allerdings läßt sich beim Menschen die Sexualität nicht auf eine solche Suche nach angenehmen Lustgefühlen bzw. nach einem bloßen Abbau der durch den Hormonhaushalt bedingten sexuellen Spannungen reduzieren.

In der Tierwelt geht die Lust bei der Befriedigung des Sexualtriebs mit der Fortpflanzung einher. Mensch und Tier sind Wesen, die sich nur über den Weg des Geschlechtsverkehrs fortpflanzen können – wiewohl der Mensch momentan dabei ist, diese Abhängigkeit aufzuheben.[12] Bei den meisten Tieren kommt es prinzipiell nur dann zum Geschlechtsverkehr zwischen Männchen und Weibchen, wenn das Weibchen trächtig werden kann. Im Gegensatz dazu ist die menschliche Sexualität nicht an bestimmte Perioden gebunden.

Jean-Claude Guillebaud zufolge ist es die ständige sexuelle Disponibilität der Frau, die eine Sexualmoral notwendig macht (Guillebaud 1998: 285). Bei den Tieren zeigen bestimmte Zeichen

---

12   Man denke hier etwa an die künstliche Befruchtung oder an das Klonen.

an, wann das Weibchen trächtig werden kann, und nur wenn diese Zeichen gegeben sind, versucht das Männchen, sich mit dem
Weibchen zu paaren. Bei den Menschen ist die Situation eine
andere: Männer und Frauen können prinzipiell zu jedem Zeitpunkt sexuell miteinander verkehren. Hinzu kommt noch, daß das
sexuelle Repertoire bei den Menschen viel differenzierter ist als bei
den allermeisten Tieren.

Nimmt man die Sexualität als eine rein natürliche Funktion,
dann erscheint sie als ein Mittel zur Fortpflanzung. Die mit der
Ausübung dieser Funktion einhergehende Lust ist dabei gewissermaßen der Anreiz, ohne den vielleicht weder wir noch die Tiere
nach Geschlechtsverkehr streben würden. Insofern ist die sexuelle
Lust zunächst ein reines Mittel, dessen sich die Natur bedient, um
Mensch und Tier zur Ausübung einer für die Erhaltung der Arten
wichtigen Funktion zu bewegen.

Wenn wir die menschliche Sexualität aber als *menschliche* ernst
nehmen wollen, dann müssen wir uns über diese rein funktionalen
Überlegungen erheben. Im Laufe der Jahrtausende ist nämlich aus
einer rein natürlichen Funktion eine sozial und kulturell bestimmte Praxis geworden.[13] Für die Menschen ist die Sexualität mehr als
nur ein Instrument zur Arterhaltung, und die sexuelle Lust ist
mehr als nur ein Anreiz, der uns zur Ausübung dieser Funktion
motivieren soll. Die menschliche Sexualität erscheint uns immer
als in einen bestimmten kulturellen Kontext eingebettet, und sie
hat neben ihrer natürlichen auch noch eine symbolische Funktion.
Dies zeigt sich etwa darin, daß die Menschen die Befriedigung
ihres Sexualtriebs auf sehr unterschiedliche Weisen suchen und sich
nicht nur oder nicht immer mit dem vaginalen Geschlechtsverkehr –
der einzigen sexuellen Handlung, die zur Reproduktion führen
kann – zufriedengeben. Letzterer ist in der Zwischenzeit zu einer
Variante unter vielen möglichen geworden und ist nicht einmal
mehr zur Fortpflanzung nötig.

Man kann insofern sagen, daß die sexuelle Befriedigung zu
einem eigenständigen Gut geworden ist: Man sucht sie oft auch
um ihrer selbst willen. Aber man kann sehr unterschiedliche

---

13 Guillebaud weist auf den Fehler hin, in der menschlichen Sexualität eine bloße kör-
    perliche Funktion zu sehen, die dann nur noch einer physiologischen und arith-
    metischen Norm unterworfen ist, losgelöst von jeglicher moralischen oder kultu-
    rellen Normierung (Guillebaud 1998: 151).

Bedeutungen mit ihr verbinden und sie somit in unterschiedliche Rahmen setzen. Es ist nun allerdings so, daß jeder Mensch sich diese Befriedigung prinzipiell selbst verschaffen kann und demnach nicht notwendigerweise auf andere Personen angewiesen ist. Ein Tausch, bei dem wir etwas hergeben, damit uns eine andere Person sexuell befriedigt, erscheint unter diesen Umständen als überflüssig. Dies gilt zumindest dann, wenn man nur nach sexueller Befriedigung und nicht auch nach Fortpflanzung oder nach anderen Gütern strebt.

Wenn dem so ist, dann muß man sich fragen, wieso es eigentlich zu einem Tausch sexueller gegen nichtsexuelle Güter kommt bzw. wieso es hier eine Nachfrage und ein Angebot gibt, wo doch schließlich jeder – und jede – über die notwendigen Mittel verfügt, um sich selbst das angestrebte Gut zu verschaffen. Es kann nicht der bloße Wunsch nach Fortpflanzung sein, da bei dem im Rahmen einer prostitutionellen Beziehung stattfindenden Tausch die Fortpflanzung kein Thema ist, sondern im Gegenteil alle erdenklichen Mittel eingesetzt werden, um sie zu verhindern.

Ein Vergleich soll uns auf die Spur einer Antwort bringen. Obwohl so gut wie jeder Mensch in der Lage ist, sich selbst etwas zu kochen, gibt es viele Menschen, die gelegentlich oder sogar oft in Restaurants essen. Hierfür gibt es mehrere Erklärungen. Man kann etwa keine Lust haben, selbst zu kochen, weil man z. B. das Kochen zu umständlich findet. Oder man hat festgestellt, daß man zwar kochen kann, aber schlecht, während das Essen im Restaurant gut ist. Man könnte noch weitere Gründe aufzählen, doch genügen die schon erwähnten, um einen wichtigen Punkt hervorzuheben: Die Menschen wollen nicht nur *essen*, sondern sie wollen auch womöglich *gut essen*. Es geht ihnen also nicht ausschließlich darum, ihren Hunger zu stillen, sondern das Essen soll ihnen eine über die bloße Befriedigung des Hungers hinausgehende Befriedigung bringen. Essen bedeutet für uns mehr, als nur einen vollen Magen zu haben.[14] Wenn wir in ein Restaurant gehen, suchen wir also mehr als die bloße Befriedigung unseres unmittelbaren Hungertriebes. Und dies erklärt auch, warum Menschen bereit sind, 200 Euro für ein Essen in einem 3-Sterne-Restaurant auszugeben,

---

14 Man wird natürlich erst dann nach mehr als der bloßen Befriedigung suchen, wenn man überhaupt genügend zu essen hat. Wer an Hunger leidet, sucht zunächst nach einer Befriedigung seines unmittelbaren Hungertriebes.

wo sie sich doch auch für 20 Euro in einem normalen Restaurant hätten ernähren können – ja rein *quantitativ* gesehen dort sogar mehr zu essen bekommen als in einem 3-Sterne-Restaurant. Und man sollte den Blick auch über die bloße Qualität der Nahrung hinauswerfen: Gewöhnlich ziehen es die Menschen vor, ein gutes Mahl mit einer anderen Person oder auch mehreren gemeinsam zu sich zu nehmen, als allein zu essen. Das Essen ist insofern auch ein soziales Ereignis.

Ganz ähnliche Bemerkungen gelten für die sexuelle Befriedigung: Wenn es uns lediglich um die unmittelbare Befriedigung des Sexualtriebes bzw. um den bloßen Abbau einer hormonell bestimmten Spannung ginge, dann könnten wir uns diese Befriedigung sehr leicht selbst und ohne Kosten verschaffen. Ein Tausch wäre dann nicht nötig. Der Tausch kann aber nötig werden, wenn man nicht ausschließlich die sexuelle Befriedigung als solche sucht. Somit ist die rein sexuelle Befriedigung meistens nicht das einzige Gut, das man erlangen will, wenn man die Dienste einer sich prostituierenden Person in Anspruch nimmt. Wer die Dienste einer solchen Person in Anspruch nimmt, der will zwar auch sexuell befriedigt werden, aber er will meistens mehr als nur die rein sexuelle Befriedigung – das Eintreten eines rein physiologischen Erlebnisses –, die er, um es noch einmal zu wiederholen, sich jederzeit selbst verschaffen kann.

Die sexuelle Befriedigung weist also über sich selbst als rein physiologisches Faktum hinaus. Damit ist unsere Bestimmung der Prostitution aber keineswegs in Frage gestellt. Mag auch das sexuelle Gut nicht das einzige Gut sein, das man im Rahmen einer prostitutionellen Beziehung erlangen will, so ist und bleibt es doch ein konstitutiver Bestandteil einer solchen Beziehung. Es ist durch dieses sexuelle Gut hindurch, daß man andere Güter erlangen will. Was sind diese anderen Güter? Hier herrscht Uneinigkeit.

Für viele Feministinnen ist die prostitutionelle Beziehung eine Beziehung, in welcher der Mann versucht, seine Macht über die Frau auszudrücken. In dieser Hinsicht kann die Sexualität als ein Mittel angesehen werden, um die Macht der Männer über die Frauen zu behaupten, eine Behauptung, die, Barry zufolge, gewaltsame Formen annehmen kann: „Während einige Kunden nur den sexuellen Kontakt suchen, suchen viele eine Gelegenheit zum Erleben von sexueller Erregung im Kontext von Demütigung, Entwürdigung, Schlägen und sogar Folter" (Barry 1984: 136). Indem er sich eine Frau zu sexuellen Zwecken ‚kauft‘, behauptet der Mann also seine Macht über die Frauen. Prostitution – und Pornographie – sind demnach sexualisierte Formen der Unterdrückung der Frau. Da die im stillen Kämmerlein ausgeübte Selbstbefriedigung es nicht erlauben würde, diese Machtverhältnisse zum Ausdruck zu bringen, sucht man nach Fremdbefriedigung.

Eine ‚romantischere‘ Sicht der Prostitution behauptet, daß es Liebe ist – oder doch zumindest eine bestimmte Form der Zuneigung –, die man durch eine prostitutionelle Beziehung hindurch sucht. Es geht also nicht nur darum, eine hormonell bedingte Spannung abzubauen, sondern man will diesen Abbau in einen größeren Rahmen integrieren. Prostitution wäre dann nicht bloß käufliche sexuelle Befriedigung, sondern käufliche Liebe – wobei der Begriff der Liebe in seinem ‚romantischen‘ oder einem ihm doch sehr verwandten Sinn genommen wird. Und auch hier gilt, daß das durch die prostitutionelle Beziehung hindurch gesuchte Gut nicht bei der Selbstbefriedigung im stillen Kämmerlein gefunden werden kann. Ob es allerdings im Rahmen der prostitutionellen Beziehung gefunden werden kann, steht auf einem anderen Blatt.[15]

15 Im Falle der einsamen Selbstbefriedigung ist es begrifflich ausgeschlossen, daß man von einer anderen Person geliebt werden kann bzw. daß es ein Mittel sein kann, um von einer anderen Person geliebt zu werden. Im Falle der prostitutionellen Beziehung mag es zwar sehr unwahrscheinlich sein, daß die sich prostituierende Person sich in die ihre Dienste in Anspruch nehmende Person verlieben wird, aber es liegt hier keine begriffliche Unmöglichkeit vor. Eine Prostituierte kann sich in einen Kunden verlieben. Und das Umgekehrte, also den Kunden, der sich in die Prostituierte verliebt – und sie dann meistens auch noch ‚retten‘ will –, gibt es selbstverständlich auch und wahrscheinlich häufiger als die in einen Kunden verliebte Prostituierte. Wenn die Prostituierte sich nun aber tatsächlich und im eigentlichen Sinne des Wortes in den Kunden verliebt, dann kann sie allerdings von ihm keine Gegenleistung mehr für die sexuelle Befriedigung verlangen. Anders gesagt: Sobald der Kunde die Liebe bei einer Prostituierten gefunden hat, sollte die Beziehung zwischen ihm und ihr aufhören, eine prostitutionelle Beziehung zu sein.

Heinrich Ahlemeyer führt einen solchen Fall an. Eine Prostituierte berichtet dort, wie sich zwischen ihr und einem ihrer Kunden eine enge Beziehung aufbaut. Der Bericht gipfelt in folgender Passage: „Da kam er drei Abende (lacht) hintereinander. Also, es war verrückt, aber nach diesem Erlebnis war uns dann klar, also das ist mehr als jetzt ’ne geschäftliche Verbindung und eh, ich hab’ dann das erstemal so gemerkt: Mensch, Mensch, ich kann kein Geld mehr nehmen, ne. Also, eh, da war dieser Akt des Zahlens ... war mir derart zuwider, daß ich da also, ... also richtig Probleme mit bekommen habe, und denn das Geld da auf dem Tisch lag. Da hat es mich richtig angeekelt, ich konnte mit diesen (sic!) Geld nichts anfangen ne. Das

Es wird auch manchmal gesagt, daß die Sexualität ein Mittel sein kann, um Anerkennung zu finden. Gemeint sind hier natürlich in erster Linie die sexuellen ‚Leistungen', die anerkannt werden sollen. Diese Leistungen kann man selbstverständlich auch allein im stillen Kämmerlein erbringen, nur hat man da niemanden, der einen dafür bewundern und anerkennen kann. Die prostitutionelle Beziehung kann dann als ein Mittel erscheinen, um diese Anerkennung zu finden. Und man wird das – oft für bare Münze genommene – Lob der Prostituierten um so mehr schätzen, als man sich sagen kann, daß sie die ‚Leistungen' vieler Männer kennt und somit informierte Vergleiche anstellen kann.

Diese Liste ist selbstverständlich nicht vollständig, zeigt aber schon, daß beim sexuellen Tausch nicht nur elementare sexuelle Güter gesucht werden. Die sexuellen Grundgüter erscheinen als ein Medium, durch das hindurch man auch andere als sexuelle Güter zu erlangen versucht. Das heißt dann aber, daß es in der Prostitution zum Tausch eines nichtsexuellen Gutes einerseits – das Geld oder was auch immer, das die sich prostituierende Person erhält – gegen ein sexuelles *und* ein nichtsexuelles Gut andererseits – die sexuelle Befriedigung *plus* dies oder jenes, das die die Dienste in Anspruch nehmende Person erhält – kommt.

Aufgrund des eben Gesagten ist es wichtig, folgende Fragen auseinanderzuhalten:

1. Welche moralischen Gründe sprechen dagegen, ein sexuelles Gut zum Tauschgegenstand zu machen?
2. Welche moralischen Gründe sprechen dagegen, ein sexuelles Gut zum Tauschgegenstand zu machen, *wobei der das sexuelle Gut Erlangende auf diese Weise auch noch andere als sexuelle Güter erlangt?* Und können diese anderen Güter bzw. ihre Natur einen Einfluß auf die moralische Legitimität des Tausches haben?

Daß es wichtig ist, zwischen diesen beiden Fragen zu unterscheiden, zeigt etwa die Tatsache, daß viele Feministinnen die Prostitution – aber nicht unbedingt auch die sich prostituierenden Personen – deshalb verurteilen, weil sie in ihr ein Instrument sehen,

---

paßte nicht mehr" (zitiert in: Ahlemeyer 2002: 238). Je persönlicher die Beziehung wird, um so weniger ist der Tausch eines sexuellen gegen ein nichtsexuelles Gut angemessen, desto weniger paßt ein solcher Tausch.

mittels dessen die Männer sich eine Kontrolle über die Frauen erkaufen. Was hier verurteilt wird, ist nicht in erster Linie, daß der Kunde ein sexuelles Gut erhält, sondern daß er ein nichtsexuelles Gut bekommt, und zwar ein nichtsexuelles Gut, das aus feministischer Sicht – und in diesem Punkt kann man die feministische Sicht durchaus teilen – verurteilenswert ist. Die sexuelle Beziehung und der sexuelle Tausch sind hier nur das Medium. Damit ist aber die fundamentale, also die erste der soeben angeführten Fragen, noch nicht beantwortet. Es gibt vielleicht gute moralische Gründe, eine Beziehung oder eine gesellschaftliche Praxis zu verurteilen, in welcher die Sexualität zu einem Mittel wird, um Macht über andere Personen zu erlangen. Aber was auch immer diese Gründe sein mögen, sie sind nicht relevant für die Frage, ob eine Beziehung auch verurteilenswert ist, wenn man durch sie hindurch *nur* sexuelle Befriedigung sucht oder wenn man durch sie hindurch solche Güter sucht wie Liebe oder Anerkennung. Wer glaubt, im Rahmen einer prostitutionellen Beziehung Liebe oder Anerkennung für seine sexuelle Potenz finden zu können, ist vielleicht naiv oder dumm, ein moralisch verurteilenswerter Mensch ist er aber nicht unbedingt, und man sollte dementsprechend schon einen Unterschied zwischen ihm und demjenigen machen, der den sexuellen Tausch instrumentalisiert, um seine Macht – oder doch zumindest seine Machtgelüste – über die Frau auszudrücken.

Bei den vorhin erwähnten zwei Fragen wird man übrigens unterscheiden müssen, ob das sexuelle Gut angeboten oder gesucht wird, d. h., man wird sowohl die Handlung der sich prostituierenden Person wie auch diejenige der die Dienste dieser Person in Anspruch nehmenden Person berücksichtigen müssen. Man wird also fragen müssen:

1. Welche moralischen Gründe sprechen dagegen, ein sexuelles Gut als Tauschgut *anzubieten?*
2. Welche moralischen Gründe sprechen dagegen, ein sexuelles Gut durch Tausch *erlangen zu wollen?*

Man wird auch zwischen der moralischen Bewertung der Beziehung und der moralischen Bewertung der an der Beziehung teilnehmenden Personen unterscheiden müssen. Diese Unterscheidung ist vor allem dann wichtig, wenn man Schuld zuweisen möchte. Wer trägt die Last der Schuld, und wer muß demnach zur Rechenschaft gezogen werden? Die sich prostituierende Person, wie man Jahrhunderte hindurch annahm? Die Person, welche die Dienste der sich prostituierenden Person in Anspruch nimmt, wie es neuerdings in Schweden der Fall ist – obwohl ähnliches auch schon vorher und anderswo praktiziert wurde? Oder aber die Gesellschaft als Ganze, die Situationen entstehen läßt, in denen bestimmte Personen keine andere Wahl haben, als sich zu prostituieren?

Wie schon oben gesagt wurde, kann man zwischen primären und sekundären sexuellen Gütern unterscheiden, wobei die sekundären sexuellen Güter immer solche sind, mittels deren wir versuchen, primäre sexuelle Güter zu erlangen. Von dieser Unterscheidung ausgehend, könnte man behaupten, daß eine Sexarbeit leistende Person zum sekundären sexuellen Gut wird. Ihr Dienst wird zu einem Tauschgut, genauso wie z. B. ein Vibrator oder eine aufblasbare Puppe – wobei natürlich weder der Vibrator noch die aufblasbare Puppe dazu geeignet sind, die oft mit dem sexuellen Gut gesuchten nichtsexuellen Güter zu erlangen.

Gibt es moralische Gründe, die dagegen sprechen, einen Vibrator oder eine aufblasbare Puppe zum Tauschgut zu machen? Diese Frage darf nicht mit folgender Frage verwechselt werden: Gibt es moralische Gründe, die dagegen sprechen, einen Vibrator zu *benutzen*? Wenn wir diese zweite Frage positiv beantworten, dann werden wir auch die erste Frage positiv beantworten müssen, aber eine negative Antwort auf die zweite Frage impliziert noch keine negative Antwort auf die erste Frage. Man kann also sehr wohl behaupten, es sei moralisch legitim, einen Vibrator zu benutzen, um sich sexuell zu befriedigen, und gleichzeitig behaupten, daß es moralisch illegitim ist, einen Vibrator zum Tauschgut zu machen.

Auch wenn man zugibt, daß eine im Rahmen einer engen Liebesbeziehung gefundene sexuelle Befriedigung dem Menschen ein größeres Glück bringt als eine mittels eines Vibrators oder eines sonstigen natürlichen oder künstlichen Instruments in Einsamkeit erzeugte sexuelle Befriedigung, so wird man wohl heute kaum noch jemanden moralisch verurteilen können, weil er oder sie sich mittels eines Vibrators oder sonstwie selbst befriedigt hat.[16] Die

---

16 Zur Geschichte der moralischen Verurteilung der Selbstbefriedigung siehe Duché (1994). Daß ihr „die Dimension der Wärme und Nähe zu einem anderen Menschen" fehlt (Tremmel 1994: 61), genügt sicherlich noch nicht, um sie als solche moralisch zu verurteilen.

Selbstbefriedigung ist heute kaum noch Gegenstand einer *moralischen* Verurteilung.

Die zwischenmenschliche und auf echter Liebe gegründete Sexualität spielt sicherlich eine große positive Rolle im Leben eines Menschen, nur sollte man sich davor hüten, in dieser Form von Sexualität, oder gar in der Sexualität überhaupt, die einzige oder überragende Quelle des menschlichen Glücks zu suchen. Yvonne Knibiehler stellt in diesem Zusammenhang fest, daß seit den 60er Jahren die Sexualität immer mehr als ein Mittel der individuellen Entfaltung angesehen wurde, daß man in ihr also sozusagen den Schlüssel zum eigentlichen Glück erblickt hat (Knibiehler 2002: 88). Diese überragende Rolle der Sexualität im Leben des westlichen Menschen dokumentiert sich etwa in der Tatsache, daß es heute fast kaum noch Frauenzeitschriften oder Zeitschriften für Jugendliche gibt, in denen keine Sexualrubrik zu finden ist und in der nicht erklärt wird, wie man sein sexuelles und damit auch sein allgemeines Glück finden kann.[17]

Wenn man auch nicht leugnen kann, daß Liebe und Sexualität eine wichtige glücksfördernde Rolle im Leben eines Individuums spielen können, so muß man doch betonen, daß Menschen auch glücklich werden können, ohne jemanden auf romantische Art und Weise zu lieben und ohne sexuell tätig zu werden. Anders gesagt: Auch wenn sexuelle Güter – und vor allem natürlich sexuelle Grundgüter – eine große Rolle im Leben vieler Menschen spielen, so braucht man sie doch nicht zu unverzichtbaren Grundgütern zu erheben. Das Individuum kann ohne sie überleben, und es kann auch ohne sie glücklich werden.

Allerdings wird man folgendes behaupten können: Wer in der Sexualität einen Weg zum glücklichen – und nicht nur zum lustvollen – Leben sucht, der wird sein Ziel sicherlich eher erreichen, wenn er dieses Ziel innerhalb eines dauerhaften partnerschaftlichen Liebesverhältnisses sucht, als wenn er es in der Einsamkeit anstrebt oder wenn er ständig von einer Person zur anderen wechselt. Das heißt aber nicht, daß man unbedingt unmoralisch handelt und deshalb moralisch verurteilt werden muß, wenn man sein Glück nicht in einer dauerhaften Liebesbeziehung sucht. Dummheit oder

---

17 Diese Allgegenwart der Sexualität wurde in den letzten Jahren von einigen französischen Autoren untersucht und kritisiert. Siehe etwa Authier (2002), Deleu (2002) oder noch Folscheid (2002).

Blindheit hinsichtlich des eigenen Glücks müssen nicht notwendigerweise unmoralisch sein. Moralische Bedenken wird man erst dann äußern, wenn Betrug, Zwang usw. im Spiel sind. Und weiter ist darauf hinzuweisen, daß es Menschen gibt, die zugunsten höherer Ideale auf ein Sexualleben verzichten – man denke hier etwa an Priester oder Ordensleute.

Die Gegner der Sexarbeit behaupten, es sei moralisch illegitim, sexuelle Güter zu Tauschgütern zu machen. Diese Behauptung betrifft allerdings nicht die unbelebten sekundären sexuellen Güter wie etwa den Vibrator. Das Argument, mittels dessen sie ihre Behauptung begründen, läßt sich wie folgt zusammenfassen: Wer Sexarbeit leistet, reduziert Sexualität zu einem Tauschgut und verrät oder entwertet sie somit. Die Sexualität tritt in eine Sphäre ein, in welcher sie den ihr eigenen Wert nicht nur *de facto* verliert, sondern verlieren *muß*. Ernest Borneman meint etwa: „Je leichter wir es uns machen, einander zu konsumieren, desto mehr wird der Geschlechtsakt entwertet und desto geringer ist die resultierende Befriedigung" (Borneman 1994: 111). Bei Claudine Legardinier heißt es: „Die Prostitution pervertiert die Sexualität, indem sie ihren Sinn verändert. Sie nimmt ihr die Dimension der Beziehung, der absoluten Unentgeltlichkeit, um sich mit einem Verhandeln über einen in Stücke geteilten Körper zufriedenzugeben, dessen Teile mit einem Preis behaftet sind" (Legardinier 2002a: 45). Hoigard und Finstad erwähnen auch die „Gefahren, die damit verbunden sind, daß man die Sexualität als ein Mittel zu einem außerhalb der Sexualität liegenden Zweck benutzt. Ein solcher Mißbrauch kann die Sexualität selbst untergraben" (Hoigard/Finstad 1992: 117).[18] Und weiter: „Wenn die Sexualität ein Mittel zum Zweck wird, wenn man im Rahmen der Sexualität mit Rechnen anfängt, dann ist ihr die persönliche Entfaltung förderndes Potential untergraben" (ebd.: 187).

Diesen Thesen liegt eine bestimmte, normative Auffassung der Sexualität zugrunde: Es gibt eine gute und eine schlechte Sexualität bzw. einen guten und einen schlechten Gebrauch seiner sexuellen Fähigkeiten, wobei der schlechte Gebrauch einem Mißbrauch entspricht. Und was sie auch sonst noch als solchen Mißbrauch anse-

---

18 Neil Mc Keganey und Marina Barnard weisen darauf hin, daß für einige der von ihnen befragten Prostituierten die Sexualität jeden intrinsischen Wert verloren hat (Mc Keganey/Barnard 1997: 93).

ı mögen, so stimmen die von uns zitierten Autoren zumindest darin überein, daß ein Mißbrauch vorliegt, wenn man sexuelle Güter zu Tauschgütern macht bzw. wenn man sexuelle Handlungen zu Dienstleistungen macht. Insofern, um mit Gérard Bonnet zu reden, die Sexualität „das Heiligste darstellt, was es bei einem Mann oder einer Frau gibt, da er [oder sie – N.C.] durch sie mit dem unbekanntesten Teil seiner selbst kommuniziert und an Gefühlen teilhat, die ihn ganz überragen" (Bonnet 2003: 214), kann sie nicht in die Sphäre der Tauschgüter einbezogen werden. Sexuelle Güter, zumindest *primäre* sexuelle Güter, sind Güter *sui generis*, Güter, die nur geschenkt und als Geschenk erhalten werden können und die man niemals zum Tausch anbieten oder als Tauschgüter akzeptieren darf. Dabei kann man zwischen zwei Varianten des Argumentes unterscheiden:

Variante 1: Die Sexualität ist als solche kein Tauschgut, unabhängig von ihrer Beziehung zur persönlichen Identität.
Variante 2: Die Sexualität ist kein Tauschgut, insofern sie ein konstitutiver Bestandteil unserer persönlichen Identität ist.[19] Und da die eigene Person nicht zum Tauschgut gemacht werden darf, darf auch die Sexualität nicht zum Tauschgut gemacht werden.

Diese beiden Varianten des Argumentes setzen die Prämisse voraus, daß sexuelle Güter nur dann den ihnen spezifischen Wert behalten können, wenn sie nicht wie Tauschgüter gehandhabt werden. Die zweite Variante fügt dem aber ein weiteres Element hinzu: Die Person behält den ihr eigenen Wert – bzw. ein Bewußtsein dieses eigenen Wertes – nur dann, wenn sie ihre Sexualität nicht in den Rahmen eines Tauschgeschäftes stellt.

Diese Überlegungen werfen natürlich die Frage auf, wie sich sexuelle Dienstleistungen von anderen Dienstleistungen unterscheiden. Warum werden moralische Fragen aufgeworfen, wenn sexuelle Güter zu Tauschgegenständen werden, nicht aber unbedingt, wenn etwa ästhetische Güter zu Tauschgegenständen werden? Um dies an einem konkreten Beispiel zu verdeutlichen: Warum werden moralische Fragen aufgeworfen, wenn eine Person A eine Person B sexuell

---

19 Laurent Guyenot meint etwa, die Sexualität sei ein strukturierendes Element unserer Persönlichkeit, woraus er schließt, daß sie niemals zu einem bloßen Unterhaltungsgut werden sollte (Guyenot 2000: 119).

erregt oder befriedigt und dafür eine nichtsexuelle Gegenleistung verlangt, nicht aber, wenn ein(e) Opernsänger(in) einen Zuhörer ästhetisch befriedigt und dafür eine nichtästhetische Gegenleistung verlangt?[20] Ist die ästhetische Dimension nicht auch etwas Heiliges? Kann man nicht auch von der Kunst sagen, daß sie uns zu unbekannten Teilen unserer selbst führt?[21]

Was ist der wesentliche bzw. der moralisch relevante Unterschied zwischen der sexuellen und der ästhetischen Befriedigung, so daß wir keine moralischen Bedenken haben, wenn die zweite zum Tauschgegenstand wird, sie aber wohl haben, wenn die erste es wird? Warum verurteilt niemand die Verwandlung ästhetischer Güter in Tauschgüter, wohl aber die Verwandlung sexueller Güter in Tauschgüter? Was ist derart besonders an sexuellen Gütern, daß viele der Meinung sind, diese Güter sollten nicht zu Tauschgütern werden?

Betonen wir hier, daß es bei dieser Frage nicht darum geht, über die Kommerzialisierung des Körpers zu sprechen. Eine sexuelle Arbeit leistende Person verkauft nicht ihren Körper oder einen Teil dieses Körpers. Sie stellt lediglich ihren Körper zur Verfügung, damit eine andere Person sexuell erregt oder befriedigt wird, wobei betont werden muß, daß die Sexarbeit leistende Person nicht unbedingt ihre Sexualorgane zur Verfügung stellen muß bzw. einen Blick auf ihre Sexualorgane erlauben muß. Sie ist lediglich eine Person, die Handlungen ausführt, durch die andere Personen sexuell erregt oder gegebenenfalls auch befriedigt werden können, und die für die Leistung dieser Handlungen eine Gegenleistung verlangt.

Lucile Ouvrard meint, eine sich prostituierende Person würde das, was sie tut, niemals umsonst machen (Ouvrard 2000: 151). Das Kriterium für eine moralisch legitime Aktivität wäre also folgendes: Moralisch legitim ist, was man auch umsonst machen würde. Daraus ergibt sich das Argument, das hier auf die Sexarbeit ins-

---

20 „Heute gibt es wenige Berufe, die angesehener sind als der der Opernsängerin, und doch ist es kaum zweihundert Jahre her, daß dieser öffentliche Gebrauch seines Körpers gegen einen Lohn als eine Art von Prostitution betrachtet wurde" (Nussbaum 2000: 277). Martha Nussbaum hebt hier die kulturelle Relativität bestimmter Bewertungen hervor.

21 Ericsson meint: „Die Art von Beziehung, die es zwischen der Prostituierten und dem Kunden gibt, ist eine solche, die wir in den meisten Dienstleistungsberufen finden. Es sind nur kulturelle Blindheit und sexuelle Tabus, die so viele unter uns daran hindern, dies zu sehen" (Ericsson 1980: 353).

gesamt ausgedehnt werden soll: Da niemand bereit ist, Personen, die er nicht liebt, umsonst sexuell zu erregen und sexuell zu befriedigen, ist eine sexuelle Erregung und Befriedigung solcher Personen gegen Entgelt illegitim.

Wer dieses Argument akzeptiert, sollte sich der Konsequenzen bewußt sein. Wer von uns wäre bereit, umsonst den Dreck von uns unbekannten Personen zu entfernen?[22] Muß eine Krankenschwester sich sagen, daß sie etwas Illegitimes tut, bloß weil sie nicht bereit wäre, sich umsonst um die ihr unbekannten und persönlich nicht nahestehenden Kranken zu kümmern? Ouvrards Argument greift einfach zu weit, und der Gesichtspunkt, ob jemand bereit wäre, etwas auch umsonst zu tun, hat nur – wenn überhaupt – ein ganz geringes moralisches Gewicht.

Aber verwandelt man im Rahmen einer solchen Beziehung die andere Person nicht in ein bloßes Mittel, also in ein sekundäres sexuelles Gut, dessen einziger Zweck darin besteht, ein primäres sexuelles Gut zu produzieren? Dies mag der Fall sein, doch verwandeln wir nicht jeden Geschäftsmann oder jeden Künstler in ein Mittel? Ist etwa ein Tenor nicht ein Mittel, das mir erlaubt, zu einer ästhetischen Befriedigung zu kommen? Wenn ich dem Tenor zuhöre, dann interessiert mich die ästhetische Befriedigung, die er mir bringen kann, nicht aber sein persönliches Wohlergehen. Wenn ich dem Tenor zuhöre, dann stelle ich mir gewöhnlich nicht die Frage, ob er ein glückliches Leben führt und ob sein Beruf es ihm erlaubt, sich zu verwirklichen.

Was den letzten Punkt betrifft, wird man mir sicherlich entgegenhalten, daß ich davon ausgehen kann, daß es Tenören normalerweise gutgeht – wenn nicht sogar sehr gutgeht – und daß sie nicht ausgebeutet werden, daß dies aber keineswegs für die sich prostituierenden Personen gilt. Wie richtig dieser Einwand auch immer sein mag, so zielt er doch am eigentlichen Problem vorbei. Denn daß es Tenören gewöhnlich gutgeht und den sich prostituierenden Personen gewöhnlich nicht so gut geht, ist ein kontingentes Faktum. Man könnte sich eine Welt vorstellen, in welcher es Tenören schlecht- und in welcher es den sich prostituierenden Personen gutgehen würde.

---

22 Hier sei nur ganz kurz angemerkt, daß man die Prostituierten oft mit Dreck oder mit Kloaken in Verbindung gebracht hat. Prominente Autoren, die dies getan haben, sind etwa Thomas von Aquin oder Alexandre Parent-Duchâtelet.

Wird man nicht sagen können, daß der Tenor etwas Wertvolles produziert, wohingegen die Prostituierte etwas Wertloses hervorbringt? Unser ästhetischer Genuß wird nicht dadurch geschmälert, daß wir wissen, daß der Tenor nicht nur für uns allein singt und daß er sein Geld durch das Singen verdient. Der sexuelle Genuß wird aber gewöhnlich dadurch geschmälert, daß wir wissen, daß die sich prostituierende Person viele Personen sexuell befriedigt und daß sie ihr Geld durch die Prostitution verdient.

Hängt dieser Unterschied damit zusammen, daß die Sexualität für uns etwas sehr Persönliches ist, wohingegen die Kunst etwas Öffentliches und zum Teil auch etwas Anonymes ist? Wir suchen in der sexuellen Beziehung gewöhnlich mehr als nur den sexuellen Genuß; wir hoffen auch, durch diese Beziehung hindurch eine persönliche Beziehung aufbauen oder behaupten zu können. Wo aber die Sexualität zu einem Tauschgut wird, verschwindet dieses persönliche Element. Der Markt, auf dem die Güter ausgetauscht werden, ist ein Ort der Anonymität. Was im Mittelpunkt steht, sind gewöhnlich die Güter und nicht die diese Güter anbietenden Personen.

Wo Tauschbeziehungen stattfinden, rückt demnach die persönliche Identität der Tauschenden in den Hintergrund – was nicht bedeutet, daß sie ganz verschwunden ist. Sie begegnen sich als Besitzer bestimmter Güter, und sie werden primär als solche identifiziert. Der Andere ist somit kein konkret Anderer, sondern ein allgemein oder abstrakt Anderer. Anders beim Schenken: Man schenkt immer einer bestimmten konkreten Person und nicht einer nur durch allgemeine Prädikate identifizierten Person. Im Schenken drückt sich gewöhnlich eine persönliche Beziehung aus, wohingegen der Tausch gewöhnlich eine unpersönliche Art von Beziehung zum Ausdruck bringt.

Warum sollten sexuelle Güter nur im Rahmen persönlicher Beziehungen geschenkt und nicht auch im Rahmen unpersönlicher Beziehungen getauscht werden? Weil der Respekt gegenüber dem Anderen nur in persönlichen, nicht aber in unpersönlichen Beziehungen gedeihen kann, und weil es wichtig ist, daß Sexualität und Respekt Hand in Hand gehen? Aber warum sollten unpersönliche Beziehungen jede Form von Respekt ausschließen? Respektieren wir nicht die Geschäftsleute, bei denen wir einkaufen? Inwiefern mangelt es einem an Respekt gegenüber einer anderen Person, wenn man in ihr eine Person sieht, die sexuelle Dienstleistungen gegen Geld anbietet? Etwa weil eine solche Person nur eine „Hure" sein kann? Aber wenn wir so reagieren, dann setzen wir schon voraus, was erst bewiesen werden sollte.

Wir sind hier, so glaube ich, auf das fundamentale Problem gestoßen: Welche moralischen Gründe sprechen dagegen, sexuelle Handlungen im Rahmen unpersönlicher Beziehungen auszuführen? So schreibt etwa Susan Képès: „Das Geld, das man der Prostituierten gibt, ist die Negation der interpersonalen Beziehung, die von einer normalen Sexualität vorausgesetzt wird" (zitiert in: Coquart/Huet 2000: 159). Hier wird also ein Unterschied zwischen der normalen sexuellen Beziehung und der prostitutionellen Beziehung gemacht, wobei die normale sexuelle Beziehung mit besonderen Forderungen verbunden wird. Dabei wird vorausgesetzt, wenn nicht sogar explizit behauptet, daß Tauschbeziehungen unpersönliche Beziehungen sind und daß das Problem nicht im sexuellen Tausch als Tausch, sondern im sexuellen Tausch als einer unpersönlichen Beziehung liegt. Das Argument wäre, zusammengefaßt, folgendes: Sexualität ist wesentlich persönlich. Sexarbeit im allgemeinen und Prostitution im besonderen sind wesentlich unpersönlich. Also verraten die Sexarbeit im allgemeinen und die Prostitution im besonderen das eigentliche Wesen der Sexualität. Es sind, könnte man auch sagen, pervertierte Formen der Sexualität.

Es dürfte auf der Hand liegen, daß wir nicht nur persönliche Beziehungen eingehen können. Das heißt, daß unpersönliche Beziehungen nicht als solche schon moralisch problematisch sein können. Unpersönliche Geschäftsbeziehungen sind etwa moralisch unproblematisch. Warum sollten dann unpersönliche sexuelle Beziehungen moralisch problematisch sein? Daß sie moralisch problematisch sind, wenn jede Spur von Respekt in ihnen fehlt, soll hier nicht bestritten werden. Aber warum sollte in ihnen immer jede Spur von Respekt fehlen?

In diesem Zusammenhang muß hervorgehoben werden, daß eine *unpersönliche* Beziehung noch lange keine *unmenschliche* Beziehung sein muß. Das Nichtbetrachten der Einzigartigkeit des anderen ist nicht gleichbedeutend mit einer Negation seiner Menschlichkeit. Wenn ich im Bäcker jemanden sehe, der gutes Brot bäckt, dann sehe ich ihn nicht als eine konkrete, einzigartige Person an, die sich auf keine bestimmte Funktion reduzieren läßt und die ich immer als Ganze betrachten muß. Aber das heißt noch lange nicht, daß ich ihn nicht als einen Menschen ansehe, dem gegenüber ich mich respektvoll zu verhalten habe. Im Augenblick, wo ich das Brot kaufe, ist der Bäcker für mich ein Mensch, der Brot verkauft – und dies gilt natürlich vor allem dann, wenn ich etwa im Urlaub bin und den Bäcker überhaupt nicht kenne und ihn auch niemals als eine konkrete, einzigartige Person kennenlernen werde.

Warum sollte dies im Fall der Prostitution anders sein? Die im Rahmen einer prostitutionellen Beziehung getätigten sexuellen Handlungen mögen zwar einen mehr oder weniger starken unpersönlichen Charakter haben, sie müssen aber nicht vollständig unpersönlich sein, und sie müssen auch nicht unbedingt unmenschlich sein.[23] Und sogar innerhalb von prostitutionellen Beziehungen können persönlichere Elemente präsent sein, auch wenn sie sicherlich nicht so stark präsent sein werden wie in einer normalen sexuellen Beziehung, die auf Liebe gründet. Es mag natürlich stimmen, daß der unpersönliche Rahmen unmenschliche Handlungen erleichtert, da man gewöhnlich weniger Hemmungen gegenüber einer fremden Person hat als gegenüber einer Person, die einem nahesteht bzw. mit der man noch weitere soziale Interaktionen haben wird. Aber das ist nur ein kontingenter Zusammenhang und kann nicht als Argument angeführt werden, um zu behaupten, daß eine prostitutionelle Beziehung an sich unmenschlich ist.

Es kann natürlich der Fall auftreten, daß man eine andere Person so behandelt, als wäre sie ein bloßer Gegenstand, daß man also von allen ihren menschlichen Zügen absieht – was nicht unbedingt heißt, daß man sie auch auf eine im starken Sinne unmenschliche Art und Weise behandeln wird. Man behandelt also z. B. eine sich prostituierende Person so, als wäre sie eine aufblasbare Puppe. Das heißt allerdings noch nicht, daß man sie foltern wird. Dies zeigt folgende Analogie: Angenommen, zwei Personen beschließen, Menschen als Schachfiguren zu benutzen, um eine Schachpartie auf einem 64 Quadratmeter großen ‚Schachbrett' zu spielen. Hier benutzen die Spieler die Menschen auch so, als wären es Gegenstände, aber man kann doch nicht *a priori* behaupten, daß sie sie

---

23 Selbst Max Chaleil gibt implizit zu, daß es auch im Rahmen prostitutioneller Beziehungen Platz für eine menschliche Beziehung geben kann: „Die Sorge, nicht wie eine Ware behandelt zu werden, ist ein Leitmotiv, das man immer wieder aus dem Mund der Prostituierten hört, denn es stimmt durchaus, daß diejenigen Kunden selten sind, die sie als Frauen und nicht als reine Gegenstände betrachten" (Chaleil 2002: 210).

auf eine unmenschliche Art und Weise behandeln. Die Spieler können immer noch den Unterschied zwischen nichtmenschlichen und menschlichen Schachfiguren machen. Und wo etwa ein Spieler im Fall der nichtmenschlichen Schachfigur aus Zorn auf die Figur geschlagen hätte, kann er sich durchaus im Fall einer menschlichen Schachfigur eines solchen Gestus enthalten. Und warum sollte es bei der Prostitution anders sein? Warum wird hier vorausgesetzt, daß Geschlechtsverkehr mit einer sich prostituierenden Person immer zu Gewaltakten führen muß bzw. daß die Prostitution notwendigerweise strukturell mit Gewalt verbunden sein muß – eine strukturelle Verbindung, die Platz für individuelle gewaltfreie Handlungen läßt und damit zumindest empirisch plausibler klingt?

Aber ist es nicht schon moralisch illegitim, einen Menschen wie einen Gegenstand zu behandeln, ihn also zu entmenschlichen? Es ist sicherlich moralisch illegitim, einen Menschen *vollständig* zu entmenschlichen, ihn also, wie Kant es wahrscheinlich ausgedrückt hätte, *nur* als Mittel zu verwenden. Oder genauer: Es ist moralisch illegitim, den ausdrücklichen Willen zu haben, einen Menschen vollständig zu entmenschlichen. Die Maxime, Menschen vollständig zu entmenschlichen, ist nicht universalisierbar, da ein entmenschlichter Mensch sich keine Handlungsmaximen geben kann, nach denen er dann handelt. Wäre die Maxime universalisierbar, dann müßte ich mich auch entmenschlichen. Aber dann könnte ich nicht mehr nach meiner Maxime handeln.

Man könnte auch folgende Frage stellen: Wenn man den anderen völlig entmenschlicht, warum greift man dann überhaupt auf einen Menschen zurück? Wer sich mit Hilfe eines bloßen Gegenstandes sexuell befriedigen will, der tut besser daran, sich eine aufblasbare Puppe zu kaufen.[24] Es ist billiger und weniger umständlich, als sich nach jemandem umzusehen, mit dessen Hilfe man sich sexuell befriedigen kann. Wer nur eine vollständig entmenschlichte sexuelle Beziehung will, ist schlichtweg dumm, wenn er eine solche mit einem Menschen sucht.[25]

---

24 Roger Scruton schreibt: „Damit Sex ein wirkliches Konsumprodukt ist, muß die Prostituierte durch einen unpersönlichen Gegenstand ersetzt werden – etwa eine Puppe –, so daß Sex wie eine Ware *hergestellt* werden kann" (Scruton 1994: 158).

25 Julia O'Connell Davidson weist hier auf einen Widerspruch hin: „Prostitution verspricht die Kontrolle über das Selbst und über andere als sexuelle Wesen. Aber das

Das eigentliche Problem liegt woanders, nämlich in dem *Willen, einen Menschen vollständig zu entmenschlichen, und dabei Lust zu verspüren.* Im Beispiel der beiden Schachspieler ging es den Spielern nicht darum – so wollen wir zumindest annehmen –, die Menschen zu entmenschlichen und sie also wie unbelebte Schachfiguren zu behandeln *und daraus – also aus dieser Behandlung – Freude zu ziehen oder dabei Lust zu empfinden.* Sie wollten diese Menschen nur so weit entmenschlichen, wie es nötig war, um mit ihnen eine Schachpartie spielen zu können. Die als Schachfiguren gebrauchten Menschen werden als Wesen wahrgenommen, die, sobald die Schachpartie zu Ende ist, keine Gegenstände mehr sind. Ihre Entmenschlichung geschieht also vor dem Horizont ihrer vorgängigen und nachgängigen Menschlichkeit.

Ob eine sexuelle Beziehung immer eine Entmenschlichung impliziert, ist diskutabel. Einige Autoren, wie etwa Kant[26] oder neuerdings auch Alan Soble, gehen von einer solchen prinzipiellen

geht nicht reibungslos. Die sich prostituierenden Frauen mögen sozial zwar als Andere konstruiert werden und man kann sie sich als nichts anderes denn als vergegenständlichte Sexualität *in der Phantasie vorstellen,* aber in Wirklichkeit sind sie natürlich menschliche Wesen. Es ist nur, wenn man sich die Prostituierte bar allem außer ihrer Sexualität vorstellt, daß sie ganz durch das Geld/die Macht des Kunden kontrolliert werden kann. Aber wenn sie bis zu diesem Punkt entmenschlicht wäre, würde sie aufhören, als Person zu existieren. Nun gibt es einige Kunden, die diese vollständige Vernichtung der autonomen Existenz des sexuellen Gegenstandes erotisch finden [...], aber es handelt sich um eine Minderheit. Die meisten Kunden scheinen einem Widerspruch nachzujagen, sie wollen nämlich etwas wie einen Gegenstand kontrollieren, was sich nicht vergegenständlichen läßt" (O'Connell Davidson 1998: 161). Frage an die Autorin: Warum sollte dieser Widerspruch notwendig in jeder oder fast jeder prostitutionellen Beziehung gegeben sein, nicht aber auch in zahlreichen anderen Beziehungen? Oder andersherum gefragt: Warum wird vorausgesetzt, daß der Kunde einer Prostituierten letztere mehr kontrollieren will als der Kunde eines Frisörs den Frisör? Warum sollte der Kunde die Prostituierte wie einen *Gegenstand* kontrollieren wollen und nicht wie einen Menschen, der eine bestimmte Dienstleistung erbringt?

26 In der *Vorlesung über Ethik* heißt es: „Weil die Geschlechtsneigung keine Neigung ist, die ein Mensch gegen den anderen Menschen hat, sondern eine Neigung gegen das Geschlecht, so ist diese Neigung ein Principium der Erniedrigung der Menschheit, ein Quell, ein Geschlecht dem anderen vorzuziehen und es aus Befriedigung der Neigung zu entehren" (Kant 1991: 177). Kant wird natürlich nicht bei diesem Urteil stehenbleiben, sondern nach den Bedingungen der Möglichkeit fragen, unter denen die Ausübung der Geschlechtsneigung keine derartigen entmenschlichenden oder erniedrigenden Konsequenzen haben kann. Und hier kommt für ihn nur die Ehe in Frage. Siehe hierzu meinen demnächst erscheinenden Aufsatz „Immanuel Kant et la morale sexuelle".

Entmenschlichung aus.[27] Es wird allerdings nicht bemerkt, daß es hier nötig ist, bestimmte Unterschiede zu machen. Eine Entmenschlichung kann nämlich partiell oder vollständig sein, und eine Entmenschlichung kann als Zweck gesucht oder als notwendiges Mittel in Kauf genommen werden. Wo der Kunde die sich prostituierende Person vollständig entmenschlichen will, wo seine Befriedigung also nicht schon im Erreichen des Höhepunktes, sondern in der völligen Demütigung des anderen liegt, haben wir es mit einer bestimmten Modalität der prostitutionellen Beziehung, nicht aber mit der prostitutionellen Beziehung als solcher zu tun.

Viele Gegner der Prostitution machen keinen Unterschied zwischen einer unpersönlichen, einer unmenschlichen und einer entmenschlichten Beziehung. Claudine Legardinier zufolge ist die Prostitution „der Gebrauch des menschlichen Wesens als anonyme Ware, die Negation der Person" (Legardinier 2002: 38). Für Legardinier ist eine solche Behandlung des Menschen nicht nur eine Form der Entmenschlichung, sondern auch eine Form der Unmenschlichkeit. Entmenschlichung und Unmenschlichkeit werden hier als gleichwertig angesehen, was sie aber nicht sind, zumal dann nicht, wenn man es nur mit einer partiellen, nicht als Zweck gewollten Entmenschlichung zu tun hat.

Wenn ich irgendwo im Urlaub bin und dringend einen Arzt brauche, dann rufe ich einen *Arzt* und nicht nur in erster Linie einen *Menschen* oder eine bestimmte Person. Wichtig ist für mich die Funktionalität der Person, die zu mir kommt, und es geht mir überhaupt nicht darum, eine tiefgehende persönliche, menschliche Beziehung mit ihr aufzunehmen. Man kann hier durchaus von partieller Entmenschlichung sprechen – wiewohl natürlich kein entmenschlichender Wille vorhanden ist –, aber diese läuft überhaupt

27 So schreibt Soble zum Beispiel: „Einer der ältesten Wünsche oder eine der ältesten Hoffnungen der Menschheit besteht darin, mehr sein zu wollen als die Tiere, die wir sind. Es ist nicht nur die Pornographie, die in ihrer sexuellen Vergegenständlichung diesem Wunsch widerspricht; Sex als solcher ist auch wesentlich objektifizierend" (Soble 2002: 67). Für Soble ist die Forderung, Menschen nicht wie Gegenstände zu behandeln, eine chauvinistische Forderung, die von einer ontologischen Prämisse ausgeht, die falsch ist, nämlich von der Prämisse einer dem Menschen inhärenten Würde. Auch die Sex-Radikale Pat Califia stellt die Sexualität, mag sie hetero- oder homosexuell sein, als etwas Entmenschlichendes dar: „Wenn ich eine Frau entkleide, dann spreche ich ihr provisorisch ihre Menschlichkeit ab, mit allen Vorrechten und Verantwortungen" (Califia 2002: 163). Und Joseph Kupfer meint, Sexualität sei ein Gebiet, auf dem man nach Herrschaft sucht (Kupfer 1995: 85).

nicht auf eine Form der Unmenschlichkeit hinaus. Man muß hier zweierlei unterscheiden: warum ich jemanden zu mir rufe und wie ich diese Person behandle, nachdem ich sie zu mir gerufen habe. Ich rufe den Arzt zu mir, weil ich eben einen Arzt brauche. Im gegebenen Augenblick ist er für mich ein Mittel; das einzige, was mich an ihm interessiert, ist seine ärztliche Funktion. Aber das hindert mich selbstverständlich nicht daran, ihn freundlich zu behandeln, ihn zu begrüßen, wenn er eintrifft, ihn nicht anzuschreien usw. Und diesen freundlichen Umgang pflege ich nicht nur, weil ich weiß, daß ich von ihm abhängig bin, sondern er drückt schlicht und einfach das aus, was ein Mensch einem anderen Menschen schuldig ist.

Wenden wir diese Überlegungen auf die prostitutionelle Beziehung an. Was den Kunden primär interessiert, ist die Funktionalität der sich prostituierenden Person. Für ihn hat diese Person bzw. haben die Fähigkeiten dieser Person einen bestimmten Gebrauchswert, genauso wie der Arzt bzw. seine medizinischen Fähigkeiten auch einen solchen für mich haben. Wer mit einer Person in eine prostitutionelle Beziehung tritt, tut dies meistens nur, weil diese Person über die Fähigkeit verfügt, sexuell zu befriedigen. Er tut es nicht, weil er diese Person liebt. Aber die sich prostituierende Person und der Arzt brauchen keineswegs in ihrem bloßen Gebrauchswert aufgehen. Und vor allem: Ich muß nicht unbedingt den Willen haben, sie zu bloßen Gebrauchsgegenständen zu reduzieren oder sie wie bloße Gegenstände zu behandeln. Auch wenn ein bloßer Gegenstand und ein Mensch dieselbe Funktion für mich haben und mich nur in dieser Funktionalität interessieren, so werde ich mich doch nicht gegenüber dem Menschen so verhalten, wie ich mich gegenüber dem Gegenstand verhalte.

Man mache die Probe aufs Exempel: Wenn man eine Straßenbahnkarte am Automaten kauft, begrüßt man den Automaten nicht und bedankt sich auch nicht bei ihm, wenn er uns die gewünschte Karte ausliefert. Wenn man aber genau dieselbe Straßenbahnkarte am Schalter kauft, dann wird man gewöhnlich die Person am Schalter begrüßen und sich bei ihr bedanken, wenn sie einem die gewünschte Karte gibt. Und trotzdem: Die Person am Schalter interessiert uns nur wegen ihrer Funktionalität.

Und noch einmal: Warum *muß* es im Fall der prostitutionellen Beziehung anders sein? Es gibt sicherlich Leute, die die sich prostituierenden Personen wie bloße Sexautomaten behandeln – wie es auch sicherlich Leute gibt, die die Personen am Schalter wie bloße Kartenautomaten behandeln. Aber man kann sich auch Leute vorstellen, die einen freundlichen Umgang mit den sich prostituierenden – und allgemeiner: den Sexarbeit leistenden – Personen pflegen, und sogar Fälle, wo sich eine etwas persönlichere Beziehung entwickelt – was auch am Kartenschalter geschehen kann, wenn man während Monaten, und auch außerhalb der *rush-hours*, wo niemand Zeit hat, seine Karten bei derselben Person kauft.

Und was für die Person gilt, gilt auch für die Sexualität. Um wieder auf die Analogie zur Kunst zurückzukommen: Wenn ich eine Eintrittskarte für ein Konzert kaufe, dann reduziere ich die Kunst zum Teil auch auf einen Tauschgegenstand, denn ich mache sie zu einem Etwas, das ich mir für eine bestimmte Geldsumme kaufen kann. Es muß natürlich gesagt werden, daß mein Kauf einer Eintrittskarte einen gesellschaftlichen Rahmen voraussetzt und daß es eigentlich dieser Rahmen ist, der die Kunst zu etwas macht, das man sich gewöhnlich – von einigen Gratiskonzerten abgesehen – kaufen muß. In unserer Gesellschaft ist die Kunst zu einem Tauschobjekt gemacht worden.

Was soeben für die Kunst gesagt wurde, gilt auch für den Künstler. Indem er eine bestimmte Geldsumme verlangt, macht er aus seinen künstlerischen Schöpfungen Tauschgegenstände, und seine künstlerische Arbeit ist dann auch eine Arbeit, die Tauschgegenstände hervorbringt. Das heißt allerdings noch nicht, daß seine Schöpfungen und seine Arbeit nichts anderes als bloße Tauschwerte sind. Auch wenn in unserer Gesellschaft die Kunst sich der Logik des Tausches unterworfen hat, behält sie doch noch ein Potential oder eine Dimension, die über diese bloße Tauschlogik hinausweist.

Und man kann für die Sexarbeit und für die Prostitution ganz ähnlich argumentieren. Man kann die Sexualität als Element einer Tauschbeziehung betrachten, ohne sie dadurch *ipso facto* auf einen bloßen Tauschgegenstand zu reduzieren. Anstatt davon auszugehen, daß ein bestimmtes Gut innerhalb einer Gesellschaft immer entweder nur ein Tauschgut ist bzw. sein kann oder aber überhaupt kein Tauschgut ist bzw. sein kann, wäre es vielleicht angebracht, davon auszugehen, daß ein Gut sowohl Tauschgut wie auch nicht Tauschgut sein kann.[28] Und es sollte ebenfalls berücksichtigt wer-

---

28 Margaret Radin hat auf die Notwendigkeit hingewiesen, die binäre Logik Ware/Nichtware durch eine komplexere Logik zu ersetzen, die auch die Möglich-

den, daß auch ein Tauschgut noch einen intrinsischen Wert haben kann. Als ,staatsbeamteter' Philosophielehrer tausche ich gewissermaßen auch meine philosophischen Kenntnisse gegen Geld, ohne daß dadurch die Philosophie für mich aufhören würde, einen intrinsischen Wert zu haben.

Den etwas provokanten Vergleich zwischen der Prostituierten und dem Philosophiedozenten finden wir übrigens bei Martha Nussbaum: „Beide leisten einen körperlichen Dienst in Bereichen, die gewöhnlich als besonders intim und als konstitutiv für das Selbst angesehen werden. Genauso wie die Prostituierte Geld für Sex annimmt, der allgemein als Gebiet von intimem Selbstausdruck betrachtet wird, nimmt die Dozentin Geld dafür, daß sie denkt und schreibt über Dinge, über die sie denkt [sic!] – über Moral, Emotionen, das Wesen des Wissens oder was auch immer – alles Teile der intimen Suche eines menschlichen Wesens nach einem Verständnis der Welt und seiner selbst. Genau aus diesem Grund haben die von mir erwähnten mittelalterlichen Denker ein moralisches Problem darin gesehen, für Geld zu philosophieren: Es sollte ein reines spirituelles Geschenk sein, und es wird dadurch entwürdigt, daß man einen Lohn dafür annimmt" (Nussbaum 2000: 283).[29]

Hier eine kurze Klammer: Man wird in diesem Kontext zwischen einer prostitutionellen Handlung *innerhalb* und einer prostitutionellen Handlung *außerhalb* einer ganz engen persönlichen Beziehung – wie etwa einer Liebesbeziehung – unterscheiden müssen. Insofern eine prostitutionelle Handlung eine zum Teil auch unpersönliche Handlung ist bzw. insofern sie nicht ohne eine teilweise Unpersönlichkeit gedacht werden kann, zerstört oder unter-

---

keit von einer nur teilweisen Kommodifizierung, also Verwandlung in eine Ware, zuläßt. Radin schreibt: „Unvollständige Kommodifizierung kann eine Situation beschreiben, in welcher Dinge verkauft werden, aber wo die Interaktion zwischen den Teilnehmern an der Transaktion nicht ganz und nicht angemessen als der Verkauf von Dingen beschrieben werden kann" (Radin 1996: 106-7). Was eine solche Beschreibung nicht möglich macht, ist die Präsenz eines persönlichen Elements.

29 Nussbaum führt noch weitere Gemeinsamkeiten an: Sowohl bei der Prostituierten wie beim Philosophiedozenten kommt es zu einer Interaktion mit anderen, wobei weder der Dozent noch die Prostituierte eine vollständige Kontrolle über die Interaktion haben; in beiden Fällen wird im allgemeinen Befriedigung und Lust hervorgerufen; in beiden Fällen muß die betreffende Person über bestimmte Fähigkeiten verfügen, will sie ihren Dienst ordentlich leisten.

gräbt sie schon existente enge persönliche Beziehungen. Wenn also eine Ehefrau nur dann in den Geschlechtsverkehr einwilligt, wenn ihr Ehemann ihr dies oder jenes nichtsexuelle Gut als Gegenleistung verspricht – oder wenn ein solcher Tausch doch zumindest implizit vorausgesetzt wird[30] –, haben beide die Substanz, aus der ihre persönliche Beziehung besteht – sofern wir zumindest davon ausgehen, daß eine eheliche Beziehung eine ganz enge persönliche Beziehung ist[31] –, zerstört oder doch zumindest untergraben.

Damit ist die Frage aber noch nicht beantwortet, ob sexuelle Handlungen ausschließlich innerhalb ganz enger persönlicher Beziehungen stattfinden sollten – von Beziehungen also, die auf Liebe, Vertrauen usw. aufgebaut sind.[32] Man könnte in diesem Kontext als Kriterium vorschlagen, daß eine sexuelle Handlung nur dann legitim ist, wenn sie

a) auf der Basis einer ganz engen persönlichen Beziehung geschieht,
b) eine schon existente ganz enge persönliche Beziehung nicht untergräbt,
c) die Fähigkeit, ganz enge persönliche Beziehungen aufzunehmen, nicht untergräbt.

Persönliche und besonders auch ganz enge persönliche Beziehungen sind sicherlich etwas sehr Wertvolles, sowohl für die in einer solchen Beziehung lebenden Individuen wie auch für die Gesellschaft insgesamt. Wie unumgänglich auch immer reine

---

30 Manche sehen den Unterschied zwischen einer reinen prostitutionellen Beziehung und einer prostitutionsähnlichen Beziehung – wie man sie etwa im Rahmen einer ehelichen Beziehung finden kann – darin, daß im ersten Fall jeder sexuelle Akt Anlaß zu einer Verhandlung über die Gegenleistung gibt, während im zweiten Fall das Ganze globaler gesehen wird.

31 Es gibt natürlich keine kulturübergreifende Substanz, aus der alle ehelichen Beziehungen bestehen. Neben den *mariages d'amour* kennen wir auch die *mariages de raison* oder die *mariages d'intérêt*. Letztere Formen der Ehe werden natürlich nicht aufgrund einer engen persönlichen Beziehung eingegangen – was allerdings nicht ausschließt, daß es in ihrem Rahmen zu einer ganz persönlichen Liebesbeziehung kommen kann.

32 Paul Gregory zufolge beruhte legitimer Sex traditionellerweise auf drei Bedingungen: Dauerhaftigkeit der Beziehung, Exklusivität der Beziehung und Liebe in der Beziehung (Gregory 2000: 100).

Tauschbeziehungen sein mögen, einer Gesellschaft, innerhalb deren es *nur* Tauschbeziehungen geben würde – wo also z. B. auch ein Kind seinen Eltern nur hilft, weil es vernünftige Gründe hat zu erwarten, daß auch sie ihm helfen werden, wo also die Erwartung einer Gegenleistung zum zentralen Handlungsmotiv wird –, würde es an einer für ihr Bestehen wichtigen Substanz mangeln.[33] Sie muß nicht unbedingt zusammenbrechen, doch ist das Risiko eines solchen Zusammenbruchs wesentlich größer als in einer Gemeinschaft, in welcher es neben den Tauschbeziehungen auch noch andere Beziehungen, wie etwa Schenkbeziehungen, gibt. Eine menschliche Gemeinschaft – und auch eine sich als liberal verstehende Gemeinschaft – sollte sich ernsthaft Sorgen um den Zustand der Beziehungen zwischen ihren Mitgliedern machen – eine Einsicht, die wir übrigens bei den frühen Theoretikern der modernen Tauschgesellschaften wiederfinden.[34]

Wäre die Alternative „sexuelle Handlungen *nur* im Rahmen von ganz unpersönlichen Tauschbeziehungen oder sexuelle Handlungen *nur* im Rahmen von ganz persönlichen Schenkbeziehungen", dann würde vieles für das zweite Glied dieser Alternative sprechen. Aber wir stehen nicht vor dieser Alternative. Die Existenz von prostitutionellen Beziehungen schließt die Existenz von nichtprostitutionellen Beziehungen keineswegs aus. Beide können

33 R. I. Moore schreibt über das Mittelalter: „[D]ie Beziehung zwischen einer Prostituierten und ihrem Kunden könnte als Paradigma dienen für die in diesen Jahrhunderten [950–1250 – N.C.] so oft ausgedrückte Angst, Geld löse traditionelle persönliche Bindungen und Verpflichtungen auf und ersetze sie durch unpersönliche Einwegtransaktionen, die nichts zur Erhaltung und zur Erneuerung der sozialen Bande beitrügen" (zitiert in: Karras 1996: 133). Traditionelle Gesellschaften sind stark persönlich, moderne Gesellschaften tendieren hingegen zur Anonymität oder doch zur Entpersönlichung. Traditionelle Solidaritäten verschwinden und werden oft durch geldvermittelte Beziehungen ersetzt: Anstatt daß jeder jedem spontan und umsonst hilft, hat sich ein System von Handwerkern entwickelt, die nur kommen, wenn man sie auch bezahlt. Moderne Gesellschaften, vor allem nach der Epoche der Romantik, haben aber einen großen Wert darauf gelegt, bestimmte Beziehungen, in allererster Linie die sexuellen Beziehungen, aus dem System der unpersönlichen Einwegtransaktionen herauszuhalten.

34 Diese Frage ist eines der zentralen Themen meiner Bücher über Tocqueville *(Die Moralisierung der Demokratie. Alexis de Tocqueville und die Bedingungen der Möglichkeit einer liberalen Demokratie.* Cuxhaven und Dartford 2001) und Constant *(Benjamin Constant – Eine Einführung.* Berlin 2003). Es wäre an der Zeit, sich wieder etwas mit diesen leider in relative Vergessenheit geratenen Autoren zu befassen.

innerhalb einer Gemeinschaft nebeneinander bestehen. Und weiter: Prostitutionelle Beziehungen schließen ein persönliches Element nicht kategorisch aus. Mag dieses persönliche Element auch niemals so stark sein wie im Falle einer nichtprostitutionellen, auf echter Liebe aufgebauten Beziehung, so sollte man es doch deswegen nicht vernachlässigen oder ihm keinen Wert zuschreiben. Und drittens: Es besteht kein Grund für die Annahme, daß eine Person, die eine prostitutionelle Beziehung eingeht, notwendigerweise die Fähigkeit verliert, ganz enge persönliche Beziehungen einzugehen. Eine prostitutionelle Beziehung erfüllt sicherlich nicht den ersten der drei als Kriterium angegebenen Punkte, doch sie kann durchaus die beiden anderen Kriterien erfüllen.

Man sollte nicht die Augen vor der *möglichen* Gefahr verschließen, daß die unpersönlichen oder nur zum Teil persönlichen sexuellen Tauschbeziehungen überhandnehmen, als normal angesehen werden und dadurch die ganz engen persönlichen sexuellen Schenkbeziehungen untergraben. Margaret Radin erwähnt in diesem Kontext die sogenannte Domino-Theorie (Radin 1996: 96). Diese Theorie besagt, daß, wenn die Kommodifizierung eines bestimmten Gutes den Wert des nicht kommodifizierten Gutes antastet, man von der Kommodifizierung ablassen sollte.

Es kann sicherlich dazu kommen, daß die eine sexuelle Beziehung eingehenden Menschen sich mit der Zeit nicht mehr als konkrete, einzigartige Personen begegnen, deren Beziehung sich eben von dieser Einzigartigkeit nährt, sondern als prinzipiell auswechselbare Menschen. Im letzten Fall gründet die Beziehung auf dem Ausüben einer bestimmten Funktion. A geht eine Beziehung mit B ein, weil B zumindest eine der folgenden Bedingungen erfüllt: Im Augenblick ist er der einzige, der das hat, was A braucht; was er A zu geben hat, ist besser als das, was alle anderen A geben könnten; das Angebot von B ist billiger als das Angebot aller Konkurrenten. Und dieser Übergang könnte durch eine immer größer werdende Kommodifizierung der Sexualität geschehen.

Auch ohne viel Ökonomie studiert zu haben, wird man erraten haben, daß es sich bei den eben angeführten Bedingungen um solche handelt, die eine große Rolle im Rahmen der sogenannten Marktwirtschaft spielen. Es ist unter diesen Umständen nur verständlich, daß, wer die Marktwirtschaft als solche verurteilt, auch die, wie Borneman sie im Titel eines seiner Bücher nennt, „sexuelle Marktwirtschaft" verurteilen wird. Wenn die Marktwirtschaft schon an sich eine Form von Ausbeutung ist, dann ist natürlich auch die sexuelle Marktwirtschaft eine Form von Ausbeutung.[35] Und von hier ist es natürlich nur ein kleiner Schritt zur Behauptung, daß man alles tun sollte, um zu verhindern, daß der Bereich der Sexualität auch in dem Schlund der alles verschlingenden Marktwirtschaft verschwindet. Dieser Bereich soll vielmehr als Bereich gelten, dessen Güter – und vor allem dessen primäre Güter, wie etwa das der sexuellen Befriedigung – sich nicht monetarisieren lassen. Die Güter dieses Bereichs haben einen Wert, aber sie haben keinen Preis, und es darf ihnen auch kein Preis gegeben werden. Wo man ihnen einen Preis gibt, verrät man gewissermaßen ihr Wesen und öffnet des weiteren auch noch Tür und Tor für die Ausbeutung. Der Gedanke der Ausbeutung ist ganz eng mit dem Gedanken der Marktwirtschaft, und letzterer ist sehr eng mit demjenigen des Tauschs verbunden. Die Einbeziehung der sexuellen Beziehungen in den Bereich der Tauschbeziehungen setzt sie somit der Gefahr der Ausbeutung aus. Wo Frauen wissen, daß sie für sexuelle Dienstleistungen Geld erhalten können, werden in erster Linie die Frauen aus sozial schwachen Schichten Sexarbeit leisten, und dies für Männer der Mittelklasse. Und da mit einer großen Konkurrenz zu rechnen ist, werden die Preise niedrig sein, und die Frauen werden ausgebeutet – man profitiert von ihrer Notlage, um sie Handlungen ausführen zu lassen, die sie nicht ausführen würden, wenn sie nicht sozial schwach wären.[36]

---

35 Es fragt sich natürlich, wo die Ausbeutung am größten ist. Deborah Brock schreibt: „In diesem Zusammenhang sind 15 Minuten Sex mit einem Mann für wenigstens 80 $ vielleicht nicht mehr ausbeuterisch und entwürdigend, als wenn man acht Stunden pro Tag an einer Nähmaschine in einem Ausbeuterbetrieb (sweatshop) für den Mindestlohn arbeitet, während der Profit in die Kassen einer multinationalen Firma fließt" (Brock 1998: 15–6).

36 Manche Radikalfeministinnen vertreten hier einen ganz entgegengesetzten Standpunkt. So meint etwa Nina Lopez-Jones, daß die Tatsache, daß „einige Frauen für das bezahlt werden, von dem man erwartet, daß eine Frau es umsonst gibt, eine Machtquelle für alle Frauen ist, die es ihnen erlaubt, *jeden* freien Sex abzulehnen" (Lopez-Jones 1998: 273). Die wahre oder doch zumindest grundlegende Ausbeutung würde also nicht im Rahmen der prostitutionellen Beziehung geschehen, sondern im Rahmen der nichtprostitutionellen Beziehung. Oder anders gesagt: Ausbeutung findet nicht dann statt, wenn Männer Frauen für Sex bezahlen, sondern wenn sie sie *nicht* für Sex bezahlen. Denkt man in dieser Logik weiter, dann müßten alle sexuellen Beziehungen zwischen Männern und Frauen zu prostitutionellen Beziehungen werden.

Was all diesen Einwänden letztendlich zugrunde liegt, ist der Gedanke, daß die Sexualität im Rahmen der Sexarbeit, und dementsprechend auch im Rahmen der Prostitution, zu einem Konsumgut wie jedes andere wird, zu einem Gut also, das jeder sich kaufen kann und das sich in dieser Hinsicht nicht mehr wirklich von allen anderen Konsumgütern unterscheidet.[37] Damit wird die Sexualität auf den Rang irgendeines anderen Gutes herabgesetzt. Wer die Sexualität zu einem Konsumgut macht, so Joseph Kupfer, macht sie schmutzig (Kupfer 1995: 86). Wesentlich ist dann nicht mehr, daß man eine persönliche Beziehung zur anderen Person knüpft, ihr Vertrauen und ihre Liebe gewinnt und erst auf dieser Basis eine sexuelle Beziehung mit ihr eingeht, sondern daß man über genügend Geld verfügt, um es gegen eine bestimmte Dienstleistung dieser anderen Person einzutauschen. Anstatt also während Wochen oder Monaten eine persönliche Beziehung mit der anderen Person aufzubauen, innerhalb deren sie dann von sich aus und ohne eine Gegenleistung zu verlangen sexuelle Handlungen ausführt, bringt man die andere Person dazu, unmittelbar solche Handlungen auszuführen. Das Geld, das man ihr zahlt, ersetzt gewissermaßen das Vertrauen und die persönliche Nähe, die gewöhnlich Vorbedingungen für das Eingehen einer sexuellen Beziehung sind oder bis vor kurzem allgemein noch als solche angesehen wurden.

Hier wird man allerdings feststellen müssen, daß wir heute in einer Gesellschaft leben, in welcher der *passage à l'acte*, der Übergang zur sexuellen Handlung, nicht nur im Rahmen prostitutioneller Beziehungen relativ schnell vonstatten geht. Oder anders gesagt: Die Transformierung der Sexualität in ein Konsumgut geschieht auch außerhalb der Prostitution. Der Unterschied zwischen dem sogenannten One-night-Stand[38] und der prostitutio-

---

37   Christian Authier weist auch darauf hin, daß die Sexualität, dadurch daß sie in die Marktwirtschaft integriert wird, ihren subversiven Charakter verliert (Authier 2002: 218). Wurde die Sexualität in der Vergangenheit immer wieder als eine Gefahr für die etablierte Ordnung angesehen, so ist sie heute zu einem Element geworden, mit dem die bestehende – vornehmlich wirtschaftliche – Ordnung Geld machen kann. Das Gebiet der Sexualität schafft Arbeitsplätze, generiert Profit, bringt dem Staat Steuern ein usw.

38   Der *Wordsworth Dictionary of Sex* definiert die One-night-Stands wie folgt: „Kurzlebige sexuelle Begegnungen, die gewöhnlich nicht länger als eine Nacht dauern und die zwischen Heterosexuellen, homosexuellen Männern oder Lesbierinnen

nellen Beziehung besteht darin, daß es im ersten Fall prinzipiell nicht zum Tausch eines sexuellen gegen ein nichtsexuelles Gut kommt. A und B treffen sich auf einer Party, beide finden Gefallen aneinander, sie ziehen sich in eine dunkle Ecke zurück, haben Geschlechtsverkehr miteinander, und das war es dann. A erwartet von B nichts anderes als sexuelle Befriedigung, und umgekehrt erwartet auch B von A nichts anderes als sexuelle Befriedigung. Die getauschten Güter sind hier homogener Natur, wohingegen sie im Fall der Sexarbeit im allgemeinen und der Prostitution im besonderen heterogener Natur sind.

Diese voranschreitende Verwandlung der Sexualität in ein bloßes Konsumgut sollte uns natürlich nicht gleichgültig lassen. Doch sollte man sich immer der Tatsache bewußt bleiben, daß es Konsumgut und Konsumgut gibt. Etwas kann ein Konsumgut sein und uns trotzdem bereichern. Ich denke hier etwa an ein Konzert. Insofern man eine Eintrittskarte kauft, um sich ein Konzert anzuhören, ist das Konzert *nolens volens* auch zum Konsumgut geworden. Doch besteht ein großer Unterschied zwischen einem Konzert, bei dem die Musiker nur spielen, weil sie bezahlt werden, und die Zuhörer nur dort sitzen, weil sie gerade Lust haben, sich irgendwelche Musik anzuhören, und einem Konzert, bei dem die Musiker die Zuhörer musikalisch befriedigen wollen und die Zuhörer eben *diese* Musiker hören wollen. Bei diesem zweiten Konzert kann es ganz gut sein, daß die Zuhörer eine Zugabe verlangen, welche die Musiker dann auch von sich aus geben werden. Das Konzert ist dann kein Ereignis mehr wie jedes andere, sondern ein ganz besonderes Ereignis, und zwar sowohl für die Musiker wie für die Zuhörer.

Auch ‚gekaufte' sexuelle Beziehungen können bereichernd sein, bzw. es besteht kein Grund, *a priori* auszuschließen, daß es im Rahmen einer prostitutionellen Beziehung nicht dazu kommen kann, daß beide Seiten – die sich prostituierende Person ebenso wie die ihre Dienste in Anspruch nehmende Person – die sexuelle Beziehung als persönlich bereichernd ansehen können. Dies gilt besonders für Stammgäste. Für sie besteht, schreibt Ahlemeyer, „mehr Raum und Zeit für personenbezogene Kommunikation"

stattfinden und bei denen manchmal männliche oder weibliche Prostituierte zugegen sind, die sich gewöhnlich in Bars für Singles, auf Parties, in Geschäften, auf der Straße, an den Stränden oder auch irgendwo anders treffen."

(Ahlemeyer 2002: 207). Diese personenbezogene Kommunikation hat natürlich ihre Grenzen, doch ändert das nichts an der Tatsache, daß hier ein persönliches Element vorliegt und daß dieses persönliche Element, auch wenn es im Rahmen einer Tauschbeziehung präsent ist, die hier getauschte Sexualität nicht zu einem reinen Tauschgut macht. Es ist hier Platz für eine intime Kommunikation, und Onora O'Neill hat durchaus recht, wenn sie schreibt: „Prostitutionsbeziehungen, flüchtige sexuelle Zusammentreffen und der sexuelle Aspekt schal gewordener Ehen sind nicht durchwegs betrügerisch. Derartiger sexueller Umgang kann entweder zu krude mechanisch sein, um Ausdrucksweisen von Intimität zu gebrauchen oder zu mißbrauchen, oder auch genügend erfüllt von Vertrauen und innerer Beteiligung, so daß die Sprache der Intimität angemessen ist" (O'Neill 1993: 356). Prostitutionelle Beziehungen schließen also nicht *a priori* die Sprache der Intimität aus, sondern sie können auch Platz für diese Sprache bieten. Natürlich wird diese Intimität niemals so groß sein wie in sexuellen Beziehungen, die auf Vertrauen und tiefer Liebe beruhen, aber aus der Tatsache, daß man im Rahmen einer prostitutionellen Beziehung nicht die ganz große Intimität haben kann, sollte man nicht schließen, daß man dort überhaupt keine Intimität und überhaupt keine persönliche Beziehung haben kann.

Das Problem liegt also vielleicht nicht so sehr darin, daß die Sexualität zu einem Tausch- oder Konsumgut wird, sondern darin, daß sie sich der Logik der Massenproduktion unterwirft. Genauso wie andere Beziehungen können auch prostitutionelle Beziehungen total anonym sein, und sie sind es um so mehr, als die sexuelle Befriedigung zu einem Produkt wird, das man gewissermaßen am Fließband produzieren kann. Die sich prostituierende Person fertigt dann einfach die Kunden ab. Es besteht prinzipiell ein großer Unterschied zwischen einer prostitutionellen Beziehung, die fünf Minuten dauert, und einer solchen, die eine Stunde dauert. Im ersten Fall ist das persönliche Element so gut wie ganz ausgeschlossen, während im zweiten Fall zumindest die zeitlichen Bedingungen für den Aufbau solcher Elemente gegeben sind. Ein wesentlicher Faktor ist also der Faktor Zeit, als Bedingung der Möglichkeit des personalen Elementes.

Die Präsenz des Geldes schließt das zeitliche Element nicht *a priori* aus. Wer natürlich nur darauf aus ist, viel Geld zu verdienen, wird sich wenig Zeit lassen, um auf die einzelne Person einzugehen.

Das gilt ebenso für die Prostituierte wie für den Arzt. Wer aber bereit ist, weniger zu verdienen, der wird sich Zeit lassen. Das setzt natürlich voraus, daß der einzelne Akt genügend bezahlt wird. Wenn eine sich prostituierende Person nur zehn Euro für eine sexuelle Handlung erhält, dann wird ihr natürlich daran gelegen sein, die ihre Dienste in Anspruch nehmenden Personen so schnell wie möglich abzufertigen. Anders aber, wenn sie 50 Euro erhält und keinen Cent an einen Zuhälter abgeben muß bzw. keine Wuchermiete zu zahlen hat. Mit zwei Kunden am Tag und bei einer Sechs-Tage-Woche macht das einen Bruttoverdienst von um die 2 500 Euro im Monat aus.

An dieser Stelle können wir auch auf die in der Einleitung des Buches diskutierte Form der nichtsexuellen Prostitution zurückkommen. Prostitution – das Wort hier im unspezifischen Sinn genommen – scheint immer dann vorzuliegen, wenn man ein bestimmtes Gut einem ihm fremden und seine Integrität in Frage stellenden Zweck unterwirft. Bestimmte Güter haben einen intrinsischen Wert und sind also schon an sich wertvoll. Und es ist dieser intrinsische Wert, der im Idealfall das einzige Motiv zu ihrer Produktion sein sollte. Wenn also etwa jemand einen Roman schreibt, dann sollte das Schreiben des Romans ein Selbstzweck sein, und auf die Frage „Warum haben Sie einen Roman geschrieben?" müßte der Autor antworten: „weil das Schreiben dieses Romanes eine an sich wertvolle Handlung war." Wo er sagen würde, er hätte den Roman geschrieben, um Geld zu verdienen, um berühmt zu werden, um seinen Beitrag zum Erwachen des Klassenbewußtseins der großen Massen beizutragen oder was auch immer, würde er eine intrinsisch wertvolle Handlung von einem äußeren, also dieser Handlung an sich fremden Standpunkt aus beurteilen und sie damit auch einem ihr fremden Zweck unterwerfen. Das künstlerische Werk würde nicht mehr primär einen künstlerischen Zweck verfolgen.

Der Gedanke der Heterogenität, den wir im Zusammenhang mit der sexuellen Prostitution hervorgehoben haben, ist für jede Form der Prostitution wichtig. Es geht nicht mehr um den Wert der Handlung an sich, sondern lediglich um die Konsequenzen der Handlung. Der Wert der Handlung wird dann abhängig von ihrem Nutzen. Oder noch anders gesagt: Die Handlung erscheint nur noch als ein Instrument. Prostitution – immer noch in einem allgemeinen Sinn verstanden – wäre also gleichzusetzen mit der

Instrumentalisierung dessen, was nicht instrumentalisiert werden sollte.

Das heißt dann aber, daß von Prostitution nur dort die Rede sein kann, wo eine Gesellschaft einen Bereich des Nichtinstrumentalisierbaren kennt und von anderen Bereichen abgrenzt. Anhänger des *l'art pour l'art* werden behaupten, daß die Kunst unbedingt zum Bereich des Nichtinstrumentellen zählen sollte und daß der Künstler dementsprechend von allen fremden Zwecken bei der Produktion seiner Kunstwerke absehen sollte. Was ihn interessieren sollte, ist einzig und allein die ästhetische Auseinandersetzung mit dem Stoff, mit dem, was er zu einem Kunstwerk verarbeiten will. In einer von dieser Konzeption geleiteten Gesellschaft wären Schriftsteller, die Autorenrechte und sonstige Honorare einkassieren, nichts als sich prostituierende Personen. Mögen ihre Werke auch der Kunst dienen, so akzeptieren sie doch auch Geld für ihre künstlerische Produktion und machen letztere somit zu einem Tauschgut.

Anhänger der *sexualité pour la sexualité* werden ihrerseits behaupten, daß man Sexualität keinem fremden Zweck unterwerfen sollte und daß dementsprechend nichts der Sexualität Heterogenes sich in eine sexuelle Beziehung einmischen sollte. Die Sexualpartner sollten einzig und allein darauf bedacht sein, eine gegenseitige sexuelle Befriedigung zu erzeugen. Jeder sollte diese Befriedigung gleichermaßen für sich selbst wie auch für den anderen anstreben. Der einzige Zweck sollte also die Produktion sexueller Lust sein. Ausgeschlossen sind hier sowohl monetäre wie auch reproduktive Zwecke oder welche sonstigen nichtsexuellen Zwecke man mit einer sexuellen Handlung verfolgen mag. Die sexuelle Befriedigung wird für beide Partner zu einem Selbstzweck und damit zum einzigen Grund, der sie zum Eingehen einer sexuellen Beziehung motivieren sollte. Dem einzigen Gott, dem sie zu dienen haben, ist der Gott Sexualität.

Aufgrund des eben Gesagten läßt sich folgende Unterscheidung zwischen zwei Typen sexueller Beziehung machen:

1) Eine sexuelle Beziehung bloß um der beiderseitigen sexuellen Befriedigung willen. Dabei ist nicht ausgeschlossen, daß es auch – eventuell als natürliche Konsequenz – zur Verwirklichung eines nichtsexuellen Gutes kommen kann.

2) Eine sexuelle Beziehung um ein nicht mit der beiderseitigen sexuellen Befriedigung zusammenfallendes Gut willen. Dabei ist nicht ausgeschlossen, daß es auch zur beiderseitigen sexuellen Befriedigung kommen kann.

Für den Anhänger einer Theorie der Sexualität um der Sexualität willen ist die Prostitution der Sexualität nur im ersten Fall ausgeschlossen. Alles, was unter den zweiten Punkt fällt, stellt eine Form von Prostituierung der Sexualität dar[39], da man hier eine sexuelle Beziehung eingeht, um ein jenseits der sexuellen Befriedigung liegendes Gut zu verwirklichen.

Eine solche Ausdehnung des Begriffs der Prostituierung der Sexualität wird natürlich nicht unangefochten bleiben. Die einen werden die Grundprämisse der Theorie der Sexualität um der Sexualität willen anfechten und behaupten, daß Sexualität nichts anderes als ein Instrument ist, und zwar ein Instrument zur Erzeugung von Kindern. Das Problem liegt dementsprechend nicht in der Instrumentalisierung der Sexualität, sondern in ihrer Entinstrumentalisierung (Sexualität um der Sexualität willen) oder in ihrer falschen Instrumentalisierung (z. B. Sexualität um des Gelderwerbs willen). Während Jahrhunderten galt innerhalb der katholischen Kirche der Gedanke, daß nur der Wille, Kinder zu zeugen, den Geschlechtsverkehr legitimieren konnte.

Andere werden die Grundprämisse der Theorie der Sexualität um der Sexualität willen zwar akzeptieren, aber darauf hinweisen, daß nicht schon automatisch das Vorliegen eines nichtsexuellen Zwecks zu einer Prostituierung der Sexualität führt. Aus dieser Perspektive gesehen, gibt es also bestimmte nichtsexuelle Güter, zu deren Verwirklichung man die Sexualität instrumentalisieren kann. Zu diesen Gütern würden etwa folgende gehören: Zeugen von Kindern, Vertiefen einer persönlichen Beziehung oder Ausdruck von Liebe. Ausgeschlossen wären aber Güter wie Gelderwerb oder Ausdruck von Macht. Prostituierung und Instrumentalisierung der Sexualität fallen hier also nicht zusammen. Um diese zwei Ansichten kurz zusammenzufassen:

---

39 Den etwas eigenartigen Ausdruck „Prostituierung der Sexualität" übernehme ich dem Titel eines Buches von Kathleen Barry. Diese Übernahme des Ausdrucks entspricht aber nicht unbedingt auch einer Übernahme der genauen Bedeutung, die Barry dem Ausdruck gibt.

Position 1: Sexualität darf nie für nichtsexuelle Zwecke gebraucht werden.

Position 2: Sexualität darf für bestimmte nichtsexuelle Zwecke gebraucht werden.

Wer die erste Position vertritt, wird den Begriff der Instrumentalisierung in allen Fällen gebrauchen, wo ein nichtsexuelles Gut verfolgt wird. Dieser Begriff ist nämlich kein neutraler Begriff, sondern er enthält schon implizit ein negatives Werturteil. Aus diesem Grund werden die Vertreter der zweiten Position sich auch davor hüten, im Fall der von ihnen zurückbehaltenen nichtsexuellen Güter von einer *Instrumentalisierung* zu sprechen. Für sie liegt also z. B. eine Instrumentalisierung – und dementsprechend etwas, das nicht sein sollte – vor, wenn jemand eine sexuelle Beziehung hat, um dadurch Geld zu verdienen, nicht aber, wenn jemand eine sexuelle Beziehung hat, um dadurch ein Kind zu zeugen. Im ersten Fall liegt ein Mißbrauch der Sexualität vor, im zweiten Fall ein legitimer Gebrauch.

Aber sollte nicht jeder frei sein, selbst darüber zu bestimmen, wie er mit seiner Sexualität umgeht und welche Zwecke er damit verfolgen will? Dabei wird selbstverständlich immer vorausgesetzt, daß dieser Umgang erstens keiner anderen Person schadet – eine Bedingung, die vor allem das Rechtssystem mit Nachdruck behaupten wird –, daß er zweitens nicht zu einer Untergrabung der Bedingungen der Möglichkeit der sozialen Kohäsion führt – eine Bedingung, welche die Sozialethik in den Mittelpunkt stellen wird – und daß er drittens nicht dazu führt, daß der Handelnde die Bedingungen der Möglichkeit seines freien Handelns in Frage stellt oder untergräbt – eine Bedingung, die im Zentrum einer individualethischen Perspektive stehen wird. Wo diese Bedingungen erfüllt sind, sollte jeder selbst entscheiden, welche Zwecke er mittels seiner Sexualität verfolgt.

Um noch einmal den Vergleich mit der Kunst anzuführen: Der Verrat an der Kunst geschieht nicht schon dann, wenn ein Orchester und ihr Stardirigent eine hohe Gage akzeptieren. Sondern er geschieht dann, wenn das Orchester die Noten einfach so herunterspielt, womöglich viel schneller, als auf der Partitur angegeben – aus einem Andante wird ein Prestissimo –, um dann am Ende, sobald die letzte Note erklungen ist, seine Siebensachen einzupacken und schleunigst zum nächsten Konzert zu rennen. Und seitens des Zuhörers geschieht der Verrat an der Kunst, wenn es ihm gleichgültig ist, ob eine Symphonie Haydns von einem Orchester oder von einem Computer gespielt wird, ob er also natürliche oder synthetische Töne hört.

Für die prostitutionelle Beziehung gilt dasselbe. Wer nur eine physiologische Befriedigung möchte, der täte besser daran, sich eine aufblasbare Puppe zu kaufen. Wer aber mehr als physiologische Befriedigung möchte, wer diese physiologische Befriedigung im Rahmen einer zwischenmenschlichen und zum Teil persönlichen Beziehung erleben möchte, der wird, wenn er keinen Partner findet, der ihm seinen Wunsch umsonst erfüllt, eine prostitutionelle Beziehung eingehen. Seinen Wunsch wird er allerdings nur erfüllen können, wenn er und sein Gegenüber sich als Menschen begegnen. Daß einer dieser Menschen dem anderen Geld gibt, um seine sexuellen Bedürfnisse befriedigen zu lassen, und daß der andere dieses Angebot auch akzeptiert, sollte noch nicht als Verrat an der Sexualität und auch noch nicht als schlimme Verletzung der Menschenwürde betrachtet werden.

In seinem sehr spannenden Buch über die „Mikrosoziologie heterosexueller Beziehungen" – so der Untertitel – stellt Heinrich Ahlemeyer die Bordell- und die Apartment-Prostitution einander gegenüber: „In der Bordell-Prostitution herrscht ein berufsbezogenes Grundverständnis taylorisierter Industriearbeit vor: Die Arbeit wird als entfremdet erfahren; sie wird in kurzen Takten erbracht; die Bezahlung erfolgt für einzelne ‚Handgriffe'; nur durch hohe ‚Stückzahlen' wird ein ausreichendes Arbeitsentgelt erzielt [...] Während in der Bordell-Prostitution das Grundverständnis taylorisierter Industriearbeit vorherrscht, ist die Apartment-Prostitution in dem Sinne ‚moderner', als sie für den Prozeß zunehmender Professionalisierung steht. Apartment-Prostitution zeichnet sich durch ein qualitativ orientiertes Dienstleistungsverständnis aus. Wie in anderen Professionen des Dienstleistungssektors (Anwalt, Steward, Therapeut, Berater etc.) werden eine personenbezogene Kommunikation, eine Grundorientierung auf Kundenzufriedenheit, eine pauschalisierte Preisgestaltung und eine Identifikation mit der gewählten Aufgabe Eckwerte des professionellen Selbstverständnisses" (Ahlemeyer 2002: 61–64).[40] Samantha, eine von Felix Ihle-

---

40 Die französische Feministin Simone de Beauvoir hatte schon festgestellt: „Von der niederen Prostituierten bis zur großen Hetäre gibt es viele Zwischenstufen. Der

feldt befragte ,Hobbyhure' meint in diesem Sinne: „Ich wünsche mir mehr Respekt von den Männern, daß sie es auch bei Professionellen mehr als eine Dienstleistung sehen denn als eine Ware" (zitiert in: Ihlefeldt 2003: 42).

Geschenk – Dienstleistung – Ware: Dies wären gewissermaßen die drei Kategorien, unter denen man eine sexuelle Handlung betrachten könnte. Das Ideal wäre natürlich das Geschenk, bei dem die persönliche Dimension vorherrscht. Doch was, wenn bestimmte Personen niemanden finden, der ihnen dieses Geschenk macht? Sollte man sie tatsächlich moralisch verdammen, wenn sie eine prostitutionelle Beziehung eingehen – vorausgesetzt, sie tun es mit einer Person, die sich freiwillig prostituiert, und vorausgesetzt auch, sie behandeln diese Person wie einen normalen Menschen? Am anderen Extrem stünde die Ware, als Sinnbild der totalen Entpersönlichung: Die Ware ist immer etwas Materielles. Wer Sexualität als bloße Ware betrachtet, dem dürfte es eigentlich gleichgültig sein, wer oder was ihm sexuelle Befriedigung gibt, ob Mensch oder Gegenstand. Zwischen den beiden hätte man die Dienstleistung, die eine mehr oder weniger große persönliche Komponente enthalten kann.

Man könnte hier auch zwischen einer handwerklichen und einer industriellen Prostitution unterscheiden, zwischen einerseits der Prostitution als einer individuellen, quasi-handwerklichen Beschäftigung[41], mittels deren einzelne Individuen ihren Lebensunterhalt bestreiten, die nur sich selbst unterstehen und großen Wert auf ordentliche Arbeit legen – also auf eine Arbeit, bei der man die die Dienste in Anspruch nehmende Person nicht nur als Einnahmequelle betrachtet –, und andererseits der Prostitution als großes Unternehmen, als *big business*[42], als organisierte Struktur, wo es lediglich darum geht, soviel Geld wie nur möglich in sowe-

wesentliche Unterschied besteht darin, daß die erste mit ihrer reinen Allgemeinheit handelt, so daß die Konkurrenz sie auf einem miserablen Lebensniveau hält, während die zweite sich darum bemüht, in ihrer Einzelart anerkannt zu werden: Wenn es ihr gelingt, dann kann sie sich ein großes Schicksal erhoffen" (de Beauvoir 1976: 444).

41 Jacques Solé schreibt: „Vor der Professionalisierung, die sie am Ende des 19. Jahrhunderts kennzeichnen wird, war sie in den Vereinigten Staaten sowie auch in England wesentlich handwerklicher Natur gewesen" (Solé 1993: 57).

42 Zu Beginn des 20. Jahrhunderts, so Barbara Hobson, wurde die Prostitution in Amerika zu einem *big business* (Hobson 1990: 143).

nig Zeit wie nur möglich zu verdienen. Insofern die prostitutionellen Beziehungen sich zu einem *big business* entwickelt haben bzw. insofern sie in ein solches System integriert wurden, ist auch das Risiko der Ausbeutung gewachsen. Die prostitutionellen Beziehungen haben hier lediglich dieselbe Entwicklung mitgemacht wie die Arbeitsbeziehungen schlechthin, und die Frage, ob und inwiefern die Prostitution *innerhalb* des jetzigen Systems ein menschliches Antlitz annehmen kann, ist an und für sich nicht grundverschieden von der Frage, ob und inwiefern die jetzige Industriearbeit ein solches Antlitz annehmen kann. Das wesentliche Problem liegt dann aber nicht bei der prostitutionellen Beziehung als solcher, bei der Handlung, welche die sich prostituierende Person vollzieht, sondern beim System, innerhalb dessen diese Handlung vollzogen wird und das der Handlung seine eigene Logik aufzwingt. Soll die Prostitution eines Tages ein menschliches Antlitz annehmen, wird sie sich wahrscheinlich von der Systemlogik befreien müssen.

Als Fazit dieser Diskussion läßt sich festhalten: Insofern bei der prostitutionellen sexuellen Handlung die persönliche Dimension nicht ausgeblendet wird, liegt zumindest in dieser Hinsicht kein Grund für eine moralische Verurteilung vor. Die Tatsache, daß Geld im Spiel ist, genügt noch nicht, um ein negatives moralisches Urteil zu begründen. Geld mag den persönlichen Charakter etwas ankratzen, doch braucht es ihn noch nicht ganz zu zerstören. Wichtig ist, daß die Präsenz von Geld – oder eines anderen nichtsexuellen Gutes – den Respekt zwischen den beiden Teilnehmern an der prostitutionellen Beziehung nicht untergräbt.

3. Der Körper als Instrument

Neben den Formen von Sexarbeit, die den direkten Körperkontakt meiden – wie z. B. Telefonsex –, gibt es Formen von Sexarbeit, welche auf einem solchen direkten Körperkontakt beruhen. Ob alle diese Formen von Sexarbeit als Prostitution bezeichnet werden sollen oder ob man hier nur diejenigen Formen berücksichtigen sollte, bei denen die Geschlechtsteile zumindest eines der Teilnehmer an der sexuellen Handlung berührt werden, ist problematisch. Man braucht dieses Problem aber nicht zu lösen, um folgende Fragen stellen zu können:

a) Sprechen moralische Gründe dagegen, jemanden durch direkten Körperkontakt und gegen Entgelt sexuell zu befriedigen? Oder, wenn wir den Blickwinkel umdrehen: Sprechen moralische Gründe dagegen, von einer anderen Person eine sexuelle Dienstleistung zu erfragen, bei der es zu einem direkten Körperkontakt kommen wird?

b) Sprechen moralische Gründe dagegen, jemanden durch – einseitige oder gegenseitige – Berührung der Geschlechtsorgane und gegen Entgelt zu befriedigen? Und auch hier kann man die Frage von dem entgegengesetzten Blickwinkel aus stellen: Sprechen moralische Gründe dagegen, von einer anderen Person eine sexuelle Dienstleistung zu erfragen, bei der es zu einer – einseitigen oder gegenseitigen – Berührung der Geschlechtsorgane kommt?

Im ersten Fall wird von der Natur der implizierten Körperteile abgesehen, und es wird ganz allgemein gefragt, ob körperliche Berührungen, wenn sie eine sexuelle Erregung oder Befriedigung bezwecken und nur in Erwartung eines bestimmten Entgeltes ausgeführt werden, als solche moralisch problematisch sind. Im zweiten Fall ist die Natur der implizierten Körperteile nicht mehr gleichgültig, sondern es geht um ganz bestimmte Organe, nämlich die Geschlechtsorgane zumindest einer der beiden Personen.

Das moralische Problem kann selbstverständlich nicht schon allein darin liegen, daß es zu einer Berührung der Geschlechtsteile oder einem beliebigen Körperkontakt und einer sich daraus ergebenden sexuellen Befriedigung kommt. Es gibt heute wohl kaum noch jemand, der eine körperliche sexuelle Beziehung als solche moralisch verurteilen würde. Die Suche nach sexueller Befriedigung ist an sich moralisch legitim – auch wenn sie nicht als Mittel zur Fortpflanzung dient –, und es ist auch an sich moralisch legitim, diese sexuelle Befriedigung durch direkten Körperkontakt mit einer anderen Person zu suchen.

Wenn es ein moralisches Problem gibt, liegt es auch hier wieder in der Tatsache, daß der Körperkontakt oder die sexuelle Berührung in den Kontext eines Tausches gestellt wird. Im Unterschied zu dem im vorigen Teil besprochenen Argument geht es hier allerdings nicht primär darum, daß ein sexuelles Gut zum Tauschgegenstand gemacht wird, sondern darum, daß der menschliche Körper unmittelbar in die Tauschlogik mit einbezogen wird. Es geht also darum zu wissen, ob man jemandem eine sexuelle Dienstleistung gegen Entgelt erbringen kann, indem man einen direkten körperlichen Kontakt mit ihm hat.

In einem Aufsatz über Telefonsexarbeiterinnen berichten Rich und Guidroz, diese Arbeiterinnen versuchten den Respekt gegenüber sich selbst dadurch zu erhalten, daß sie sich von einer „handanlegenden Sexarbeit" (‚hands-on' sex work) distanzierten" (Rich/Guidroz 2000: 44). Diese Arbeiterinnen sahen kein Problem darin, Sexarbeit zu leisten, sondern nur darin, es bei der Sexarbeit zu einem direkten körperlichen Kontakt mit der die sexuellen Dienste in Anspruch nehmenden Person kommen zu lassen.

Hier wird also ein klarer Unterschied gemacht zwischen einer Form von Sexarbeit, bei der man sich die Hände nicht schmutzig macht, da man den Kunden in keinem Augenblick anfaßt, bzw. bei der man die Integrität des eigenen Körpers bewahrt, da man sich nicht vom Kunden anfassen läßt – für den Kunden existiert die Sexarbeit leistende Person nur als Stimme –, und einer Form von Sexarbeit, bei der man sich die Hände schmutzig macht bzw. bei der man die Integrität des eigenen Körpers nicht bewahrt, da man sich vom Kunden anfassen oder gegebenenfalls sogar penetrieren läßt bzw. ihn anfaßt oder ihn penetriert. Für die von Rich und Guidroz befragten Arbeiterinnen liegt die Entwürdigung also nicht darin, daß man andere Personen gegen Entgelt sexuell erregt und ihnen somit indirekt bei der sexuellen Befriedigung hilft, sondern darin, daß es zu einem direkten Körperkontakt mit der die sexuellen Dienste in Anspruch nehmenden Person kommt. Aber ist eine sexuelle Befriedigung mittels direkten Körperkontaktes und gegen Entgelt notwendig entwürdigend?

In einem Bericht der UNESCO aus dem Jahre 1986 wird die Prostitution als ein Tausch definiert, „bei dem der Körper der Frau mit einer Ware gleichgestellt wird und bei dem die Frau auf den Rang eines Gegenstandes herabgesetzt wird" (zitiert in: Ouvrard 2000: 197). Doch noch bevor diese Gleichstellung mit einer Ware erfolgt, geschieht, so Kathleen Barry, eine Reduktion der Frau auf ihren bloßen Körper (Barry 1995: 23). Der Körper seinerseits wird auf seine bloß sexuelle Dimension reduziert. Und diese wird dann schließlich ihrerseits von jeglicher persönlichen Dimension abgekoppelt. Man hat also folgende Kette:

Frau → Körper → Sexualorgane (oder allgemeiner: penetrierbare Löcher) → Ware

Die Frau interessiert nur, insofern sie einen Körper hat, der Körper interessiert nur, insofern er Löcher hat, und diese Löcher werden dann wie bloße Waren oder Gebrauchsgegenstände behandelt, Dinge, zu denen man sich den Zugang auch erkaufen kann. Die Frauen, so Hoigard und Finstad, „haben das Gefühl, daß sie den intimsten Teil ihres Körpers an anonyme Fremde vermieten müssen, damit diese ihn als ein Loch benutzen, in das sie ‚kommen' können" (Hoigard/Finstad 1992: 132). Das, was den Frauen am nächsten liegt, wird somit zu etwas, wozu prinzipiell jeder Zugang haben kann, vorausgesetzt, er kann sich diesen Zugang leisten.

Glaubt man dem Soziologen Michel Bozon, ist die Vergegenständlichung des Körpers der Frau kein Spezifikum der Prostitution, sondern sie hängt ganz allgemein mit der Tatsache des Kinderzeugens zusammen und reicht somit bis weit in die Vergangenheit: „Der Körper der Frauen wird als Gegenstand und als Behälter angesehen und behandelt, und die Männer bemächtigen sich seiner durch den Geschlechtsakt. Die Wiederholung des Aktes gilt als Bestätigung der ursprünglichen Besitzergreifung. Und es ist die sexuelle Vergegenständlichung der Frauen, die die männliche Besitzergreifung der von den Frauen getragenen Nachkommenschaft erlaubt" (Bozon 2002: 19). Kurz gesagt: Damit der Mann sagen kann, daß es *seine* Kinder sind, muß er sagen können, daß die diese Kinder tragende Frau *seine* Frau ist, und um dies sagen zu können, muß er die Frau sexuell *nehmen*.[43] Man findet hier Spuren der Lockeschen Eigentumstheorie wieder. Für Locke entsteht der Eigentumstitel nämlich dadurch, daß ich einen Gegenstand bearbeite. Die Vergegenständlichung des weiblichen Körpers hat also mit dem Übergang von einem matri- zu einem patrilinearen System begonnen.

Auch Claudine Legardinier stellt die Tatsache der Einbeziehung des Körpers in den Mittelpunkt ihrer Kritik an der Prostitution. Legardinier zufolge „bestätigt die Prostitution den Gedanken, daß die Besitzergreifung des Körpers eines anderen ‚natürlich' ist und daß sie der Inhalt eines Rechtes ist" (Legardinier 2002a: 45). Prostitution erscheint somit als eine ständige Bestätigung der Macht der Männer über die Frauen. Indem sie den Zugang zum Körper

---

43 In der französischen Umgangssprache ist übrigens „prendre quelqu'un" gleichbedeutend mit „Geschlechtsverkehr mit jemandem haben".

der Prostituierten erkaufen können, entsteht im Geist der Männer der Gedanke, daß sie sich den Zugang zum Körper einer jeden Frau erkaufen können. Laut Legardinier wird dieser Zugang sogar als Recht konzipiert: Wo einst die sogenannte eheliche Pflicht das Recht dieser Besitzergreifung begründete, wird es jetzt durch die prinzipielle Käuflichkeit begründet.

Zu berücksichtigen ist, daß es sich bei den von der sich prostituierenden Person eingesetzten Körperteilen keineswegs immer um die intimsten Teile des Körpers – und gemeint sind damit die Geschlechtsteile – handeln muß, wie Hoigard und Finstad dies vorauszusetzen scheinen. Eine prostitutionelle Beziehung setzt nicht unbedingt vaginalen Geschlechtsverkehr voraus, ja sie setzt sogar nicht unbedingt Penetration voraus. Eine prostitutionelle Beziehung besteht auch dann, wenn eine Person A mittels ihrer Hand die Geschlechtsteile einer Person B massiert, so daß diese sexuell befriedigt wird – also ein *hand job*, wie man auf Englisch zu sagen pflegt. Hier ist es nicht die sich prostituierende Person A, die ihre intimsten Teile dem Zugriff des anderen aussetzt, sondern es ist im Gegenteil der Kunde oder die Kundin, die dies tut.

Dementsprechend gilt, daß auch wenn man eventuell gewichtige moralische Gründe aufbringen kann, die gegen den Gebrauch der Geschlechtsteile der sich prostituierenden Person im Rahmen einer prostitutionellen Beziehung sprechen, dies noch nicht auf die moralische Illegitimität der prostitutionellen Beziehung als solcher zu schließen erlaubt. Die Prostitution ist nicht *nur* das Angebot der eigenen Geschlechtsteile zum Gebrauch durch jedermann, sondern ganz allgemein das Vermitteln von sexueller Befriedigung vermittels Körperkontakt und im Austausch gegen eine bestimmte Geldsumme.

Man sollte in diesem Zusammenhang nicht nur den Körper der sich prostituierenden Person betrachten. Es gilt auch, den Körper des Kunden zu berücksichtigen. Und für ihn gilt sicherlich viel eher als für die sich prostituierende Person, daß er seine intimsten Körperteile bloßlegt. Die sich prostituierende Person kann die sexuelle Befriedigung geben, ohne dabei ihre eigenen Geschlechtsteile zu gebrauchen, aber die ihre Dienste in Anspruch nehmende Person kann nur in relativ seltenen Fällen sexuell befriedigt werden, ohne daß ihre Geschlechtsteile berührt werden.

Man wird dementsprechend nicht nur, wie oben geschehen, zwei, sondern drei Fragen unterscheiden müssen – wobei immer vorausgesetzt wird, daß Person A eine Gegenleistung für ihre Dienste erhält:

1) Sprechen moralische Gründe dagegen, daß eine Person A irgendeinen Teil ihres Körpers benutzt oder zur Verfügung stellt, um dadurch einer Person B durch direkten Körperkontakt zur sexuellen Befriedigung zu verhelfen?

2) Sprechen moralische Gründe dagegen, daß eine Person A ihre Geschlechtsteile benutzt oder zur Verfügung stellt, um dadurch einer Person B durch direkten Körperkontakt zur sexuellen Befriedigung zu verhelfen?

3) Sprechen moralische Gründe dagegen, daß eine Person B eine Person A an ihre Geschlechtsteile heranläßt, damit A B zur sexuellen Befriedigung verhelfen kann? Und hier wird man dann unterscheiden müssen, ob diese moralischen Gründe, wenn es sie gibt, A- oder B-bezogen sind.

Macht es einen moralisch relevanten Unterschied, ob A seine Geschlechtsteile benutzt, um B sexuell zu befriedigen, oder ob er seine Hand benutzt? Und wenn A seine Hand benutzt: Macht es einen moralisch relevanten Unterschied, ob A seine Hand benutzt, um B sexuell zu befriedigen, oder ob er sie benutzt, um B die Haare zu schneiden? Warum wird der Körpereinsatz im Rahmen einer prostitutionellen Beziehung gewöhnlich anders gesehen als im Falle einer normalen Dienstleistungsbeziehung? Warum wird oft behauptet, daß im Rahmen einer prostitutionellen Beziehung der Körper der sich prostituierenden Person vergegenständlicht wird, während man dies kaum vom Körper des Frisörs hört?

Der französische Soziologe Daniel Welzer-Lang und seine Mitarbeiter sehen hier keinen wesentlichen ontologischen Unterschied: „Wenn es gelingt, sich von den moralischen Urteilen zu befreien, die die Prostituierten erleben und auch erleiden, dann unterscheidet sich die Prostitution in keiner Hinsicht von den anderen Berufen, in denen der Körper das hauptsächliche Arbeitswerkzeug ist" (Welzer-Lang/Barbosa/Mathieu 1994: 67). Ein Frisör, um bei unserem Beispiel zu bleiben, und eine sich prostituierende Person setzen beide ihren Körper ein, um Geld zu verdienen. Der Frisör gebraucht seine Hände, um den Kunden die Haare zu schneiden, während die sich prostituierende Person im Rahmen eines sogenannten *hand job* ihre Hände gebraucht, um dem Kunden zur sexuellen Befriedigung zu verhelfen.[44] In beiden Fällen dienen die Hände dazu, dem Kunden einen Dienst zu erweisen, und die diesen Dienst leistende Person läßt sich für ihre Dienstleistung bezahlen. Und was soeben vom Frisör gesagt wurde, gilt auch für viele andere Berufe. Noch passender scheint mir in diesem Zusammenhang ein Vergleich Martha Nussbaums zu sein. Nussbaum erwähnt nämlich das Beispiel einer, wie sie es nennt, Koloskopieartistin. Es handelt sich dabei um eine Person, die ihren Lebensunterhalt dadurch verdient, daß sie es den Ärzten oder den Medizinstudenten erlaubt, mit medizinischen Instrumenten ihre Eingeweide zu untersuchen – etwa damit die Studenten die Technik der Koloskopie erlernen können (Nussbaum 2000: 285).

Wenn Hoigard und Finstad schreiben, daß die Prostitution ein Bild vom weiblichen Körper vermittelt, das diesen mit potentiellem Kapital gleichsetzt (Hoigard/Finstad 1992: 19), so läßt sich dasselbe auch von vielen anderen Berufen behaupten. Von Natur aus hat der individuelle Körper bestimmte Fähigkeiten, die das Individuum ausnutzen kann, um damit Geld zu verdienen. Man denke hier etwa an die Finger eines Klaviervirtuosen oder an die Stimmbänder einer Opernsängerin. Für die betreffenden Individuen sind die Finger und die Stimmbänder Kapital, und der Virtuose und die Sängerin wissen ganz genau, daß sie ihren Beruf nicht mehr ausüben werden können, wenn die Finger bzw. die Stimmbänder stark beschädigt werden. Man kann sich demnach durchaus vorstellen, daß der Virtuose gegebenenfalls seine Finger und die Opernsängerin gegebenenfalls ihre Stimmbänder versichern lassen wird. Und auch für den Manager oder Produzenten dieser beiden Künstler stellen die Finger und die Stimmbänder ihrer Artisten potentielles Kapital dar. Wenn ein Manager oder Produzent einen jungen Klaviervirtuosen entdeckt, dann wird er

44 Einzelne Studien (siehe etwa Monto 2000) zeigen, daß oraler Sex und Masturbation mehr als die Hälfte der Akte (53 %) ausmachen, die eine Prostituierte ausführt. Zwei Gründe haben mit der sich prostituierenden Person selbst zu tun: Diese beiden Praktiken sind erstens weniger invasiv als vaginaler Geschlechtsverkehr, und sie können zweitens fast überall und relativ einfach ausgeführt werden. Ein Grund hat mit dem Kunden zu tun: Es sind die zwei Praktiken, die am wenigsten kosten. Und ein weiterer Grund betrifft die sich prostituierende Person und den Kunden: Die Aids-Ansteckungsgefahr ist geringer als bei vaginalem Geschlechtsverkehr.

versuchen, diesen zu engagieren und mit ihm einen Vertrag abschließen. Als Manager oder Produzent verdient er sein Geld dadurch, daß andere Menschen über Talente verfügen, die sich vermarkten lassen. Aber auch wenn er in den Fingern des Klaviervirtuosen potentielles Kapital sieht, braucht er den Klaviervirtuosen keineswegs *nur* als potentielles Kapital zu betrachten. Er kann im Virtuosen einerseits ein Mittel oder potentielles Kapital sehen, andererseits aber auch einen Menschen, der bestimmte Bedürfnisse und Interessen, bestimmte Projekte und Erwartungen hat, die berücksichtigt werden müssen.

Wir leben in einer Welt, in der viele Menschen ihren Körper benutzen müssen, um damit Geld zu verdienen. Die einen benutzen ihre Finger, um auf einem Computer Texte zu schreiben, andere benutzen ihre Beine und Füße (Profifußballer, Laufbursche, ...) oder Arme und Hände (Profihandballspieler, Gärtner, ...), und andere benutzen andere Körperteile. Was ist an sich schlimm daran, wenn jemand mit seinem Körper Geld verdienen will? Tut dies nicht jeder von uns, inklusive des Intellektuellen, der, wenn er denkt, ja letztendlich auch seinen Körper oder doch zumindest einen Teil seines Körpers – sein Gehirn – benutzt? Wer den Menschen verbieten möchte, Geld mittels ihres Körpers zu verdienen, wäre in großer Verlegenheit, wenn man ihn fragte, wie die Menschen denn anders ihren Lebensunterhalt verdienen können. Wenn man uns mit den Schlaraffenländlern vergleicht, sind wir sicherlich *bedauernswert,* doch kein Schlaraffenländler hätte das Recht, uns als *moralisch verurteilenswert* zu betrachten, bloß weil wir nicht umhinkönnen, mit unserem Körper Geld zu verdienen.

Ich will einmal davon ausgehen, daß es den Gegnern der Prostitution nicht darum geht, jeden lukrativen Gebrauch des Körpers bzw. jede Wahrnehmung des Körpers als eines möglichen Instruments zum Gelderwerb moralisch zu verurteilen. Ihr Problem scheint vielmehr folgendes zu sein: Es gibt Menschen, die ihren Körper bzw. den Körper eines anderen *nur* als potentielles Kapital sehen. Um es anders auszudrücken: Moralisch problematisch ist nicht die Tatsache, daß man seinen Körper *auch* als potentielles Kapital sieht, sondern daß man ihn auf bloßes Kapital *reduziert*. Dies scheint der Gedanke zu sein, der hinter der These von Hoigard und Finstad steckt. Die beiden Autorinnen schreiben nämlich: „Frauen, die sich ihres eigenen Wertes als individuelle Menschen sicher sein können und die ihren Körper und die Sexualität als Quellen persönlicher Lust sehen, werden der Prostitution ein starkes Bollwerk gegenüberstellen können" (Hoigard/Finstad 1992: 18). Sieht die Prostituierte ihren Körper als potentielles Kapital, so sehen „die sich ihres eigenen Wertes als individuelle Menschen" sicheren Frauen ihren Körper als eine persönliche Lustquelle. Und wenn man diese Lust nicht als Zweck an sich oder als letztes Ziel alles Handelns, sondern als konstitutiv für eine integrierte und sich wohl fühlende Person sieht, dann kann man behaupten, daß die sich ihres eigenen Wertes bewußten Frauen den eigenen Körper als eine Quelle persönlichen Wohlbefindens erfahren.

Es wäre natürlich schön, wenn wir unseren Körper *nur* als Quelle persönlicher Lust und Freude empfinden könnten und ihn niemals auch als potentielles Kapital anzusehen brauchten. Doch liegt eine solche utopische Welt sehr weit von unserer jetzigen Gegenwart entfernt. In der realen Welt werden wir immer einen dualen Blick auf unseren Körper werfen müssen: Wir *können* – und sollten auch – mit ihm Dinge tun, die uns Lust und Freude bereiten und die gegebenenfalls auch unsere Persönlichkeit bereichern, und wir *müssen* mit ihm Dinge tun, die uns nicht unbedingt besonders ansprechen, die uns aber Geld einbringen können. Wer seinen Körper als eine Quelle persönlicher Lust ansieht, der wird – um in dem oben gebrauchten Bild zu bleiben – sicher bestimmten physisch anspruchsvollen Arbeiten (etwa der Gruben- oder der Baustellenarbeit) ein starkes Bollwerk gegenüberstellen können. Aber wenn jeder das täte, dann müßten wir auf vieles verzichten.

Damit soll natürlich nicht der körperlichen Ausbeutung der Arbeiter das Wort geredet werden. Wir sollten alles tun, damit die körperlich anstrengenden Arbeiten weniger schädlich für das körperliche Wohlbefinden der Arbeiter werden. Und es ist zum Teil, weil wir uns der Wichtigkeit des körperlichen Wohlbefindens bewußt sind, daß wir versuchen, die Arbeit leichter und angenehmer zu gestalten. Aber wir werden wahrscheinlich nie den Punkt erreichen, an dem Maschinen die ganze Arbeit ausführen werden und wir Menschen nichts mehr zu tun brauchen. Das heißt dann aber, daß wir unseren Körper immer auch als Arbeitsinstrument betrachten müssen.

Die amerikanische Historikerin und Politologin Barbara Hobson zieht einen Vergleich zwischen der Prostitution und anderen Aktivitäten, bei denen man seinen Körper einsetzt, um Geld zu verdienen. Sie meint allerdings, „daß der Verkauf von Sex eine Trennung zwischen Körper und Selbst aufzwingt, die sich kategorisch von anderen Formen entfremdeter Arbeit unterscheidet" (Hobson 1990: x).[45] Es komme nämlich, so Hobson, zu einer Anästhesierung der sexuellen Gefühle. Und für Leute, die sich lange Zeit prostituiert haben, ist es oft schwer, diese Gefühle wieder zum Erwachen zu bringen.

Was hier beanstandet wird, ist eine empirische, sich auf physio-psychologischer Ebene ausdrückende Konsequenz der Prostitution: Prostituierte sind nach einer bestimmten Zeit nicht mehr in der Lage, als normal geltende sexuelle Gefühle zu empfinden. Sie werden, im Klartext, zu frigiden Frauen. Was mit ihrem Körper getan wird, wirkt sich auf ihre Psyche und damit auf ihr Selbst aus. Wo andere Formen entfremdeter Arbeit höchstens nur den Körper zerstören, zerstört die Prostitution – auch – die Seele oder zumindest die sexuelle Dimension der Seele.

Es ist wichtig zu sehen, daß wir es hier mit einem empirischen Argument zu tun haben. Hobson läßt die philosophische Frage nach der moralischen Legitimität oder Illegitimität der Entfremdung beiseite und sucht nach einem moralisch relevanten Unterschied zwischen bestimmten Formen entfremdeter Arbeit. Diesen Unterschied macht sie an bestimmten Konsequenzen fest.

Wer Hobsons Argument in Frage stellen will, kann dies auf mindestens vier Ebenen tun. Er kann zunächst fragen, ob es wirklich *nur* in der Prostitution zu einer Anästhesierung der Gefühle kommt. Er kann zweitens fragen, ob es in der Prostitution *notwendigerweise* zu einer Anästhesierung der sexuellen Gefühle kommen muß. Er kann drittens fragen, ob diese Anästhesierung, wenn sie einmal vorliegt, *definitiv* ist oder man sie nicht vielleicht rückgängig machen kann. Und er kann viertens noch fragen, wie *schlimm* eine solche Anästhesierung eigentlich ist.

Beginnen wir mit dem ersten Punkt. Wer sich über Jahre mit Schwerstverbrechern befaßt hat, kann mit der Zeit zum Mis-

---

45 Auch Max Chaleil macht diesbezüglich einen Unterschied (Chaleil 2002: 131). Chaleil zufolge ist die Entfremdung des Arbeiters rein ökonomischer Natur. Einer solchen Entfremdung kann man sich bewußt werden und dementsprechend auch die nötigen Schritte in die Wege leiten, um sie gegebenenfalls abzuschütteln. Die Entfremdung der Prostituierten ist im Gegensatz dazu neurotischer Natur und ist deshalb viel schwieriger zu erkennen.

anthropen werden und an der Menschheit verzweifeln. Oder nehmen wir den Fall von jemandem, der jahrelang in einer Müllver-
brennungsanlage gearbeitet hat. Wird sein Geruchs- oder
Geschmackssinn noch intakt sein? Viele Arbeiten haben mehr oder
weniger schwerwiegende Auswirkungen auf den Körper, auf die
körperlichen Funktionen oder sogar auf die Gefühle. Und es gibt
auch Berufe, in denen man sich von seinen Gefühlen distanzieren
muß, um sie überhaupt ausüben zu können. So sagt eine Prostituierte, die bei Ahlemeyer zu Wort kommt: „Aber ich sag' dann
immer: ich guck' mir Krankenschwestern an, mit Todkranken
zusammen, wie machen die das? Wie machen die das? Die haben
auch irgendwo 'n Schalter, wo se sagen: ja, okay, das ist mein Job.
Ich bin da voll dabei: ich steh' dazu, aber ich gebe nicht alles, weil
dann würden auch sie auf Dauer das nicht durchhalten" (zitiert in:
Ahlemeyer 2002: 168–9). Die Prostitution ist also nicht die einzige Form von menschlicher Aktivität, in welcher Gefühle anästhe-
siert werden müssen.

Kommen wir zum Punkt zwei. Auch wenn aus vielen Berichten
von Prostituierten hervorgeht, daß sie Probleme damit haben, in
ihrem Privatleben sexuelle Gefühle zu empfinden, so daß es also bei
ihnen tatsächlich zu einer dauerhaften, über den prostitutionellen
Kontext hinausgehenden Anästhesierung der Gefühle kommt, stößt
man doch auch auf Berichte, in denen Prostituierte sagen, sie könnten die beiden Bereiche voneinander trennen und wären durchaus
noch in der Lage, in ihren nichtprostitutionellen sexuellen Beziehungen sexuelle Befriedigung zu erleben. So sagt etwa Beate, eine
von Felix Ihlefeldt befragte ‚Hobbyhure': „Was ich mir früher nicht
vorstellen konnte, ist, wie kann eine, die als Hure jobbt, dann noch
Spaß am Sex mit ihrem Partner haben. Vielleicht ist es bei einer Pro-
fihure tatsächlich so, aber bei mir nicht. Also, ganz im Gegenteil.
Ich hab' eigentlich noch mehr Vergnügen dadurch. Und es ist auch
wirklich ganz was anderes als mit den Gästen" (zitiert in: Ihlefeldt
2003: 119). Und Gail Pheterson macht auf Studien aufmerksam,
aus denen hervorgeht, daß die Prostituierten „bessere sexuelle Reaktionen in ihrem Privatleben haben als Frauen, die sich nicht prostituieren" (Pheterson 2001: 84).

Es ist noch nicht die prostitutionelle Beziehung an sich, die zur
Anästhesierung führt, sondern die Modalitäten ihrer Ausübung.
Wer jahraus, jahrein jeden Tag mit 20 Kunden geschlechtlich ver-
kehrt und womöglich auch noch dazu gezwungen wird, bei dem

wird es mit allergrößter Wahrscheinlichkeit zu einer Anästhesierung kommen, die sowohl physiologisch wie auch psychologisch bedingt ist. Aber das hat nichts mit der prostitutionellen Beziehung als solcher zu tun.

Der dritte Punkt hat mit der Dauerhaftigkeit der Anästhesierung zu tun. Hierzu wäre zu sagen, daß es durchaus Therapien gegen die Frigidität oder sexuelle Gefühllosigkeit gibt. Eine Prostituierte, die gefühllos geworden ist, kann es also wieder erlernen, sexuelle Gefühle zu spüren. Man wird selbstverständlich die Tatsache bedauern können, daß eine Person sich einer solchen Therapie unterziehen muß.

Bleibt dann noch der vierte Punkt. Hobson würde dem sicherlich entgegenhalten, daß man sexuelle Gefühle nicht mit anderen Gefühlen gleichsetzen darf. Die Möglichkeit, sexuelle Lust zu verspüren, spielt auf den ersten Blick im menschlichen Leben eine weit größere Rolle als etwa die Möglichkeit, gute Gerüche zu schätzen. Die Sexualität spielt eine für die individuelle Identität konstitutive Rolle, welche der Geruchssinn nicht spielt. Einerseits ist die Möglichkeit wichtig für das Individuum, denn die sexuelle Lust eröffnet dem Individuum eine Erkenntnis bestimmter Teile seiner selbst. Und andererseits ist diese Möglichkeit auch wichtig im Rahmen einer zwischenmenschlichen Beziehung: Wie viele Ehen scheitern an der Tatsache, daß die Frau frigide ist, also keine sexuelle Lust verspüren kann?

Es soll hier selbstverständlich nicht bestritten werden, daß die Möglichkeit, sexuelle Lust zu verspüren, wichtig sein kann. Doch sollte man diese Möglichkeit nicht überbetonen. Die Sexualität ist ein Aspekt des menschlichen Lebens; ein Aspekt unter vielen. Sie kann zu einem geglückten Leben beitragen, aber man sollte sie nicht zur *conditio sine qua non* eines geglückten Lebens erheben, auch nicht eines geglückten Ehelebens. Damit soll kein neuer Puritanismus vertreten und es soll auch nicht einem neuen Dogma der sexuellen Enthaltsamkeit das Wort geredet werden, sondern es geht einfach darum, die Rolle der Sexualität im menschlichen Leben zu relativieren – aber nicht zu leugnen. Man kann auch ein glückliches Leben führen, ohne berauschende sexuelle Lusterfahrungen zu machen. Und vor allem: Man sollte sich nicht der von Guillebaut angeprangerten „Tyrannei der Lust" unterwerfen, durch die jedem ein schlechtes Gewissen eingeredet wird, der nicht alle möglichen Sexualpraktiken ausprobiert und der nicht bei jedem Geschlechtsakt im siebten Himmel ist.

Im Rahmen einer ‚normalen' sexuellen Beziehung kommt es zu einem homogenen Tausch: Jeder der Partner gibt dem anderen sexuelle Befriedigung. Im Rahmen eines One-night-Stand erwartet jeder Partner gewöhnlich, daß der andere ihm bei der jeweils konkreten sexuellen Handlung sexuelle Befriedigung gibt, während es im Rahmen einer Ehe zwar auch eine solche Erwartung gibt, bloß erstreckt sie sich nicht auf jeden konkreten Geschlechtsakt. Allerdings: Wenn der eine immer nur gibt, während der andere immer nur nimmt, kann die Beziehung problematisch werden. Warum willigt etwa eine frigide Frau in den Geschlechtsverkehr mit ihrem Ehemann ein? Tut sie es nur, damit er sie nicht verläßt oder damit er nicht fremdgeht, haben wir es mit einer prostitutionellen Handlung zu tun. Ist sie sich bewußt, daß ihr Ehemann ihr treu bleiben und sein Verhalten ihr gegenüber auch dann nicht verändern wird, wenn sie jeden Geschlechtsverkehr, ja sogar jede sexuelle Beziehung mit ihm ablehnen würde, und erhält sie trotzdem die sexuelle Beziehung aufrecht, dann kann man im wahrsten Sinne des Wortes von einem Geschenk sprechen – vorausgesetzt, sie tut es nicht aus Pflichtbewußtsein.[46]

Doch kommen wir wieder auf den Vergleich zwischen der Prostitution und anderen Berufen zurück. Max Chaleil schreibt in diesem Kontext: „Seine Geschlechtsteile, seine Intimität verkaufen ist nicht dasselbe wie seine Arbeitskraft verkaufen, sondern sich ganz in den Zustand einer Ware herabsetzen" (Chaleil 2002: 130). Im Falle der Prostitution verschwindet, so Chaleil, die Barriere zwischen dem Privaten und dem Öffentlichen. Die prostituierte Person ist eine öffentliche Person, ihre Intimsphäre ist jedem zugänglich.

Dagegen ist zunächst einzuwenden, daß eine sich prostituierende Person keineswegs ihre Geschlechtsteile verkauft, wie dies Chaleil behauptet. Sie verkauft höchstens das zeitlich beschränkte Recht, diese Geschlechtsteile zu benutzen. Und hier wäre es übrigens interessant, die Prostitution mit anderen möglichen Berufen zu vergleichen, bei denen man ein Recht auf Zugang zur körperlichen Intimsphäre verkaufen könnte. Nehmen wir etwa folgenden Fall: Ein wissenschaftliches Team hat ein neues Empfängnisverhütungsmittel erfunden. Bevor sie es vermarkten, wollen die Wissen-

---

46 Man müßte hier selbstverständlich auch die Situation aus dem Blickwinkel des Ehemannes betrachten. Kann er das eventuell von seiner Ehefrau angebotene Geschenk annehmen?

schaftler es an Frauen testen. Der kleine Haken an der Sache ist folgender: Diese Frauen müssen jeden Tag von den Wissenschaftlern
im Rahmen einer zweistündigen Kontrolle untersucht werden.
Und diese Kontrolle erstreckt sich auch auf die Intimsphäre, da die
Ärzte, um verläßliche Resultate zu haben, die vaginalen Sekretio-
nen der Frauen untersuchen müssen. Alle körperlichen Parameter
sollen nämlich ganz genau aufgezeichnet und ihre Entwicklung soll
verfolgt werden. Wir wollen voraussetzen, daß die Ungefährlich-
keit schon bewiesen wurde. Um Kandidatinnen zu finden, wird
eine Prämie für das Mitmachen in Aussicht gestellt.

Wir können sagen, daß die Frauen, die sich melden, den Wissenschaftlern das Recht auf Zugang zu ihrer körperlichen Intimsphäre verkaufen. Sie tun also in dieser Hinsicht genau dasselbe wie
die Prostituierten. Doch wer würde in diesem Fall einen prinzipiellen Einwand erheben? Man wird natürlich sagen können, daß
die Wissenschaftler diese Frauen mit Respekt behandeln müssen.
Aber warum sollte man dies nicht auch bei der Prostitution sagen
können? Warum muß man jemanden unbedingt als eine Ware
betrachten, wenn er uns das Recht auf Zugang zu seinen Geschlechtsteilen verkauft? Betrachteten im vorletzten Jahrhundert
nicht auch die Industriellen die Arbeiter als Ware, als diese ihnen
ihre Arbeitskraft – und nicht ihre Geschlechtsteile oder ihre Intimität – verkauften?[47] Der Verkauf der Arbeitskraft *muß* also nicht
wesentlich verschieden sein vom Verkauf der Intimität.

Man kann auch noch einen zweiten Einwand gegen Chaleil
erheben. Wie viele andere Gegner der Prostitution tut auch er so,
als könne eine prostitutionelle Beziehung nur die Form eines vaginalen Geschlechtsaktes annehmen. Er geht vom Paradigma einer
ihre Geschlechtsteile verkaufenden Prostituierten aus und berük-
ksichtigt nur diesen Fall. Wie wir aber gesehen haben, verfügt eine
sich prostituierende Person über viele andere Möglichkeiten, um
die ihre Dienste in Anspruch nehmenden Personen zu befriedigen.
Wo eine Prostituierte eine sogenannte Handmassage leistet, verkauft sie weder ihre Geschlechtsteile noch ihre Intimität.

Ein weiterer Einwand betrifft den Begriff des Intimen und des
Privaten. Beate Rössler zufolge gilt etwas dann als privat, „wenn
man selbst den Zugang zu diesem ‚etwas' kontrollieren kann"

---

47 Wobei auch hier zu bemerken ist, daß der Arbeiter eigentlich nicht seine Arbeitskraft als solche, sondern das Recht auf Nutzung seiner Arbeitskraft verkauft.

(Rössler 2001: 23). Das Private scheint dementsprechend nicht substantiell bestimmt zu sein, sondern bloß formal: Jeder Körperteil kann im Prinzip als privat betrachtet werden und gilt als privat, solange man den Zugang zu diesem Körperteil kontrolliert. Laut Rössler wird eine Privatsphäre gefordert „um der individuellen Freiheit und Autonomie willen; und zwar um der Freiheit von Eingriffen des Staates oder anderer Personen willen wie um der Freiheit zur Ausbildung eines ‚Lebensplanes', der Freiheit zur je individuellen Selbstverwirklichung; und damit letztlich um eines gelungenen Lebens willen" (Rössler 2001: 84).

Wenden wir diese Überlegungen auf die Prostitution an. Wenn die sich prostituierende Person selbst bestimmen kann, wann und in welcher Form die ihre Dienste in Anspruch nehmenden Personen über ihren Körper oder deren Teile verfügen dürfen, dann ist ihre sexuelle Sphäre immer noch eine Privatsphäre bzw. behält diese Sphäre noch eine private Dimension.

Doch wieweit darf der Mensch überhaupt über seinen eigenen Körper verfügen, und wer bestimmt die Grenzen? Etwas vereinfachend, kann man hier drei mögliche Antworten unterscheiden:

a) Man darf alles mit dem eigenen Körper machen.
b) Man darf nicht alles mit dem eigenen Körper machen, darf aber selbst die Grenzen des Erlaubten bestimmen.
c) Man darf nicht alles mit dem eigenen Körper machen, bestimmt aber nicht selbst die Grenzen des Erlaubten.

Die Menschen wissen, daß sie faktisch nicht alles mit ihrem Körper tun *können;* sie erleben also bestimmte physische Grenzen. Und daran ändert auch die Tatsache nichts, daß die Technik, die Medizin usw. aus diesen Grenzen bewegliche Grenzen machen. Heute können Menschen dank bestimmter Entwicklungen auf bestimmten Gebieten die 100 Meter in weniger als zehn Sekunden laufen. Aber sie können sie nicht unter fünf Sekunden laufen, selbst bei starkem Rückenwind.

Diese rein physische Begrenzung darf aber nicht mit einer moralischen Begrenzung gleichgesetzt werden. Aus der Tatsache, daß der Mensch etwas nicht tun *kann,* folgt noch nicht, daß er es nicht tun *darf.* Genauso wie natürlich auch gilt, daß man aus der Tatsache, daß der Mensch etwas nicht tun darf, nicht folgern kann, daß er es nicht tun kann.

Aber darf der Mensch alles mit seinem Körper tun, was er mit ihm tun kann? Insofern seine körperlichen Handlungen das Wohlergehen anderer Personen betreffen, müssen selbstverständlich Grenzen gezogen werden. Ich darf andere Menschen nicht töten oder gefährden, auch wenn ich körperlich dazu in der Lage bin. Aber hierum geht es nicht bei der Prostitution. Bei ihr geht es um folgende Frage: Darf ich mittels meines Körpers einer anderen Person einen sexuellen Dienst erweisen und dafür von ihr eine bestimmte Summe Geld als Entschädigung verlangen? Kommt es zu einem Verstoß gegen meine Menschenwürde, wenn ich es tue? Wird der Körper hier für etwas benutzt, das moralisch illegitim ist?

In ihrer juristischen Analyse vergleicht Lucile Ouvrard die Prostitution mit dem sogenannten Zwergwerfen. Bei dieser Aktivität geht es darum, eine kleingewachsene Person mittels Muskelkraft über eine bestimmte Distanz zu werfen. Gewonnen hat, wer den Zwerg am weitesten geworfen hat. Liegt das Problem hier in der Tatsache, daß *kleingewachsene Personen* durch die Luft befördert werden sollen, oder liegt es darin, daß dies mit *Menschen* geschehen soll? Daß man kleingewachsene Personen und keine Basketballspieler nehmen wollte, hat einen rein technischen Grund: Es ist wesentlich leichter, einen 40 Kilogramm schweren Körper von 1,20 Meter zu werfen als einen solchen, der 100 Kilo wiegt und 1,90 Meter mißt. Man kann also den Organisatoren nicht von vornherein vorwerfen, diskriminatorisch gewesen zu sein und die Absicht gehegt zu haben, die kleingewachsenen Personen lächerlich zu machen und insofern ihre Menschenwürde in Frage gestellt zu haben.[48]

Allerdings wird man hier zwischen der Absicht der Organisatoren und der möglichen Wirkung beim Publikum unterscheiden müssen. Es ist eine – traurige – Tatsache, daß es noch Leute gibt, die über kleingewachsene Personen lachen und Spott mit ihnen treiben. Solche Leute hätten sich durch das Zwergwerfen in ihren

---

48 Ich äußere mich hier selbstverständlich nicht über die tatsächliche Absicht der Organisatoren – die ich nicht kenne –, sondern behaupte nur, daß ihre Absicht nicht unbedingt eine diskriminatorische oder die Menschenwürde verachtende gewesen sein mußte. Bei diesem Beispiel sollte man auch die Frage berücksichtigen, ob den kleingewachsenen Personen alle Gliedmaßen festgebunden wurden oder ob sie durch geeignete Bewegungen mit dazu beitragen konnten, so weit wie möglich zu fliegen. In diesem zweiten Fall würden sie mit ihrem ‚Werfer‘ ein Team bilden, und sie wären dann ein ‚Mitspieler‘ und nicht mehr nur ein Wurfgeschoss.

Vorurteilen bestätigt gefühlt: Kleingewachsene Menschen sind keine Menschen wie die anderen, da man sie als Wurfgegenstände benutzen darf.

Damit ist aber noch nicht gesagt, daß das Werfen als solches gegen die Menschenwürde verstößt. Man wird sicherlich lange darüber diskutieren können, ob es keine interessanteren Sportarten gibt als das Werfen von kleingewachsenen Personen, aber diese Diskussion ist keine moralische. Als wie uninteressant oder gar dumm man das Werfen von kleingewachsenen Personen auch immer ansehen mag, es handelt sich bei diesen Urteilen noch nicht um moralische Urteile.

Und übrigens: Wie steht es mit den Trapezkünstlern? Hier werden ja schließlich auch Menschen durch die Luft geschleudert. Warum hat noch kein Gericht diese Aktivität verboten? Und nehmen wir einmal folgenden Fall an: Eine Trapeznummer wird von drei Personen durchgeführt, von denen zwei 1,80 Meter messen und eine, die auch die leichteste der drei ist, 1,20 Meter mißt. Diese dritte Person wird von einem der beiden anderen durch die Luft geschleudert und von dem anderen aufgefangen.

Sieht man von historisch und kulturell bedingten Faktoren wie der Stigmatisierung kleingewachsener Personen ab – und diese kontextgebundenen Elemente sollten durchaus in einem ersten Analyseschritt ausgeklammert werden –, gibt es keine intrinsischen moralischen Gründe gegen das Werfen solcher Personen – vorausgesetzt, sie haben eingewilligt und ihre Sicherheit ist gewährleistet. Man verstößt nicht gegen die Menschenwürde einer Person, wenn man sie im Rahmen eines sportlichen Wettbewerbes als Wurfgegenstand benutzt.

Aber werden sie dabei nicht wie bloße *Gegenstände* behandelt? Wird ihr Körper, der doch ein menschlicher Körper ist, nicht wie irgendeine Kugel oder wie irgendein Ball behandelt? Und wird dieser Körper dadurch nicht vergegenständlicht? Wird er nicht sogar zur Ware, wenn die betroffenen Personen sich auch noch für ihr Mitmachen bezahlen lassen? Und weiter: Ist es nicht skandalös, wenn man ein Publikum dadurch zu erheitern versucht, daß man Menschen wie bloße Gegenstände behandelt?

Ob sie wie bloße Gegenstände behandelt werden, hängt nicht davon ab, was mit ihnen oder ihrem Körper gemacht wird, sondern davon, wie mit ihnen umgegangen wird. Wenn man alle möglichen Sicherheitsvorkehrungen trifft, damit den geworfenen Menschen nichts geschieht, und letztere auch ihre freiwillige Einwilligung gegeben haben, dann behandelt man sie nicht wie irgendwelche Gegenstände. Und man reduziert sie auch nicht auf den Status des Gegenstandes: Wenn man sich um ihre körperliche Unversehrtheit kümmert, dann tut man es nicht unbedingt, damit man sie auch noch in Zukunft als Wurfgegenstände benutzen kann – das tut vielleicht der Kugelstoßer mit seiner Trainingskugel –, sondern damit diese Menschen außerhalb des Wurfkontextes ein Leben nach ihren eigenen Vorstellungen leben können. Erst wenn man bei seinem Handeln die kleingewachsene Person nicht mehr als einen Menschen behandelt, der auch noch außerhalb des Kontextes des Werfens einen Wert und Interessen hat, behandelt man sie wie einen Gegenstand. Man reduziert sie dann auf ein Wesen, das man nur noch als Wurfgegenstand wahrnimmt. Wenn man sie schont, dann nur, um sie noch weiter gebrauchen zu können.

Stellen wir auch hier einen Vergleich an: Im 19. Jahrhundert war der Körper der Grubenarbeiter für viele Minenbesitzer nichts anderes als ein Gegenstand oder ein Produktionsinstrument, das man nur insofern schonte, als es für eine effiziente Arbeit nötig war. Ob der Arbeiter litt oder nicht, spielte an sich keine Rolle; wichtig war nur, daß er weiter arbeiten konnte. Der Arbeiter hatte also nur insofern einen Wert, als man ihn gebrauchen konnte. Aus der Tatsache, daß die Grubenarbeiter – und nicht nur sie – in der Vergangenheit so behandelt wurden, als ob sie nur einen Gebrauchswert für die Minenbesitzer hätten – und also insofern nur Gegenstände wären –, kann man aber nicht den Schluß ziehen, daß die Grubenarbeit als solche eine Vergegenständlichung des menschlichen Körpers darstellt. Die Vergegenständlichung hat nichts mit der Arbeit als solcher zu tun, sondern mit den Umständen und Bedingungen, unter denen die Arbeit ausgeführt wird. Legt man diese Prämisse zugrunde, ist auch ein Arzt, ein Anwalt oder ein Universitätsdozent nicht vor einer Vergegenständlichung geschützt. Wenn etwa ein Student sich nur deshalb einem Dozenten als Assistent anbietet, weil er weiß, daß seine spätere universitäre Karriere von dem betreffenden Dozenten positiv beeinflußt werden kann, dann liegt auch eine Vergegenständlichung des Dozenten vor. Was uns die Vergegenständlichung aber zum Teil verdeckt, ist die Tatsache, daß hier der ‚Schwache‘ den ‚Mächtigen‘ vergegenständlicht oder instrumentalisiert, während für viele der normale Fall eher der umgekehrte ist, also in einer Instrumentalisierung des ‚Schwachen‘ durch den ‚Mächtigen‘ besteht.

Aber gibt es nicht bestimmte Handlungen, die intrinsisch, also unabhängig von den Umständen und Bedingungen, unter denen sie ausgeführt werden, d. h. immer und überall eine Mißachtung der Menschenwürde darstellen?

Betrachten wir etwa den Fall der sogenannten Leihmutterschaft. Diese besteht darin, daß eine Frau sich bereit erklärt, den Embryo bzw. den Fötus einer anderen Frau während neun Monaten auszutragen. Wird die Frau hier nicht zum Brutkasten degradiert – vor allem dann, wenn auch noch Geld im Spiel ist und die Leihmutter sich bezahlen läßt? Sollte man nicht, wie die meisten Länder es übrigens tun, die Praxis der – bezahlten – Leihmutterschaft verbieten, da sie gegen fundamentale moralische Prinzipien verstößt?

Wir wollen hier nicht das komplexe Problem der Leihmutterschaft in allen seinen Details diskutieren. Wichtig für uns ist der mögliche Zusammenhang zwischen diesem Problem und dem Problem der Prostitution.[49] In beiden Fällen haben wir es nämlich mit einer der Intimsphäre des Menschen zugehörigen Funktion zu tun. Und gerade diese intime Dimension scheint eine Kommerzialisierung auszuschließen: Man kann vieles mit seinem Körper machen, nur nicht eine der Intimsphäre zugehörige Funktion wie eine mögliche Ware behandeln und sie auf dem Markt anbieten.

Was die Leihmutterschaft von der Prostitution unterscheidet, ist vor allem die Tatsache, daß bei der ersten nicht nur zwei, sondern zumindest drei Menschen direkt betroffen sind: die Leihmutter, die Person(en), für die das Kind ausgetragen wird, und das Kind, das ausgetragen werden soll. Allerdings sagt uns die Gegenwart des Kindes noch nichts darüber, ob es moralisch illegitim ist, sich für eine Leihmutterschaft bezahlen zu lassen oder überhaupt seinen Körper für das Austragen eines fremden Kindes zur Verfügung zu stellen. Daß die Interessen des Kindes die Grundlage für

---

49 Alicia Faraoni zitiert in diesem Zusammenhang den italienischen Bioethiker Mori: „In der Tat, während die Prostitution an und für sich entwürdigend ist und die *beiden* teilnehmenden Individuen erniedrigt, da die Absicht, mit der man in den Sexualverkehr einwilligt, die (im starken Sinn) psychologische Beziehung entwürdigt, die zwischen den Partnern vorausgesetzt wird, so scheint es nicht der Fall zu sein, daß der Fötus eine psychologische Beziehung entwürdigen kann, die er nicht einmal haben kann. Aber dann hat es keinen Sinn – vom Standpunkt des Kindes aus gesehen – zu sagen, daß es entwürdigend oder erniedrigend ist, über den Weg einer Leihmutterschaft geboren zu werden" (zitiert in: Faraoni 2002: 59).

gewichtige moralische Einwände gegen die Leihmutterschaft sein können, ist eine Sache. Ob es neben dieser Grundlage – und abgesehen von einer möglichen Ausbeutung der ärmeren Frauen – noch eine weitere gibt, ist eine andere.

Man wird natürlich sagen können, daß es bei der Leihmutterschaft zu einem Verwischen der Grenzen zwischen dem Privaten und dem Öffentlichen kommt. Aber warum haben wir eigentlich Angst vor einem solchen Verwischen der Grenzen? Warum versuchen wir mit allen Mitteln zu verhindern, daß bestimmte Phänomene vom Markt vereinnahmt werden? Weil der Markt, wie er tatsächlich funktioniert, dazu tendiert, die Dimension des Respektes zu ignorieren. Oder anders gesagt: Weil der real existierende Markt nicht den Prinzipien der Gerechtigkeit entspricht, liegt es uns daran, bestimmte Sphären oder Bereiche vor einer Vereinnahmung durch den Markt zu schützen. Der Markt gehorcht einzig und allein der Logik des unmittelbaren Profits, und die Akteure scheuen nicht vor der Ausbeutung zurück – es sei denn, die Angst vor einer rechtlichen Sanktion hält sie davon zurück. Der sogenannte freie Markt ist eigentlich nur eine Fassade, hinter der sich unfreie Verhältnisse verbergen.[50]

Weil wir also voraussetzen, daß die Tauschbeziehungen stets zu einer Ausbeutung führen können, stellen wir rechtliche Schranken auf. Und diese verbieten uns, wie etwa die Konvention von Oviedo aus dem Jahre 1998, aus dem Körper oder aus seinen Teilen eine Profitquelle zu machen. Aber wie wichtig eine solche Konvention auch immer sein mag, so vergißt sie, daß wir immer schon aus unserem Körper eine Profitquelle machen. Dies gilt nicht nur für Topmodelle wie Claudia Schiffer oder für Leichtathleten wie Maurice Green, sondern es gilt für jeden von uns.[51] Wir müssen, wie schon gesagt, unseren Unterhalt verdienen, und die meisten von uns können dies nur tun, indem sie ihren Körper bzw. bestimmte Körperfunktionen vermarkten. Claudia Schiffer verdient Geld, weil ihr Körper bestimmten ästhetischen Standards entspricht, und

50 Wird der Körper dann auch als vermarktbares Gut betrachtet, so Alan Hyde, wird auch er zu einem Gegenstand, über den Herrschaft ausgeübt wird, „eine Herrschaft, welche als ökonomischer Tausch mystifiziert wird" (Hyde 1997: 76).

51 Den Vergleich der Prostituierten mit dem Hochleistungssportler findet man z. B. bei Françoise Raes. Sie schlägt nämlich vor, den Prostituierten denselben Status zu geben wie Hochleistungssportlern (Françoise Raes in: François/Raes 2001: 92).

Maurice Green verdient Geld, weil er eine bestimmte Muskelmasse hat. Sie profitieren also beide von der Tatsache, daß ihr Körper bestimmte vermarktbare Eigenschaften besitzt. Diese Eigenschaften sind natürlich nicht überall vermarktbar: Wären die ästhetischen Standards in unserer Gesellschaft andere, hätte Claudia Schiffer ihr Geld anders verdienen müssen. Und auch Maurice Green hätte dies tun müssen, wenn niemand sich für sportliche Leistungen interessieren würde.

Man kann dem Menschen nicht verbieten, seinen Körper einzusetzen, um dadurch Geld zu verdienen. Die Instrumentalisierung des eigenen Körpers in der Arbeit gehört zu unserer *conditio humana*. Ob es der Tennisstar oder der Pizzalieferant ist, beide verdienen Geld, indem sie eine körperliche Leistung erbringen. Sie bedienen sich ihres Körpers und machen den Körper dadurch zu einem Instrument. Und die Leihmutter tut nichts anderes, denn auch sie bedient sich ihres Körpers oder eines Teils desselben, um Geld zu verdienen.[52]

Aber die Tatsache, daß man seinen Körper instrumentalisiert, heißt noch nicht, daß man in ihm *nur* ein Mittel sieht – hier gelten übrigens dieselben Überlegungen wie im vorigen Teil, wo wir das Problem der Instrumentalisierung der Sexualität behandelten. Und dasselbe gilt, wenn wir die Sicht desjenigen übernehmen, der zahlt, damit ein anderer eine bestimmte körperliche Dienstleistung für ihn erbringt: Auch er braucht nicht unbedingt den Körper des anderen *nur* als Mittel zu sehen. Die Gefahr, daß man in dem anderen letzten Endes nur ein Mittel sieht, ist natürlich immer gegeben, aber sie braucht sich nicht unbedingt zu verwirklichen. Das Problem liegt nicht in der Dienstleistung als solcher, sondern in der Wahrnehmung der Dienstleistung. Und die Wahrnehmung der Dienstleistung ist immer in einen bestimmten kulturellen Kontext eingebettet.

Es gibt sicherlich keinen Zweifel darüber, daß unser Körper ein schützenswertes Gut ist, und man kann auch durchaus die These vertreten, daß es sich bei ihm nicht nur um ein bloßes Gefäß der Seele handelt, die ihm gänzlich äußerlich wäre – der Geist in der Maschine, wie es eine dualistische, meistens mit Descartes in Ver-

---

52 Um es noch einmal zu wiederholen: Mag auch das Prinzip des Zur-Verfügung-Stellens der Gebärmutter als solches nicht moralisch illegitim sein, so ändert sich alles, sobald wir auch das Kind mit berücksichtigen.

bindung gebrachte Sichtweise oft nahelegt –, sondern daß Körper und Selbst eine Einheit bilden. Was mit unserem Körper geschieht, betrifft auch unmittelbar unser ureigenstes Selbst. Wie Maria Michela Marzano-Parisoli es formuliert, ist unser Körper ein Teil unserer persönlichen Identität (Marzano-Parisoli 2002: 4). Sie schließt hieraus, daß wir eine „Ethik eines beschränkten Gebrauchs des Körpers" benötigen, die es erlaubt, die persönliche Freiheit und den Respekt dem Körper gegenüber aufrechtzuerhalten (Marzano-Parisoli 2002: 11).

Gemeint ist damit, daß wir keinen Gebrauch des eigenen Körpers dulden sollten, der unsere persönliche Freiheit und den Respekt dem Körper gegenüber in Frage stellt. Es ist wichtig, daß man den Körper immer auch als den Körper einer Person bzw. sogar als verkörperte Person oder als körperliche Dimension der Person betrachtet. Wenn man sich eines Körpers bedient, dann muß man immer über den bloß materiellen Körper hinaussehen und die Gegenwart einer Person in ihm sehen. Doch warum sollte dies *a priori* für die Prostitution ausgeschlossen werden? Warum kann man einen Menschen, dem man Geld gibt, damit er einen sexuell befriedigt, nicht als Person sehen? Wer jemandem Geld gibt, um über dessen Sexualität oder dessen sexuierten Körper zu verfügen, muß damit nicht schon unbedingt auch über das Selbst des anderen verfügen wollen. Elisabeth Badinter liegt richtig, wenn sie behauptet, daß sich eine Auffassung der Sexualität entwickelt hat, welche dazu neigt, das Selbst und die Sexualität voneinander zu trennen (Badinter 2002).

4. Prostitution: freiwillig oder gezwungen?

Wenn die Frage der Freiheit oder Unfreiheit im Rahmen der Prostitution aufgeworfen wird, muß man drei Aspekte auseinanderhalten:

(1) Hat man sich freiwillig dazu entschieden, sich zu prostituieren?

(2) Kann man frei darüber entscheiden, wem man einen sexuellen Dienst gegen Entgelt leisten, welchen sexuellen Dienst man leisten und unter welchen Bedingungen man ihn leisten wird?

(3) Kann man frei darüber entscheiden, wann man aufhören wird, sexuelle Dienste gegen Entgelt zu leisten?

Wir hätten also erstens die freie/unfreie Entscheidung zur Prostitution, zweitens die freie/unfreie Wahl der Kund(inn)en, der Praktiken und der Bedingungen und drittens die Freiheit/Unfreiheit, mit der Prostitution aufzuhören. Daß es viele Fälle gibt, in denen Personen mit Gewalt zur Prostitution gezwungen werden, kann nicht bestritten werden, ebenso wie man nicht bestreiten kann, daß es Personen gibt, die mit Gewalt im Milieu der Prostitution gehalten werden und denen man keine Wahl läßt, mit wem sie eine sexuelle Handlung ausführen werden, welcher Art diese Handlung sein wird und unter welchen Bedingungen sie stattfinden wird.

Viele Gegner der Prostitution bestreiten kategorisch, daß letztere jemals das Resultat einer freien Entscheidung sein kann, daß die sich prostituierende Person sich also aus freien Stücken prostituiert. So meint etwa die unter dem Pseudonym Tamara di Davide schreibende Autorin: „Ich glaube, daß die Prostitution niemals das Ergebnis einer freien Wahl ist, sondern sie ist ein strukturelles Element einer durch Männer dominierten Gesellschaft" (di Davide 2002: 95). Sieht man genauer hin, so bestreitet di Davide allerdings nicht nur die Freiwilligkeit der Prostitution, sondern ihre Kritik trifft die Sexualität in einer patriarchalischen Gesellschaft insgesamt. Sie schreibt nämlich: „Eine Frau *erleidet* immer eine geschlechtliche Beziehung seitens eines Mannes" (di Davide 2002: 48). Anders gesagt: In einer von Männern dominierten Gesellschaft kann keine Rede davon sein, daß eine Frau freiwillig in einen Geschlechtsakt mit einem Mann einwilligt, auch dann nicht, wenn beide miteinander verheiratet sind. Insofern ein Geschlechtsakt zwischen einem Mann und einer Frau im Rahmen einer patriarchalisch geprägten Gesellschaft stattfindet, ist er durch die strukturellen Merkmale dieser Gesellschaft bestimmt. Der spezifische Satz über die Prostituierten läßt sich dementsprechend aus der allgemeinen Behauptung ableiten und verliert somit an eigenständiger Bedeutung und Aussagekraft. In den Augen di Davides entscheidet sich keine Frau von sich aus dazu, Geschlechtsverkehr mit einem Mann zu haben. Wir können manchmal glauben, daß eine freie Entscheidung der Frau vorliegt, daß etwa die Frau aus reiner Liebe in den Geschlechtsakt einwilligt. Doch wer sich der Tatsache bewußt wird, daß die Frauen in einer patriarchalisch bestimmten Gesellschaft so erzogen werden, daß sie die Erwartungen des Patriarchats verinnerlichen – und dazu gehört die Erwartung, daß die

Frau dem Mann, allen voran dem Ehemann, sexuell zur Verfügung steht –, der wird einsehen müssen, daß die angeblich freie Entscheidung letztendlich kulturell bestimmt ist und nicht wirklich dem freien Willen der Frau entspringt. Von einer *wirklich* freien Entscheidung seitens der Frau wird man demnach erst sprechen können, wenn es das Patriarchat nicht mehr gibt.

Nicht alle Gegner der Prostitution gehen so weit wie Tamara di Davide. Die meisten beschränken sich auf die Behauptung, ein *prostitutioneller* Geschlechtsakt könne niemals auf einer wirklich freien Willensentscheidung beruhen. Für diese Autoren ist es also durchaus sinnvoll, zu unterscheiden zwischen einem Geschlechtsakt, in den man als Frau aus freien Stücken einwilligt, und einem solchen, in den man nicht aus freien Stücken einwilligen *kann*, auch wenn man selbst vielleicht die Illusion hegt, man habe aus freien Stücken eingewilligt. Allerdings ist es für die eben erwähnten Autoren nicht sinnvoll, zwischen freiwilliger und unfreiwilliger Prostitution zu unterscheiden.

In einer Pressemitteilung vom 26. April 1997 weisen drei französische Minister – der Justizminister, der Arbeitsminister und die für die Rechte der Frauen zuständige Ministerin – darauf hin, daß für sie „jede Form von Prostitution eine Form von Gewalt gegen die betroffenen Menschen [darstellt] und daß es keine freiwillige Prostitution (prostitution volontaire) geben kann" (zitiert in: Pryen 1999: 47). Auch Hoigard und Finstad lehnen den Gedanken ab, man könne jemals behaupten, eine Frau entscheide sich freiwillig dafür, „sich in ein Objekt und in ein Subjekt zu spalten", indem sie ihre Sexualität von ihrer Identität trennt. Und weiter: „Niemand ‚will' seine Vagina als Mülltonne für die Ejakulationen von Horden anonymer Männer vermieten" (Hoigard/Finstad 1992: 180). Für die französische Anwältin und Frauenrechtlerin Gisèle Halimi kann nur eine psychisch gestörte Frau sich ‚freiwillig' prostituieren: „Von einigen speziellen Sexualitäten abgesehen, die an die Neurose grenzen, will keine Frau, indem sie sich prostituiert, in ihr die Frau und die freie Begierde, die Frau und ihre freie Lust zerstören." Ihr zufolge gibt es in den allermeisten Fällen – von den eben erwähnten quasi-neurotischen Fällen einmal abgesehen – ein allgegenwärtiges „sozioökonomisches Kräfteverhältnis, das jede Freiheit vernichtet" (Halimi 2002: 2). Und Claudine Legardinier meint, daß die Unterscheidung zwischen freiwilliger und unfreiwilliger Prostitution nur dazu dient, das in allen Fällen auf Unfreiwilligkeit basierende System der Prostitution zu rechtfertigen und akzeptabel zu machen (Legardinier 2002: 29).[53] Der Glaube an die Existenz einer freiwilligen Prostitution würde gleich mehrere Funktionen erfüllen. Dem Kunden gibt er ein gutes Gewissen, und der Prostituierten erlaubt er, so Kathleen Barry, zu überleben (Barry 1995: 33). Nur indem sie die Illusion hegt, sich freiwillig der Prostitution hinzugeben, kann sie noch glauben, einen eigenen Wert zu haben.

Ein in diesem Zusammenhang wesentlicher internationaler Text ist die UN-Konvention gegen den Menschenhandel und die Ausbeutung der Prostitution vom 2. Dezember 1949. In diesem Text wird nicht nur die Unvereinbarkeit von Zuhälterei und Menschenwürde behauptet, sondern es wird auch ganz allgemein gesagt, Prostitution sei mit der Bewahrung der Menschenwürde unvereinbar. Und da man nicht voraussetzen kann, daß jemand freiwillig auf seine Menschenwürde verzichtet, kann man niemals behaupten, jemand könne sich freiwillig für die Prostitution entscheiden. Was in diesem Text von 1949 nur gewissermaßen *in nuce* enthalten ist, wird dann 1986 innerhalb der UNESCO voll ausbuchstabiert. Auf einem Kolloquium der UNESCO in Madrid wurde explizit festgehalten, daß man auf den Begriff einer gezwungenen Prostitution verzichten sollte, da er nämlich leicht den Eindruck erwecken könne, es gäbe auch eine nicht gezwungene, sprich freiwillige Prostitution (cf. Ouvrard 2000: 201).

Der im Rahmen der UNESCO-Konferenz gemachte Vorschlag wurde aber nicht allgemein berücksichtigt. In der UNO-Erklärung betreffend die Abschaffung jeder Form von Gewalt gegen die Frauen aus dem Jahre 1993 wird ausdrücklich nur die *gezwungene* Prostitution – oder Zwangsprostitution – als zu bekämpfendes Phänomen genannt. Und genau dieselbe Einschränkung finden wir in einer Empfehlung des Europarates vom 23. April 1997 (cf. Ouvrard 2000: 202). Hier wird also noch der Begriff der gezwungenen Prostitution verwendet, und indem einerseits explizit gesagt wird, daß die gezwungene Prostitution bekämpft werden muß,

---

53   Prostituierte, die behaupten, sie würden sich freiwillig prostituieren, werden oft am heftigsten angegriffen von den Gegnern der Prostitution. Wer hat die Frauen verraten, fragt di Davide, und antwortet: „Waren es die Frauen selbst? Diejenigen, die sich prostituieren, auf jeden Fall. Und vor allem diejenigen, die es aus freier Wahl tun, was gleichbedeutend ist mit *freiem Verrat*, insofern der symbolische Schaden, den sie den Frauen antun, unberechenbar ist"(di Davide 2002: 42).

scheint andererseits implizit gesagt zu werden, daß man nichts gegen die freiwillige Prostitution zu unternehmen braucht bzw. daß man letztere tolerieren kann. Und was die Gegner der Prostitution hier zu beanstanden haben, ist nicht nur, daß man keine Maßnahmen ergreift, um der freiwilligen Prostitution ein Ende zu setzen, sondern auch und vor allem, daß man sich der Illusion hingibt, es gebe überhaupt eine von der gezwungenen unterschiedene freiwillige Prostitution.

Wir bewegen uns hier zwischen empirischer und begrifflicher Behauptung. Was will man eigentlich sagen, wenn man behauptet, es gebe keine freiwillige Prostitution? Will man damit sagen, daß alle sich prostituierenden Personen die Prostitution nicht *de facto* gewählt haben? Die Behauptung wäre dann eine empirische, und man würde sie nur dann rechtmäßig aufstellen und verteidigen können, wenn man alle sich prostituierenden Personen befragt hätte und wenn alle geantwortet hätten, sie würden sich nicht freiwillig prostituieren. Eine solche Befragung liegt aber bislang noch nicht vor, und es wird sie auch aller Wahrscheinlichkeit nach niemals geben.

Es liegen aber Umfragen kleineren Ausmaßes vor sowie Interviews mit sich prostituierenden Personen. Und aus diesen Umfragen und Interviews geht hervor (siehe etwa Anthony 1996 oder François/Raes 2001)[54], daß die sich prostituierenden Personen die Prostitution durchaus als Ergebnis einer freien Wahl empfinden können. Wendet man demnach das Poppersche Falsifikationskriterium auf die These an, es gebe keine freiwillige Prostitution, dann wäre diese These widerlegt.

Wer sich einzig und allein auf dem rein empirischen Terrain bewegen möchte und darüber hinaus sein eigenes Urteil nicht systematisch an die Stelle desjenigen der Befragten setzt, wird ehrlichkeitshalber zugeben müssen, daß man sich freiwillig prostituieren kann. Diese Ehrlichkeit hat etwa Malika Nor, die, obwohl sie die Prostitution verurteilt, schreibt: „Freiwillig gewählte und gezwungene Prostitution sind [...] tatsächlich zwei verschiedene Wirklichkeiten [...]" (Nor 2001: 61). Man beachte hier den genauen Wortlaut: Nor behauptet nicht nur, daß man die beiden Begrif-

---

54 François und Raes weisen übrigens darauf hin, daß sie sich mit der freiwilligen Prostitution befaßt haben, „ein Teil des Phänomens Prostitution, der ein Schattendasein fristet" (François/Raes 2001: 5).

fe der freiwilligen und der gezwungenen Prostitution analytisch voneinander unterscheiden kann – daß also zwei sinnvolle Begriffe vorliegen –, sondern sie behauptet darüber hinaus, daß es die freiwillige Prostitution auch als Wirklichkeit gibt. Es bleibt also nicht bei einer rein semantischen Behauptung, sondern diese wird um eine empirische Behauptung ergänzt. Nor fügt aber sogleich hinzu: „[...] Aber offiziell eine Verteilung zwischen diesen Wirklichkeiten vorzunehmen, die eine anerkennen, um die andere zu verbieten, könnte zu riskanten Konsequenzen führen" (Nor 2001: 61). Es mag durchaus der Fall sein, daß man nicht immer im konkreten Fall erkennen kann, ob eine Person sich freiwillig prostituiert oder ob es aus Zwang geschieht, und es mag auch durchaus der Fall sein, daß eine sich an pragmatischen Kriterien orientierende Rechtspolitik davon ausgeht, daß es besser ist, die Prostitution so zu behandeln, als liege immer Zwang vor, aber das tangiert in keiner Weise den begrifflichen Unterschied, und allein um diesen geht es zunächst in einer philosophischen Analyse. Wenn man sich die Frage stellt, wie man den Begriff der Prostitution handhaben muß, um der Zwangsprostitution Herr zu werden, dann denkt man über etwas ganz anderes nach, als wenn man sich mit dem Begriff der Prostitution als solcher befaßt. Man sollte hier die rechtspolitischen und die philosophischen Überlegungen auseinanderhalten.

Es scheint der Fall zu sein, daß die Leugnung der Existenz einer freiwilligen Prostitution oft dem Willen entspringt, die Zwangsprostitution zu bekämpfen, daß also eine begriffliche These gewissermaßen als Mittel dient, um einen sozialpolitischen Kampf besser führen zu können. Um dies zu belegen, kann man etwa folgende Passage aus dem Buch der Fondation Scelles über die Prostitution in Europa betrachten: „Darin einwilligen, einen Unterschied zwischen ‚freier' und ‚gezwungener' Prostitution zu machen, bedeutet, damit einverstanden zu sein, daß alle mit der Prostitution verbundenen Handlungen (und dazu zählt die Zuhälterei) kulturell anerkannt, sozial akzeptiert und juridisch zugelassen werden" (Fondation Scelles 2002: 20).

Diese Passage ruft einige Bemerkungen hervor. Zunächst ist überhaupt nicht ersichtlich, warum die Zuhälterei wesentlich mit der Prostitution zusammenhängen sollte. Daß viele sich prostituierende Personen einem Zuhälter oder einem Zuhälterring unterworfen sind, mag durchaus stimmen, doch man kann deshalb noch lange nicht behaupten, daß die Zuhälterei zwangsläufig zu den mit der Prostitution verbundenen Handlungen zählt.[55] Zweite Bemerkung: Wer begrifflich zwischen freier Prostitution und Zwangsprostitution unterscheidet, braucht dadurch noch lange nicht die Zuhälterei zu rechtfertigen noch die respektlose Haltung gegenüber den sich prostituierenden Personen. Hier wird so getan, als ob eine These B sich zwangsläufig aus einer These A ergibt, was aber überhaupt nicht der Fall zu sein braucht. Allerdings: Wenn man die analytische Ebene verläßt und sich die Frage stellt, wie man die Zwangsprostitution – bei der die Zuhälterei durchaus eine große Rolle spielt – am wirksamsten bekämpfen kann, dann könnte es durchaus sein, daß man in diesem Kampf – der auch ein Kampf gegen die Zuhälterei ist – besser weiterkommt, wenn man den Unterschied zwischen freier und gezwungener Prostitution leugnet. Nur sollte man dann ehrlich sein und klar und deutlich sagen, daß man einen sinnvollen begrifflichen Unterschied für den Zweck des Kampfes gegen die Zwangsprostitution in Klammern setzt.

Wir hatten oben gesagt, daß die Behauptung, es gebe keine freiwillige Prostitution, sich zwischen dem Gebiet der Empirie und demjenigen der Begrifflichkeit bewegt. Wir haben soeben festgestellt, daß die These empirisch falsch ist – zumindest dann, wenn man die sich prostituierenden Personen beim Wort nimmt, die behaupten, ihre Entscheidung, sich zu prostituieren, sei einer freien Wahl entsprungen. Wer nun die These trotz ihrer rein empirischen Falschheit aufrechterhalten will, der muß ihr eine andere als eine rein empirische Bedeutung geben. Und das heißt dann nichts anderes, als daß man sie als begriffliche These auffaßt: Der Ausdruck „freiwillige Prostitution" wäre dann ein sich selbst widersprechender Ausdruck. Auch wenn man niemandem verbieten kann, den Begriff der Prostitution so zu definieren, daß die freiwillige Prostitution zu einem Unding wird, sollte man doch mit solchen Definitionen vorsichtig sein. Denn es geht letzten Endes

---

55 In ihrem Bericht über die Erwachsenenprostitution in Europa meint die Fondation Scelles: „[D]ie Prostitution existiert nur ganz selten ohne Zuhälterei" (Fondation Scelles 2002: 36). Hier wird also explizit zugegeben, daß die Zuhälterei nicht unbedingt zu den mit der Prostitution verbundenen Handlungen zählt. Es wird aber gleich hinzugefügt, daß dort, wo es eine Prostitution ohne Zuhälterei gibt, das Risiko groß ist, daß es zur Zuhälterei kommt. Das mag vielleicht der Fall sein – oder auch nicht –, es sollte uns aber nicht davon abhalten, auch die ‚zuhälterfreie' Prostitution zum Gegenstand unserer philosophischen Untersuchung zu machen. Auf die Frage der Zuhälterei werden wir noch genauer im nächsten Kapitel eingehen.

nicht um Worte, sondern um Handlungen, und im Falle der Prostitution haben wir es mit Handlungen zu tun, bei denen eine Person A ihren Körper gebraucht, um einer Person B gegen ein bestimmtes Entgelt eine sexuelle Befriedigung zu verschaffen.

Aber kann man so etwas freiwillig tun? Kann man freiwillig, um es mit Hoigard und Finstad zu sagen, „seine Vagina als Mülltonne für die Ejakulationen von Horden anonymer Männer vermieten"? Gibt es nicht bestimmte Handlungen, die wir nicht freiwillig ausüben oder über uns ergehen lassen wollen können?

Genau gesehen muß die Leugnung der Existenz einer freiwilligen Prostitution nicht unbedingt die Form einer begrifflichen These annehmen – ohne allerdings wieder in den Bereich der rein empirischen These zu fallen. Zwischen dem Bereich des rein Kontingenten und demjenigen des absolut Notwendigen gibt es noch einen Zwischenbereich, für den es zwar keinen spezifischen Namen gibt, den man aber in Analogie zum synthetischen *Apriori* bei Kant denken kann. Die diesem Zwischenbereich zugehörigen Behauptungen sind insofern synthetisch, als ihre Wahrheit nicht einfach eine Definitionssache ist, und sie sind insofern *a priori*, als man sich nicht vorstellen kann, es könne anders sein.

Auf unser Problem angewendet, würde dies folgendes bedeuten: Insofern wir erstens den Menschen als ein Wesen ansehen, das eine ihm eigene Würde besitzt, und insofern wir dann zweitens davon ausgehen, daß niemand freiwillig auf seine Würde verzichten kann, folgt, daß niemand freiwillig eine Handlung ausführen kann, die den Verzicht auf seine Würde nach sich zieht. Wer nun glaubt, die Prostitution verletze die Menschenwürde, wird schnell zu dem Schluß kommen, die Prostitution entspringe nie einem freien Entschluß.

Wir können nicht jedes Element dieser Argumentation unter die Lupe nehmen. Der für unsere Zwecke wichtige Schritt ist der letzte, also die Behauptung, Prostitution und Menschenwürde widersprächen sich. Aus den im vorigen Teil dieses Kapitels angestellten Überlegungen dürfte sich ergeben haben, daß ein solcher Widerspruch nicht unbedingt vorliegen *muß*. Die menschliche Würde ist nicht an einem bestimmten Körperteil – den Geschlechtsorganen – festgemacht, noch wird sie dadurch in Frage gestellt, daß man Geld für einen Dienst erhält, den man mittels seines Körpers leistet.

Die Frage ist nicht, *was man tut*, sondern *wie man behandelt wird*. Um ein anderes Beispiel zu geben: Wenn die Schüler den

Lehrer im Klassenraum mit Kreide bewerfen, Spott mit ihm treiben, ihn vielleicht sogar beschimpfen, dann verletzen sie durchaus seine Würde. Sie behandeln ihn „wie den letzten Dreck". Angenommen, eine solche Verhaltensweise würde sich verbreiten – eine Annahme, die, nebenbei gesagt, nicht so abwegig ist. Würde daraus folgen, daß der Lehrerberuf *als solcher* mit der Wahrung der Menschenwürde unvereinbar ist, so daß also niemand jemals freiwillig den Lehrerberuf wählen könnte? Ich denke nicht, daß jemand diesen Schluß ziehen würde. Warum zieht man ihn dann so schnell im Falle der Prostitution? Hoigard und Finstad haben es leicht: Sie geben eine abschreckende Beschreibung der Prostitution. Man könnte auch eine solche abschreckende Beschreibung des Lehrerberufs geben: Welche Frau – oder welcher Mann – würde schon freiwillig zwischen 15 und 20 Stunden pro Woche vor einer spottenden, beschimpfenden, mit Kreide, Kaugummi und anderen Geschossen werfenden Horde von mehr oder weniger anonymen pubertären Jugendlichen stehen wollen, um ihnen dies oder jenes Fach beizubringen?

Wir haben bisher nur Autoren erwähnt, die die Unterscheidung zwischen freiwilliger Prostitution und Zwangsprostitution in Frage stellen, wenn nicht sogar ablehnen. Es gibt aber auch Autoren oder Organisationen, für die diese Unterscheidung sinnvoll und wichtig ist. So stellt eine parlamentarische Kommission des belgischen Senates 1948 fest: „Die prostitutionelle Handlung ist eine frei ausgeführte Handlung. Indem sie sich ausliefert, hat die Frau von ihrem Recht Gebrauch gemacht, über ihren Körper zu verfügen, wie auch der Mann, der sie bezahlt hat, von seinem Recht Gebrauch gemacht hat, frei über sein Gut zu verfügen" (zitiert in: Vincineau 1985: 142). Auch Prostituiertenorganisationen wie etwa *Coyote/National Task Force on Prostitution* weisen auf die Notwendigkeit einer Unterscheidung hin.[56] Die Mitglieder dieser Organisation schreiben: „Die NTFP macht einen Unterschied zwischen freiwilliger und gezwungener Prostitution. Freiwillige Prostitution ist der auf beiden Seiten freiwillige Austausch sexueller Dienstleistungen gegen Geld oder etwas anderes von Bedeutung; es ist eine Form von Arbeit, und wie die meiste Arbeit in unserer kapitalistischen Gesellschaft ist sie oft entfremdet (d.h.

---

56   „Coyote" ist eine Abkürzung für „Call off your old tired ethics", was man frei mit „Lass von deiner alten müden Ethik ab" übersetzen könnte.

die/der Arbeitende/sich Prostituierende hat zu wenig Kontrolle über ihre/seine Arbeitsbedingungen und die Art und Weise, wie die Arbeit organisiert ist). Zwangsprostitution ist eine schlimmere Form von sexuellem Übergriff" (zitiert in: Delacoste/Alexander 1998: 291).

Hier wird einerseits zwischen freiwilliger und Zwangsprostitution unterschieden, andererseits wird aber darauf aufmerksam gemacht, daß man innerhalb der freiwilligen Prostitution dem Unterschied zwischen entfremdeter und nichtentfremdeter Prostitution Rechnung tragen muß. Die freiwillige Prostitution ist also nicht schon automatisch, als freiwillige, ,in Ordnung', sondern es kann in ihr durchaus auch zu menschenverachtenden Handlungen kommen.

Für Julia O'Connell Davidson gibt es in diesem Zusammenhang keinen Unterschied zwischen Sklaverei, traditioneller Lohnarbeit und Prostitution: „Prostitution, ebenso wie Lohnarbeit und Sklaverei, ist eine Institution, innerhalb welcher bestimmte Befehlsmächte (powers of command) über die Person von einem Individuum auf das andere übertragen werden" (O'Connell Davidson 1998: 190).[57] Wer sich versklavt, für einen bestimmten Lohn arbeitet oder sich prostituiert, übergibt also einem anderen Individuum das Recht, über sich zu befehlen. Was die Prostitution von der Sklaverei und der normalen Lohnarbeit unterscheidet, ist die Tatsache, daß die Prostitution eine „Kontrolle über das Selbst und andere als sexuelle Wesen" darstellt (O'Connell Davidson 1998: 161).

---

57 Man kann, wie die Autorin dies hier zu tun scheint, den Begriff der Prostitution nur verwenden, um ein organisiertes System prostitutioneller Beziehungen zu bezeichnen. Dies tun übrigens viele Autoren. So schreiben z. B. Coquart und Huet in ihrem Schwarzbuch über Prostitution, letztere könne nicht „mit einer persönlichen Verhaltensweise assimiliert werden. Sie bildet ein organisiertes System, ein nationales und internationales Unternehmen, ganz oft verbunden mit dem Großverbrechertum, das drei Partner zählt: die Prostituierte, der Zuhälter und der Kunde" (Coquart/Huet 2000: 271). Angenommen, dies sei der Fall. Folgt daraus, daß jede prostitutionelle Beziehung Teil dieses Systems ist? Ich sehe nicht ein, warum dem so sein sollte. Es kann durchaus prostitutionelle Beziehungen geben – und es gibt sie auch –, bei denen nur zwei Partner involviert sind: die sich prostituierende Person einerseits und die ihre Dienste in Anspruch nehmende Person andererseits. Und das Resultat der moralischen Beurteilung einer solchen prostitutionellen Beziehung ist nicht automatisch dasselbe wie das Resultat der moralischen Beurteilung eines ausbeuterischen Systems.

Jeder von uns wünscht sich sicherlich, in einer Welt leben zu können, in der er sein eigener Herr und Meister und dementsprechend nicht einem anderen unterworfen ist. Doch dürfte dieses Ideal in einer sehr fernen Zukunft liegen. Allerdings: Aus der Tatsache, daß wir nicht *alle* Befehlsmächte über unser Selbst *behalten* können, folgt noch nicht, daß die einzige übrigbleibende Option darin besteht, *alle* unsere Befehlsmächte über uns selbst *abgeben* zu müssen. Zwischen der absoluten Selbstbestimmung und der absoluten Fremdbestimmung liegt ein weites Feld von Möglichkeiten beschränkter Fremd- und Selbstbestimmung. Und dies erlaubt es dann auch, einen Unterschied zwischen der Sklaverei und der Lohnarbeit zu machen: Während die Sklaverei sich dadurch auszeichnet, daß der Sklave sich nicht mehr selbst gehört und dementsprechend nur noch fremdbestimmt wird, ist die Lohnarbeit, zumindest so wie wir sie heute kennen, dadurch bestimmt, daß der Lohnarbeiter nur bestimmte Befehlsmächte abgegeben hat. So kann der Vorgesetzte dem Arbeiter zwar befehlen, diese oder jene Arbeit auszuführen, nicht aber, ein Junggeselle zu bleiben oder nur eine bestimmte Zeitung zu lesen. Das Arbeitsrecht im allgemeinen und die Arbeitsverträge im besonderen regeln im vorhinein, wozu man die Arbeiter verpflichten kann.

O'Connell Davidson stellt jetzt allerdings auch den Gedanken eines freiwillig akzeptierten Vertrags in Frage: „Vertragliche ‚Zustimmung' impliziert nicht Gegenseitigkeit oder freie Wahl, wo es zwischen beiden Partnern eine sehr große Ungleichheit hinsichtlich der ökonomischen Macht gibt und wo die Freiheit der einen Partei, die Bedingungen des Vertrags festzulegen, unbegrenzt ist und die Freiheit der anderen Partei, den Vertrag abzulehnen und/oder sich von ihm zu befreien, beschränkt oder inexistent ist" (O'Connell Davidson 1998: 203).

Die Autorin wirft hier eine Frage auf, die wir auch bei vielen anderen Autoren finden, nämlich die Frage, ob man auch dann noch von Freiheit oder freier Wahl sprechen kann, wenn die Umstände so sind, daß man eigentlich nur zwischen Pest und Cholera wählen kann. Von einer wirklich freien Wahl, so wird manchmal behauptet, kann man nur dann sprechen, wenn man neben den unattraktiven auch attraktivere Wahlmöglichkeiten hat – wenn man also nicht nur zwischen Pest und Cholera, sondern zwischen Pest, Cholera, Schnupfen, Muskelzerrung und Mittelohrentzündung wählen kann. Es muß nicht unbedingt so sein, daß man immer auch die volle Gesundheit wählen können muß, aber es müssen doch Angebote vorliegen, die nicht allzusehr von der vollen Gesundheit entfernt sind. Oder anders formuliert: Die Wahl darf sich nicht auf eine Wahl zwischen verschiedenen großen Übeln reduzieren, sondern im Wahlangebot müssen neben den großen auch kleine Übel sein, und man muß auch wissen, daß letztere zum Wahlangebot gehören. Wer dann noch eines der großen Übel wählt, der ist selbst schuld.

In diesem Zusammenhang sollte man zwischen einer rationalen und einer freien Wahl unterscheiden. Die Historikerin Judith Walkowitz stellt etwa fest, daß für viele Frauen in der von ihr untersuchten Viktorianischen Epoche – aber natürlich auch noch darüber hinaus –, „der Schritt in die Prostitution nicht pathologischer Natur war; es war in vielen Hinsichten eine rationale Wahl, betrachtet man die beschränkten Möglichkeiten, die ihnen offenstanden" (Walkowitz 1999: 9). Es war für viele Frauen, so Walkowitz weiter, „eine Wahl zwischen einer Reihe von widerlichen Alternativen" (ebd.: 19). Der eigentlichen Bedeutung dieser These wird man sich erst bewußt, wenn man sich daran erinnert, daß in einer der einflußreichsten soziopsychologischen Untersuchungen der Prostitution aus dem ausgehenden 19. Jahrhundert die Rede von geborenen Prostituierten ist, von Frauen, die durch moralischen Wahnsinn und nicht durch die Armut zur Prostitution getrieben werden (Lombroso 1991: 435). Hier ist die Prostitution überhaupt nicht mehr das Ergebnis einer freien Entscheidung, sondern die Wirkung einer biologischen Vorbestimmung. Die Ursachen haben hier die Gründe zurückgedrängt.

Eine rationale Wahl ist eine Wahl, die auf nachvollziehbaren Gründen beruht. Insofern der Mensch sich durch Gründe hat leiten lassen, hat er schon seine Freiheit offenbart. Er hat sich von den biologischen, psychologischen Determinismen und Zwängen usw. befreit, um nur, mit Habermas gesprochen, dem zwanglosen Zwang des besseren Argumentes zu folgen. Man kann allerdings nicht bei dieser bloß inneren Dimension der Freiheit stehenbleiben. Menschen leben immer in einer bestimmten Umwelt, und diese schränkt ihre Wahlmöglichkeiten immer schon ein. Sehen wir hier einmal von der natürlichen Umwelt ab, und betrachten wir nur die soziale Umwelt. Wer aus einer armen Familie stammt, hat nicht immer die Möglichkeit, ein Universitätsstudium zu absolvieren, auch wenn er die Begabung dafür hat. Seine nicht selbst verschuldete soziale Lage zwingt ihn gewissermaßen dazu, nur zwischen nichtuniversitären Möglichkeiten zu wählen. Daß er sich bei dieser Wahl einzig und allein durch den zwanglosen Zwang des besseren Argumentes leiten läßt, darf uns nicht die Tatsache verdecken, daß seine Selbstbestimmung innerhalb eines Rahmens erfolgte, den er sich nicht selbst ausgesucht hat.

Betrachtet man die Frage, ob die Entscheidung, sich zu prostituieren, jemals eine freie Entscheidung sein kann, so muß man der Mehrdeutigkeit des Freiheitsbegriffs Rechnung tragen. Die Behauptung, As Entscheidung, sich zu prostituieren, sei *keine* freie Entscheidung, läßt mindestens folgende vier Interpretationen zu:

(1) Biologische oder psychologische Determinismen haben A dazu geführt, sich zu prostituieren.[58]
(2) B hat A mit Gewalt dazu gezwungen, sich zu prostituieren.
(3) B hat A durch psychische Manipulation dazu gebracht, sich zu prostituieren.[59]
(4) A befand sich in einer sozialen Lage, in welcher es rationaler war, eher die Prostitution als eines der anderen Glieder der Alternative zu wählen, obwohl A, wenn er nicht in dieser Lage gewesen wäre, die Prostitution niemals gewählt hätte.

Die Frage der Freiheit ist besonders im Zusammenhang mit der vierten Interpretation problematisch. Kann man wirklich noch von

---

58 Dabei kann es sich, wie man es in der Vergangenheit oft meinte, um einen besonders ausgeprägten Sexualtrieb handeln, wie man ihn etwa bei sogenannten Nymphomaninnen voraussetzte. In der Zwischenzeit gibt es aber tiefer gehende psychoanalytische Erklärungsmodelle. So schreibt etwa Marc Oraison, der dabei nicht nur die Entscheidung, sich zu prostituieren, sondern auch die Entscheidung, die Dienste einer sich prostituierenden Person in Anspruch zu nehmen, berücksichtigt: „[D]ie *Tatsache*, eine Prostituierte oder ein Prostituierter zu sein, ist nicht zuerst und von sich aus das Ergebnis einer moralischen Entscheidung, genausowenig wie beim ‚Kunden' die Tatsache, auf die Prostitution zurückzugreifen. Es ist zunächst ein *Symptom* einer mehr oder weniger unvollendeten Sexualität und eines ebensolchen affektiven Lebens, wenn nicht sogar einer sehr oft deutlich neurotischen Sexualität oder eines neurotischen affektiven Lebens" (Oraison 1979: 149). Hinter den Gründen versteckt sich somit eine psychische Ursache.

59 Ein Fall von psychischer Manipulation wäre etwa folgender: Person A ist in Person B verliebt, und B verlangt von A, daß sie sich prostituiert, um den Lebensunterhalt der beiden zu verdienen und um so zu zeigen, daß sie B wirklich liebt und daß sie ein gemeinsames Leben mit ihm führen will.

Freiheit sprechen, wenn die Prostitution einem rational denkenden Menschen als die beste Möglichkeit erscheint? Hier wird schon gewissermaßen vorausgesetzt, daß die Prostitution etwas ist, das keinem Menschen als die beste Möglichkeit erscheinen sollte. Wenn es in einem Bericht der Fondation Scelles heißt, daß „nur Männer und Frauen, die sich in einer sehr prekären Lage befinden, die Prostitution akzeptieren können" (Fondation Scelles 2002: 41), wird damit implizit behauptet, daß Männer und Frauen, die sich nicht in einer prekären Lage befinden, die Prostitution nicht wählen würden. Und daraus könnte man dann den Schluß ziehen, daß nur Menschen, die sich in einer prekären Lage befinden, eine *rationale* Entscheidung für die Prostitution treffen können. Von den folgenden vier Möglichkeiten:

a) eine freie und rationale Entscheidung
b) eine freie, aber irrationale Entscheidung
c) eine unfreie, aber rationale Entscheidung
d) eine unfreie und irrationale Entscheidung

werden deren nur zwei zurückbehalten, und zwar (c) und (d). Für die meisten Gegner der Prostitution ist die Entscheidung zur Prostitution immer eine unfreie Entscheidung. Sie kann aber durchaus rational oder nachvollziehbar sein.

Daß (b) ausgeschlossen wird, ist an sich normal – zumindest insofern man Freiheit und Zufall oder absolute Willkür nicht miteinander identifiziert. Wenn jemand etwas tut, ohne den geringsten Grund dafür angeben zu können, fällt es uns schwer, seine Handlung als eine freie anzusehen. Und gehen wir sogar noch einen Schritt weiter: Es fällt uns schwer, das, was geschehen ist, als Handlung und nicht als bloßes Ereignis zu betrachten, denn mit dem Begriff der Handlung verbinden wir gewöhnlich den Begriff des Handlungsgrundes.

Aber sollte man auch die Möglichkeit (a) ausschließen? Der Bericht der Fondation Scelles tut dies implizit, da für ihn nur Menschen in einer prekären Lage einen rationalen Grund haben, sich zu prostituieren, wobei ihre Lage nicht frei gewählt wurde. Betrachtet man die sozioökonomische Schwierigkeit als das Resultat von politischen Entscheidungen und nicht als Wirkung natürlicher Prozesse, dann kann man behaupten, daß aufgrund der freien Entscheidungen bestimmter Personen andere Personen sich in einer Lage befinden, in welcher es für sie rational ist, etwas zu wählen, was sie eigentlich nicht wählen möchten.

Setzt man einen starken Begriff der Freiheit voraus, so wird man sagen können, daß der Mensch nicht schon dann frei ist, wenn er sich überhaupt durch Gründe leiten und nicht durch außer ihm oder in ihm liegende Ursachen bestimmen läßt, sondern er wird erst dann im vollen Sinn des Wortes frei genannt werden können, wenn er sich durch diese Gründe für etwas entscheiden kann, was er auch tatsächlich tun möchte, und das heißt u. a. etwas, womit er sich identifizieren kann, wo er also nicht den Eindruck hat, daß er sich dabei entfremdet. Diese Wahlmöglichkeit muß nicht unbedingt die optimale sein, sondern es genügt, wenn es sich um eine solche handelt, gegenüber welcher das Individuum kein Widerstreben spürt und die insofern mit dem Bild vereinbar ist, das es von sich selbst hat.

Wenn etwa ein überzeugter Tierfreund und Vegetarier entscheiden muß, ob er arbeitslos bleiben will – aber wer wird dann seine Familie ernähren? – oder ob er nicht doch die ihm in einem Schlachthof angebotene Arbeit annehmen soll – *tertium non datur* –, dann wird man gemäß dem eben erwähnten starken Begriff der Freiheit nicht sagen können, daß diese Person sich frei entscheiden kann. Vorausgesetzt, er will sich und seine Familie ernähren können, ist seine Entscheidung, in dem Schlachthof zu arbeiten, durchaus eine rationale – im Sinne einer instrumentellen Rationalität –, aber es ist auch eine Entscheidung, die sein Selbstverständnis fundamental erschüttert und die nicht ohne negative psychologische Konsequenzen bleiben wird. Er kann es durchaus als eine Art Selbstverrat – ein Verrat seiner tiefen Identität – erfahren, wenn er sich sozusagen auf die Seite des Feindes stellt, um sich und seine Familie ernähren zu können.

Dabei spielt es keine Rolle, wie er an seinem Arbeitsplatz konkret behandelt wird. Was ihn stört, ist nicht das Arbeitsklima am Arbeitsort noch die allgemeinen Arbeitsbedingungen, sondern was dort getan wird. Die Entfremdung besteht also hier nicht darin, daß er einem fremden Willen ausgeliefert ist, sondern daß er etwas tun muß, was seinen tiefsten Überzeugungen und Gefühlen widerspricht.

Diese psychologischen Konsequenzen können durchaus negative Folgen für sein Leben insgesamt haben und insofern seine Handlungsfreiheit einschränken. Wenn er etwa aufgrund seiner

Arbeit ein schlechtes Gewissen hat, wenn er sich stets Selbstvor-
würfe macht, wenn er nachts nicht schlafen kann, ständig unter
Depressionen leidet usw., dann wird das alles sich auf sein privates
und soziales Leben auswirken. Er möchte etwa nett zu seiner Frau
und seinen Kindern sein, kann dies aber nicht, weil seine innere
Zerrissenheit zu einem ungewollten aggressiven Verhalten gegenüber der Außenwelt führt. Er hat also einen Teil der Kontrolle über
sich selbst, über seine Gefühle und Reaktionen verloren, nicht weil
ein anderer sich dieser Kontrolle bemächtigt hätte, sondern weil er
nicht mehr im Frieden mit sich selbst lebt.

Daß es auch in der Prostitution zu solchen Situationen kommt,
soll hier keineswegs geleugnet werden. Nur neigen die Gegner der
Prostitution dazu, jede sich prostituierende Person als eine Person
zu sehen, die in sich selbst zerrissen ist, da sie einerseits einen großen Wert auf den intimen Charakter ihrer Sexualität legt, andererseits aber keine andere Wahl hat, wenn sie sich und eventuell ihre
Familie ernähren will, als ihre Sexualität auf dem öffentlichen
Markt feilzubieten. Und diese innere Zerrissenheit führt dann auch
zu psychologischen Konsequenzen, die einen negativen Einfluß auf
die Handlungsfreiheit der sich prostituierenden Person außerhalb
der Prostitution haben. In schlimmen Fällen kann es zu Alkoho-
lismus, Drogenkonsum und gegebenenfalls Selbstmord führen.
Wer dementsprechend behauptet, man könne sich frei für die Prostitution entscheiden, der sagt eigentlich, daß man sich frei dafür
entscheiden kann, seine Freiheit drastisch einzuschränken. Die
Freiheit der Wahl entpuppt sich somit als eine ihre eigenen Bedingungen der Möglichkeit untergrabende Freiheit. Die psychische
Stabilität, die man durchaus als Vorbedingung einer wirklich freien
Entscheidung ansehen kann, scheint durch bestimmte Entscheidungen in Frage gestellt werden zu können.

In den Schriften der Gegner der Prostitution gilt dieses Argument unabhängig von der Art und Weise, wie die sich prostituierende Person behandelt wird. Es kann also nicht schon dadurch
entkräftet werden, daß man darauf hinweist, daß Kund(inn)en die
sich prostituierende Person auch respektvoll behandeln können.
Entkräftet werden kann es nur durch den Hinweis auf Personen,
die, obwohl sie sich prostituieren, nicht die eben erwähnte Zerrissenheit in sich verspüren, für die also das öffentliche Anbieten
einer sexuellen Handlung nicht mit ihrem Selbstverständnis und
mit dem Verständnis ihrer eigenen Sexualität in Konflikt tritt.

Interviews mit Prostituierten haben gezeigt, daß es solche Personen gibt.

Wenden wir uns jetzt der Freiheit in der Ausübung der Prostitution zu. Kann eine sich prostituierende Person frei entscheiden, wen sie sexuell befriedigen wird, wie sie es tun wird und unter welchen Bedingungen sie es tun wird? Auch hier muß man wieder zwischen verschiedenen Antworttypen unterscheiden:

(1) Sie ist nicht frei zu entscheiden, weil eine Drittperson – etwa der Zuhälter – die Entscheidung trifft und ihr keine andere Wahl bleibt, als diese Entscheidung zu akzeptieren.

(2) Sie ist nicht frei zu entscheiden, weil die ihre Dienste in Anspruch nehmende Person sie mit Gewalt zwingt.

(3) Sie ist nicht frei zu entscheiden, weil sie den Erwartungen des sie bezahlenden Kunden gerecht werden muß.

(4) Sie ist nicht frei zu entscheiden, weil sie keine andere Wahl hat, als eine bestimmte sexuelle Handlung mit der ihre Dienste in Anspruch nehmenden Person auszuführen, wenn sie überhaupt Geld verdienen will, um sich – und gegebenenfalls ihre Familie – zu ernähren.

Die Fälle (1) und (2) sind eigentlich keine Fälle von Prostitution, sondern wir haben es hier mit Vergewaltigung zu tun. Und daran ändert auch die Tatsache nichts, daß die sich prostituierende Person Geld erhält. So wie wir sie hier verstehen – und dieses Verständnis geht von einem Unterschied zur Vergewaltigung aus –, liegt eine prostitutionelle Beziehung nur dann vor, wenn die sich prostituierende Person nicht durch Gewalt oder durch Manipulation zur sexuellen Handlung gezwungen oder gebracht wird.

Zu Fall (3) wäre folgendes zu sagen: Viele glauben, daß eine sich prostituierende Person, da man sie bezahlt, zu allem, und d. h. zu jeder sexuellen Handlung, bereit sein müßte. Wer bereit ist, sexuelle Handlungen für Geld auszuführen, der würde gewissermaßen dadurch akzeptieren, jedwede sexuelle Handlung für Geld auszuführen. Mag dieser Glaube auch verbreitet sein, so ist doch nicht einzusehen, warum er im Falle der sich prostituierenden Person richtiger sein sollte als in anderen Fällen. Wenn wir einem Arzt sagen, die Tatsache, daß wir ihn bezahlen, sei für ihn ein hinreichender Grund, uns einen Krankenschein zu schreiben, obwohl wir bei voller Gesundheit sind, dann hat dieser Arzt durchaus das

Recht, diese seiner Deontologie und möglicherweise auch seinem eigenen Selbstverständnis widersprechende Handlung abzulehnen. Wir erwarten nicht vom Arzt und auch nicht von anderen Menschen, deren Dienste wir gegen ein Entgelt in Anspruch nehmen, daß sie alles tun, was wir von ihnen verlangen.

Warum wird dann oft eine ähnliche Erwartung gegenüber den sich prostituierenden Personen gehegt? Mögen auch einige von ihnen keine Deontologie haben und zu allem bereit sein, sollte man daraus nicht schließen, daß jede sich prostituierende Person immer zu allem bereit sein muß und daß man dementsprechend ein Recht hat, irgendeine sexuelle Handlung von ihr zu erwarten oder gar zu verlangen. Sie tut der ihre Dienste beanspruchenden Person kein Unrecht, wenn sie deren Angebot ablehnt, genausowenig wie ein Handwerker einem Kunden ein Unrecht tut, wenn er nicht für ihn arbeiten will, oder wie ein Arzt, wenn er es ablehnt, ein falsches Krankenattest zu schreiben. Auch in der Prostitution behält eine sich prostituierende Person das Recht, bestimmte sexuelle Handlungen abzulehnen, sei es, weil sie sich davor ekelt, oder weil sie ein zu großes Risiko für ihre Gesundheit darstellen.

Es bleibt dann noch Fall (4) zu klären. Hier nützt die eine Person die Schwäche der anderen Person aus. Man könnte hier folgenden Vergleich anstellen: Ich bin am Verdursten und jemand bietet mir ein Glas Wasser an, aber unter der Bedingung, daß ich ihm mein gesamtes Eigentum übergebe. Auf mein Angebot, ihm zehn oder sogar 100 Euro zu geben, geht er nicht ein, da er mein gesamtes Eigentum will.

Hier noch von freier Entscheidung zu sprechen, wenn ich ihm mein gesamtes Eigentum übergebe, grenzt an Zynismus. Er zwingt mich gewiß nicht im strengen Sinne des Wortes, aber er nutzt meine Bedürfnissituation aus. Und dasselbe gilt für den Fall der sich prostituierenden Person. Wo eine sich prostituierende Person keine andere Wahl hat, als sich allen Wünschen der ihre Dienste in Anspruch nehmenden Personen zu unterwerfen, wenn sie sich und ihre Familie weiter ernähren will, kann nicht mehr von Freiheit gesprochen werden.

Eine solche Situation finden wir oft im Falle der sogenannten Beschaffungsprostitution. Manche Kunden warten hier absichtlich, bis die sich prostituierende drogenabhängige Person die ersten Symptome des Mangels aufweist. Die Kunden wissen ganz genau, daß eine drogenabhängige Person in einem solchen Fall zu allem bereit ist, um das für den Kauf des dringend benötigten Stoffs notwendige Geld zu erhalten. Hier zu sagen, die sich prostituierende Person könne immer noch ablehnen und niemand zwinge sie zu ungeschütztem Verkehr, hieße, die betroffene Person als ein abstraktes Individuum, nicht aber als diesen bestimmten drogenabhängigen Menschen zu betrachten. Was zwischen abstrakt gedachten Individuen als moralisch zulässig beurteilt wird, muß nicht auch genauso beurteilt werden, wenn man die Individuen als situierte, und d. h. als konkrete Individuen betrachtet.

Freie Tauschbeziehungen kann es eigentlich nur zwischen mehr oder weniger Gleichen geben. Auf den Markt bezogen bedeutet das, daß freie Marktbeziehungen immer eine gewisse Symmetrie hinsichtlich der Verhandlungsmacht der Verhandelnden voraussetzen. Diese Symmetrie umfaßt auch das Wissen. Nur wo diese Symmetrie gegeben ist, kann Ausbeutung vermieden werden. Ausbeutung nährt sich immer von der materiellen, symbolischen und/oder intellektuellen Schwäche. Diese zu überwinden sollte eine der prioritären Aufgaben einer jeden liberalen Gesellschaft sein.

Der große Fehler des – oder besser: eines bestimmten – Liberalismus hat darin bestanden, die Gleichheit immer schon vorauszusetzen, statt in ihr ein zu verwirklichendes Ideal zu sehen.[60] Dieser Fehler hängt sicherlich mit der methodologischen Hypothese des Naturzustandes zusammen. Die in diesem Naturzustand lebenden Menschen wurden als Gleiche gedacht, und die von ihnen begründete Gesellschaft erschien demnach auch als eine Gesellschaft von Gleichen. Ohne die Wichtigkeit der methodologischen Hypothese des Naturzustandes in Frage zu stellen, sollte doch auf den fiktionalen Charakter des Naturzustandes hingewiesen werden. Hier wird nicht gezeigt, wie es *war*, sondern höchstens nur, wie es *sein sollte*. Die jetzt bestehende Gesellschaft ist keinem Gesellschaftsvertrag zwischen Gleichen entsprungen, so daß auch nicht angenommen werden kann, daß die zwischen den jetzigen Individuen bestehenden Verhältnisse Gleichheitsverhältnisse sind. Insofern sollte man die bestehenden gesellschaftlichen Verhältnisse als provisorische betrachten, die aber insofern legitimiert werden können, als sie notwendig sind, um überhaupt bessere Verhältnisse zu etablieren.

---

60   „Der Gedanke ist, daß Freiheit als persönliche Wahl definiert wird, in einem Kontext von strukturierter, politisch aufgedrängter Ungleichheit [...]" (Barry 1995: 73).

Was jetzt im allgemeinen behauptet wurde, gilt auch und vielleicht besonders für das Geschlechterverhältnis. Es ist eine Tatsache, daß die Frauen bislang nicht als Gleiche behandelt wurden und daß sie in einer Situation gehalten wurden, die sie einer möglichen Ausbeutung ausgesetzt hat. Und es ist auch eine Tatsache, daß diese Ungleichheit zu Formen sexueller Ausbeutung geführt hat und daß die Prostitution in vielen Fällen eine solche Form der Ausbeutung darstellt. Man braucht nicht gleich eine Verschwörungstheorie zu entwerfen – die Männer haben die Frauen absichtlich in einer Situation belassen, in welcher sie sich gezwungen sahen, sexuelle Dienste zu verkaufen –, um die Ungleichheit zu erklären. Tatsache ist, daß es sie gibt und daß die Männer von ihr profitiert haben.

Damit ist aber noch kein Urteil über die Prostitution als solche gefällt. Man kann durchaus der Meinung sein, daß in einer patriarchalen Gesellschaft jede prostitutionelle Beziehung als sexuelle Ausbeutung der Frau durch den Mann gedeutet werden kann, ohne sich dadurch aber hinsichtlich einer Antwort auf die Frage festlegen zu müssen, ob es noch prostitutionelle Beziehungen im Rahmen einer egalitären Gesellschaft geben wird.[61] Dort wird es wahrscheinlich weniger prostitutionelle Beziehungen geben, und diese Beziehungen werden auch wahrscheinlich eine andere Form annehmen – es wird auf jeden Fall kein ausbeuterisches System der Prostitution mehr geben –, aber was erlaubt uns zu behaupten, es würde dort keine prostitutionellen Beziehungen mehr geben?[62]

61 Barbara Hobsons Behauptung, die ungleiche Verteilung von Macht sei implizit im prostitutionellen Tausch enthalten (Hobson 1990: xi), kann entweder als analytische Behauptung betrachtet werden, aber dann ist sie uninteressant, oder als synthetische Behauptung, aber dann ist sie unfundiert.

62 Claude Habib stellt sich eine Gesellschaft vor, in welcher es zu einer Verbreitung der Prostitution kommt. Von einigen wenigen Ausnahmen abgesehen, wird es keine Personen mehr geben, die sich über Jahre hinweg prostitutionellen Beziehungen hingeben, um ihren Lebensunterhalt zu verdienen. Prostitutionelle Beziehungen werden vielmehr Beziehungen sein, in die sehr viele Frauen sich für eine kurze Zeit einlassen werden, aus denen sie aber zu jedem Zeitpunkt wieder aussteigen können. Habib spricht in diesem Zusammenhang auch von einer Demokratisierung der Prostitution (Habib 1994: 11), durch welche der Unterschied zwischen der Prostituierten und der ehrbaren Frau sich immer mehr verwischen wird. Allerdings „Die Verbreitung der Prostitution unter den Frauen bedeutet ihr Verderben, wenn sich ihr moralisches Urteilsvermögen nicht gleichzeitig verstärkt" (Habib 1994: 19). Die sich prostituierenden Frauen müssen, so Habib, sich immer der Tatsache bewußt bleiben, daß nur die Treue zu einem Partner

Die Schaffung einer egalitären Gesellschaft würde sicherlich vielen Frauen die Möglichkeit geben, etwas anderes zu tun, als sich zu prostituieren, würde also den Ausstieg aus der Prostitution erleichtern. Diese Frage des freien Ausstiegs war, wie wir uns erinnern, neben der Frage des freien Eintritts und der freien Ausübung die dritte Frage, die man hinsichtlich des Zusammenhangs zwischen Freiheit und Prostitution stellen kann. Es ist der Fall, daß heute viele Frauen die Prostitution nicht oder nur schwer verlassen können. Zu erwähnen sind hier natürlich in erster Linie alle jene Frauen, die einem Zuhälter unterworfen sind und die mit Gewalt oder doch zumindest mit Drohungen gezwungen werden, sich weiter zu prostituieren. Aber es gibt auch diejenigen, die auf die Prostitution angewiesen sind, weil sie mangels einer adäquaten Ausbildung keine andere Möglichkeit finden, ihren Lebensunterhalt zu verdienen oder sich – im Falle der Beschaffungsprostitution – ihre Drogen zu kaufen.

Der Schritt aus der Prostitution ist auch schwierig für diejenigen, die sich an einen bestimmten Lebensstil gewöhnt haben. Wer als Prostituierte 4 000 Euro im Monat verdiente, wird nicht ohne weiteres eine Stelle annehmen, wo der Lohn 1 500 Euro im Monat beträgt. Und auch: Wer seine Arbeitszeit selbst festlegen konnte, wird es sich zweimal überlegen, bevor er oder sie sich einem fremdbestimmten Arbeitsrhythmus unterwirft.

Die eben erwähnten Personen haben in einem bestimmten Sinne selbstverständlich die Freiheit, die Prostitution zu verlassen, aber man sollte auch die Bedingungen berücksichtigen, unter denen sie diese Freiheit ausüben können. Diese Bedingungen beeinflussen nämlich das Ausmaß der Freiheit, ohne sie jedoch ganz zu vernichten.

Genauso wie in jedem anderen Beruf sollte man auch den sich prostituierenden Personen die Möglichkeit geben, sich umschulen zu lassen und etwas anderes zu tun. Das Angebot einer solchen Umschulung bedeutet keine implizite Verurteilung der Prostitution, sondern soll es einfach jedem erlauben, auch etwas anderes tun zu können als das, was er augenblicklich tut und mit dem er oder sie aus welchen Gründen auch immer nicht zufrieden ist.

zum Glück führen kann. Mögen sie sich also auch auf prostitutionelle Beziehungen einlassen, so müssen sie doch stets eine kritische Distanz zu dieser Art von Beziehungen bewahren und einsehen, daß sie nicht zum Glück führen können.

Barbara Hobson meint etwas resignierend, das Problem des freiwilligen oder unfreiwilligen Charakters der Prostitution sei an sich eigentlich unlösbar (Hobson 1990: xiii). Auch wenn ich hier nicht den Anspruch erheben will, das Problem endgültig gelöst oder es auch nur sehr nahe an eine endgültige Lösung gebracht zu haben, so hoffe ich doch, zumindest etwas Licht in diese hochkomplexe und fundamentale Frage gebracht zu haben. Eines scheint mir vor allem in diesem Zusammenhang wichtig zu sein: Bevor man den freiwilligen oder den unfreiwilligen Charakter der Prostitution behauptet, muß man genau angeben, welchen Begriff von Freiheit man voraussetzt. Man kann einerseits einen derart starken Begriff von Freiheit haben, daß so gut wie jede menschliche Entscheidung als unfrei erscheint. Einen solchen starken Begriff setzen gewöhnlich die Gegner der Prostitution voraus. Andererseits kann man aber einen derart schwachen Begriff von Freiheit haben, daß so gut wie jede menschliche Entscheidung als frei erscheint. Einen solchen Begriff finden wir oft bei denjenigen, die für eine Legalisierung der Prostitution eintreten.

Zwischen diesen beiden Extremen scheint mir Platz zu sein für einen Begriff von Freiheit, der es erlaubt, zwischen freiwilliger und unfreiwilliger Prostitution zu unterscheiden. Als unfreiwillig soll auf jeden Fall jede Form von Prostitution gelten, bei welcher ein Individuum A ein Individuum B zwingt, sich zu prostituieren, bzw. wo psychische oder emotionale Manipulation eingesetzt wird, um dieses Ziel zu erreichen. Als unfreiwillig soll die Prostitution auch dann gelten, wenn die sich prostituierende Person keine andere Möglichkeit hat, einen zumindest dem Mindestlohn entsprechenden Lohn zu verdienen. Von unfreiwilliger Prostitution kann auch im Falle drogenabhängiger Personen gesprochen werden, wenn prostitutionelle Beziehungen für sie die einzige Möglichkeit darstellen, um an das Geld zu kommen, mit dem sie ihren Stoff kaufen können.

Wo aber eine Bankangestellte, die 3 000 Euro im Monat verdient, nicht drogenabhängig ist und deren Entscheidungen auch nicht durch eine Drittperson beeinflußt werden, sich dazu entscheidet, prostitutionelle Beziehungen einzugehen, um ihren Lohn aufzubessern und sich ein schöneres Haus kaufen zu können, sollte durchaus von freiwilliger Prostitution gesprochen werden. Die Tatsache, daß diese Frau ihre Kindheit in einer miserablen Umgebung und in einem alten, baufälligen Haus verbracht hat und jetzt

nach einer Kompensation dafür sucht, sollte den freiwilligen Charakter der Entscheidung nicht in Frage stellen, und dies auch dann
nicht, wenn wir zugeben, daß die Betreffende sich nicht prostituieren würde, wenn sie ihre Kindheit in einer ordentlichen Umgebung und einem angenehmen Haus verbracht hätte. Die Tatsache,
daß unsere Vergangenheit Spuren hinterläßt, die unsere Entscheidungen – auf eine oft unbewußte Weise – beeinflussen können,
sollte uns nicht zu dem Schluß führen, daß wir uns eigentlich niemals freiwillig entscheiden. Anstatt ein pauschales Urteil zu fällen
und jeder Prostituierten von vornherein die Fähigkeit abzusprechen, eine freie und informierte Entscheidung für die Prostitution
zu fällen, sollte man jeden Fall für sich betrachten und die Möglichkeit zulassen, daß eine Person sich für die Prostitution entscheiden kann, wie eine andere sich etwa für das Studium der
Wirtschaftswissenschaften entscheidet – ohne Interesse an der
Sache selbst, aber in der Hoffnung, damit seinen Lebensunterhalt
verdienen zu können. Man sollte also im Falle der Prostitution
nicht pauschal voraussetzen, daß die Entscheidung, sich zu prostituieren, immer auf etwas zurückzuführen ist, was behoben werden
soll, sei es durch strafrechtliche – Kampf gegen die Zuhälterei –,
ökonomische – bessere Arbeitsbedingungen und Löhne für die
Frauen –, psychiatrische oder psychotherapeutische – bewußte Ver-
arbeitung eines traumatischen Kindheitserlebnisses – oder sonstige
Maßnahmen. Man sollte endlich zugeben, daß man sich auch freiwillig und in voller Verantwortung dafür entscheiden kann, eine
prostitutionelle Beziehung einzugehen.

Schlußbemerkung

In diesem zweiten Kapitel haben wir zu erörtern versucht, was an
der prostitutionellen Beziehung moralisch anstößig und demnach
auch verurteilenswert sein könnte. Dabei hat sich gezeigt, daß die
meisten Autoren keinen Unterschied zwischen der prostitutionellen Beziehung als solcher und der Einbettung dieser prostitutionellen Beziehung in ein bestimmtes kriminelles System zu machen
scheinen. Für sie gibt es Prostitution nur in der Form eines organisierten Systems, das auf Ausbeutung beruht. Ihre Kritik an der
Prostitution erweist sich somit als Kritik am ausbeuterischen
System, und was sie über Prostitution schreiben, könnte man eben-

sogut über das Teppichknüpfen in Indien schreiben. Doch aus der Tatsache, daß das Teppichknüpfen in Indien ausbeuterische Formen annimmt, folgt noch nicht, daß Teppichknüpfen als solches unmoralisch ist.

In diesem abschließenden Teil wollen wir die vielen gesponnenen Fäden zusammenbringen und die Hauptgedanken zusammenfassen. Dabei werden wir noch einmal ganz kurz die einzelnen Etappen durchgehen, die in diesem Kapitel diskutiert wurden.

Liegt das Anstößige in der Tatsache, daß bei einer prostitutionellen Beziehung getauscht wird? Wir haben gesehen, daß der Tausch ein integraler Bestandteil des menschlichen Zusammenlebens ist und daß man ihn nicht schon als solchen moralisch verurteilen kann. Mag er auch nicht so lobenswert wie das Schenken sein, so ist er doch an sich moralisch legitim. Verurteilenswert wird er höchstens aufgrund bestimmter Bedingungen oder Umstände. Diese Bedingungen können manchmal derart sein, daß man vielleicht sogar nicht mehr von Tausch, sondern von einem regelrechten Raub oder doch zumindest von einer Erpressung reden sollte.

Liegt das Anstößige an der prostitutionellen Beziehung dann vielleicht darin, daß hier ein sexuelles Gut gegen ein nichtsexuelles Gut getauscht wird – in den meisten Fällen sexuelle Befriedigung gegen Geld? Wird dadurch nicht die sexuelle Beziehung, die privat, intim und persönlich sein sollte, zu einer anonymen Tauschbeziehung? Wird Sexualität nicht zu einem Tausch- oder Konsumgut wie jedes andere, und verliert sie dadurch nicht den ihr eigenen Wert als Selbsterfüllungsmedium des Menschen? Wir haben versucht zu zeigen, daß eine prostitutionelle Beziehung nicht unbedingt die persönliche Dimension ganz auszuschließen braucht. Es gibt natürlich viele Kunden, die in der Prostituierten nichts anderes als eine animierte aufblasbare Puppe sehen und die sie dementsprechend nicht als Person betrachten. Aber: Was gibt einem das Recht zu sagen, daß es immer so sein muß? Schließlich gibt es auch Menschen, die in der Verkäuferin auf dem Markt nur einen Gemüse herüberreichenden und Geld in Empfang nehmenden Körper sehen. Und es mag auch Verkäuferinnen geben, die im Kunden nichts anderes als einen das Gemüse in Empfang nehmenden und dafür Geld gebenden Körper sehen. Es ist aber nicht immer so, und es muß nicht immer so sein. Und unsere These ist, daß es in der Prostitution auch nicht immer so sein muß, und vor allem, daß dies nicht *konstitutiv* für die prostitutionelle Beziehung ist. Die Tatsache, daß ein Mensch einem anderen Menschen eine Summe Geld anbietet, um Geschlechtsverkehr mit ihm zu haben, heißt noch nicht, daß das erste Individuum im anderen nichts anderes als eine animierte aufblasbare Puppe sieht. Und daß das zweite Individuum das Angebot annimmt, heißt auch noch nicht, daß es unbedingt auf die Sexualität als Selbsterfüllungsmedium verzichtet. Doch auch wenn es darauf verzichten sollte: Mit welchem Recht erlaubt man sich, anderen seine eigene Sicht über die Wichtigkeit der Sexualität aufzudrängen? Genauso wie es illegitim war, jedem eine Sicht der Sexualität aufdrängen zu wollen, die in letzterer etwas Schlimmes sah – das aber als notwendiges Übel einige Male im Jahr, in der Dunkelheit, angezogen, so schnell wie möglich, nur mit der eigenen Ehefrau und nur in der Absicht, Kinder zu zeugen, geduldet wurde –, ist es illegitim, jedem eine Sicht der Sexualität aufdrängen zu wollen, die in letzterer das *nec plus ultra* der zwischenmenschlichen Beziehungen und der eigenen Selbsterfüllung sieht. Welche Rolle jemand der Sexualität in seinem eigenen Leben zuspricht, sollte ihm – oder ihr – selbst überlassen bleiben. Und daß jemand seine Sexualität einsetzt, um damit Geld zu verdienen, ist *a priori* nicht anstößiger als das Einsetzen der eigenen Intelligenz oder der eigenen künstlerischen Fähigkeiten, um damit Geld zu verdienen.[63] Moralische Bedenken entstehen erst hinsichtlich der Bedingungen und der Umstände, unter denen der Einsatz geschieht.

Aber ist es nicht moralisch anstößig, wenn jemand seinen Körper verkauft, damit andere sich damit sexuell befriedigen können? Hierzu muß erstens gesagt werden, daß es in einer prostitutionellen Beziehung nicht zum Verkauf des Körpers kommt. Ein solcher Verkauf mag der prostitutionellen Beziehung vorausgegangen sein – wenn etwa ein Menschenhändler eine Frau an einen Zuhälter verkauft –, ist aber nicht mit ihr identisch. Die sich prostituierende Person erlaubt es lediglich einer anderen Person, während einer bestimmten Zeit über ihren Körper zu verfügen, wobei sie aber zu jedem Augenblick das Recht behält, die Erlaubnis zu widerrufen und die sexuelle Handlung abzubrechen – ob sie dann der ihre

---

63 Wie es Clothilde, eine von Catherine Anthony befragte Prostituierte sagt: „Seinen Körper zu verkaufen ist nicht weniger ehrwürdig, als seinen Geist oder seinen Scharfsinn zu verkaufen" (zitiert in: Anthony 1996: 44). Wobei, dies sei noch einmal betont, die Prostituierte nicht ihren Körper verkauft.

Dienste in Anspruch nehmenden Person das vereinbarte Geld ganz oder teilweise zurückgeben sollte, ist eine andere Frage. Rechtlich gesehen befindet sich die sich prostituierende Person nicht in einem Sklavereiverhältnis, und es liegt kein Verkauf des Körpers oder eines seiner Teile vor.

Ist es dann aber trotzdem nicht moralisch anstößig, daß eine sich prostituierende Person ihren Körper und vornehmlich – aber nicht nur, wie immer wieder betont werden muß – ihre Geschlechtsteile gegen Geld zur Verfügung stellt, damit eine andere Person sexuell befriedigt werden kann? Das Problem kann hier nicht darin liegen, daß die sich prostituierende Person ihren Körper zur Verfügung stellt. Das tun nämlich tagtäglich Hunderte von Millionen von Menschen. Wenn, dann müßte es darin liegen, daß der Körper für sexuelle Zwecke zur Verfügung gestellt wird. Doch warum sollte das illegitim sein, solange die sich prostituierende Person darüber verhandeln kann, wie weit das zeitweilige – immer wieder widerrufbare – Verfügungsrecht über den Körper reichen wird? Warum sollte man seinen Körper nicht für sexuelle Zwecke und gegen ein Entgelt zur Verfügung stellen dürfen? Wie schon vorhin gesagt, sollte jeder selbst darüber bestimmen können, wie er mit seiner Sexualität umgeht und welchen Stellenwert er ihr in seinem Leben gibt.

Das moralische Problem mit der prostitutionellen Beziehung liegt also weder in der bloßen Tauschbeziehung noch darin, daß ein primäres sexuelles Gut getauscht wird, noch darin, daß dieses primäre sexuelle Gut gegen ein nichtsexuelles Gut getauscht wird, noch darin, daß es mittels direkten Körperkontaktes getauscht wird. Und es liegt auch nicht darin, daß die sich prostituierenden Personen gewöhnlich mit vielen verschiedenen Menschen sexuell verkehren. Wer dies zum Hauptproblem macht, der verwechselt die Beurteilung der Prostitution mit derjenigen der Promiskuität. Wenn die prostitutionelle Beziehung an sich etwas moralisch Anstößiges hat, dann spielt es keine Rolle, wie viele Personen von der sexuellen Dienstleistung profitieren. Dies vorausgesetzt, sollte man nicht die *Prostitution* – verstanden als Eingehen prostitutioneller Beziehungen – moralisch verurteilen, sondern *bestimmte Formen von Prostitution.*

Die Seele der Prostitution ist nicht unmenschlich. In der heutigen Gesellschaft erscheint uns die Prostitution aber ganz oft mit einem unmenschlichen Antlitz. Bedingt ist dies vor allem durch kulturelle und sozioökonomische Faktoren. Vielleicht auch durch anthropologische Faktoren. Warum sind bestimmte Menschen bereit, andere Menschen zu verkaufen, um dadurch Geld zu verdienen? Warum sind bestimmte Menschen bereit, andere Menschen zu beherrschen und sie auszubeuten? Warum wollen bestimmte Menschen im anderen nicht auch den anderen Menschen sehen – selbst im Rahmen von Tauschbeziehungen?

Wie es auch immer mit den Antworten auf diese Fragen stehen mag, so scheint es mir wichtig zu sein, gegen diejenigen Formen der Prostitution vorzugehen, die ein unmenschliches Antlitz tragen. Und genauso wichtig scheint es mir, den sich prostituierenden Personen mehr Macht und mehr Rechte zu geben, ihnen aber auch mehr Respekt entgegenzubringen. Denn die zum Teil noch bestehende Rechtlosigkeit der sich prostituierenden Personen wie auch ihre Stigmatisierung haben das ihrige dazu beigetragen, daß die Prostitution sehr oft ein unmenschliches Antlitz trägt. Das unmenschliche Antlitz der Prostitution ist also zwar einerseits das Resultat der Zuhälter, Menschenhändler und respektlosen Kunden, aber es verweist andererseits auch auf bestimmte kulturelle Vorstellungen, welche die sich prostituierenden Personen aus der ehrbaren Gesellschaft ausgeschlossen haben und sie somit gewissermaßen zum Freiwild erklärt haben.

In ihrem Aufsatz „Prostitution und der Besitz des eigenen Körpers" führt Sibyl Schwarzenbach sechs Bedingungen einer akzeptablen Prostitution an. Die sich prostituierende Person muß erstens erwachsen und zweitens zurechnungsfähig sein. Drittens muß sie sich frei für die Prostitution entschieden haben, und sie muß auch viertens in Sicherheit arbeiten. Fünfte Bedingung ist, daß die sich prostituierende Person das Recht behält, nein zu sagen. Und sechstens soll die sich prostituierende Person keine wesentlichen Fähigkeiten ihres Selbst aufgeben müssen (Schwarzenbach 2000: 155). Dem wäre noch hinzuzufügen, daß die sich prostituierende Person nicht ausgebeutet werden darf und daß die Kunden sie mit Respekt behandeln müssen.

Kapitel 3: Die Wirklichkeit der Prostitution

Die Prostitution ist nicht nur ein Begriff, den der Sprachphilosoph so genau wie möglich zu umgrenzen sucht, noch handelt es sich bei ihr nur um eine Idee, deren normativ relevante Aspekte man *in abstracto* untersuchen kann. Die Prostitution ist auch eine soziale Wirklichkeit, und als solche existiert sie immer in einem ganz bestimmten kulturellen, ökonomischen, politischen Kontext usw. und betrifft auch konkrete Menschen. Mag auch die rein philosophische Analyse in einem ersten Schritt – soweit es überhaupt möglich ist – von diesem Kontext absehen und sich auf die abstrakte prostitutionelle Beziehung konzentrieren, so muß sie auch an einem bestimmten Punkt wieder den Kontakt mit der konkreten Wirklichkeit finden und sich genauer auf die Akteure einlassen, die an der prostitutionellen Beziehung teilnehmen oder teilhaben.

In diesem dritten Kapitel wollen wir den Schritt vom Abstrakten zum Konkreten vollziehen, wobei wir uns zunächst mit dem Kunden der Prostituierten befassen werden. Wenn das Prinzip gilt, daß ein Angebot nur dort existiert, wo auch eine Nachfrage existiert, dann scheint es legitim zu sein, sich zuerst der Nachfrageseite, d. h. dem Kunden, zuzuwenden. Was sind in unserer Gesellschaft die hauptsächlichen Motive, die einen Mann – denn in den allermeisten Fällen sind es Männer – dazu bringen, einer Frau – aber immer öfter auch einem Mann – Geld anzubieten, damit sie – oder gegebenenfalls er – ihn sexuell befriedigt? Sind diese Motive immer moralisch verurteilenswert, oder kann man sich Situationen vorstellen, in denen sie den Makel der moralischen Illegitimität verlieren?

Nach der Nachfrageseite werden wir uns der Angebotsseite zuwenden. Wer sind überhaupt diese Frauen, die bereit sind, Männer gegen ein bestimmtes Entgelt sexuell zu befriedigen? Es wird sich zeigen, daß man eigentlich nicht pauschal von der Prostitution sprechen kann, sondern daß die Welt der Prostitution auch ihre Kategorien kennt, und daß es nicht dasselbe ist, ob eine Frau ein wohlhabendes, unabhängiges Callgirl ist, das 10 000 Euro im

Monat verdient, indem es insgesamt zehn Kunden befriedigt, oder ob sie ein junges Mädchen ist, das man mit einem falschen Versprechen aus der Ukraine nach Deutschland gelockt hat, wo es dann zehn Freier am Abend befriedigen muß und überhaupt froh sein kann, wenn seine Zuhälter ihm noch knappe 500 Euro im Monat übriglassen.

Der dritte Teil des Kapitels wird sich dem Umfeld der sich prostituierenden Person zuwenden. Vor allem seit dem Ende des 19. Jahrhunderts gehören zu diesem Umfeld die Sozialarbeiter und alle diejenigen Personen, die der Prostituierten helfen wollen, sich von ihrer Situation zu befreien. Wie ehrlich diese Befreiungsversuche auch gemeint sein mögen, rufen sie doch manchmal ganz heftige Reaktionen seitens der Prostituierten hervor, die den Eindruck haben, man behandle sie wie Kinder bzw. wie Personen, die nicht in der Lage sind zu entscheiden, wie sie ihr Leben am besten gestalten können.

Für viele – aber nicht für alle – Prostituierte gehört zu diesem Umfeld auch noch der Zuhälter, den man oft als eine Person definiert, die von der Ausbeutung der Prostitution einer anderen Person lebt. Es wird sich zeigen, daß diese allgemeine und undifferenzierte Charakterisierung des Zuhälters es der Prostituierten oft schwermacht, einen privaten Lebenspartner zu haben.

Zum Umfeld der Prostituierten gehören auch ihre Familienmitglieder und besonders ihre Kinder – denn viele Prostituierte sind auch Mütter. Was verlangt hier das Interesse des Kindes? Es bei seiner Mutter zu lassen, damit es die mütterliche Liebe kennenlernen kann, oder es von seiner Mutter zu trennen, damit es nicht mit der oft als lasterhaft empfundenen Existenz der Mutter konfrontiert wird?

Zum Umfeld der Prostituierten gehören des weiteren die Anrainer – und dies gilt besonders für die sogenannten Straßenprostituierten. Hier kommt es oft zu Konflikten, da die Anrainer nicht belästigt werden wollen, während die Prostituierten ihrem Erwerb nachgehen wollen.

Wo es zu solchen Konflikten zwischen den Prostituierten und einzelnen Gruppen der Gesellschaft bzw. der Gesamtgesellschaft kommt, interveniert oft das Recht. Im letzten Teil dieses Kapitels wollen wir deshalb einen kurzen systematischen und historischen Überblick über die rechtliche Regulierung der Prostitution geben. Im systematischen Teil werden wir die drei möglichen Modelle eines rechtlichen Umgangs mit der Prostitution darstellen. Das Rechtssystem kann nämlich, vereinfacht ausgedrückt, erstens die Prostitution verbieten (Prohibitionismus), zweitens nichts über die Prostitution sagen (Abolitionismus) oder drittens die Ausübung der Prostitution innerhalb eines rechtlich definierten Rahmens zulassen (Reglementarismus). Im historischen Teil werden wir zeigen, wie der Gesetzgeber von der Antike bis heute mit dem Phänomen der Prostitution umgegangen ist. Dabei sei jetzt schon darauf hingewiesen, daß dieser historische Überblick nur einige der wichtigsten Etappen des rechtlichen Umgangs mit der Prostitution festhält.

1. Die Kunden

Genauso wie jeder andere Erwerbszweig in einer Marktwirtschaft gehorcht auch die Prostitution dem ökonomischen Prinzip des Angebots und der Nachfrage: Ein Angebot wird es nur so lange geben, wie es auch eine Nachfrage gibt. Es ist also die Nachfrage, welche zum Teil das Angebot schafft. Aber nur *zum Teil*, denn das Angebot entsteht nicht automatisch durch die Existenz einer Nachfrage, sondern das Angebot muß auch auf eine für die anbietende Person zufriedenstellende Art und Weise belohnt werden – es sei denn, es würde direkter Zwang auf die anbietende Person ausgeübt. Es ist übrigens dieser Zusammenhang von Angebot und Nachfrage, der verschiedene Personen dazu gebracht hat, eine Kriminalisierung der Kunden zu verlangen, um auf diese Weise der Prostitution ein Ende zu setzen.

Doch was sind die eigentlichen Gründe, die eine Person dazu bringen, eine oft beträchtliche Summe Geld auszugeben – vielleicht nicht unbedingt bei jedem einzelnen Mal, wohl aber über die Dauer –, um sich ein Gut anzueignen, das man sich schließlich auch für eine viel geringere Summe aneignen, ja das man gegebenenfalls sogar umsonst haben kann? Warum geben Männer – denn sie bilden die ganz große Mehrheit der Kundschaft – Geld für sexuelle Befriedigung aus? Oder noch allgemeiner gefragt: Warum verzichten Männer auf bestimmte materielle Güter, um sie gegen ein primäres sexuelles Gut einzutauschen?

Diese Frage stellt übrigens nicht nur der externe Beobachter, der das Phänomen der Prostitution verstehen will, sondern sie wird auch von den sich prostituierenden Personen gestellt, aber ohne daß eine zufriedenstellende, rationale Antwort gefunden wird. Valérie, eine von Catherine Anthony befragte Prostituierte, meint etwa in diesem Zusammenhang: „Ich denke, daß man krank sein muß, um imstande zu sein, soviel Geld für eine solche Dummheit (connerie) auszugeben. Einige sehen nicht besonders reich aus. Sie müssen danach große Probleme haben" (zitiert in: Anthony 1996: 30). Auch Welzer-Lang und seine Kollegen weisen auf dieses Unverständnis der sich prostituierenden Person für die ihre Dienste in Anspruch nehmende Person hin: „Es ist *a priori* schwierig, und dies besonders für einige Frauen, die Kunden zu verstehen. Warum so teuer bezahlen für eine derart kurze, die menschliche Sexualität reduzierende Handlung? Wie soll man diese Schizophrenie verstehen, fragte uns eine Studentin?" (Welzer-Lang/Barbosa/Mathieu 1994: 129). Die Frage ist also nicht nur, warum Männer Geld für Sex ausgeben, sondern auch und vor allem, warum sie Geld für einen oft zweit-, wenn nicht sogar drittklassigen Sex ausgeben?

Während also einerseits versucht wird, wie im letzten Kapitel gezeigt wurde, den Schritt der Frauen in die Prostitution als das Resultat einer rationalen Wahl zu verstehen, steht man andererseits vor dem anscheinend nicht rational lösbaren Rätsel des männlichen Gangs zur sich prostituierenden Person. Wo Cesare Lombroso und andere die These vertraten, eine sich prostituierende Person – und das war zur Zeit Lombrosos selbstverständlich immer eine Frau – müsse geisteskrank oder doch zumindest geistig gestört sein[1], ohne daß allerdings von diesen Autoren irgendetwas über den Geisteszustand der diese Personen besuchenden Männer gesagt wurde[2], scheinen heute die Prostituierten gewissermaßen ihre

---

1   Fichte greift auf die Verrücktheit der Prostituierten zurück, um seine These zu begründen, daß ein Staat keine Prostituierten auf seinem Territorium dulden darf: „Prostituierte Weibspersonen, *(quae quaestum corpore exercent)* die dies zu ihrem einzigen Gewerbe machen, kann der Staat innerhalb seiner Grenzen nicht dulden; er muß sie des Landes verweisen: und dies ohne Abbruch ihrer eben abgeleiteten Freiheit, mit ihrem Leibe vorzunehmen, was sie wollen, aus folgendem sehr einfachen Grunde. – Der Staat muß wissen, wovon jede Person lebt, und muß ihr das Recht geben ihr Gewerbe zu treiben. Welche dies nicht angeben kann, hat das Bürgerrecht nicht. Wenn nun eine Weibsperson dem Staate jenen Nahrungszweig angäbe, so hätte er das Recht, sie für wahnsinnig zu halten. [...] Es ist sonach so gut, als ob sie kein Gewerbe angegeben hätte, und in *dieser Rücksicht* ist sie, wenn sie sich nicht eines anderen bedenkt, über die Grenze zu bringen" (Fichte 1979: 329–30). Der Staat soll also von der Voraussetzung ausgehen, daß eine sich prostituierende Person verrückt ist.

2   Man berücksichtige aber der Fairneß halber folgende Aussage Lombrosos: „Der Mann hat aus der Frau das gemacht, was sie ist, unter diesem Gesichtspunkt wie

Revanche zu nehmen, indem sie behaupten, daß die Kunden die eigentlich Geisteskranken oder geistig Gestörten sind.

Aber nicht nur die Prostituierten, sondern auch viele der erklärten Gegner der Prostitution suchen nach psychologischen Erklärungen für das Handeln der Kunden. So schreibt etwa Max Chaleil: „Der Kunde ist ein reines Produkt unserer Gesellschaft: ein anscheinend normaler Mann, ehrlich, meistens verheiratet, der aber trotzdem die Prostituierte braucht, um zu existieren und um seine Neurose auszuleben, die sich in einer Welt entfaltet, die seiner sozialen Welt diametral entgegengesetzt ist" (Chaleil 2002: 235). Hinter der Fassade der Normalität verbirgt sich also ein neurotischer Mensch, der sozusagen eine Parallelwelt braucht, um sich wohl zu fühlen. Diese Sicht des anormalen Kunden wurde auch kürzlich von finnischen Parlamentariern geäußert, die meinten, „daß eine ‚normale Frau‘ sich nicht verkauft und daß auch ein ‚normaler Mann‘ keine sexuellen Dienstleistungen kauft" (Holli 2004: 113). Die Prostitution wird somit, sowohl hinsichtlich des Angebots wie auch hinsichtlich der Nachfrage auf ein psychologisches, wenn nicht sogar psychiatrisches Problem reduziert.

Aber sollte man wirklich alle Kunden als psychisch geschädigt betrachten und ihren Schritt zur Prostituierten als einen Akt sehen, für den man zwar bestimmte Ursachen, nicht aber rationale – und schon gar nicht moralisch legitime – Gründe anführen kann? Über den Prozentsatz von Männern, die auf Prostituierte zurückgreifen, gibt es inzwischen zahlreiche Studien. So heißt es etwa bei Ronald Weitzer, daß 16 % der amerikanischen Männer zwischen 18 und 59 Jahren zugeben, auf die Dienste von Prostituierten zurückzugreifen. Bei den englischen und kanadischen Männern unter 35 Jahren sind es 10 bzw. 7 % (Weitzer 2000: 2). Riecker schätzt auf ungefähr 18 den Prozentsatz der geschlechtsreifen Männer, die in Deutschland den Dienst einer Prostituierten in Anspruch nehmen (Riecker 1995: 32). Es wird geschätzt, daß in Deutschland täglich 1,2 Millionen Männer die Dienste einer Prostituierten in Anspruch nehmen – was den Umsatz von schätzungsweise sechs Milliarden Euro im Jahr erklärt (Feige 2003: 9). Im Bericht der Fondation Scelles über die Erwachsenenprostitution in Europa wird eine schwedische Studie erwähnt, derzufolge zwischen 10 und

unter vielen anderen wäre es also unangebracht, ihr einen Vorwurf daraus zu machen" (Lombroso 1991: 141).

20 % der schwedischen Männer zumindest einmal in ihrem Leben zu einer Prostituierten gegangen sind (Fondation Scelles 2002: 56). Für Frankreich soll diese Zahl bei 16 % liegen, während für Italien die Zahl von neun Millionen genannt wird (ebd.: 57). Bei einer Gesamtbevölkerung von ungefähr 60 Millionen wären das 15 %, also ungefähr 30 % der gesamten *männlichen* Bevölkerung, die noch nicht geschlechtsreifen Kinder inbegriffen.

Man wird natürlich lange über die genauen Zahlen diskutieren können. Festzustehen scheint aber, daß ein relativ großer Anteil der geschlechtsreifen männlichen Bevölkerung den Schritt zur oder zum Prostituierten getan hat. Und die Tatsache, daß viele kriminelle Organisationen heute dem Menschenhandel eine fast ebenso große Bedeutung zumessen wie dem Drogenhandel, deutet darauf hin, daß eine große Nachfrage besteht. Aber wonach fragt der Kunde eigentlich bzw. was motiviert ihn dazu, gewöhnlich zwischen zehn und 100 Euro – aber manchmal auch mehr – auszugeben, um innerhalb einer kurzen Zeitspanne – gewöhnlich zwischen fünf und 15 Minuten, aber auch manchmal bis zu einer Stunde oder gar ein Wochenende – auf eine oft rein mechanische Art und Weise sexuell befriedigt zu werden?

Insofern viele Männer lieber auf die Dienste einer sich prostituierenden Person als auf eine in jedem Sex-Shop kaufbare aufblasbare Puppe[3] oder auf die Selbstbefriedigung zurückgreifen, kann das gesuchte Gut nicht ausschließlich in einer rein physiologisch verstandenen sexuellen Befriedigung bestehen. Anders gesagt: Mögen die Männer *auch* eine rein physiologisch verstandene sexuelle Befriedigung suchen, so suchen sie doch mehr als nur dies. Sie suchen zumindest manchmal auch eine Beziehung mit einem anderen Menschen, bzw. sie legen Wert auf eine durch einen anderen Menschen vermittelte sexuelle Befriedigung.

---

3   Carole Pateman bemerkt: „Sogar ein Plastikersatz für eine Frau kann einem Mann das Gefühl geben, ein patriarchalischer Herr zu sein. In der Prostitution ist der Körper der Frau und der sexuelle Zugang zu diesem Körper der Gegenstand des Vertrags" (Pateman 1995: 203). Wenn der Plastikersatz tatsächlich genügen würde, dann würden sich wahrscheinlich die meisten Männer auch mit diesem relativ billigen Ersatz begnügen, und es würde so gut wie keine Prostitution mehr geben. Wenn es also Prostitution gibt, so muß die sich prostituierende Person dem Mann mehr bieten als die Plastikpuppe. Dieses Mehr kann man, wenn man die helle Brille aufsetzt, mit einem Mehr an Wärme und Menschlichkeit gleichsetzen oder aber, wenn man Patemans dunkle Brille aufbehält, mit einem Mehr an Anerkennung der Herrschaft. Die Prostituierte kann nämlich etwas, was der Plastikersatz nicht kann: dem Mann sagen oder doch zu erkennen geben, daß er der Herr ist.

Doch warum dann nicht eine normale, ganz persönliche Beziehung zu einer anderen Person aufbauen? Sieht man sich die möglichen Optionen an, die ein Mann hat, so wird man folgende unterscheiden können:

1. sexuelle Enthaltsamkeit
2. Selbstbefriedigung (wozu auch der Gebrauch einer aufblasbaren Puppe u. ä. zählt)
3. Rückgriff auf eine sich prostituierende Person
4. One-night-Stand (kurzlebiges sexuelles Erlebnis)
5. Aufbau einer engen persönlichen Beziehung

Jeder steht also vor einer doppelten Wahl. Erstens muß er entscheiden, *ob* er sexuelle Befriedigung überhaupt als Gut anstreben will oder ob er sein Leben nicht lieber in sexueller Enthaltsamkeit verbringen will. Entscheidet man sich dafür, sexuelle Befriedigung als Gut anzustreben, so steht man vor der Entscheidung, *wie* man dieses Gut anstreben will. Die sexuelle Entscheidungsfreiheit des Menschen spielt sich also auf zwei Ebenen ab, wobei die auf der ersten Ebene getroffene Entscheidung viel fundamentaler als die auf der zweiten Ebene getroffene ist. Es ist hier wichtig zu betonen, daß die Menschen sich in ihrer Sexualität frei entscheiden können, daß sie also nicht absolut instinktgesteuert sind. Mag auch der Sexualtrieb zu unserem genetischen Outfit gehören und sich mehr oder weniger stark bemerkbar machen, so kann er doch unter Kontrolle gebracht und kulturell bestimmt werden. Von einigen pathologischen Fällen abgesehen, können die Menschen generell ihre sexuellen Handlungen kontrollieren, wenn nicht auch unbedingt ihre sexuellen Phantasien oder Gedanken.

Man wird lange darüber diskutieren können, ob eine sexuelle Handlung im Rahmen einer dauerhaften, durch Liebe gekennzeichneten Beziehung „besser" ist als eine solche, die im Rahmen einer kurzfristigen Beziehung ausgeführt wird. Wenn man nur die rein physiologisch verstandene sexuelle Befriedigung sucht, dann dürfte es keinen merklichen Unterschied geben. Es ist hier so wie mit dem Hunger: Wer *nur* nicht mehr hungrig sein will, dem wird es letztendlich gleichgültig sein, ob er einen Laib trockenes Brot oder eine von einem großen Koch zubereitete Mahlzeit zu sich nimmt – wobei wir natürlich voraussetzen, daß beide dieselbe Wirkung auf den zu stillenden Hunger haben. Wenn er die Mahlzeit dem Brot vorzieht, dann kann es nur deshalb sein, weil er mehr als nur die Stillung des Hungers sucht.

Bleiben wir noch einen Augenblick bei diesem Vergleich, und bilden wir die fünf vorhin unterschiedenen Optionen auf den Hunger ab. Man kann

1. verhungern,
2. sich selbst etwas kochen,
3. einen Fremden fragen, ob er mit uns etwas kochen und essen will,
4. in einem Restaurant essen (vom Schnellimbiß bis zum 5-Sterne-Restaurant),
5. mit einer Person, die manlieb hat, etwas kochen und gemeinsam die Mahlzeit zu sich nehmen.

Wenn wir einmal von der ersten Option absehen, fällt es schwer zu sagen, welche der vier übrigen Optionen die beste ist. Und dem ist so, weil unterschiedliche Optionen besser in unterschiedlichen Hinsichten sind. Wer sich selbst etwas kocht, der kann frei darüber bestimmen, was er kocht und wie er kocht. Wer mit einer anderen Person zusammen kocht und ißt, der wird vielleicht interessante Gespräche führen und das Zusammensein genießen können. Wer in einem Restaurant ißt, der braucht nicht zu kochen und nicht abzuwaschen, und wer in einem 5-Sterne-Restaurant ißt, der wird darüber hinaus noch eine vorzügliche Mahlzeit zu sich nehmen können. Um also sagen zu können, was besser ist, muß man sich zunächst darüber im klaren sein, woran es einem eigentlich liegt.

Eine ähnliche Überlegung scheint mir auch im Zusammenhang mit der Qualität einer sexuellen Beziehung angemessen zu sein. Es mag durchaus der Fall sein, daß eine sexuelle Beziehung, die Teil einer Liebesbeziehung ist, in einer Hinsicht besser ist als andere Typen sexueller Beziehungen, daß letztere aber in anderen Hinsichten besser sind. Oder um es noch allgemeiner zu sagen: Wir können viele Beziehungen mit anderen Personen eingehen. Sexuelle Beziehungen sind nur ein Typ solcher Beziehungen. Wir können uns nun dafür entscheiden, bei diesem Typ von Beziehung stehenzubleiben, also in dem anderen nur jemanden zu sehen, mit dem wir sexuelle Handlungen ausführen wollen, genauso wie wir übrigens im Bäcker gewöhnlich nur jemanden sehen, dem wir Brot abkaufen wollen. Es wird uns dann auf die Intensität der sexuellen Erlebnisse ankommen. Alle Gegner der Prostitution, die einen so großen Wert auf das sexuelle Erlebnis legen, sollten sich fragen, was eine Person tun sollte, die keinen ‚normalen' Sexualpartner findet. Hypothesen über die Ursachen und Gründe, die einen Mann dazu bringen können, den Gang zur oder zum Prostituierten einzuschlagen, sind zahlreich. Samuel Kling führt vier Gründe an: Unfähigkeit, eine normale Beziehung einzugehen; Bedürfnis nach sexueller Vielfalt; keine Gefahr, daß eine gefühlsbetonte Beziehung entsteht; billiger, als eine Mätresse zu haben (Kling: 187). Hoigard und Finstad zählen deren fünf auf: besondere sexuelle Wünsche; neue Frauen; unterschiedliche Erfahrungen; Verpflichtungslosigkeit und Einfachheit; Einseitigkeit (Hoigard/Finstad 1992: 96).[4] Die meines Wissens umfangreichste Liste liefert uns Martin Monto[5], wobei dieser Autor auch immer angibt, wieviel Prozent der betroffenen Männer den einen oder anderen Grund angekreuzt haben (Monto 2000: 78)[6]:

• Schwierigkeit, mit ‚normalen' Frauen eine Beziehung
  aufzubauen   23,4 %
• Gefühl, daß ‚normale' Frauen einen unattraktiv finden   23,3 %
• Wunsch nach spezifischem Sex, den der Partner einem
  nicht geben will   42,6 %
• Scheu und Unbeholfenheit Frauen gegenüber   41,9 %
• Präferenz für Sex mit einer Prostituierten[7]   19,3 %
• Erregung durch den Gedanken, sich einer Prostituierten
  anzunähern[8]   46,6 %

---

4   Die von Mc Keganey und Barnard angegebenen fünf Gründe decken sich nicht ganz mit denen von Hoigard und Finstad: Möglichkeit, spezifische sexuelle Handlungen auszuführen; Möglichkeit, sexuelle Handlungen mit vielen verschiedenen Frauen auszuführen; Möglichkeit, sich Frauen mit besonderen Eigenschaften herauszusuchen; Reiz, etwas zu tun, was von der Gesellschaft verurteilt wird; beschränkte und emotionslose Beziehung (Mc Keganey/Barnard 1997: 50). Genau diese fünf Gründe zählt auch Maggie O'Neill auf (O'Neill 2001: 168).

5   Monto legte den Kunden eine Reihe von Behauptungen vor und fragte sie dann, welchen sie zustimmen würden. Es war erlaubt, mehrere Behauptungen anzukreuzen.

6   Ich gebe hier nur den Gesamtprozentsatz wieder. Monto macht nämlich noch eine Feinanalyse und differenziert nach folgenden Kriterien: regelmäßiger oder einmaliger Kunde; Bildungsgrad; verheiratet oder nicht verheiratet.

7   „Eine ‚Hure' ficken ist erotisch, denn diese Männer denken, daß sie, indem sie Geld im Tausch gegen ‚Sex' annimmt, sich ihrer eigenen Menschlichkeit entledigt und so auf eine legitime Weise zu nichts anderem wird als einer Verkörperung der masturbatorischen Phantasien der Männer" (O'Connell Davidson 1998: 144).

8   Diese Erregung kann allerdings gefährlich werden. So weist Laurent Guyenot dar-

- Keine Zeit, eine normale Beziehung aufzubauen   33,3 %
- Kein Wunsch, Verantwortung zu übernehmen[9]   29,5 %
- Vorliebe für Mannigfaltigkeit von Sexualpartnern   44,1 %
- Wunsch, die Kontrolle bei der sexuellen Handlung auszuüben   41,8 %
- Wunsch, mit einer Frau zu sein, die es mag, obszön zu sein   53,9 %
- Bedürfnis, jede sexuelle Erregung sofort zu befriedigen[10] 36,1 %
- Vorliebe für rauhe sexuelle Handlungen   20,2 %

Aus diesen Zahlen geht hervor, daß viele Kunden von Prostituierten keine enge persönliche Beziehung mit einer Frau aufbauen wollen oder können. Wir wollen uns im folgenden zunächst mit dieser Kategorie von Kunden befassen, da sie sicherlich diejenigen sind, die am ernstesten zu nehmen sind.[11] Denn es dürfte klar sein, daß der Wunsch, überhaupt eine sexuelle Beziehung mit einem Menschen zu haben, es eher verdient, ernst genommen zu werden, bzw. eher moralisch legitimierbar sein dürfte als der Wunsch nach sogenanntem skatologischem Sex.

Ein Drittel der von Monto befragten Kunden gibt an, keine Zeit zu haben, um eine normale Beziehung aufzubauen, in deren Rahmen sich dann die sexuelle Beziehung einschreiben könnte. Dieser Zeitmangel kann etwa durch eine sehr zeitraubende Arbeit bedingt sein oder weil man ständig unterwegs ist. Wenn man der anderen Person stets sagen muß, man hätte keine Zeit, um etwas mit ihr zu unternehmen, da man noch eine Menge Arbeit zu erledigen hat, oder wenn man jede Woche mehrere Tage abwesend ist, kann es eventuell unmöglich werden, eine enge persönliche Beziehung aufzubauen – es sei denn, man würde auf eine Person treffen,

---

auf hin, daß mehr Männer einen Herzschlag beim Geschlechtsverkehr mit einer Prostituierten als beim Geschlechtsverkehr mit ihrer Ehefrau erleiden. Bedingt sei dies, so der Autor, durch den Stress (Guyenot 2000: 76).

9   Reiner Gödtel sieht hier den Hauptgrund: „Es ist nicht die Schönheit und Attraktivität, die den Mann anziehen, auch nicht der Wunsch, die Frau durch Bezahlung zu demütigen, sondern das Freisein von Verantwortung und Konsequenzen sowie der Ausschluß einer Verweigerung" (Gödtel 1995: 57).

10   Sex, so Dominique Folscheid, „kennt kein Warten, keine Hoffnung, keine Zeitlichkeit, und er schließt alle diese Dimensionen, ohne die es keine Liebesbegierde gibt, aus" (Folscheid 2002: 57).

11   Wir werden nicht jede der von Monto aufgelisteten Kategorien diskutieren, sondern uns lediglich auf einige davon konzentrieren.

die sehr geduldig ist. Gewöhnlich wird der eine Partner sich vernachlässigt fühlen, und dieses Gefühl, wenn es überhandnimmt, wird es unmöglich machen, die Beziehung weiter aufzubauen und zu stärken.

Für Leute, die nicht über die nötige Zeit verfügen (wollen), um eine enge persönliche Beziehung aufzubauen, steht also die fünfte der oben erwähnten Optionen nicht offen. Einige werden in diesem Zusammenhang vielleicht sagen, daß es eigentlich keine Gesellschaft geben dürfte, in welcher bestimmte Personen mehr oder weniger dazu gezwungen sind, auf den Aufbau einer engen persönlichen Beziehung zu verzichten. Man wird aber vielleicht auch sagen, daß es an und für sich jedem ganz oft freisteht, sich zu entscheiden: Liegt ihm mehr an einer Arbeit, die es ihm so gut wie unmöglich macht, eine enge persönliche Beziehung aufzubauen – die ihn aber sonst zufriedenstellt –, oder legt er einen größeren Wert auf die Möglichkeit, eine solche Beziehung aufzubauen?

Doch angenommen, jemand entscheidet sich aus freien Stükken für einen Beruf, der ihm keine Zeit läßt, eine enge persönliche Beziehung aufzubauen, in deren Rahmen sich eine normale sexuelle Beziehung entwickeln könnte. Sollte er deshalb zur sexuellen Enthaltsamkeit oder zur Selbstbefriedigung verurteilt werden? Mit dieser rhetorischen Frage soll nicht angedeutet werden, daß es ein starkes natürliches Anspruchsrecht auf sexuelle Beziehungen mit anderen Menschen gibt, so daß der Staat irgendwie dafür zu sorgen hätte, daß jeder die Möglichkeit hat, sexuelle Handlungen mit einem anderen Menschen auszuüben. Es wäre sicherlich wünschenswert, wenn jeder Mensch die Möglichkeit hätte, seine Sexualität mit einer anderen Person auszuleben. Es wäre natürlich noch wünschenswerter, wenn jeder Mensch die Möglichkeit hätte, seine Sexualität mit einer anderen Person im Rahmen einer übergreifenden engen persönlichen Beziehung auszuleben. Doch wir wollen einmal davon ausgehen, daß diese letzte Möglichkeit nicht jedem offensteht, und fragen deshalb, ob jemand moralisch zu verurteilen ist, dem die Möglichkeit nicht offensteht und der deshalb seine Sexualität mit Prostituierten auslebt.

Man wird vielleicht sagen: Jeder sollte zumindest *versuchen*, eine enge persönliche Beziehung aufzubauen. Doch was würde man von jemandem halten, der Frauen irreführt, indem er sie glauben macht, er wolle eine enge persönliche Beziehung mit ihnen aufbauen, wobei er allerdings ganz gut weiß, daß dies nicht möglich sein wird? Er weckt also in der anderen Person die Erwartung auf eine enge persönliche Beziehung und kann somit gegebenenfalls diese Person dazu bringen, auch eine sexuelle Beziehung mit ihm einzugehen, doch diese Erwartung wird dann sehr oft enttäuscht. Ist es unter solchen Umständen nicht ehrlicher, von Anfang an auf die fünfte Option zu verzichten? Aber warum dann nicht die dritte Option wählen? Warum nicht in eine Diskothek oder in ein sonstiges Lokal gehen, dort nach einer alleinstehenden Frau Ausschau halten, mit ihr ins Gespräch kommen, die Nacht mit ihr verbringen und sie dann am Morgen wieder verlassen? Hier wäre kein Geld im Spiel, und es würde sich insofern nicht um eine prostitutionelle Beziehung handeln.

Manche Prostituierte betrachten diese One-night-Stands als schlimmer im Vergleich zu einer prostitutionellen Beziehung. So meint Sonia: „Ich war schlimmer als eine Prostituierte, denn ich verkehrte mit jedem umsonst" (zitiert in: François/Raes 2001: 28). Simone, die bei Felix Ihlefeldt zu Wort kommt, sagt: „One-night-Stands will ich nicht. Da fühl ich mich eher abgewertet und ausgenutzt, als wenn ich am Ende Geld dafür kriege" (zitiert in: Ihlefeldt 2003: 47). Eine mögliche Erklärung hierfür liefert Sonia: „Das Geld, das wir vom Kunden verlangen, ist proportional zum Wert des Aktes. Und desto mehr Geld der Kunde einem gibt, um so mehr Respekt zeigt er" (zitiert in: François/Raes 2001: 32).[12]

Wer wirklich unter Zeitdruck steht, wird vielleicht sogar für die Suche nach einer Partnerin für einen One-night-Stand keine Zeit haben. Im Falle einer Prostituierten geht alles viel schneller, da man sie nicht zu umwerben braucht.[13] Man sucht sich eine Prostituierte aus, verhandelt mit ihr über die sexuelle Handlung und über den Preis und braucht dann nur noch die Handlung auszuführen oder

---

12 Pascale meint hierzu: „Die Kunden sind weniger verachtend als die Jugendlichen, die nur deshalb mit dir ausgehen, weil sie dich ins Bett bekommen wollen" (zitiert in: François/Raes 2001: 77).

13 Hoigard und Finstad weisen darauf hin, daß es vielen Männern nicht nur um die bloße sexuelle Handlung geht, sondern daß sie sich auch darin gefallen, manchmal stundenlang mit dem Auto an den Prostituierten vorbeizufahren, bevor sie sich in ihrer Wahl festlegen. Nicht daß sie besonders wählerisch sein würden, sondern dieses Herumfahren soll dazu beitragen, so die beiden Autorinnen, sich sexuell zu stimulieren (Hoigard/Finstad 1992: 88). Wo dies der Fall ist, spielt der Faktor Zeit natürlich keine wesentliche Rolle bzw. ist es nicht aus Zeitmangel, daß diese Männer eine Prostituierte aufsuchen.

ausführen zu lassen. Wie es Yvan, ein von Catherine François und
Françoise Raes befragter Kunde, ganz lapidar formuliert: „Anstatt
eine Frau zu verführen, was Tage dauern kann, ist eine Begierde
schneller mit einer Prostituierten befriedigt. Es ist nicht sehr schön,
aber es ist nun mal so" (zitiert in: François/Raes 2001: 82).[14]

Hinzu kommt noch, daß im Falle der Prostitution die Bedingungen von Anfang an klar sind: Man zahlt die Prostituierte für
einen bestimmten Dienst, und damit hat es sich. Will man mehr
oder will man länger, dann muß man oft von neuem mit ihr verhandeln und einen Zuschlag zahlen. Und noch besser – falls man
dies hier sagen kann: Die Prostituierte ist darauf aus, daß es so
schnell wie nur möglich vorüber ist. Ihr geht es nämlich meistens
überhaupt nicht um ihre sexuelle Befriedigung, sondern die sexuellen Handlungen sind für sie nur ein Mittel, um Geld zu verdienen.
Und je mehr solcher Handlungen sie an einem Abend ausführen
kann, um so mehr Geld verdient sie. Während also eine in der
Diskothek getroffene Frau vielleicht ein langes Vorspiel usw. verlangen wird, da es ihr letztendlich auch um ihre eigene sexuelle
Befriedigung geht, will die Prostituierte die Sache so schnell wie
nur möglich zu Ende bringen. Insofern dies von Anfang an für beide Partner klar ist, gibt es hier keine Überraschungen, und der
Mann läuft nicht das Risiko, beschimpft zu werden, weil er die
‚Sache' zu schnell erledigt und dabei außerdem nur an seine eigene
Befriedigung gedacht hat – ganz im Gegenteil. Die Prostituierte
hat keine an den Kunden gerichteten sexuellen Erwartungen, sondern sie erwartet nur vom Kunden, daß er sie für ihre Dienste
bezahlt. Der Heterogenität des Tausches eines sexuellen gegen ein
nichtsexuelles Gut entspricht hier also auch eine Heterogenität der
Erwartungen: Der Kunde hat sexuelle Erwartungen, wohingegen
die Prostituierte meistens keine solchen Erwartungen hat.

Wie soeben schon indirekt angedeutet, gibt es neben dem Zeit-
faktor noch einen anderen Grund, der einen Mann eher dazu verleiten wird, eine Prostituierte aufzusuchen, als eine nichtprostitutionelle sexuelle Beziehung einzugehen: die Angst vor dem
Versagen. Die Erwartungen, die eine Prostituierte an einen Kunden stellt, sind bloß finanzieller Natur und haben überhaupt nichts

---

14 Hier fragt sich natürlich, was eigentlich nicht sehr schön ist: nur die Tatsache, die Begierde mit einer Prostituierten zu befriedigen, oder auch, wenn nicht vor allem, die Tatsache, eine Frau verführen zu wollen, um die Begierde mit ihr befriedigen zu wollen.

mit dem Sexuellen zu tun. Ob der Kunde ein guter oder ein schlechter Liebhaber ist, spielt für die Prostituierte keine Rolle. Hauptsache, er zahlt das vereinbarte Geld für die vereinbarte Dienstleistung. Wie Hoigard und Finstad schreiben: „Sex kaufen kann eine Flucht vor den Leistungserwartungen und vor der Konfrontation mit seinen eigenen Unzulänglichkeiten und Mängeln sein" (Hoigard/Finstad 1992: 31). Wenn sie Mitleid mit ihm hat, kann eine Prostituierte einem schlechten Liebhaber vorgaukeln, es sei phantastisch mit ihm gewesen. Der Mann kauft sich in einem solchen Fall nicht nur die sexuelle Befriedigung, sondern auch die Anerkennung seiner Männlichkeit. Der Kunde sucht eine Bestätigung, die er vielleicht nicht außerhalb der prostitutionellen Beziehung findet. Wie Sonia, eine von Catherine Anthony befragte Prostituierte, es formuliert: „Eine Frau, die ihnen sagt, sie seien sympathisch, sexuell in Topform, sie sei froh, sie wiederzusehen, die sie nicht immer wieder anrufen müssen, für sie ist das genial" (zitiert in: Anthony 1996: 140).

Diese Anerkennung oder Bestätigung ist natürlich meistens nur eine vorgespielte, und die prostitutionelle Handlung erfordert oft auch ein schauspielerisches Talent. Mit der sexuellen Handlung kaufen sich diese Kunden also auch ein Stück Illusion, wobei diese Illusion nicht unbedingt die sexuelle Potenz betreffen muß. Es ist dies ein Punkt, auf den viele Autoren aufmerksam machen. Für Janet Lever und Deanne Dolnick „erwarten Kunden von Callgirls, daß diese zumindest eine Illusion von Intimität im Austausch schaffen" (Lever/Dolnick 2000: 97). Und Kathleen Barry ist noch expliziter: „Was die Männer von den Frauen in der Prostitution erwarten, ist der *Anschein* von emotionellem, sexuellem Engagement (involvement), der Schein von Lust und Zustimmung, ein *Anschein, den sie so behandeln können, als wäre er die Wirklichkeit* im Augenblick des Warentauschs (commodity exchange)" (Barry 1995: 35). Schon Josia Washburn – eine zur Bordellbetreiberin gewordene Prostituierte – hatte zu Beginn des 20. Jahrhunderts gemeint, der Kunde begehre *„Liebe, Lob und möchte geschätzt werden, und weil er es nicht erhalten kann* in seinem Eigenheim, wird er mit großer Wahrscheinlichkeit *hingehen und dies kaufen"* (Washburn 1998: 214).

Es kann natürlich nicht behauptet werden, alle Kunden wollten von den Prostituierten geliebt, gelobt und geschätzt werden. Doch sollte man dieses Bedürfnis der Kunden ernst nehmen und sich fragen, warum sie es nicht anders als mit einer Prostituierten befriedigen können. Doch zunächst müßte festgehalten werden, daß man die moralische Legitimität dieses Bedürfnisses prinzipiell nicht in Frage stellen kann. Mag es auch sicherlich viel wichtigere Dinge auf der Welt geben als die Anerkennung seitens einer Frau, daß man sie sexuell befriedigen kann, so sehe ich nicht ein, welche Gründe es geben könnte, das Bedürfnis nach einer solchen Anerkennung *a priori* moralisch zu beanstanden. Und dasselbe gilt auch – und in noch größerem Maß – für das Bedürfnis nach Intimität oder nach sexuellem Engagement: Eine sexuelle Beziehung ist, vom Standpunkt der Gesamtperson gesehen, befriedigender, wenn sie mit Intimität und emotionalem Engagement verbunden ist bzw. wenn man zumindest glaubt, dies sei der Fall. Man kann niemandem einen moralisch begründeten Vorwurf machen, wenn er von einer sexuellen Handlung erwartet, daß sie in einem Klima von Intimität und Anerkennung geschieht.

Doch warum versucht man nicht, sich diese mit dem sexuellen Gut verbundenen Güter im Rahmen einer normalen Beziehung zu verschaffen? Ein Grund wurde schon angegeben: die mangelnde Zeit. Es gibt deren noch andere, wie etwa die Unmöglichkeit, einen Partner bzw. eine Partnerin zu finden. Vern und Bonnie Bullough schreiben zum Beispiel: „Männer, die an Beinen und Armen gelähmt sind (quadraplegics), sowie Männer mit anderen schlimmen Behinderungen haben berichtet, daß eine Prostituierte für sie oft die einzige Quelle sexueller Kontakte sei" (Bullough/Bullough 1993: 300). In seinem *Lexikon der Prostitution* hat Marcel Feige einen ganz interessanten Eintrag zum Thema „Sexualbegleiter/in". Lothar Sandfort, Gründer des Instituts zur Selbst-Bestimmung Behinderter, gibt folgende Definition der sexualbegleitenden Person: „Eine Sexualbegleiterin (alternativ: ein Sexualbegleiter) ist eine Prostituierte, die eine reflektierte und fördernde Beziehung zu ihren Kunden aufnimmt. Sexualbegleiterin und Kunde oder Kundin begegnen sich als Persönlichkeiten beabsichtigt nicht nur körperlich. Über die Förderung sexuellen Erlebens will die Sexualbegleiterin die Persönlichkeit des Kunden insgesamt stärken. Diese Absicht kauft der Kunde ein" (zitiert in: Feige 2003: 583). Feige zufolge machen die Sexualbegleitung leistenden Prostituierten einen strikten Unterschied zwischen einer sexualbegleitenden und einer rein prostitutionellen Beziehung. Allerdings fragt der Autor ganz zu Recht: „Doch gibt es einen Unterschied?" (Feige 2003:

580). Legt man unsere Definition der prostitutionellen Beziehung zugrunde, gibt es keinen Unterschied: Es wird ein sexuelles gegen ein nichtsexuelles Gut getauscht, wobei dieser Tausch vermittels eines direkten Körperkontaktes geschieht. Damit soll natürlich nicht bestritten werden, daß die Prostituierte einen anderen Blick auf den behinderten Menschen als auf einen kerngesunden Menschen werfen und z. B. Mitleid mit ersterem empfinden wird. Doch solches Mitleid könnte sie prinzipiell auch mit einem normalen Kunden empfinden.

Man wird darüber spekulieren können, was diese Männer genau begehren, wenn sie die Dienste einer Prostituierten in Anspruch nehmen. Julia O'Connell Davidson vermutet, daß häßliche und von einem Handikap betroffene Männer nur deshalb eine Prostituierte aufsuchen, weil sie ihr Gefühl, zur Welt der männlichen Konkurrenz zu gehören, wieder stärken wollen (O'Connell Davidson 1998: 172).

Dieses Motiv kann tatsächlich manchmal oder sogar oft vorliegen, nur scheint es mir doch gewagt zu sein, den Gedanken aufkommen zu lassen – und die Autorin scheint dies tun zu wollen –, daß dieses Motiv *immer* zugrunde liegt. Die sexuellen Wünsche der behinderten Personen sind genauso legitim wie diejenigen der nichtbehinderten Personen, und wenn erstere keine Möglichkeit haben, ihre Sexualität mit einer nichtprostituierten Person auszuleben, so kann niemand sich das Recht nehmen, sie prinzipiell moralisch zu verurteilen oder indirekt zu verunglimpfen, wenn sie auf die Dienste einer Prostituierten zurückgreifen. Es wird zwar sicherlich der Fall sein, daß diese Kategorie von Kunden einen schwindend kleinen Prozentsatz aller Kunden bildet, doch sollte uns das nicht davon abhalten zu fragen, ob es an sich moralisch verwerflich ist, wenn eine Frau sich bezahlen läßt, um einer schwerbehinderten Person, die keinen ‚normalen' Sexualpartner findet, die Möglichkeit zu geben, ihre Sexualität mit einem anderen Menschen auszuleben und sie somit in eine zwischenmenschliche Dimension zu integrieren. Das heißt allerdings noch nicht, daß der Staat diesen Menschen Prostituierte zur Verfügung stellen soll oder daß die Krankenkassen ihnen die Dienste der Prostituierten zurückzahlen sollten.[15]

15 In den Niederlanden haben die Behinderten, die keine Möglichkeit mehr haben, ihre sexuellen Bedürfnisse selbst zu befriedigen, inzwischen Anspruchsrecht auf

Es gibt also Menschen, für die es keine Möglichkeit oder Gelegenheit gibt, eine zwischenmenschliche Form der Sexualität außerhalb einer prostitutionellen Beziehung zu erleben. Für sie ist die
prostitutionelle Beziehung dann keine Alternative zu einer immer
möglichen nichtprostitutionellen sexuellen Beziehung, sondern
eine Alternative zur sexuellen Enthaltsamkeit oder zur Selbstbefriedigung – wenn ihre Behinderung diese letzte Möglichkeit überhaupt zuläßt. Man wird natürlich nicht leugnen können, daß das,
was sie mit einer Prostituierten erleben, gewissermaßen nur ein
Schein von wirklicher Intimität ist, doch sollte man nicht von
vornherein ausschließen, daß hier notwendigerweise jede Spur von
Intimität fehlt oder fehlen muß. Zwischen einer wirklich intimen
und einer überhaupt nicht intimen oder zwischen einer ganz persönlichen und einer ganz unpersönlichen Beziehung gibt es eine
Menge von Abstufungen, und es ist hier keine Sache des Entweder-
Oder, wie es viele Gegner der Prostitution oft vorauszusetzen scheinen.

Die Gegner der Prostitution gehen meistens von einem Standardbild des Kunden aus: Es ist ein Mann, dem es in erster Linie
oder sogar nur darum geht zu zeigen, daß er der Frau überlegen ist.
Tamara di Davide zufolge benutzt der Kunde „die ‚*Waffe Geld*‘, um
die Frau zu demütigen und herabzuwürdigen, wobei er von deren
ökonomischer und sozialer Lage profitiert" (di Davide 2002:
139).[16] Für diese Autorin ist der Mann übrigens nichts anderes als
eine Bestie, die nur ihren bestialischen Instinkten folgt, und dies
auf Kosten der Frauen. Wir haben hier den Mythos des reichen
Kunden, der sich die arme Frau untertan macht. Diesen Mythos
finden wir auch bei Hilde Schmölzer wieder, wenn sie schreibt, es

Rückzahlung durch die Krankenkasse von einem bestimmten Quantum Besuche
bei einer Prostituierten (Ouvrard 2000: 142). Auch in Dänemark übernimmt der
Staat die Kosten der sexualtherapeutischen Arbeit von Prostituierten (Feige 2003:
580).

16 Wo di Davide die Waffe Geld sieht, sprechen Vern und Bonnie Bullough von der
Waffe Sex: „Wenn Sex einige der wenigen Waffen war, welche die Frauen einsetzen
konnten, um in einer Männerwelt voranzukommen, so scheint es klar zu sein, daß
die ägyptischen Frauen bereit waren, sie einzusetzen, um sich durchzusetzen" (Bul-
lough/Bullough 1993: 27). Wo also di Davide sagt, der Mann gebrauche das Geld,
um sich die Frau untertan zu machen, zeichnen Vern und Bonnie Bullough das Bild
von Frauen, die ihre sexuellen Eigenschaften gebrauchen, damit Männer ihre Wünsche erfüllen. Der ökonomischen Abhängigkeit der Frau wird die sexuelle Abhängigkeit des Mannes entgegengestellt.

gehe dem Kunden um Macht und Prostitution sei „vor allem auf die Macht des Geldes in der Hand von Männern zurückzuführen" (Schmölzer 1993: 293). Wenn ich hier von einem Mythos spreche, so soll damit keineswegs behauptet werden, daß es nicht auch Kunden gibt, denen es tatsächlich um eine Behauptung ihrer Macht geht. Zum Mythos wird die Rede vom machtdurstigen Kunden erst dann, wenn bei jedem Kunden dieses Herrschaftsbedürfnis diagnostiziert wird.

Daß es in der wirklichen Welt der Prostitution manchmal ganz anders ist, zeigen uns viele der in den letzten Jahren publizierten Interviews mit Prostituierten. Auf die Frage, ob sie den Eindruck hat, einen sozialen Beruf auszuüben, antwortet Sonia, eine 49jährige Brüsseler Prostituierte: „Absolut. Jedes Jahr, wenn ich an diesem Seminar an der ULB [Université Libre de Bruxelles – N.C.] teilnehme, sagt der Dozent seinen Studenten, daß ich und er dieselbe Arbeit leisten. Wenn ein Kunde zu mir kommt, erzählt er von seinen Problemen, befreit er sich von dem, was ihm auf dem Herzen liegt, entblößt er sich, manchmal weint er, und wir haben Sex miteinander. Meine Kunden sind verängstigt. Sei es im Zusammenhang mit ihrer Einsamkeit oder mit den Problemen, die sie zu Hause oder auf der Arbeit haben. Sie kommen zu mir und sprechen viel. Die Anonymität erlaubt eine sehr große Redefreiheit. Es gibt deren sicherlich, die mir Dummheiten erzählen, aber wenn ihnen das guttut ..." (zitiert in: François/Raes 2001: 29). Und am Schluß ihres Interviews heißt es: „Man sollte aufpassen, denn es gibt viel Leiden in der Prostitution, auch wenn ich jetzt hier angebe. Man sollte nie vergessen, daß auch wenn das Motiv, aus dem die Leute sich für die Prostitution interessieren, gut ist, so ist sie doch etwas so Persönliches, Unausdrückbares – es stimmt, daß man ihnen niemals alles sagen wird –, denn es gibt Unausdrückbares in dem, was man tut, denn man berührt das Intime. Die Kunden ziehen sich nicht bei uns aus, sie ziehen ihre Haut aus. Und wir tun es oft auch. Und es gibt ein riesiges Leiden auf beiden Seiten, man sollte versuchen, dies niemals zu vergessen" (François/Raes 2001: 34).

Das Leiden vieler Kunden ist mehr und etwas anderes als nur ein rein sexuelles, physiologisch bedingtes Leiden. Ginge es wirklich nur darum, dann hätten die meisten, von einigen Schwerbehinderten abgesehen, im wahrsten Sinne des Wortes das Mittel bei der Hand, um sich von diesem Leiden zu befreien. Das Leiden, um das es hier geht, ist ein psychologisches Leiden oder ein Mangel an Kommunikation. Für diese Kunden reduziert sich die Prostituierte keineswegs auf ein zu füllendes Loch, sondern für sie ist sie oft die einzige Person, mit der sie eine zumindest dem Anschein nach intime Beziehung haben können. Sie wollen von der Prostituierten nicht nur auf physiologischer Ebene sexuell befriedigt werden, sondern sie wollen von ihr auch verstanden und anerkannt werden. Sie suchen in einer prostitutionellen sexuellen Beziehung etwas, was sie in den nichtprostitutionellen sexuellen Beziehungen nicht finden können, bzw. für sie stellt die prostitutionelle sexuelle Beziehung die einzige ihnen zugängliche Form von zwischenmenschlicher sexueller Beziehung dar.

Und das gilt sowohl für Männer wie auch für Frauen. Marc, ein von Catherine Anthony befragter Prostituierter, meint bezüglich seiner Kundinnen: „Der Trick besteht darin, ihnen das zu geben, was ihr Ehemann nicht gibt: Milde, Zärtlichkeit, Zuneigung" (zitiert in: Anthony 1996: 153). Natürlich gibt es auch hier einen großen Teil Illusion: Die beiden Partner einer prostitutionellen Beziehung spielen ein Spiel, wobei die sich prostituierende Person eine bestimmte Rolle zu spielen hat. Und der Kunde erwartet, daß sie diese Rolle gut spielt, denn nur wenn sie sie gut spielt, kann er den illusionären Schein vergessen.

Kathleen Barry meint, viele Männer kämen zur Prostituierten mit der Erwartung einer emotionalen Teilnahme der Frau (Barry 1995: 35). Sie wollen sich also nicht nur ,entladen', sondern sie wollen ein intimes Zusammensein bzw. ein Zusammensein, das zumindest den Eindruck einer Intimität erweckt, die sie anderswo nicht finden können. Sieht man sich die sogenannten Stammkunden an, so wird man sagen können, daß diese Männer eine persönlichere Beziehung mit der Prostituierten aufbauen können – und meistens auch aufbauen. Es geht ihnen also nicht nur um Sex, sondern um Sex mit jemandem, mit dem sie sich wohl fühlen.

Betrachten wir also die Prostitution, wie sie wirklich existiert, dann stellen wir fest, daß es in ihr nicht nur um den Tausch eines sexuellen gegen ein nichtsexuelles Gut geht, sondern daß viele Kunden mehr als nur das bloß sexuelle Gut wollen. Die sexuelle – prostitutionelle – Beziehung ist für sie ein Medium, durch das sie zwei Güter auf einmal zu erlangen hoffen: die sexuelle Befriedigung und solche nichtsexuellen Güter wie Liebe, Anerkennung usw. In bestimmten Fällen verzichten die Kunden sogar auf das sexuelle Gut: „Bestimmte Kunden kommen nur, um zu sprechen, und diese Praxis des Zuhörens hat einen besonderen Wert für die sich prostituierenden Personen, und dies ganz allgemein, auch wenn der Wunsch nach Zuhören einen sexuellen Wunsch nicht ausschließt. Sie reden von ihrer quasi-therapeutischen Funktion und fordern deren Anerkennung" (Pryen 1999: 101).

Die hier erwähnte quasi-therapeutische Funktion wird von vielen Prostituierten in Anspruch genommen, wobei sie sich nicht nur auf körperlich oder geistig behinderte Menschen beziehen – Fälle, in denen Prostituierte sich lieber als Sexualbegleiterinnen bezeichnen. Hier haben wir es vielmehr mit Menschen zu tun, die durchaus in der Lage wären, sich selbst sexuell zu befriedigen, die aber einfach jemanden brauchen, dem sie sich anvertrauen können. Angesichts dieser Tatsache haben verschiedene Prostituierte vorgeschlagen, die Prostitution als Therapie zu definieren.[17] Das würde natürlich bedeuten, den Kunden zu pathologisieren, denn eine Therapie wendet man nur dann an, wenn jemand krank ist. Im vorliegenden Fall würde es sich um eine emotionale Krankheit handeln. Sex wäre ein Aspekt, aber nicht der einzige.

Genauso wie Leute, die in ein Altersheim gehen, nicht nur dorthin gehen, damit ihr physiologisches Nahrungsbedürfnis und ihr Hygienebedürfnis jeden Tag erfüllt werden, sondern auch, damit man sich in menschlicher Hinsicht um sie kümmert, d. h. ihnen zuhört usw., gehen auch eine Reihe von Kunden zu den Prostituierten nicht nur, damit diese ihre physiologischen Bedürfnisse befriedigen, sondern auch, damit man sich in menschlicher Hinsicht um sie kümmert. Und genauso wie das Personal in einem Altersheim sehr oft eine Rolle spielt und sogar spielen muß, spielt auch die Prostituierte eine Rolle: In beiden Fällen läßt man in der anderen Partei den Eindruck entstehen, als ob man auch tatsächlich die Gefühle hätte, die man ihnen entgegenzubringen scheint.

Ein weiterer Grund für den Gang zur Prostituierten ist die Tatsache, daß eine prostitutionelle Beziehung jede Art von Verbindlichkeit auszuschließen scheint. Für Hilde Schmölzer ist es „interessanterweise gerade die Unverbindlichkeit, die den Mann zur Hure treibt" (Schmölzer 1993: 347), ein Punkt, auf den auch Claudine Legardinier hinweist, wenn sie schreibt, der Kunde „ent-

17 Siehe Chapkis (1993: 197 f.).

ledig[e] sich aller menschlichen Verantwortung" (Legardinier 2002a: 11). Die Beziehung zur Prostituierten ist insofern unverbindlich, als sie nicht über den augenblicklichen Tausch hinausweist. Die Prostituierte und der Kunde wollen keine längerfristige Beziehung miteinander eingehen, eine Beziehung, für welche dann der jeweils konkrete Geschlechtsakt nur ein Baustein wäre und für deren Aufbau beide Seiten verantwortlich wären. Die prostitutionelle Beziehung ist eine elementare Geschäftsbeziehung, bei der beide Parteien von Anfang an wissen, daß es zu keiner einseitigen oder gegenseitigen persönlichen Abhängigkeit kommen wird. Auch dort, wo der Kunde bei der Prostituierten mehr als nur die Befriedigung eines physiologischen Bedürfnisses sucht, schreibt dieses Mehr sich nicht in den Rahmen einer längerfristigen Beziehung ein.

Insofern ist der Rückgriff auf eine Prostituierte eine Alternative für all diejenigen, die eine längerfristige Beziehung nicht eingehen können oder wollen, die also auch die mit einer solchen Beziehung einhergehende Verantwortung nicht übernehmen können oder wollen. Es ist übrigens sehr oft diese Unverbindlichkeit, die bei vielen verheirateten Männern, die Prostituierte besuchen, eine große Rolle spielt. Außer dem Geld, das er ihr gibt, ist der Kunde der Prostituierten nichts schuldig bzw. ist er ihr sowenig schuldig wie dem Bäcker, bei dem er an seinem Urlaubsort sein Brot kauft. Die Prostituierte erwartet keine Liebe vom Kunden oder daß er mit ihr ins Theater, ins Kino oder sonstwohin geht. Und der Kunde erwartet seinerseits auch nicht, sich in die Prostituierte zu verlieben. Aus diesem Grund betrachten viele verheiratete Männer es nicht als eigentlichen Ehebruch, wenn sie die Dienste einer Prostituierten in Anspruch nehmen.[18] In ihren Augen ist die Beziehung zur Prostituierten ganz anderer Natur als die Beziehung zu einer Mätresse, in

---

18 Welzer-Lang und sein Team haben festgestellt, daß viele Männer den Besuch bei einer Prostituierten überhaupt nicht als Ehebruch betrachten (Welzer-Lang/Barbosa/Mathieu 1994: 124 f.). Der Gedanke ist folgender: Einen Ehebruch begeht nur, wer sich in eine andere Person verliebt und aufgrund dieser Liebe mit ihr geschlechtlich verkehrt. Im Falle des Besuchs bei der Prostituierten ist aber prinzipiell keine Liebe im Spiel, so daß auch kein Ehebruch vorliegt. Hier fragt sich natürlich, was sich die beiden Ehepartner genau bei der Hochzeit versprechen· sich nicht in einen anderen Menschen zu verlieben oder nicht geschlechtlich mit einem anderen Menschen zu verkehren? Diese Frage stellt sich natürlich nur dann, wenn man in einer geschlechtlichen Beziehung auch etwas anderes als ein Zeichen von Liebe sieht.

die sie verliebt sind. Wie Yvan, ein Kunde, es formuliert: „Mit einer Prostituierten ist die Gefahr geringer, sich zu verlieben. Mit einer Mätresse kann man eine Ehe zerstören" (zitiert in François/Raes 2001: 82).

Viele Kunden von Prostituierten sind verheiratete Männer. Sie könnten also prinzipiell ihre Sexualität im Rahmen einer schon bestehenden zwischenmenschlichen Beziehung ausleben. Warum tun sie es dann nicht? Die Gründe sind vielfältig, und man findet sie in der oben angeführten Liste Montos wieder. Sie reichen von dem Zusammenleben mit einer Ehefrau, die entweder frigide ist oder jede Form von Sexualität ablehnt bzw. nicht mehr sexuell aktiv sein kann – z. B. wegen einer schweren Behinderung –, über das Bedürfnis nach größerer sexueller Aktivität oder Abwechslung hinsichtlich des Sexualpartners – sicherlich ein Grund, den man auch oft beim ‚klassischen‘ Ehebruch wiederfindet – bis zum Bedürfnis nach ganz speziellen sexuellen Praktiken, denen sich die Ehefrau versperrt. Wollte man sie alle zusammenfassen, so würde man sie sicherlich alle als Formen sexueller Unzufriedenheit oder sexuellen Unbefriedigtseins bezeichnen können. Insofern nur der sexuelle Aspekt der Ehe einen unbefriedigt läßt, man aber vorgibt, seine Frau weiterhin zu lieben, erscheint der Gang zur Prostituierten, eben wegen der emotionalen Unverbindlichkeit, als weniger gefährlich für die Ehe, als sich eine Liebhaberin zu nehmen.[19] Man hat nicht den Eindruck, seine Frau zu betrügen, da man Geschlechtsverkehr mit einer Frau hat, die man nicht liebt und die einen nicht liebt.

Es ist dies natürlich nur ein Eindruck, da der Betrug in dem Augenblick anfängt, wo man seiner Frau nicht sagt, man besuche eine Prostituierte. Genau gesehen ist eine Beziehung zu einer Mätresse, die man seiner Frau offen zugibt, weniger betrügerisch als der Besuch bei einer Prostituierten, den man seiner Frau nicht offen zugibt. Doch davon abgesehen ist zu fragen, ob das sexuelle Unbefriedigtsein in der Ehe einen legitimen Grund darstellen kann, um Prostituierte aufzusuchen.

Setzen wir zunächst einmal voraus, daß es prinzipiell moralisch unzulässig ist, seiner Frau den Besuch bei der Prostituierten zu verheimlichen, da hier eine Form von Betrug vorliegt – außer die bei-

---

19 Was einen Autor wie Samuel Kling zu der Behauptung führt, die „Prostitution rette wahrscheinlich genauso viele Ehen, wie sie deren zerstört" (Kling 1965: 188).

den Partner hätten sich von Anfang an darauf geeinigt, daß die sexuelle Treue keine fundamentale Rolle in ihrer Ehe spielen sollte. Eine solche Ehe ist durchaus denkbar, und man könnte sich in einem solchen Fall etwa vorstellen, daß die Ehefrau es dem Ehemann *nicht* übelnimmt, wenn er eine Prostituierte besucht, daß sie es ihm aber übelnimmt, wenn er in einem Restaurant ißt, statt zu Hause mit ihr gemeinsam zu essen.

Ich denke, es sollte hier niemand versuchen, anderen Menschen seine eigenen Vorstellungen vom gelungenen Eheleben aufzuzwingen, bzw. nur seine eigenen Vorstellungen für die richtigen halten. Es steht außer Zweifel, daß für die meisten Menschen die Sexualität eine wichtige Rolle in ihrem ehelichen Leben spielt und daß auch viele Menschen in der sexuellen Untreue einen legitimen Grund sehen, um den Partner zu verlassen. Doch sollte man daraus nicht den Schluß ziehen, daß es in jeder Ehe so sein muß und so sein soll. Die sexuelle Dimension *kann* eine, wenn nicht sogar die wichtigste Dimension sein, innerhalb deren man seine Liebe zum anderen ausdrückt, doch kann es auch glückliche Ehen *ohne* sexuelle Dimension geben bzw. glückliche Ehen, in welchen es dem einen Partner nichts ausmacht, wenn der andere seine sexuellen Bedürfnisse mit einer anderen Person befriedigt. Es darf lediglich nicht dazu kommen, daß die außereheliche sexuelle Beziehung derart persönlich wird, daß sie stärker wird als die nichtsexuellen persönlichen Beziehungen innerhalb der Ehe. Das Fundament der Ehe liegt nicht unbedingt in einer sexuellen Exklusivitätsbeziehung, sondern in einer persönlichen Exklusivitätsbeziehung überhaupt. Diese wurde bisher immer in sexuellen Termini definiert, aber es besteht kein Grund, wieso sie immer sexueller Natur sein sollte. So sagt Beate: „Mir würde es viel ausmachen, wenn er das, was ihn im Innersten beschäftigt, mit anderen besprechen würde. Das würde mir mehr ausmachen, als wenn er mit einer anderen Frau ins Bett geht" (zitiert in: Ihlefeldt 2003: 121).

Viele Kunden glauben, daß eine Prostituierte prinzipiell zu allem bereit ist und alles tun wird, vorausgesetzt, man gibt ihr eine bestimmte Summe Geld. Die Prostituierte wird hier nicht mehr als ein Wesen gesehen, das sich selbst bestimmen kann und sich Grenzen setzt, sondern als ein Wesen, das man mittels Geld zu allem bestimmen kann, was man begehrt. Der Kunde, so O'Connell Davidson, empfindet keine Verpflichtungen mehr gegenüber der Prostituierten: „[In] eine sexuelle Beziehung zu einer anderen Person treten bedeutet oft, daß man dieser Person gegenüber bestimmte Verpflichtungen und Pflichten übernimmt, ihre emotionale und materielle Existenz anerkennt, mit ihr irgendwie verbunden ist und daß man auch *sieht,* daß man mit ihr verbunden ist. Kommerzielle sexuelle Beziehungen sind etwas anderes. Für den Kunden sind die sozialen Einschränkungen hinsichtlich der sexuellen Interaktion aufgehoben, denn die Prostituierte, die symbolisch aus der sexuellen Gemeinschaft ausgeschlossen ist, braucht nicht als ein vollwertiges menschliches Subjekt anerkannt zu werden. Man legt alle Verpflichtungen durch den einfachen Akt des Zahlens, in bar oder in Naturalien, ab" (O'Connell Davidson 1998: 133). Es gibt Kunden, die, weil sie zahlen, glauben, keine Verpflichtungen mehr zu haben. Aber das gilt nicht nur im Fall der Prostitution. Auch ein ganz normaler Arbeitgeber kann zu seinen Arbeitern sagen: „Solange *ich* euch den Lohn zahle, macht ihr, was *ich* euch sage." Nicht nur Kunden von Prostituierten nähren die Wahnidee, Geld schaffe eine totale Abhängigkeit. Und weiter: Nichts hindert den Kunden einer Prostituierten daran, die Frau als vollwertiges menschliches Subjekt zu behandeln.

Ein besonders krasses Beispiel eines Kundenwunsches, der die Interessen der Prostituierten ganz außer acht läßt, ist in diesem Zusammenhang der Wunsch einer doch relativ großen Zahl von Kunden, ungeschützten Geschlechtsverkehr zu haben, wobei einige bereit sind, eine große Summe Geld dafür auszugeben. Mc Keganey und Barnard geben drei Gründe für diesen Wunsch an: Der Kunde will etwas mit der Prostituierten tun, was die meisten anderen Kunden nicht tun; der Kunde will ein Hindernis aus dem Weg räumen; das Präservativ zeigt dem Kunden, daß er dabei ist, eine rein kommerzielle sexuelle Handlung auszuführen (Mc Keganey/Barnard 1997: 67).

Zumindest bei den letzten beiden Gründen geht es dem Kunden darum, der Beziehung zur Prostituierten einen persönlicheren Touch zu geben. Nur wird dabei nicht berücksichtigt, daß der persönliche Charakter einer sexuellen Beziehung nicht von einigen Quadratzentimetern Gummi mehr oder weniger abhängt, sondern von der Achtung, die man der anderen Person entgegenbringt. Und diese Achtung fängt damit an, daß man die Gesundheit dieser anderen Person nicht aufs Spiel setzt. Und dabei ist es keine Ausrede, wenn man als Kunde darauf hinweist, daß man nicht HIV-infiziert ist: Denn aus welchem Grund sollte die Prostituierte einem Kunden

trauen, der ihr dies sagt? Wird nicht jeder Kunde, der ungeschützten Geschlechtsverkehr haben will, dies sagen? Und welchen Grund
hat die Prostituierte, dem einen mehr zu trauen als dem anderen?
Es kann natürlich der Fall auftreten, daß sich eine relativ enge
Beziehung zwischen der Prostituierten und einem oder einigen
ihrer Kunden aufbaut, die dann gewissermaßen zu Stammkunden
werden, denen die Prostituierte vertrauen kann. Mit solchen Kunden kann die Prostituierte bereit sein, andere sexuelle Handlungen
als mit den übrigen Kunden auszuführen und gegebenenfalls auch
ohne Präservativ sexuell zu verkehren.[20] Doch sollte die Entscheidung hierzu einzig und allein einem Wunsch der Prostituierten
entspringen und nicht durch ein größeres Geldangebot herbeigeführt worden sein – bzw. sollte kein solches Angebot eine Ablehnung der Prostituierten zu überwinden versuchen.

Die Mentalität vieler Kunden drückt sich in folgendem Zitat
aus: „Jede Praxis kannst du dir mit Geld kaufen, es ist normal, es
ist ihr Beruf" (zitiert in: Welzer-Lang/Barbosa/Mathieu 1994: 99).
Hier wird vorausgesetzt, daß eine Prostituierte zu allem bereit sein
müßte, weil es angeblich ihr Beruf ist. Viele Kunden, so Welzer-
Lang und seine Mitarbeiter, „begreifen die Prostitution nicht als
Verkauf einer Dienstleistung, sondern als ein Zur-Verfügung-Stellen und als eine Unterwerfung des weiblichen Körpers unter die
männliche Macht" (Welzer-Lang/Barbosa/Mathieu 1994: 89). Der
Kunde glaubt, daß er sich mit Geld eine Art Blankoverfügungs-
recht über den Körper der Prostituierten kaufen kann.

Dazu folgendes: Der Beruf der Prostituierten besteht darin,
durch Einsatz ihres Körpers bzw. eines Teiles ihres Körpers und
gegen einen Lohn sexuelle Befriedigung zu verschaffen. Das heißt
aber noch nicht, daß sie zu allem bereit sein muß bzw. daß man
alles von ihr erwarten kann. Der Beruf des Fernfahrers besteht darin, Waren über längere Distanzen zu transportieren. Aber daraus
folgt noch nicht, daß man in dieser Hinsicht alles von ihm verlangen kann, etwa daß er Nitroglyzerin in einfachen Glasbehältern in

---

20 „Zwischen den regelmäßigen Kunden und den Prostituierten besteht ein Vertrau-
    ensverhältnis, innerhalb dessen die sexuelle Nachfrage, auch wenn sie an erster Stel-
    le steht, nicht isoliert ist. In diesem Umgang mit ihrer Sexualität nimmt die prosti-
    tuierte Frau den Platz der Mätresse oder der zweiten Ehefrau ein, auf jeden Fall
    einen spezifischen Platz" (Welzer-Lang/Barbosa/Mathieu 1994: 120). Der Unter-
    schied zur Mätresse und zur zweiten Ehefrau ist allerdings die relative Unverbind-
    lichkeit im Fall der Prostituierten.

einem alten LKW über mehrere tausend Kilometer ohne Pause transportiert.

Wie wir noch sehen werden, setzen viele Prostituierte sich selbst Grenzen und behaupten mit dieser Grenzsetzung ihr Subjektsein. Auch wenn sie ihre Sexualität auf dem Markt anbieten, belassen sie doch eine bestimmte Sphäre außerhalb des Marktes. Es gibt also auch für sie Dinge, die sie nicht verkaufen wollen und die sie höchstens verschenken. Und es ist dort, wo der Kunde versucht, diese Dinge doch zu erkaufen, daß er es an dem mangelnden Respekt fehlen läßt. Der von Welzer-Lang et al. zitierte Kunde läßt es ganz offensichtlich an Respekt fehlen, da er davon ausgeht, daß eine Prostituierte, weil sie es akzeptiert, sexuelle Dienste gegen Geld auszutauschen, *jeden* solchen Tausch akzeptieren muß. Es ist die *Selbstverständlichkeit,* mit welcher diese Voraussetzung vom Kunden gemacht wird, die das Subjektsein der Prostituierten in Frage stellt. Der Kunde nimmt gewissermaßen seine eigenen Erwartungen als Maßstab und leugnet implizit, daß die Prostituierte diese Erwartungen legitimerweise durchkreuzen kann, indem sie bestimmte Praktiken ablehnt, was auch immer der Preis sein mag, den der Kunde dafür zu zahlen bereit ist.

Von diesen Überlegungen ausgehend, läßt sich zeigen, daß nicht unbedingt jeder Kunde automatisch schon dadurch respektlos ist, daß er ein Kunde ist und eine Frau bezahlt, damit sie ihm einen sexuellen Dienst erweist. Wo ein Kunde eine Prostituierte aufsucht, weil dies für ihn die einzige Möglichkeit ist – oder weil er doch zumindest glaubt, dies sei für ihn die einzige Möglichkeit –, seine Sexualität in einer zwischenmenschlichen Beziehung auszuleben, und wo er auch die Prostituierte selbst darüber bestimmen läßt, wie sie ihn sexuell befriedigen wird, kann durchaus gesagt werden, daß er die Prostituierte respektvoll behandelt hat. Es ging ihm nicht darum, eine Frau zu demütigen oder zu unterwerfen bzw. ihr zu zeigen, daß er sie kaufen kann, sondern er suchte bei der Prostituierten eine menschliche Dimension, die er anderswo nicht finden konnte oder nicht glaubte finden zu können.

Ob ein Kunde einer Prostituierten gegenüber Respekt zeigt, drückt sich also einerseits in den Gründen aus, die ihn dazu bewogen haben, die Prostituierte aufzusuchen, und andererseits in der Art und Weise, wie er mit der Prostituierten umgeht, und im letzteren Fall vor allem darin, ob er die von der Prostituierten gesetzten Grenzen respektiert oder nicht.

Es mag nun durchaus der Fall sein, daß eine Mehrzahl der Kunden diesen Bedingungen nicht gerecht wird. Ich denke hier in erster Linie an all diejenigen Kunden, die sich manchmal in einem zehn-, wenn nicht sogar fünfminütigen Tempo ablösen und denen es letzten Endes nur darum geht, sich zu ,entladen'.[21] Für diese Kunden spielt es übrigens keine Rolle, ob sie das Gesicht der Prostituierten sehen oder nicht, da die Prostituierte für sie wirklich nur ein Gegenstand ist. Im Prinzip würden sie sich auch mit einer aufblasbaren Puppe zufriedengeben, bloß daß sie ihrer männlichen Identität eher gerecht werden, wenn sie Geschlechtsverkehr mit einer Frau statt mit einer Puppe haben. Hier geht es wirklich nicht um ein Ausleben der Sexualität im Rahmen einer – wenn auch nur kurzfristigen – zwischenmenschlichen Beziehung, sondern lediglich um sexuelle Befriedigung und Behauptung der männlichen Identität. Was hier moralisch anstößig ist, ist nicht, daß solche Männer die Frau für den Geschlechtsverkehr bezahlen, sondern daß es ihnen schlichtweg gleichgültig ist, *wen*, wenn nicht sogar *was* – welches Utensil – sie dafür bezahlen. Sie reduzieren die Frau auf ein sexuell befriedigendes Werkzeug und sehen in ihr nicht ein Wesen, mit dem man sich über dies oder jenes unterhalten kann – und schon ein kleiner Satz über das Wetter, ein Satz, der dem anderen die Möglichkeit gibt, diskursiv daran anzuknüpfen, genügt, um ihm zu zeigen, daß man ihn nicht wie einen bloßen Gegenstand behandelt.

In den Niederlanden hat sich 1986 eine Vereinigung für die Rechte der Kunden von Prostituierten gebildet. Zu diesen sogenannten Rechten des Kunden[22] gehören etwa das Recht auf eine

---

21 Man denke hier an die sogenannten *maisons d'abattage,* die im Paris der Nachkriegszeit vor allem für nordafrikanische Gastarbeiter gedacht waren. Hier mußte eine Prostituierte in einer Nacht zwischen 80 und 100 Kunden abfertigen, ja manchmal sogar bis zu 150 (Barry 1979: 3–4).

22 Die Rede von Rechten scheint mir hier doch ein wenig überzogen zu sein, und man sollte lieber von Erwartungen sprechen, zumindest was die spezifischen Elemente des Rückgriffs auf die Dienste einer Prostituierten betrifft. Der Kunde hat natürlich das Recht, nicht von der Prostituierten mißhandelt zu werden – genauso wie er übrigens die Pflicht hat, die Prostituierte nicht zu mißhandeln –, aber von einem Recht auf eine zufriedenstellende sexuelle Befriedigung zu sprechen, scheint mir doch etwas übertrieben zu sein. Es ist ungefähr so, wie wenn ich ein Recht auf ästhetische Befriedigung bei Theater- oder Konzertbesuchen geltend machen würde. Wenn ich mir etwa ein Vivaldi-Konzert der Academy of Saint Martin in the Fields anhören gehe, dann erwarte ich mir natürlich eine ausgezeichnete Leistung

zufriedenstellende Dienstleistung sowie das Recht, nicht mißhandelt zu werden (Weitzer 2000b: 179).[23] Es wurde auch ein Verhaltenskodex ausgearbeitet, in welchem die Pflichten des Kunden gegenüber der Prostituierten aufgelistet werden. So soll er stets freundlich, sauber und nüchtern sein. Ferner soll er immer Kondome benutzen. Außerdem – und hier übernehme ich Weitzers Auflistung (Weitzer 2000b: 180): „‚Mach klare Abmachungen' mit der Prostituierten. ‚Berücksichtige, daß die Prostituierte ihre eigenen Grenzen hat', was die anzubietenden Dienstleistungen betrifft. ‚Ein Kontakt kann weniger als gelungen sein, was oft dadurch bedingt ist, daß man nicht genügend miteinander vertraut ist. Berücksichtige dies und sei nicht enttäuscht.' ‚Bleibe verständig in einer Situation, in welcher es zu einem Konflikt kommt, und belasse es dabei. Verlange auf keinen Fall dein Geld zurück.' ‚Störe die Nachbarschaft so wenig wie nur möglich. Nachbarn schätzen ihren Schlaf und sind überhaupt nicht an deinen sexuellen Erlebnissen interessiert.'"

Für die Gegner der Prostitution hat ein solcher Kodex denselben Wert wie ein Kodex, mittels dessen man sich dazu verpflichtet, seine Sklaven ordentlich zu behandeln. Für sie ist Prostitution nichts anderes als Sklaverei, und Sklaverei wird nicht dadurch besser, daß die Sklavenhalter sich einen Kodex geben und sich daran halten. Es geht nicht darum, die Sklaverei zu vermenschlichen, sondern ihr ein Ende zu setzen.

Ich bestreite nicht, daß viele Prostituierte sich in der Situation von Sklaven befinden, bestreite aber, daß dies für alle Prostituierten gilt. Und hinsichtlich der letzteren hat ein Kodex wie der soeben erwähnte durchaus einen Sinn, auch wenn er natürlich nur moralische Verpflichtungen enthält. Es ist wichtig, die Kunden und potentiellen Kunden von Prostituierten aufzuklären, sie darauf aufmerksam zu machen, daß viele Prostituierte regelrecht ausgebeutet werden, daß aber andere unabhängig sind. Ein verantwor-

---

des renommierten Ensembles, aber hier von einem Recht auf eine solche gute Leistung zu sprechen, klingt mehr als komisch. Wenn man schon von einem Recht spricht, dann höchstens von einem Recht gegenüber dem Veranstalter, daß er das angekündigte Ensemble auftreten läßt, da er sich durch den Verkauf der Eintrittskarte mir gegenüber verpflichtet hat.

23 Auch wenn die Fälle von Mißhandlung von Prostituierten durch Kunden viel zahlreicher sein dürften als umgekehrt, so soll doch nicht verschwiegen werden, daß auch Kunden manchmal schlecht wegkommen und, wenn nicht mittels Gewalt mißhandelt, so doch zumindest betrogen werden.

tungsvoller Kunde sollte nur unabhängige Prostituierte aufsuchen, und wo er den geringsten Zweifel hat, sollte er auf die prostitutionelle Beziehung verzichten. Ein solcher Verzicht ist durchaus zumutbar, da die Befriedigung des männlichen Sexualtriebs im Rahmen eines heterosexuellen Aktes nicht lebensnotwendig ist. Eine im Rahmen einer zwischenmenschlichen Beziehung erlangte Befriedigung dieses Triebes verschönert zwar das Leben, wo aber der Zweifel besteht, ob die sich prostituierende Frau sich freiwillig prostituiert und den Lohn für sich behalten kann, sollte von der prostitutionellen Beziehung abgesehen werden.

Wer die Prostitution bestehen lassen will und die Entscheidung einer Frau, sich zu prostituieren, als eine legitime Entscheidung ansieht, der Prostitution aber ein menschliches Antlitz geben möchte, der wird sich dafür einsetzen, daß die Kunden dazu gebracht werden, ihre Verantwortung gegenüber der Prostituierten einzusehen und zu akzeptieren. Die Männer sollten sich den Gedanken aus dem Kopf schlagen, die Prostituierte sei wertlos, da sie Geld annehme. Schließlich nehmen auch sie, die Männer, Geld in ihrem Beruf entgegen, ohne daß sie sich deshalb als minderwertig ansehen. Für den Kunden sollte die Prostituierte eine Frau sein, die ihm eine bestimmte Dienstleistung anbietet – eine zur Befriedigung hinführende sexuelle Handlung – und der allein das Recht zusteht zu bestimmen, unter welcher Form diese Dienstleistung angeboten wird. Das Verhältnis des Kunden zur Prostituierten sollte gemäß dem Verhältnis gestaltet werden, das man zu anderen Personen hat, die Dienstleistungen erbringen – seien es die Leute von der Müllabfuhr, der Frisör oder die Krankenschwester, die einem dabei hilft, künstlich den Magen zu entleeren. Eine solche Politik versucht zwar auf das Angebot zu wirken, indem sie sich der Nachfrage annimmt, doch geht es nicht darum, das Angebot aus der Welt zu schaffen.

Dieses Ziel verfolgen allerdings die Gegner der Prostitution. Ihnen geht es nicht darum, die Kunden *als Kunden* zu verantwortungsvollen Menschen zu erziehen, sondern für sie ist nur der Nicht-Kunde ein wirklich verantwortungsvoller Mensch. Es ist also die Identität als Kunde, die aufgehoben werden soll, denn durch diese Aufhebung wird gleichzeitig die Identität der Frau als einer Prostituierten mit aufgehoben. Mit den in der Einleitung zu diesem Buch gebrauchten Begriffen könnte man diesen Sachverhalt auch folgendermaßen ausdrücken: Die Erziehung der Kunden soll nicht zu einer Prostitution mit menschlichem Antlitz führen, son-

dern durch sie soll die Prostitution mit ihrer unmenschlichen Seele abgeschafft werden.

Diese Erziehungspolitik kann drastische Formen annehmen,
wie z. B. die strafrechtliche Sanktion des Kunden – ein Weg, den
Schweden neuerdings beschritten hat. In San Francisco, so
Coquart und Huet, läßt man den festgenommenen Kunden die
Wahl: Wenn sie einer strafrechtlichen Sanktion entgehen wollen,
müssen sie einen Tag an der sogenannten Kundenschule verbringen[24], wo man sie mit dem Elend der Prostituierten konfrontiert,
ihnen aber auch zeigt, was die meisten Prostituierten von ihnen
denken (Coquart/Huet 2000: 162). Hier geht man also davon aus,
daß viele Kunden sich wahrscheinlich nicht bewußt sind, wie das
alltägliche Leben von vielen Prostituierten aussieht, und daß sie,
sobald sie einmal zu diesem Bewußtsein gekommen sind, keine
Prostituierte mehr besuchen werden.

Eine Umerziehung des Kunden braucht nicht unbedingt ein
strafrechtliches Element zu umfassen oder als Alternative zu einer
strafrechtlichen Sanktion angeboten zu werden. Sie kann sich auch
mit allgemeinen Informationskampagnen begnügen, wobei dann
oft ein großer Wert auf eine Information der Jugendlichen gelegt
wird. So hat der französische *Mouvement du Nid* Material ausarbeiten lassen, das speziell die Jugendlichen ansprechen soll, um
ihnen deutlich zu machen, daß man sich keine Frau für Geld kaufen kann. Dabei fällt auf, daß die Prostitution sehr oft, wenn nicht
sogar ausschließlich, mit organisierter Prostitution und zum Teil
auch mit Menschenhandel in Verbindung gebracht wird.

Insofern wir in diesem Buch den Standpunkt vertreten, daß es
keine prinzipiellen moralischen Gründe gegen prostitutionelle
Beziehungen gibt, kann der Kunde nicht schon als Kunde moralisch verurteilt und gegebenenfalls rechtlich belangt werden. Gründe für eine *moralische* Verurteilung gibt es erst dann, wenn der
Kunde z. B. verheiratet ist und seiner Frau den Besuch bei der Prostituierten verheimlicht oder wenn er die Prostituierte lediglich wie
einen bloßen Gegenstand, wie ein Stück Fleisch, und nicht wie
einen Mitmenschen behandelt. Und diese Behandlung als Mit-
mensch fängt schon an, sobald man sein Gegenüber begrüßt, ihm
Fragen stellt, auf seine Fragen antwortet, sich gegebenenfalls bei

---

24 1997 wurde auch im kanadischen Vancouver eine Kundenschule eröffnet
(Brock 1998: 142).

ihm bedankt usw. Die Tatsache, daß eine Frau bereit ist, Sex gegen Geld zu tauschen, sollte im Kunden keineswegs den Eindruck erwecken, diese Frau sei nichts wert oder halte nichts von sich selbst, genausowenig wie es jemandem in den Sinn kommen sollte, daß z. B. ein Philosoph, der bei einem kommerziellen Sender auftritt, um dort eine stark vereinfachte Darstellung der Philosophie Platons zu geben, nichts von sich halte und Platon verrate. Nur wenn man glaubt, daß das Recht auf Regulierung des Zugangs zu den eigenen Genitalien das Allerwertvollste ist, was eine Frau besitzt – so wertvoll, daß sie es unter keinen Umständen gegen Geld zur Verfügung stellen kann –, wird man eine sich prostituierende Frau für ein Wesen halten, das nichts von sich hält. Doch leuchtet nicht ein, warum ein Mensch nichts Wertvolleres besitzen sollte als das eben erwähnte Recht.

Was die organisierte und mit Menschenhandel verbundene Prostitution betrifft, soll eine strafrechtliche Sanktion der Kunden durchaus in Erwägung gezogen werden, da der Kunde hier durchaus mitverantwortlich ist: Würden Kunden nur Frauen besuchen, von denen sie wissen, daß sie sich freiwillig prostituieren und daß sie ihren Lohn ganz für sich behalten können, dann gäbe es keine Zwangsprostitution und keinen Menschenhandel mehr. Zwangsprostitution und Menschenhandel gibt es nur insofern, als sie Geld einbringen, und Geld bringen sie nur so lange ein, wie es eine Nachfrage gibt.

2. Die Prostituierten

Die Welt der Prostitution ist eine sehr vielfältige Welt, und es ist nicht dasselbe, ob man über junge Mädchen aus dem Ostblock spricht, die unter Gewaltandrohung seitens organisierter Banden auf dem Straßenstrich sind, oder aber über unabhängig arbeitende Callgirls, die ihre Kunden in einem ihnen gehörenden Luxusapartment empfangen. Nicht nur die Preise und das Ambiente sind verschieden, sondern auch und vor allem die Selbstbestimmungsmacht der Frau – sowohl hinsichtlich der Kunden wie auch hinsichtlich der Preise und der Leistungen. Wo die Prostituierte niedersten Ranges jeden Kunden annehmen, jede Praktik und jeden Preis akzeptieren wird, kann die Edelprostituierte wählerisch sein und einen relativ, wenn nicht sogar sehr hohen Preis verlangen.

Diese Vielfalt ist übrigens nicht neu, und schon im alten Athen fand man viele Arten von Prostituierten. Grundsätzlich unterschied man zwischen drei Kategorien. Ganz unten fand man die Straßenprostituierten, die, wie es der Name andeutet, auf der Straße – besonders in der Nähe des Hafens Piräus – nach Kunden Ausschau hielten. Über ihnen standen die Prostituierten, die in öffentlichen Häusern arbeiteten. Und erinnern wir hier daran, daß Solon die Institution des Dikterions – ein staatliches Bordell, um es unverblümt auszudrücken – einführte. Schließlich gab es die Hetären, die meistens in ihren eigenen Wohnungen ihr Gewerbe ausübten und zu den gebildetsten und angesehensten Frauen Athens gehörten. Konnten die Straßenprostituierten und Hetären meistens entscheiden, wen sie als Kunden akzeptieren wollten, galt dies nicht für die Dikteriaden.

Im alten Rom wurden noch mehr Unterschiede gemacht: Die *prostibulae* arbeiteten Tag und Nacht, die *meretrices* waren nur nachts aktiv; die *alicariae* boten ihre Dienste vor Bäckereien an, während die *bustuariae* dieselben Dienste auf den Friedhöfen anboten; die *lupae* hielten sich in den Wäldern auf, und die *forariae* waren Frauen vom Land, die sich in die Stadt begaben, um Eier usw. auf dem Markt zu verkaufen, und die vom Stadtbesuch profitierten, indem sie sich durch die Prostitution ein wenig mehr Geld verdienten; die *bliteae* standen ganz unten auf der Skala der Prostituierten, während die *delicatae* ganz oben standen (HG I: 217).[25]

Solche und ähnliche Unterscheidungen finden sich auch in den nachfolgenden Jahrhunderten wieder, und sie kennzeichnen noch das Bild der heutigen prostitutionellen Szene. Ein erster Unterschied, den man hier machen kann, ist der zwischen der sogenannten Gelegenheitsprostitution und der professionellen Prostitution. Manche Personen greifen nur gelegentlich auf die Prostitution als Erwerbsquelle zurück – z. B. weil am Ende des Monats das Geld nicht mehr reicht –, während andere Personen keine andere Einnahmequelle als die Prostitution haben und sie dementsprechend wie einen sonstigen normalen Beruf ausüben. Und bei der letzten Kategorie kann man noch einen anderen Unterschied machen, nämlich denjenigen zwischen Personen, die

---

25 Brundage zählt 25 verschiedene Begriffe für die Prostituierte in der lateinischen Sprache (Brundage 1990: 25). Im Sanskrit soll es sogar 330 Synonyme für das Wort ‚Prostituierte' geben (Bullough/Bullough 1993: 86).

nur während zwei oder drei Jahren als professionelle Prostituierte arbeiten – z. B. weil sie ein Investitionskapital brauchen, das ihnen erlauben wird, ein Projekt auf die Beine zu stellen, oder weil sie ein Studium finanzieren müssen –, und solchen, die in der Prostitution bleiben, sei es, weil die Prostitution ihnen Vorteile bietet, die kein anderer Erwerbszweig ihnen bieten könnte, oder aber, weil sie keine andere Möglichkeit haben, um Geld zu verdienen.[26] Zu erwähnen wäre hier auch die Beschaffungsprostitution, durch welche die sich prostituierende Person das nötige Geld beschafft, um ihren Drogenkonsum zu finanzieren. Besonders hier kommt es sehr oft zu einem schon fast ausbeuterischen Verhalten der Kunden, die darauf warten, daß die drogenabhängige Person an akutem Mangel leidet und zu allem bereit ist, um so schnell wie möglich eine neue Dosis kaufen zu können. Ungeschützter Geschlechtsverkehr ist dann manchmal für zehn oder 20 Euro zu haben.

Man wird dann selbstverständlich auch zwischen Frauen-, Männer- und Kinderprostitution – bzw. Prostitution von Minderjährigen – unterscheiden müssen, also nach Geschlecht und Alterskategorie. Verband man in der Vergangenheit den Gedanken der Prostitution (fast) immer nur mit Frauen, kann man heute einen immer größeren Anteil von Männern feststellen. Dabei ist zu berücksichtigen, daß diese Männerprostitution in erster Linie homosexuell ausgerichtet ist. Die Prostitution von Kindern und Jugendlichen muß nicht unbedingt innerhalb eines Pädophilenringes stattfinden, der die Kinder oder Jugendlichen dazu zwingt, sich zu prostituieren. Max Chaleil berichtet etwa, daß ungefähr 30 % der japanischen Gymnasiastinnen Prostitution gewissermaßen „wie eine Art Sport" praktizieren würden (Chaleil 2002: 39).[27]

---

26 Barbara Meil Hobson zufolge war die Prostitution im Amerika des 19. Jahrhunderts „eine Etappe in einem Leben und nicht eine Karriere oder ein Beruf" (Hobson 1990: 87). Die Autorin weist aber auch darauf hin, daß die ausländischen Frauen gewöhnlich länger in der Prostitution blieben als die amerikanischen Frauen (ebd.: 91). Dieser Unterschied kann auf zwei Gründe zurückzuführen sein. Erstens kann er dadurch bedingt sein, daß die ausländischen Frauen größere Schwierigkeiten hatten, sich in die amerikanische Gesellschaft zu integrieren und ein ‚normales' Leben zu führen. Er kann zweitens aber auch auf die Tatsache zurückzuführen sein, daß bei ausländischen Frauen das Risiko größer war, von einem Zuhälter oder einer Zuhälterbande abhängig zu sein.

27 Die Prostitution von Kindern oder Jugendlichen stellt ein Problem für sich dar. Wie im Text angedeutet, wird man zwischen Fällen unterscheiden müssen, in denen die Kinder oder Jugendlichen von Erwachsenen zur Prostitution gezwungen

Auf den schon im letzten Kapitel besprochenen Unterschied zwischen freiwilliger und unfreiwilliger Prostitution will ich hier nicht mehr weiter eingehen, wohl aber auf die, wie man sie nennen könnte, Standesordnung in der gegenwärtigen Prostitution. Wir werden uns hier auf eine Grobeinteilung beschränken und lediglich drei Stufen unterscheiden.

Ganz unten auf dieser Skala finden wir die Straßenprostitution, den Straßenstrich, wie man auch zu sagen pflegt. Er kann verschiedene Formen annehmen und an unterschiedlichen Orten stattfinden. Allen diesen Formen ist aber eines gemeinsam: Die prostituierte Person wartet draußen auf Kunden. Dies kann im Herzen einer Stadt sein – etwa im Bahnhofsviertel – oder in der Peripherie – man denke hier an den *Bois de Boulogne* in Paris – oder noch in abgelegenen Straßen – und die Liste ließe sich selbstver-

---

werden, und solchen, in denen sie sich ohne direkten äußeren Zwang prostituieren. Man wird auch das Alter berücksichtigen müssen, genauso wie das soziale Umfeld. Vor allem wird man sich davor hüten müssen, abstrakt moralisierend vorzugehen und so zu tun, als seien alle Probleme schon dadurch gelöst, daß man die Kinder- und Jugendprostitution verbietet. Wie inakzeptabel Kinder- und Jugendprostitution auch immer auf einer abstrakten Ebene sein mag, so stellt sie doch in vielen Fällen die einzige Erwerbsquelle für diese Jugendlichen dar bzw. muß sie für die betroffenen Kinder nicht unbedingt schlimmer als andere Erwerbsquellen sein. Ich verweise in diesem Zusammenhang auf den Aufsatz von Heather Montgomery, in dem die Autorin darauf hinweist, daß viele asiatische Jungen, die sich prostituieren, im Kunden einen Freund sehen, der ihnen finanziell hilft. Außerdem, so Montgomery, erkennen viele prostituierte Jugendliche „die strukturelle Macht ihrer Kunden, und sie tun ihr Bestes, sie zu ihren eigenen Gunsten zu wenden" (Montgomery 1998: 146). Genauso wie bei den erwachsenen Prostituierten sollte man also auch bei den jugendlichen Prostituierten nicht davon ausgehen, daß sie alle hilflose Opfer grausamer mächtiger Kunden sind. Diese Jugendlichen versuchen vielmehr, das Beste aus ihrer Lage zu ziehen. Und wie Montgomery in einer Anmerkung feststellt: „Die Kinder konnten zwischen 750 und 3 000 baht (30 – 120 US-$) monatlich durch die Prostitution verdienen, verglichen mit ungefähr 500 baht (20 US-$) monatlich, wenn sie jeden Tag während ungefähr 10 Stunden Abfall sortierten" (ebd.: 150). Mit diesen Hinweisen will ich selbstverständlich nicht die Kinder- und Jugendprostitution rechtfertigen, sondern lediglich zu bedenken geben, daß eine – berechtigte – moralische Empörung über dieses Phänomen nicht von einer moralischen Empörung über die ökonomische und soziale Situation dieser Kinder und Jugendlichen abgekoppelt werden kann. Und wie gerechtfertigt auch die strafrechtliche Sanktion der Kunden der Kinderprostitution sein mag, so sollte man es doch nicht einfach dabei belassen und so tun, als seien dadurch schon alle Probleme aus der Welt geschaffen. Kinderprostitution sollte nicht sein, da Kinder noch nicht in der Lage sind, eine verantwortungsvolle Entscheidung über den angemessenen Umgang mit ihrer Sexualität zu treffen.

ständlich fortsetzen. Die hier tätigen Prostituierten können ihren
Dienst entweder draußen ausführen oder aber in den Wagen des
Kunden steigen, um letzteren dort zu befriedigen. In manchen Fäl-
len können die Straßenprostituierten den Kunden auch in ein
Hotelzimmer begleiten.

Eine Stufe höher finden wir die in Bars oder – wo sie legal sind –
in Bordellen, in Sex-Clubs oder sonstigen Eros-Centern arbeitenden Prostituierten. In diese Kategorie fallen auch die sich etwa in
Amsterdam oder Brüssel in Vitrinen anbietenden Prostituierten.

Eine dritte Kategorie sind die Callgirls, die entweder unabhängig arbeiten oder für eine Escort-Agentur. Diese Kategorie von Prostituierten arbeitet meist unter optimalen Bedingungen, und ihre
Tarife unterscheiden sich auch wesentlich von den Tarifen der
anderen Kategorien – so daß man manchmal von Luxusprostitu-
tion spricht.

In seinem Buch *Ware Lust* gibt Joachim Riecker an, daß 8 % der
Prostituierten in die Kategorie der Beschaffungsprostitution fallen,
also Frauen sind, die sich prostituieren, um das für den Ankauf von
Drogen nötige Geld zu verdienen.[28] 16 %, so Riecker weiter, fallen
unter die Kategorie der Straßenprostitution – wobei man allerdings
gleich anmerken muß, daß die genaue Zahl der Straßenprostituierten äußerst schwer einzuschätzen ist, da es sich hier um eine ganz
diffuse Form von Prostitution handelt. Den höchsten Prozentsatz
stellt Riecker bei der Bordell-, Sex-Club- und ähnlicher Prostitution fest: 64 %. Die dritte von uns unterschiedene Kategorie, also
die Callgirls, umfaßt 12 % (Riecker 1995: 17). Diese Zahlen beziehen sich auf Deutschland, wo es laut Riecker um die 150 000 Prostituierte gibt. Fast zehn Jahre nach Erscheinen von Rieckers Buch
ist diese Zahl auf ungefähr 400 000 angewachsen, wobei etwa die
Hälfte davon Migrantinnen sind.

Wenn man sich die Welt der Prostitution anschaut, wird man
sich immer fragen müssen, ob der Blick die gesamte Welt umfaßt

---

28 Diese Prostituierten werden oft von den ‚normalen‘ Prostituierten stigmatisiert:
„Die Figur der nichtdrogenabhängigen Prostituierten ist die legitime Figur, die
auch ihre Legitimität gegen die Figur der drogenabhängigen Prostituierten konstruiert" (Pryen 1999: 195). Genauso wie die Prostituierten insgesamt von der
Gesellschaft stigmatisiert werden, wird innerhalb der Prostitution eine bestimmte
Kategorie von Prostituierten stigmatisiert. Der eigentliche Grund für diese Stigmatisierung liegt auf der Hand: Drogenabhängige Prostituierte drücken die Preise herab und nehmen den ‚normalen‘ Prostituierten somit Kunden weg.

oder nur einen mehr oder weniger großen Teil davon. Meistens wird der Blick auf den unteren Teil dieser Welt geworfen – auf die dritte Welt der Prostitution, könnte man fast sagen. Dort sieht man dann Frauen, die ausgebeutet werden, die drogen- oder alkoholabhängig sind, die nicht frei über sich entscheiden können, die nicht mehr in der Lage sind, ihren Willen durchzusetzen, die sich selbst nur noch als ein bloßes Stück Fleisch betrachten. Manchmal wird der Blick aber auch auf die erste Welt geworfen. Dort sieht man dann „eine Wirklichkeit, die derjenigen des Elends ganz entgegengesetzt ist: gesunde, lebendige Frauen, die oft intelligent sind, manchmal gebildet. Meistens sind es starke Frauen, die gewillt sind, sich nicht durch die unterdrückenden Konventionen einschüchtern zu lassen und ihr Leben so zu gestalten, wie sie es für richtig halten" (Anthony 1996: 220).

Wir hatten im vorigen Teil dieses Kapitels die Gründe und Ursachen angeführt, die einen Kunden dazu führen können, die Dienste einer sich prostituierenden Person in Anspruch zu nehmen. Wir wollen jetzt die Situation von der anderen Seite betrachten und fragen, was eine Frau dazu motivieren kann, sich zu prostituieren.

Und hier gilt es, zwischen psychologischen *Ursachen* und rationellen *Gründen* zu unterscheiden. Priscilla Alexander weist darauf hin, daß Prostituierte gewöhnlich fünf Gründe angeben: Geld, Spaß bzw. Reiz (excitement), Unabhängigkeit, Flexibilität, Rückgewinnung der Kontrolle nach sexueller Mißhandlung in der Kindheit (Alexander 1998: 190). Angesichts des vorhin schon Gesagten dürfte klar sein, daß diese Gründe sich nicht bei allen Prostituierten wiederfinden lassen, vor allem nicht bei den durch Gewalt zur Prostitution gezwungenen Frauen.

Beginnen wir mit den psychologischen Ursachen. Es wird oft behauptet, daß viele Prostituierte in ihrer Kindheit sexuell mißhandelt wurden und daß der Eintritt in die Prostitution mit dieser Mißhandlung zusammenhängt. Elizabeth Coquart und Philippe Huet behaupten, daß dies für 80 % der Prostituierten gilt (Coquart/Huet 2000: 35). In diesem Zusammenhang sollte man allerdings vorsichtig sein und nicht vorschnell, wie Max Chaleil es tut, von einer Art von soziopsychologischem Determinismus sprechen (Chaleil 2002: 11). Wie Deborah Brock schreibt: „Wenn sexuelle Mißhandlung kausal mit dem Eintritt junger Menschen in die Prostitution verbunden ist, dann müßte die Zahl junger Prostituierter wesentlich größer sein, als sie ist, da die sexuelle Mißhandlung junger Menschen allgegenwärtig, ja sogar systemisch ist" (Brock 1998: 113). Wenn auch nicht bestritten werden kann, daß eine sexuelle Mißhandlung in der Kindheit oder Jugend mit dazu beitragen kann, daß man den Schritt in die Prostitution wagt, sollte doch kein Mechanismus konstruiert werden, durch welchen dem Individuum jede freie Entscheidung so gut wie abgenommen wird.

Hinsichtlich der sexuellen Mißhandlung als Ursache für den Eintritt in die Prostitution kann man zwischen zwei Szenarien unterscheiden. Im ersten Szenario wird der Schritt in die Prostitution gewissermaßen als Verlängerung der Mißhandlung betrachtet: Da die Prostituierte in ihrer Kindheit mißhandelt wurde, sieht sie sich nun weiter als eine zu mißhandelnde Frau.[29] Sie hat sozusagen eine Identität herausgebildet, bzw. es hat sich eine Identität herausgebildet, und ihr Leben gestaltet sich dann gemäß dieser Identität. Für die Prostituierte ist es dann normal und selbstverständlich, daß andere die Kontrolle über ihre Sexualität übernehmen. Diesem eher passiven Szenario steht ein aktives Szenario entgegen: Nachdem die Prostituierte als Kind die Kontrolle über ihre Sexualität verloren hat, versucht sie nun, über den Weg der Prostitution, diese Kontrolle wiederzugewinnen. Hier findet die Prostituierte sich nicht mit dem ab, was ihr in ihrer Kindheit widerfahren ist, sondern sie lehnt sich dagegen auf, und die Prostitution soll ihr dabei als Instrument dienen. Es ist dieses reaktive Szenario, das in Alexanders Liste als fünfter Punkt auftaucht.

Im Hinblick auf dieses reaktive Szenario stellt sich allerdings die Frage, ob die Prostituierte tatsächlich im Rahmen der Prostitution die Kontrolle über ihre Sexualität wiedergewinnen kann. Die prostitutionelle Beziehung wird hier zu einem regelrechten Kampfplatz, auf dem sich ein Machtkampf abspielt. Die Prostituierte läßt sich allerdings nur deshalb auf diesen Machtkampf ein, weil sie in ihrer Kindheit oder in ihrer Jugend etwas verloren hat, was sie wiedergewinnen möchte. Der Kampf ist für sie kein Selbstzweck,

---

29 Mißhandelt oder beschimpft. So berichtet etwa Denise, daß ihre Tante sie als Hure beschimpft hatte, nachdem sie schwanger geworden war. Da ihr die Bezeichnung schon anhaftete, so Denise weiter, war es für sie nur noch ein kleiner Schritt, Geld mit dem Angebot sexueller Dienstleistungen zu verdienen (in: François/Raes 2001: 19).

sondern, wie schon gesagt, ein Mittel. Durch diesen Kampf will sie sich als ein sexuell autonomes Wesen behaupten.

Mc Keganey und Barnard haben auf diesen Aspekt aufmerksam gemacht: „Indem sie gleich von Anfang an die Kontrolle übernehmen, hoffen die Frauen, daß der Kunde sich ihnen fügen wird; als Verkäuferinnen einer begehrten Dienstleistung sehen die Frauen sich in einer Position, die es ihnen erlaubt, die Bedingungen und Forderungen des Verkaufs aufzustellen" (Mc Keganey/Barnard 1997: 32).

Diese Kontrolle über die Situation drückt sich auf unterschiedliche Weisen aus. Erstens bestimmt die Frau selbst darüber, wen sie als Kunden akzeptiert. Dann bestimmt sie zweitens darüber, welche sexuelle Handlung sie und der Kunde ausführen werden. Drittens wird sie auch darüber bestimmen, welchen Preis der Kunde zahlen muß. Und viertens wird sie darüber bestimmen, wo die Handlung stattfinden und wie lange sie dauern wird. Wo eine Prostituierte die Situation derart im Griff hat, gilt das, was Marianne, eine Prostituierte, Catherine Anthony anvertraut hat: „[D]er Mann war zwischen meinen Fingern zu einem handhabbaren Gegenstand ohne Willen geworden" (zitiert in: Anthony 1996: 62). Geht man von der Hypothese eines sexuellen Mißbrauchs und vom reaktiven Szenario aus, so macht die Prostituierte ihre Kunden zu dem, wozu der sie in ihrer Kindheit mißhandelnde Mann sie selbst gemacht hatte. Der Kunde muß, im übertragenen und im wortwörtlichen Sinne, *zahlen* (Oraison 1979: 96).

Man kann übrigens das reaktive Szenario von der individual-psychologischen auf die kollektivpsychologische Ebene übertragen. In dem Fall stellt die Prostitution eine Praxis dar, durch welche die Frauen insgesamt die Kontrolle über ihre Sexualität wiedergewinnen und ein Gleichgewicht zwischen sich und den Männern schaffen können. Dabei kann die Sexualität innerhalb der Ehe als eine von den Männern kontrollierte Sexualität betrachtet werden – und bis vor noch nicht allzu langer Zeit betrachtete das Recht sie auch zum Teil unter diesem Blickwinkel –, während die Prostitution als eine von Frauen kontrollierte Sexualität betrachtet wird. Es wird, wie Jeanne, eine andere von Catherine Anthony befragte Prostituierte es sagt, ein Gleichgewicht hergestellt: „Zahlen lassen ist für mich zu einer Ehrerweisung geworden, für sie [scil. die Männer – N. C.] ist es eine Demütigung – das stellt das Gleichgewicht wieder her" (zitiert in: Anthony 1996: 53). Man ist also von einer einseitig vom Mann zu einer einseitig von der Frau bestimmten Sexualität übergegangen.

Man sollte sich allerdings keinen Illusionen hingeben: Das reaktive Szenario funktioniert nicht immer. Wo die Prostituierte in finanzieller Not ist, kann sie es sich nicht immer erlauben, selektiv hinsichtlich der Kunden zu sein und die Bedingungen selbst festzulegen.[30] Und je größer der finanzielle Druck, um so geringer die Kontrolle, die die Prostituierte über die prostitutionelle Beziehung ausüben kann. Und das heißt dann auch: um so tiefer das Gefühl, ihre eigene Sexualität nicht kontrollieren zu können. Und wesentlich schlimmer ist die Situation für diejenigen Frauen, die nicht für sich selbst arbeiten, sondern die einen Zuhälter haben oder von einer kriminellen Organisation ausgebeutet werden.

Ähnliche Bemerkungen gelten übrigens für den dritten und vierten von Alexander angeführten Grund. Die Unabhängigkeit und Flexibilität erfahren nur diejenigen Prostituierten, die sozusagen in Eigenregie arbeiten. Sie können tatsächlich selbst über ihre Arbeitszeiten und über das im Rahmen der Prostitution verdiente Geld bestimmen. Eine eigenständig arbeitende Prostituierte, die 100 Euro pro Kunde verlangt, kann es sich erlauben, durchschnittlich nur zwei Kunden am Tag zu empfangen. Am Ende des Monats wird sie dann über rund 6 000 Euro verfügen. Viele Frauen können von einem solchen Lohn nur träumen, und noch mehr können sie vom Stundenlohn träumen: 100 Euro pro Stunde, wenn wir eine Stunde pro Kunde nehmen, und 200 Euro, wenn wir eine halbe Stunde pro Kunde rechnen. Wer würde nicht schon gern täglich nur eine Stunde arbeiten und am Monatsende einen Lohn von 6 000 Euro haben – hier haben wir das Geld, den ersten von Alexander genannten Grund? Und damit nicht genug: Die Prostituierte hat keinen Vorgesetzten, sie bestimmt selbst darüber, um wieviel Uhr sie die Kunden empfängt, sie nimmt sich ihren Urlaub, wann sie will, usw. Wie etwa Jeanne es zu Catherine Anthony sagt: „[D]ie professionellen Prostituierten [...] sind weniger ausgebeutet als viele Frauen, die arbeiten"

---

30 Wie Morrison und seine Mitarbeiter feststellen: „Ein Vertrag zwischen einem Sexkunden und einer Escort-Prostituierten kann ein Vertrag zwischen gleichen Partnern sein, und sie wird die Wahl haben, ein Geschäft abzulehnen, das ihr unannehmbar erscheint. Im Falle der Straßenprostituierten, die Geld für ihren Alkohol- oder Drogenkonsum brauchen, liegt die Macht bei den Kunden, die über das Geld verfügen, um die Bedingungen für die von ihnen gewünschte Sexform festzusetzen" (zitiert in: Plant 1997: 175).

(zitiert in: Anthony 1996: 52). Ruth Mazo Karras bestätigt dies aus historischer Perspektive: „[P]rostituierte, die zumindest in einigen Sektoren ihres Gewerbes ihre eigenen Arbeitsbedingungen kontrollieren konnten, wurden wahrscheinlich weniger ausgebeutet als bestimmte Textilarbeiterinnen oder Hausdienerinnen" (Karras 1996: 6). Für viele Frauen besteht die Wahl also nicht zwischen einem Gewerbe, in dem sie ausgebeutet werden (die Prostitution), und Gewerben, in denen sie nicht ausgebeutet werden, sondern sie müssen zwischen einem Mehr und einem Weniger an Ausbeutung wählen, wobei sie in der Prostitution, zumindest wenn es sich um deren höhere Formen handelt, weniger ausgebeutet werden als in anderen Gewerben, zu denen man ihnen vielleicht einen Zugang verspricht, wenn sie die Prostitution verlassen. Wer sich dem Gedanken verschließt, man solle der Prostitution ein menschlicheres Antlitz geben, wird diesen Unterschied natürlich bedauern und darauf pochen, daß die Prostitution insgesamt schrecklich ausbeuterische Formen annehmen soll, damit jedes andere Gewerbe als weniger ausbeuterisch erscheint und somit auch als attraktiver.

Bleibt dann noch der an zweiter Stelle in Alexanders Liste auftauchende Grund zu betrachten, nämlich der Spaß bzw. Reiz (excitement). Dabei wird man unterscheiden müssen zwischen dem Spaß, den sich die Prostituierte durch das von ihr verdiente Geld erlauben kann, und dem Spaß während der prostitutionellen Beziehung. Wir wollen uns hier nur mit dem zweiten Aspekt befassen, also mit der Frage, ob Frauen sich prostituieren, um ihre Sexualität auszuleben, und d. h., um gleichzeitig mit ihrem materiellen Unterhalt auch ihre sexuelle Befriedigung zu finden.

Catherine Anthony zitiert eine Prostituierte, die behauptet, sie erlebe oft sexuelle Lust und sexuelle Befriedigung, wenn sie mit Kunden zusammen ist (Anthony 1996: 18). Auch bei Felix Ihlefeldt äußern sich Prostituierte, die in der Prostitution eine gewisse sexuelle Erfüllung finden. So sagt Samantha: „Im Unterschied zu Professionellen mach' ich das aus Spaß" (zitiert in: Ihlefeldt 2003: 37). Und Elisabeth meint, sie tue es zur Hälfte wegen des Geldes und zur Hälfte wegen des Kicks (zitiert in: Ihlefeldt 2003: 22). In der von Donald West und Buzz de Villiers angefertigten Studie über die männliche Prostitution begegnen wir vielen Fällen von jungen prostituierten Männern, die auch ihre eigene sexuelle Befriedigung im Rahmen einer prostitutionellen Beziehung finden und manchmal sogar absichtlich suchen.

Begegnet man auch in der Fachliteratur dem Fall der Prostituierten, die Spaß und Freude an ihrer Aktivität findet, so weisen doch die meisten Autoren darauf hin, daß für die Prostituierte, die prostitutionelle Handlung und die sexuelle Lust oder Befriedigung sich gegenseitig ausschließen (Adler 1998: 191; Hoigard/Finstad 1992: 174; Mc Keganey/Barnard 1997: 86). Die letztgenannten Autoren zitieren in diesem Zusammenhang eine Prostituierte, die behauptet, sie müßte sich eigentlich vor sich selbst schämen, wenn sie im Rahmen einer prostitutionellen Beziehung einen Orgasmus hätte. Hoigard und Finstad weisen darauf hin, daß, wenn Prostituierte einen Orgasmus im Rahmen einer prostitutionellen Beziehung erleben, dies gewissermaßen in die Kategorie der Arbeitsunfälle (job mishaps) falle, die man vor dem Kunden verbergen sollte (Hoigard/Finstad 1992: 71). Die beiden skandinavischen Autorinnen weisen ferner darauf hin, daß lesbische Prostituierte es in dieser Hinsicht mit männlichen Kunden einfacher haben (ebd.: 73). Cesare Lombroso hatte übrigens schon im ausgehenden 19. Jahrhundert bemerkt, daß Frigidität von Vorteil für Prostituierte sei (Lombroso 1991: 443). Wo man keine sexuelle Lust mit Männern empfinden kann – sei es aus rein physiologischen Gründen oder aufgrund der sexuellen Orientierung –, ist es natürlich wesentlich leichter, den Wunsch oder den Willen, keine solche Lust zu empfinden, zu respektieren.

Diese Ablehnung der sexuellen Lustempfindung innerhalb einer prostitutionellen Beziehung muß im Zusammenhang mit dem Willen der Prostituierten gesehen werden, prostitutionelle und nichtprostitutionelle Beziehungen ganz klar voneinander zu trennen. Und dieser Wille verweist seinerseits auf die Trennung zwischen öffentlichem und privatem Leben, zwischen, könnte man auch sagen, Berufsleben und Privatleben. Mc Keganey und Barnard heben hervor, daß Prostituierte es als wichtig empfinden, einen Unterschied aufrechtzuerhalten zwischen Sex *innerhalb* und Sex *außerhalb* der Prostitution (Mc Keganey/Barnard 1997: 65). Es geht ihnen also darum, eine Sphäre zu bewahren, in welcher ihre Sexualität nicht instrumentalisiert wird und in welcher sie diese als solche mit einem liebenden Partner oder einer liebenden Partnerin genießen können. In diesem Fall wird nicht so sehr die Gewährung eines Zugangs zum Körper bzw. zu seiner Intimsphare als Zeichen oder als Ausdruck von Liebe betrachtet, sondern die Lustempfindung bzw. der Wunsch, Lust bei der sexuellen Handlung zu empfinden. Wenn in diesem Zusammenhang eine Prostituierte Lust im Rahmen einer prostitutionellen Beziehung empfinden würde, dann könnte dies von ihr als ein Zeichen betrachtet werden, daß der Kunde für sie mehr als ein Kunde geworden ist und daß sich zwischen ihr und ihm eine Beziehung bilden könnte, die mit einer privaten Liebesbeziehung in Konkurrenz treten könnte – und auch der Kunde könnte übrigens dazu geneigt sein, die sexuelle Lustempfindung bei der Prostituierten auf diese Weise zu deuten.

Hier lassen sich mehrere Situationen voneinander unterscheiden:

1. Die Prostituierte empfindet weder Zuneigung noch sexuelle Lust.
2. Die Prostituierte empfindet Zuneigung, aber keine sexuelle Lust.
3. Die Prostituierte empfindet keine Zuneigung, aber sexuelle Lust.
4. Die Prostituierte empfindet Zuneigung und sexuelle Lust.

Die professionelle Prostituierte stellt man sich gewöhnlich als eine Frau vor, die weder Zuneigung zu ihren Kunden noch sexuelle Lust beim Geschlechtsverkehr mit diesen Kunden empfindet. Manche Autoren gehen sogar so weit zu behaupten, daß professionelle Prostituierte nur Mißachtung für ihre Kunden empfinden und einen regelrechten Ekel verspüren – den sie aber zu verheimlichen gelernt haben –, wenn sie sexuell mit diesen Kunden verkehren. Die Hobbyprostituierten stellen sich oft als der dritten Situation entsprechend dar, insofern für sie die Prostitution einerseits ein Mittel ist, um ihre sexuellen Wünsche auf eine für sie zufriedenstellende Weise auszuleben, andererseits aber auch ein Mittel, um etwas mehr Geld zu haben. Bei den Hobbyprostituierten ist allerdings nicht jede Form von Zuneigung tabu, sondern nur eine *tiefere* Zuneigung: „[S]obald da irgendwie tiefere Gefühle ins Spiel kommen, heißt es für mich sofort trennen" (zitiert in: Ihlefeldt 2003: 39). Chantal geht es darum, dem Kunden das Gefühl zu vermitteln, „daß er in mir eine gute Freundin hat" (zitiert in: Ihlefeldt 2003: 76). Solche freundschaftlichen Gefühle können natürlich auch im Falle einer professionellen Prostituierten auftauchen, nur sind sie dort seltener. Ein Grund hierfür dürfte sicherlich sein, daß die Hobbyprostituierte viel weniger Kunden hat als eine professionelle Prostituierte. Was aber für die professionelle wie auch für die Hobbyprostituierte nicht geschehen darf, ist das Eintreten der vierten Situation: daß die Frau sich in den Kunden verliebt und auch noch sexuelle Lust beim Geschlechtsverkehr mit ihm verspürt.

Die eben besprochene Ablehnung ist allerdings nur ein Trennungsmechanismus unter vielen. Ein anderer besteht darin, daß die allermeisten Prostituierten es kategorisch ablehnen, von ihren Kunden geküßt, und vornehmlich auf den Mund geküßt zu werden. Dies mag einerseits dadurch bedingt sein, daß es sie vielleicht anekelt, von einem Mann geküßt zu werden, den sie nicht lieben, aber es könnte auch dadurch zu erklären sein, daß der Kuß, und vor allem der Kuß auf den Mund, für sie eine symbolische Dimension hat – die andere vielleicht im Geschlechtsverkehr sehen würden. Indem sie einen Unterschied machen zwischen denjenigen Männern, denen sie es erlauben, sie auf den Mund zu küssen, und denjenigen, denen sie dies nicht erlauben, machen die Prostituierten einen Unterschied zwischen denjenigen Männern, mit denen sie eine ganz enge Beziehung eingehen wollen, und denjenigen, die für sie bloße Kunden sind.

Auch das Präservativ kann in diesem Zusammenhang erwähnt werden. Sieht man von seiner wichtigen prophylaktischen Wirkung gegen ansteckende Geschlechtskrankheiten ab[31], dient es auch als symbolische Barriere. Wie Max Chaleil schreibt: „Das Präservativ ist auch die Illusion einer Trennung zwischen dem Körper des Kunden und ihrem Prostituiertenkörper; diese dünne Schicht,

---

31 Wobei manche Autoren darauf aufmerksam machen, daß in ungefähr 20 % der Fälle das Präservativ reißt (Mc Keganey/Barnard 1997: 67). Heinrich Ahlemeyer macht seinerseits darauf aufmerksam, daß viele Kunden versuchen, das Präservativ während des Geschlechtsverkehrs abzulegen, bzw. es an manchen Stellen zerreißen, ohne daß die Prostituierte es merkt. Das Kondom wird somit zum Gegenstand eines regelrechten Machtkampfes: „Der frühe Zeitpunkt der Kondom-Applikation verdankt sich weniger hygienischen als ‚politischen‘ Zielen; damit wird symbolisiert, wer in diesem Intimsystem die Macht hat" (Ahlemeyer 2000: 159). Das heimliche Beschädigen des Kondoms braucht unter diesen Umständen dann auch nicht als Ausdruck des Willens angesehen zu werden, die Prostituierte anzustecken, sondern kann auch als ‚politische‘ Geste im Machtkampf interpretiert werden: Der Kunde will der Prostituierten dadurch zeigen, daß sie ihn zwar in einer ersten Schlacht – das Überziehen des Kondoms – besiegt hat, daß er aber als Sieger aus der zweiten Schlacht – Geschlechtsverkehr mit intaktem Kondom – hervorgegangen ist.

mit der sie ihren Körper gegen das verhaßte Sperma schützt, bewahrt sie auch vor der Beschmutzung [...]" (Chaleil 2002: 210). Gleichzeitig wird auch hinsichtlich des Gebrauchs des Präservativs ein Unterschied gemacht zwischen den Männern, die die Prostituierte liebt und denen sie vertraut, und denjenigen, für welche dies nicht zutrifft. Wenn Chaleil schreibt, die Prostituierte wolle durch die dünne Schicht des Präservativs die Illusion einer Trennung schaffen, könnte er hinzufügen, daß sie durch die Forderung nach geschütztem Geschlechtsverkehr auch vermeiden will, daß beim Kunden die Illusion einer zu großen Nähe entsteht.

Alle diese Strategien zeigen, daß es den Prostituierten daran gelegen ist, die beruflichen von den privaten sexuellen Handlungen zu trennen. Und diesen Wunsch sollte der Kunde respektieren. Wo er versucht, durch ein bestimmtes Geldangebot die Prostituierte dazu zu bringen, die von ihr gesetzte Grenze zu überschreiten, respektiert er sie nicht mehr als ein eigenständiges, sich seine eigenen Grenzen setzendes menschliches Wesen. Was den eigentlichen Wert eines Menschen ausmacht, ist nicht dieser oder jener Körperteil noch diese oder jene Fähigkeit, sondern der Wille, einen nicht erkaufbaren Teil seiner selbst zu behaupten. *Was* erkaufbar/nicht erkaufbar ist, sollte als kulturabhängig betrachtet und dementsprechend nicht zum Gegenstand eines kategorischen, kulturübergreifenden Imperativs gemacht werden. Was aber zum Gegenstand eines solchen kategorischen Imperativs gemacht werden sollte, ist, *daß* jeder Mensch eine Sphäre des Nicht-Erkaufbaren oder Nicht-Tauschbaren anerkennt.

Mag es auch in unserem Kulturkreis empirisch gesehen der Fall sein, daß dieser Teil des Nicht-Erkaufbaren für viele Menschen mit der Sexualität zusammenhängt, so sollte man doch diese empirische Tatsache nicht zur allgemeingültigen Regel erheben. Beate, die keine Probleme damit hat, sexuelle Handlungen im Austausch gegen Geld auszuführen, meint: „Zusammen einschlafen und zusammen aufwachen, das ist für mich viel zu intim. Das mach' ich für Geld nicht" (zitiert in: Ihlefeldt 2003: 119). Wesentlich ist also nicht, *was* erkaufbar und was es nicht ist, sondern *daß* es bestimmte Dinge gibt, die man als prinzipiell unerkaufbar ansieht.

Francine, eine von François und Raes befragte Prostituierte, gibt zwar einerseits zu, daß sie sich prostituiert, fügt aber andererseits gleich hinzu: „[A]ber ich lege mir Schranken auf, um mich nicht beschmutzt zu fühlen. [...] Ich bewahre meine Würde"

(zitiert in François/Raes 2001: 51). Indem sie sich Schranken auf-
erlegt, wird die Prostituierte sich ihrer eigenen Würde bewußt, und
indem der Kunde diese Schranken respektiert, erkennt er die Würde der Prostituierten an.

Sonia, eine andere von den beiden belgischen Autorinnen
befragte Prostituierte, weist allerdings auf eine Gefahr hin: „Die
jungen Mädchen von heute wissen nicht mehr, daß die Prostitution ein Beruf mit Regeln ist. Ein Beruf, den man erlernt, wo man
ja oder nein sagen kann, ein Beruf, wo man Rechte hat. [...] Man
kann diesen Beruf nicht ohne Regeln ausüben, sonst läuft man
direkt in die Katastrophe" (zitiert in: François/Raes 2001: 27).
Sonia macht hier einen Vergleich zwischen der ‚guten alten Zeit'
und der unmittelbaren Gegenwart, wobei letztere, wie das oft der
Fall ist, als Dekadenzepoche betrachtet wird. Stéphanie Pryen
bemerkt in diesem Zusammenhang: „Die Aussagen der Älteren
bestätigen es oder beziehen sich auf jeden Fall in nostalgischer
Weise auf eine hinter uns liegende Vergangenheit, wo eine Form
von Solidarität existieren konnte, wo man die Regeln respektierte,
wo man nicht egal was tat" (Pryen 1999: 112). Die Älteren übernehmen dann auch die Rolle von Erzieherinnen, denn sie zeigen
den Jüngeren „die Grenze zwischen den Teilen des Körpers, die
man dem Kunden verkaufen darf, und denjenigen, die ihm verboten sind" (Welzer-Lang/Barbosa/Mathieu 1994: 143).[32]

Mit den „jungen Mädchen von heute" meint die 49jährige
Sonia in erster Linie, wenn auch nicht ausschließlich, die Prostituierten aus den Balkanstaaten und aus dem früheren Ostblock. Die
allermeisten dieser Mädchen und Frauen befinden sich unter der
Kontrolle von mafiösen und kriminellen Organisationen, und sie
müssen den allergrößten Teil ihres Gewinnes an diese Organisationen abgeben. Und wenn sie nicht genügend verdienen, werden sie
brutal behandelt. Unter diesen Umständen ist es verständlich, daß
diese Frauen und Mädchen meistens nicht die Wahl haben, ja oder
nein zu sagen, sondern daß sie auf alle Wünsche der Kunden eingehen. Sie können es sich nicht leisten, sich Schranken zu setzen

---

32 Die von Welzer-Lang und seinen Mitarbeitern aufgezählten verbotenen Praktiken
    sind: Küssen, Lustempfinden, Analverkehr, Berühren bestimmter Körperteile und
    Geschlechtsverkehr ohne Präservativ. Zum Berufsethos der guten Prostituierten
    gehört auch noch, daß sie die gebrauchten Präservative nicht einfach herumliegen
    läßt und daß sie dem Kunden gegenüber freundlich ist.

und auf das Respektieren dieser Schranken zu pochen, da sie sonst geschlagen und gedemütigt werden. Man beschreibt ihre Situation auf eine unangemessene Weise, wenn man behauptet, sie hätten kein Berufsethos. Richtiger sollte es lauten, daß man ihnen nicht einmal die Möglichkeit läßt, die Prostitution gemäß einem bestimmten Berufsethos auszuüben. Unabhängig arbeitende Prostituierte können ein solches Berufsethos haben, und manche sind sogar stolz darauf, eines zu haben und sich daran zu halten.

In diesem Kontext kann das Problem des Klimas zwischen Prostituierten kurz angeschnitten werden. Der wichtigste Aspekt ist hierbei, daß die Konkurrenz in den letzten Jahrzehnten enorm zugenommen hat, bedingt durch die Frauen aus den Balkan- und früheren Ostblockstaaten sowie aus der dritten Welt – vornehmlich Asien und Schwarzafrika. Der manchmal enorme Anstieg des Angebots sowie die Tatsache, daß die eben genannten Frauen – aber es gilt auch für die drogenabhängigen Prostituierten – in der Regel niedrigere Preise verlangen als die ‚etablierten' Prostituierten und auch, wie wir soeben gesagt haben, nicht die Freiheit haben, Schranken zu setzen, führen oft dazu – und der Reiz des Exotischen ist sicherlich ein weiterer Grund –, daß viele Kunden sich diesen Prostituierten zuwenden und somit die ‚etablierten' Prostituierten vor die Frage stellen, ob sie sich anpassen, d. h. ob auch sie regellose Prostitution betreiben sollen, um auf dem Markt überhaupt weiter bestehen zu können, oder ob sie weiter auf bestimmte Regeln pochen sollten, aber mit der Gefahr, kaum noch Kunden zu haben.

In manchen Fällen zögern die ‚etablierten' Prostituierten nicht, ihre ausländischen Konkurrentinnen regelrecht zu verjagen. Es kommt dann zu einem solidarischen Verhalten nur zwischen ‚etablierten' Prostituierten, von dem die ausländischen Prostituierten ausgeschlossen sind, da man in ihnen eine gefährliche Konkurrenz sieht.

Aufgrund des bisher Gesagten könnte man eine Unterscheidung treffen zwischen einerseits Prostituierten, die über die Macht verfügen, eine Grenze zu ziehen zwischen dem, was erkaufbar ist und einen Preis besitzt, und dem, was für sie nur einen Wert hat und nicht erkaufbar ist, und andererseits Prostituierten, die nicht über diese Macht verfügen, weil sie anderen Menschen unterworfen sind – oder weil sie derart drogenabhängig sind, daß man sie nicht mehr als frei entscheidende Wesen betrachten kann. Es wäre schon ein großer Schritt, wenn man es erreichen würde, daß keine Frauen sich mehr in der zweiten Kategorie befinden. Die Prostitution sollte, anders gesagt, nicht ein regelloser freier Markt sein, in welchem bestimmte kriminelle Organisationen über das Leben von Menschen bestimmen, sondern sie sollte, genauso wie andere Gebiete, zu einem geregelten Markt werden bzw. zu einem Markt, auf dem es die Prostituierten selbst sind, die über die Entscheidungsmacht verfügen zu bestimmen, was erkaufbar und was nicht erkaufbar ist. Eine Frau, die bereit ist, ihre Sexualität, nicht aber ihre Intelligenz oder Phantasie für Geld zur Verfügung zu stellen, ist genauso moralisch oder unmoralisch wie eine Frau, die bereit ist, ihre Intelligenz und Phantasie, nicht aber ihre Sexualität für Geld zur Verfügung zu stellen.

Hier sei noch abschließend die Frage gestellt, ob man den Prostituierten die Macht geben sollte, Grenzen zu setzen und diese Grenzen auch zu behaupten – man denke hier etwa an Gesetze, die es der Prostituierten erlauben, ihren Lohn vor Gericht einzuklagen. Für Susan Edwards ist eine selbstbestimmte Prostitution ein Unding: „Den Vorschlag zu machen, daß die sich prostituierenden Frauen auch das Recht auf Selbstbestimmung haben sollten, das ihnen die weitere Ausübung der Prostitution erleichtern sollte, scheint im Gegenteil eine Abschaffung der Selbstbestimmung, der Würde und des Respekts" (Edwards 1997: 76). Julia O'Connell Davidson meint hierzu: „[D]ie Beziehung zwischen der Prostituierten und dem Kunden so gestalten, als ob es sich um einen Warentausch im engeren Sinne handeln würde, ermächtigt die Prostituierte noch nicht von sich aus. Sie muß auch in der Lage sein, darüber zu bestimmen, daß der Vertrag gemäß ihren Bedingungen erfüllt wird" (O'Connell Davidson 1998: 101). Drei Faktoren tragen hierzu bei: eine günstige finanzielle Situation (so daß die Prostituierte Kunden ablehnen kann, die sich nicht an die von ihr gesetzten Bedingungen halten wollen); die Legalisierung der Prostitution (so daß die Prostituierte keine Angst zu haben braucht, sich bei der Polizei zu beschweren); die Persönlichkeit der Prostituierten (ihre Charakterstärke usw.).

Wenn man der Prostitution ein menschlicheres Antlitz geben möchte, kommt man nicht an einer Ermächtigung der Prostituierten vorbei. Jede sich prostituierende Frau sollte sich in einer Situation befinden, in der sie es sich leisten und erlauben kann, zu diesem oder jenem Kunden nein zu sagen. Um dies sicherzustellen, müßte zunächst einmal eine Situation erreicht werden, in der jede sich prostituierende Person ihren vollen Lohn für sich behalten kann – von den Steuern einmal abgesehen. Der Beruf des/der Prostituierten sollte als normaler Beruf anerkannt werden, und seine Ausübung sollte auch unter die allgemeinen Bedingungen des Arbeitsrechts fallen. Von den diesen Beruf ausübenden Personen könnte erwartet werden, daß sie alle für den Schutz ihrer Gesundheit notwendigen Maßnahmen treffen, wobei natürlich der Gebrauch des Präservativs an erster Stelle stehen sollte.

Man wird hier allerdings auf den Unterschied zwischen professionellen und Hobbyprostituierten achten müssen. Aber dieser Unterschied ist an sich nicht spezifisch für die Prostitution. So kann man etwa zwischen professionellen Computeringenieuren und Hobbycomputeringenieuren unterscheiden. Wenn ich ein Problem mit meinem Computer habe, kann ich ihn entweder zu einer spezialisierten Firma bringen, damit sie ihn repariert, oder ihn aber bei einem Bekannten vorbeibringen, der sich mit Computern auskennt und der sich bereit erklärt, ihn zu reparieren – und dafür eine kleine Entlohnung erwartet. Was wir hier haben, ist nichts anderes als eine Form von Schwarzarbeit.

Diese würde es gewissermaßen auch in der Prostitution geben, wenn man sie als einen normalen Beruf anerkennt. Und genauso wie es bei normalen Berufen sehr oft im Bereich der Schwarzarbeit zur Ausbeutung kommen kann, kann dies auch im Fall der prostitutionellen Beziehungen geschehen. Für die öffentlichen Autoritäten würde es dann gelten, die organisierte Ausbeutung der Prostitution als Schwarzarbeit mit allen Mitteln zu bekämpfen.

Im Zusammenhang mit der Prostitution wird man wahrscheinlich einen relativ engen Begriff der Schwarzarbeit gebrauchen müssen. Darin unterscheidet sich die Prostitution allerdings nicht von anderen Erwerbszweigen. Nehmen wir z. B. die Krankenpflege. Eine Person A kann eine kranke Person B umsonst pflegen, was gewöhnlich der Fall ist, wenn A und B eng miteinander verwandt sind. Dies wäre das eine Extrem. Am anderen Extrem hätte man den Fall der professionellen Krankenpflege, wo A bezahlt wird, um sich um B zu kümmern. Diese Krankenpflege kann staatlich oder aber auch privat organisiert sein und wird von speziell ausgebildetem Personal betrieben. Man kann sich aber auch folgenden Fall vorstellen: A hat sein Studium als Krankenpfleger abgebrochen, verdient sich aber so nebenbei ein wenig Geld, indem er bestimmte krankenpflegerische Dienstleistungen erbringt. Von seinen Patienten verlangt er dabei nicht mehr als das, was sie im Falle eines offiziell anerkannten Krankenpflegers aus ihrer eigenen Tasche bezahlen müßten – was ihnen also nicht von der Krankenkasse zurückgezahlt wird. Sollte man hier von Schwarzarbeit sprechen?

Im Falle der Prostitution sollte man selbstverständlich nicht jede Frau, die sich für den Geschlechtsverkehr bezahlen läßt, ohne offiziell als Prostituierte angemeldet zu sein, der Schwarzarbeit anklagen. Was man aber auf jeden Fall anprangern sollte, ist, wie schon angedeutet, die Ausbeutung dieser Schwarzarbeit durch Dritte. Jedem Menschen sollte das Recht zugestanden werden, sexuelle Befriedigung gegen Entlohnung anzubieten, ob angemeldet oder nicht angemeldet, aber niemandem sollte das Recht zugestanden werden, Menschen auszubeuten, die sich auf prostitutionelle Handlungen einlassen. Das eigentliche Problem ist nicht die prostitutionelle Handlung, sondern die Ausbeutung der prostitutionellen Handlung und der sich prostituierenden Person. Im Gegensatz zu dem, was viele Autoren behaupten, bin ich der Überzeugung, daß es eine nicht ausbeuterische Prostitution geben kann, genauso wie ich der Überzeugung bin, daß Lohnarbeit nicht immer ausbeuterisch sein muß. Und auch wenn man zugeben würde, daß eine Welt ohne Prostitution schöner wäre als eine Welt mit Prostitution, so folgt daraus noch nicht, daß man ein Recht dazu hat, die Welt der Prostitution zu einer Hölle verkommen zu lassen, bloß damit die in dieser Welt gefangenen Personen das Bedürfnis verspüren, ihr zu entkommen. Wer sich auf diese Logik einläßt, wer also meint, die Prostitution dürfe unter keinen Umständen ein menschliches Antlitz bekommen, das ihre unmenschliche Seele verbergen könnte, der nimmt es nicht sehr ernst mit der Würde der Menschen, die sich prostituieren. Man könnte sogar noch einen Schritt weiter gehen und behaupten, daß er sie regelrecht instrumentalisiert: Er läßt sie in ihrem Elend verharren, damit die Gesellschaft auf den elenden Charakter der Prostitution aufmerksam wird.

3. Das Umfeld der Prostituierten

Nachdem wir uns in den beiden ersten Teilen dieses Kapitels mit den zwei Hauptakteuren der prostitutionellen Beziehung – dem Kunden und der Prostituierten – befaßt haben, Akteuren, ohne die es keine prostitutionelle Beziehung geben kann und die dementsprechend konstitutiv für eine solche Beziehung sind, wollen wir uns in diesem dritten Teil Akteuren zuwenden, ohne die man die Prostitution zwar denken kann, die man aber in der Wirklichkeit der Prostitution manchmal oder auch oft wiederfindet. Wir werden uns dabei auf vier Nebenakteure konzentrieren: den Zuhälter, den Sozialarbeiter, das familiäre Umfeld der Prostituierten und die Nachbarschaft der Prostituierten. Es wird uns dabei vor allem darum gehen, moralisch relevante Probleme zu identifizieren, die sich aus dem Verhältnis zwischen der Prostituierten und diesen Nebenakteuren ergeben.

Man findet manchmal die Behauptung, Prostitution und Zuhälterei ließen sich nicht voneinander trennen, so daß man hinter jeder Prostituierten einen Zuhälter suchen müßte. „Prostitution und Zuhälterei sind unzertrennlich", sagt uns Claudine Legardinier (Legardinier 2002a: 18), eine These, die auch Lucile Ouvrard gleich zu Beginn ihres Buches implizit formuliert, indem sie neben der Prostituierten und dem Kunden sogleich auch den Zuhälter mit erwähnt (Ouvrard 2000: 15).

Die Behauptung der Unzertrennlichkeit von Prostitution und Zuhälterei kann als eine analytische Behauptung gedeutet werden, und sie entspräche dann einer impliziten Definition: Unter Prostitution sei ein Phänomen verstanden, bei dem eine Person A eine Person B dazu zwingt oder überredet, ein sexuelles gegen ein nichtsexuelles Gut mit einer Person C zu tauschen, wobei Person A einen mehr oder weniger großen Teil des nichtsexuellen Gutes – im Extremfall das ganze nichtsexuelle Gut – für sich beansprucht. Eine solche Definition könnte sich auf die Tatsache berufen, daß z. B. im französischen Sprachgebrauch das nichtreflexive Verb „prostituer" älter ist als die reflexive Form „se prostituer".[33] Man

---

33 Laut dem Robert: *Dictionnaire historique de la langue française* erscheint das nichtreflexive Verb „prostituer" um 1380, während die reflexive Form gegen 1512 auftaucht und erst gegen 1560 eine sexuell bestimmte Bedeutung annimmt. „Prostituer" bedeutete „jemanden aus Interesse sexuellen Handlungen ausliefern".

könnte dementsprechend einen Unterschied zwischen der Prostitution und der Selbstprostitution machen und von der ersten behaupten, sie setze immer einen Zuhälter voraus. Damit hat man aber keine empirische These formuliert, sondern nur einen bestimmten Begriff definiert und von einem anderen, mit ihm zusammenhängenden Begriff abgegrenzt.

Wer einen Schritt weiter als diese bloße Begriffsbestimmung gehen möchte, müßte schon nachweisen, daß es keine Selbstprostitution geben kann, daß also niemand sich aus Interesse an einem nichtsexuellen Gut dazu verleiten lassen kann, eine andere Person durch direkten Körperkontakt sexuell zu befriedigen. Diese These läßt sich aber nicht begründen. Die Brüsseler Prostituierte Sylvie meint, daß neun von zehn belgischen Prostituierten ohne Zuhälter arbeiten (François/Raes 2001: 17) – was natürlich die Frage offenläßt, wie es um die nichtbelgischen Prostituierten steht, allen voran die Migrantinnen aus Nicht-EU-Staaten. In ihrer Studie über die Prostitution in Oslo behaupten auch Hoigard und Finstad – denen man nicht vorwerfen kann, die Prostitution verteidigen zu wollen –, daß nur eine Minderheit der in ihrer Studie erfaßten Prostituierten einen Zuhälter hatte.

Doch auch wenn es viele Prostituierte gibt, die unabhängig von einem Zuhälter arbeiten, läßt sich nicht leugnen, daß es im prostitutionellen Milieu Zuhälter gibt und daß die Zuhälterei ganz unterschiedliche Formen annehmen kann. Am einen Extrem hätten wir den individuellen Zuhälter, der in einem exklusiven Verhältnis zu seiner Prostituierten steht. Dabei ist nicht ausgeschlossen, daß es sich beim Zuhälter um den Ehemann und bei der Prostituierten um die Ehefrau handelt oder daß zumindest ein Liebesverhältnis zwischen beiden besteht. Hier ist auch nicht ausgeschlossen, daß die Gewinne der Prostituierten in eine gemeinsame Kasse fließen, über die beide Partner verfügen können – genauso wie bei einem „normalen" Paar, wo die Frau arbeitet und der Mann zu Hause bleibt. Am anderen Extrem hätten wir die im großen Stil organisierte kriminelle Bande, wie etwa die russische, die albanische oder auch die italienische Mafia. Hier haben wir es mit einer hierarchisch organisierten Struktur zu tun, an deren unterem Ende

Prostitution im nichtreflexiven Gebrauch liegt also immer dann vor, wenn eine Person A eine Person B aus Interesse – wohlverstanden: ein Interesse der Person A – an eine Person C ausliefert, damit C eine sexuelle Handlung mit B ausüben kann.

sich die Prostituierte befindet und an deren oberem Ende man einen Boss oder „Paten" findet. Und zwischen diesen beiden Enden gibt es eine Vielzahl von Zwischengliedern, die alle ihren Anteil an den Gewinnen der Prostituierten abkassieren, so daß letztere in den meisten Fällen kaum noch etwas für sich behält. In den letzten Jahrzehnten hat sich das Bild der Zuhälterei in Europa dahingehend verändert, daß die traditionelle Form der Zuhälterei – der Zuhälter, der sich um höchstens drei oder vier Frauen kümmert – durch eine schon fast industrielle Form der Massenzuhälterei ersetzt wurde. Bestimmte kriminelle Gruppen kontrollieren manchmal Hunderte von Frauen, die sie aus dem Balkan im besonderen oder aus Osteuropa im allgemeinen nach Westeuropa eingeschleust haben. Im Rahmen einer solchen Massenzuhälterei sind die Gesundheit und das Leben der einzelnen Prostituierten nicht mehr wichtig, da erstens ihre Gewinne nur einen geringen Anteil an dem Gesamtgewinn ausmachen und da zweitens jede „unbrauchbar" gewordene Prostituierte schnell durch eine neue Frau ersetzt werden kann. Der moderne Zuhälter ist meistens auch ein Menschenhändler.

Allgemein läßt sich feststellen, daß das Milieu der Zuhälterei, das nie ganz frei von Gewalt war, in den letzten Jahrzehnten immer gewalttätiger geworden ist. So meint etwa ein Bordellbetreiber: „Der Zuhälter alten Typs stirbt aus. Vor kurzem war ich bei einem Freund in Hamburg. Der schüttelte auch den Kopf: Mensch, Peter, was ist bloß aus unserem Kiez geworden? – Hatten wir früher ein Problem, hieß es: Komm, wir gehen mal kurz hinten auf den Hof. – Heute kannst du mit keinem mehr rausgehen, wenn du nicht eine Kanone in der Tasche hast. Die muß schon sein. In diesem Geschäft ist sich jeder nur noch selbst der Nächste. Die Berufsehre hat unglaublich nachgelassen. Leute von meinem Schlag gibt es nur noch ganz wenige" (zitiert in: Schmidt 1997: 136–37). Dieses erhöhte Gewaltpotential, sowohl gegenüber den Konkurrenten wie auch gegenüber den Frauen, wird ebenfalls vom Leiter des Bielefelder Kriminalpolizeikommissariats bestätigt (zitiert in: Schmidt 1997: 37–8).

Mag es auch einerseits viele Fälle geben, in denen der Zuhälter die Frau mit Gewaltandrohung oder gegebenenfalls sogar -anwendung dazu zwingt, sich für ihn zu prostituieren, so gibt es andererseits auch Fälle, in denen das Verhältnis zwischen der Frau und dem Zuhälter nicht durch Zwang geprägt ist, wo es also die Frau ist, die sich – anscheinend – freiwillig dazu entscheidet, für eine andere Person – aber auch zum Teil für sich selbst – Sexarbeit zu leisten. Wo einige schon Schwierigkeiten haben zu verstehen, wie jemand sich für sich selbst, zur Befriedigung seiner eigenen nicht-sexuellen Interessen, prostituieren kann, scheint es noch schwieriger zu sein zu verstehen, wie jemand sich für einen anderen prostituieren kann.

Auch wenn es noch relativ wenige wissenschaftliche Untersuchungen über das Verhältnis zwischen der Prostituierten und ihrem Zuhälter gibt, findet man doch in der Literatur einige interessante Angaben über dieses Verhältnis und über die Funktion des Zuhälters für die Prostituierte. Denn wo der Zuhälter sich nicht mit Gewalt aufdrängt, wo also die Prostituierte ihn gewissermaßen aus freien Stücken akzeptiert, wird man vermuten können, daß er eine bestimmte, ein Interesse der Prostituierten betreffende Funktion ausübt.

Hoigard und Finstad unterscheiden vier Hauptfunktionen des Zuhälters (Hoigard/Finstad 1992: 161 ff.). Er kann zunächst das Bindeglied zwischen der Prostituierten und der Polizei sein. Diese Funktion, so die Autorinnen, übt er besonders dort aus, wo – wie in den meisten amerikanischen Bundesstaaten, von einigen Flecken Nevadas abgesehen – die Prostitution illegal ist. Wenn die Prostituierte festgenommen wird, versucht der Zuhälter, sie wieder auf freien Fuß zu kriegen, er bezahlt eine Kaution, organisiert, wenn es sein muß, die Hilfe durch einen Anwalt usw. Der Zuhälter erfüllt diese Funktion natürlich nicht umsonst, sondern auf der Basis eines Tauschs – und es ist gerade dieser Tausch, der ihn zum Zuhälter macht: Er hilft nur denjenigen Prostituierten, die ihm einen Teil ihres Gewinnes zukommen lassen, die also für ihn arbeiten. Wie leicht zu ersehen ist, ist diese erste Funktion nicht intrinsisch mit der Prostitution als solcher verbunden, sondern sie setzt einen bestimmten gesetzlichen Rahmen voraus. Wo die Prostitution nicht illegal ist und wo die Prostituierte also nicht aus der Gesellschaft ausgeschlossen wird, besteht kein Bedarf für einen diese erste Funktion ausübenden Zuhälter: „Die Unterscheidung zwischen ‚der Prostituierten' und allen anderen trägt dazu bei, ihren Ausschluß vom Genuß der gewöhnlichen Rechte, welche die Gesellschaft den anderen bietet – wie die Rechte auf Freiheit von Gewalt auf der Arbeit, auf einen gerechten Anteil an ihrem Gewinn oder darauf, ihren Arbeitgeber zu verlassen –, zu verewigen" (Bindman

1998: 65). Wie Priscilla Alexander es plastisch und direkt zusammenfaßt: „[M]anche Kunden fassen die Feindschaft der Regierung gegenüber den Prostituierten als eine Erlaubnis auf, sie zu vergewaltigen, sie zu bestehlen, sie zu schlagen und sie sogar zu ermorden" (Alexander 1998: 209). Daß eine Prostituierte sich unter diesen Umständen nach jemandem umsehen wird, der sie beschützt, dürfte auf der Hand liegen.[34]

Der Zuhälter kann aber auch, so die norwegischen Autorinnen, die Rolle des Managers übernehmen. Ein von ihnen befragter norwegischer Zuhälter sagt etwa, er kümmere sich um die Anzeigen, um den Kauf von Präservativen, um die Verwaltung des Geldes usw. Hier haben wir ein sicherlich auch aus Gründen der Effizienz durchgeführtes Modell der Arbeitsteilung vorliegen: Die Prostituierte braucht sich nur auf ihre spezifische Arbeit zu konzentrieren, und der Zuhälter übernimmt alles andere und läßt sich dafür bezahlen. Im Extremfall kann es zur Bildung eines kleinen Betriebes kommen, in dem die Prostituierten Angestellte sind. Auch diese zweite Funktion ist nicht intrinsisch mit der Prostitution verbunden. Sofern sie sich dafür Zeit nehmen will, kann eine Prostituierte durchaus auch die Arbeiten übernehmen, die der Manager-Zuhälter für sie übernimmt.

Die dritte von Hoigard und Finstad erwähnte Funktion ist sicherlich die traditionellste. Als einsame Frauen sind die Prostituierten sehr oft der Gewalt von Kunden ausgesetzt. Aber sie müssen auch mit der Gewalt anderer Prostituierter rechnen oder mit derjenigen krimineller Banden oder anderer Zuhälter.[35] In diesem Fall übernimmt der Zuhälter gewissermaßen die Funktion des Leibwächters. Er wird gewöhnlich darauf achten, sich immer in der

---

34 Claude Habib macht den Vorschlag, daß Prostituierte sich durch spezialisierte Sicherheitsfirmen schützen lassen sollten, um somit nicht einem Zuhälter unterworfen zu sein (Habib 1994: 79). Mag dies auch die persönliche Abhängigkeit gegenüber dem Zuhälter durch eine mehr anonyme Abhängigkeit ersetzen, so bleibt die Prostituierte doch immer in einem Abhängigkeitsverhältnis. Wie alle anderen Bürger und Bürgerinnen sollten auch die Prostituierten durch die Polizei und durch die Gerichte geschützt werden.

35 In manchen Großstädten haben sich die Prostituierten bzw. ihre Zuhälter bestimmte Sektoren zugeteilt – manchmal ist sogar der Bürgersteig genau abgegrenzt, und die Prostituierte darf die ihr zugewiesene Grenze nicht überschreiten. Wenn eine unabhängige Prostituierte dann ihren Platz in einem solchen System finden will, muß sie sich einem sie schützenden Zuhälter unterwerfen.

Nähe der Prostituierten zu befinden, damit er eingreifen kann, wenn etwas nicht in Ordnung ist, wenn z. B. der Kunde nicht zahlen will oder aggressiv wird. Diese Funktion wird er allerdings nur dann angemessen ausüben können, wenn die Zahl der zu überwachenden Prostituierten gering ist oder wenn die Prostituierten relativ konzentriert sind, z. B. in einem Bordell.

Auch diese Funktion ist nicht intrinsisch mit der Prostitution verbunden. Eine Frau kann sich durchaus auch selbst schützen, zumindest wenn es um den Schutz gegenüber einzelnen Kunden geht. Eine nicht unwesentliche Rolle spielt hier das Vorgespräch, also der erste Kontakt zwischen der Prostituierten und dem Kunden, wo beide sich auf einen Preis und eine zu erbringende Leistung einigen. Hier kann die Prostituierte sich schon einen ersten Eindruck vom potentiellen Kunden machen. Mit der Zeit lernt es die Prostituierte, zwischen harmlosen und möglicherweise gefährlichen Kunden zu unterscheiden, wobei sie allerdings nie ganz vor einer falschen Einschätzung geschützt ist.

Insofern diese Phase des Vorgesprächs wichtig für die Einschätzung des Kunden und damit auch letzten Endes für die eigene Sicherheit der Prostituierten ist, sollte der Gesetzgeber es sich zweimal überlegen, bevor er das Ansprechen von Prostituierten auf offener Straße verbietet. Ein solches Verbot hat oft zur Folge, daß die Prostituierte relativ schnell mit dem Kunden ins Auto steigt, da sie Angst hat, beim Vorgespräch erwischt zu werden.

Des weiteren kann man auch noch erwähnen, daß Prostituierte sich sehr oft gegenseitig schützen, indem sie etwa die Nummer des Autos aufschreiben, in welches eine Kollegin gestiegen ist. Sollte die Kollegin dann nach einer gewissen Zeit nicht zurückgekehrt sein, wird die Autonummer an die Polizei weitergegeben. Manche Prostituierte tragen auch eine Tränengasbombe, wenn nicht sogar eine Waffe bei sich.

Wo die Gewalt allerdings nicht vom Kunden, sondern von anderen Zuhältern oder gar von organisierten kriminellen Banden ausgeht, ist es für die einzelne Prostituierte sehr schwer, wenn nicht sogar unmöglich, sich selbst zu schützen. Und gerade diese Tatsache wird oft als Grund angeführt, um einen Zusammenhang zwischen Prostitution und Zuhälterei zu behaupten. Eine Prostituierte, so wird gesagt, kann ihrer Tätigkeit nur dann in Sicherheit nachgehen, wenn sie sich dem Schutz einer kriminellen Bande unterwirft. Wo sie dies nicht tut, läuft sie Gefahr, von einer solchen

Bande im schlimmsten Fall umgebracht und im besten Fall an der Ausübung ihrer Tätigkeit durch Drohungen u. ä. gehindert zu werden.

In diesem Zusammenhang soll noch einmal darauf hingewiesen werden, daß die Gewaltbereitschaft gegenüber Prostituierten zu einem großen Teil vom negativen Bild abhängt, das die Gesellschaft sich von den Prostituierten macht. Die Notwendigkeit eines schützenden Zuhälters ist auch in dieser Hinsicht nicht mit der Prostitution als solcher verbunden, sondern sie gründet zum Teil auf der Tatsache, daß die Prostituierte als eine minderwertige Frau, als eine „bloße Hure" betrachtet wird. Wie Julia O'Connell Davidson richtig bemerkt: „[D]a die Feindseligkeit der Kunden gegenüber den ‚schmutzigen Huren' in einer populären, konservativen moralischen Ideologie gründet, können diejenigen, die Prostituierte angreifen, sich ziemlich sicher wähnen, daß die Konsequenzen ihrer Handlung kaum oder sogar überhaupt nicht spürbar sein werden" (O'Connell Davidson 1998: 64–5). Die Autorin meint hier rechtliche Konsequenzen, stellt sie doch fest, daß die Polizei sich relativ selten um den Schutz der Prostituierten vor ihren Kunden kümmert. Soll demnach beim Kunden das Risiko von negativen – und womöglich von spürbaren – Konsequenzen erhöht werden, muß eine andere Instanz als die Polizei einspringen. Und diese Instanz ist der Zuhälter. Der Zuhälter, so könnte man also zusammenfassend sagen, ist zum Teil das Produkt des mangelnden Schutzes, den die Gesellschaft den Prostituierten zukommen läßt. Und dieser mangelnde Schutz entspringt seinerseits einer bestimmten Ideologie, nämlich derjenigen, die in der Prostituierten eine „schmutzige Hure" sieht, die, wenn sie vom Kunden mißhandelt wird, eigentlich nur das bekommt, was sie verdient. Könnten die Prostituierten mehr auf den Schutz der Polizei zählen, so brauchten sie weniger auf denjenigen eines Zuhälters zurückzugreifen.

Die letzte von Hoigard und Finstad erwähnte Funktion ist die des Lebenspartners und Liebhabers. Der Zuhälter ist also diejenige Person, mit welcher die Prostituierte lebt und bei der sie sich geborgen fühlt. Und besonders hinsichtlich dieser vierten Funktion kommt es sehr oft zu Problemen, da die Gesetzgebung meistens nur einen ganz allgemeinen Begriff des Zuhälters kennt: Als Zuhälter gilt eine Person, wenn sie vom Einkommen der Prostitution einer anderen Person lebt. Wo also die Zuhälterei illegal ist, wird es den Prostituierten rechtlich so gut wie unmöglich gemacht, einen Partner zu haben, mit dem sie leben und mit dem sie das Einkommen ihrer Tätigkeit teilen können.[36] Dieser Partner ist nämlich noch in einigen Ländern laut Gesetz ein Zuhälter und kann demnach wegen Zuhälterei vor Gericht kommen und dort zu einer Gefängnisstrafe verurteilt werden.[37] Und das gilt selbst für den Ehemann der Prostituierten. Von dem Augenblick an, wo man in irgendeiner Form von dem Einkommen der prostitutionellen Tätigkeit einer anderen Person profitiert, gilt man als Zuhälter. Meistens macht das Gesetz allerdings ein kleines Zugeständnis: Man muß wissen, daß die betreffende Person von der Prostitution lebt.

Das Gesetz ist oft noch blind für die Tatsache, daß eine Frau freiwillig als Prostituierte arbeiten und ebenso freiwillig ihren Lebenspartner finanziell unterstützen kann – etwa weil dieser keine Arbeit findet oder weil er nicht genügend verdient. Es geht vielmehr immer vom paradigmatischen Fall der von ihrem Zuhälter zur Prostitution gezwungenen Frau aus und betrachtet letztere als ein Opfer und ersteren als einen Verbrecher.[38] Es wendet hier

---

36 In manchen Ländern, darunter Frankreich, erlebt man manchmal absurde Situationen. So ist dort z. B. die Zuhälterei illegal, aber die Einkommen der Zuhälterei sind steuerpflichtig (Py 1999: 80). Man stelle sich vor, ein Dieb müßte Steuern auf das von ihm gestohlene Geld zahlen! In Frankreich wird auch oft dem Staat vorgeworfen, der größte Zuhälter zu sein: Indem er nämlich die Prostituierten besteuert, lebt auch er von einem Teil des Einkommens aus der Prostitution und fällt somit unter den Begriff des Zuhälters.

37 Einige Länder haben sich hier allerdings auf neue Wege begeben, und die Zuhälter werden nicht alle in ein und denselben Topf geworfen. In Österreich unterscheidet das Gesetz schon seit 1984 zwischen vier Kategorien von Zuhältern: der Zuhälter, der die Gewinne der Prostituierten gebraucht; der Zuhälter, der die Prostituierte ausbeuten will; die organisierte Zuhälterei; der Gebrauch von Drohungen, um die Frauen in der Prostitution zu halten (Sauer 2004: 45–6). Auch in Belgien geht man seit 1995 differenzierter vor, und wer mit einer Prostituierten zusammenlebt, wird deshalb nicht automatisch als Zuhälter angesehen (François/Raes 2001: 88). Das am 1.1.2002 in Kraft getretene deutsche Prostitutionsgesetz hat den Begriff des Zuhälters bzw. das Delikt der Zuhälterei enger gefaßt.

38 Das Strafrecht ist hier auch meistens geschlechtsblind: Wo eine lesbische Prostituierte mit ihrer Lebenspartnerin zusammenlebt und einen Teil zum gemeinsamen Lebensunterhalt beiträgt – von dem also auch die Partnerin profitiert –, wird die Lebenspartnerin zur Zuhälterin. Und noch schlimmer: Nimmt man z. B. Artikel 225-5 des neuen französischen Strafrechts beim Wort, so sind die Kinder einer Prostituierten, die bei ihrer Mutter und von deren Einkommen leben, Zuhälter – zumindest insofern sie wissen, daß ihre Mutter sich prostituiert und das Einkommen aus der Prostitution für ihren Lebensunterhalt verwendet. In diesem Artikel

gewissermaßen eine Art von Vorsorgeprinzip an: Da davon auszugehen ist, daß Männer, die vom Einkommen einer sich prostituierenden Frau leben, diese Frau in der Regel zur Prostitution zwingen – denn in Partnerschaft lebende Frauen, die sich freiwillig
prostituieren und die ihr Partner sich freiwillig prostituieren läßt,
so wird vorausgesetzt, gibt es kaum –, und da es außerdem schwer
ist zu ermitteln, ob eine Frau sich tatsächlich freiwillig prostituiert –
und auch freiwillig sagt, sie prostituiere sich freiwillig –, gebietet
einem die Vorsicht, alle vom Einkommen einer sich prostituierenden Frau lebenden Männer als Zuhälter zu betrachten. Anstatt also
das Risiko zu laufen, einige kriminelle Zuhälter nicht zu fassen –
da sie ihren Opfern Furcht einflößen, so daß diese nicht zugeben,
zur Prostitution gezwungen zu werden –, geht man das Risiko ein,
auch Männer zu verurteilen, die ihre Frauen nicht zur Prostitution
gezwungen haben. Und insofern der Mann dann wegen Zuhälterei
zu einer Gefängnisstrafe verurteilt wird, wird die Frau noch tiefer
in die Prostitution gestoßen, denn jetzt ist sie sozusagen gezwungen, selbst für das Einkommen zu sorgen – als ihr arbeitsloser Partner noch bei ihr war, konnte sie die Hoffnung hegen, daß er eine
Stelle findet.[39]
   Indem das Strafrecht meistens keinen Unterschied zwischen
einer wirklich kriminellen und einer nichtkriminellen Form der
Zuhälterei macht – wobei man bei der nichtkriminellen Form
überhaupt nicht von Zuhälterei sprechen sollte –, erschwert es es

---

lesen wir nämlich, daß „irgendjemand“, der Profit aus der Prostitution einer anderen Person zieht oder die Produkte aus dieser prostitutionellen Tätigkeit teilt oder
eine finanzielle Unterstützung von einer Person erhält, die sich gewöhnlich der Prostitution widmet, als Zuhälter zu betrachten ist. Treiben wir die Absurdität auf die
Spitze: Wenn die Prostituierte eine Spende an eine wohltätige Vereinigung macht
und die die Spende empfangenden Mitglieder dieser Vereinigung wissen, daß die
Spenderin sich gewöhnlich der Prostitution widmet, dann werden sie zu Zuhältern.
Spätestens hier wird die Notwendigkeit ersichtlich, eine bessere Definition der
Zuhälterei zu finden.

39 Was Frauen auch noch tiefer in die Prostitution stoßen kann, sind die Steuern.
    Wenn ihre Situation dem Finanzamt zu Ohren kommt, sehen sich Prostituierte oft
    mit der Forderung konfrontiert, Steuern auf ihren Lohn der letzten Jahre zu zah-
    len. Dabei legt das Finanzamt eigenmächtig fest, was eine Prostituierte während
    eines Jahres verdient. So kann es dann manchmal vorkommen, daß eine Frau meh-
    rere zehntausend Euro an Steuern nachzahlen muß. Da sie das Geld nicht zur Ver-
    fügung hat, bleibt ihr oft nichts anderes übrig, als es sich durch die weitere Ausü-
    bung der Prostitution zu verdienen.

der Prostituierten, ein normales Privatleben zu haben, und gefährdet alle Personen, mit denen die Prostituierte zusammenleben könnte. Außerdem: Indem es das vorhin erwähnte Vorsorgeprinzip anwendet, entscheidet es gewissermaßen über den Kopf der Prostituierten – und von deren Partner oder Partnerin – hinweg. Genauso wie man den Pornofilmen oft vorwirft – ob zu Recht oder nicht, sei einmal dahingestellt –, den Eindruck zu erwecken, das Nein der vergewaltigten Frau sei in Wirklichkeit ein Ja, kann man auch dem Gesetz vorwerfen, davon auszugehen, daß das Nein der Prostituierten – „Nein, mein Lebenspartner zwingt mich nicht zur Prostitution" – eigentlich auch immer als Ja gedeutet werden muß – und nur Angst oder emotionale Abhängigkeit die Prostituierte daran hindert zuzugeben, daß sie immer nur ein zu befreiendes Opfer ist und niemals eine Person, die ihr eigenes Leben mit den ihr zur Verfügung stehenden Mitteln bewältigt.

Diese Sicht der Prostituierten als eines Opfers – eine Sicht, die eigentlich nur das Spiegelbild der traditionellen, konservativen Sicht der Prostituierten als einer gefallenen Frau oder gar einer Verbrecherin ist[40] – finden wir auch oft bei Sozialarbeitern und – arbeiterinnen – aber auch allgemeiner bei Menschen, die sich um das Los der Prostituierten kümmern – wieder, vor allem dann, wenn letztere in der Prostitution ein moralisches Übel sehen – was natürlich nicht bedeutet, daß sie auch in der Prostituierten eine moralisch verurteilenswerte Person sehen. Lilian Mathieu hat auf diesen Punkt aufmerksam gemacht: „[W]eil man davon ausgeht, daß sie nicht dazu fähig sind, sich unabhängig zu äußern, werden die Prostituierten als Wesen angesehen, die sich nur anderen – d. h. den Abolitionisten – anvertrauen können, damit diese ihre Interessen, die sie selbst nicht erkennen können, verteidigen" (Mathieu 2001: 25).[41] Oder wie Deborah Brock festhält: Sobald man die Prostituierten als ein soziales Problem wahrnimmt, schließt man sie von der Suche nach einer Lösung aus (Brock 1998: 11). Den

---

40 Friederike Strack von der Prostituiertenorganisation Hydra meint: „In der Öffentlichkeit existieren nur zwei Stereotype, das der Kriminellen und das des Opfers. Die selbstbestimmt arbeitenden *(sic!)* Migrantin wird als kriminell stigmatisiert, während eine vom Menschenhandel betroffene Frau als passiv gesehen wird" (zitiert in: Feige 2003: 540).

41 Der Abolitionismus tritt für die Abschaffung jeglicher Gesetze ein, die spezifisch die Prostitution betreffen. Im nächsten Teil dieses Kapitels werde ich diesen Begriff noch genauer erläutern.

Prostituierten wird somit implizit die Fähigkeit abgesprochen, die sich ihnen im Rahmen der Prostitution stellenden Probleme selbst zu lösen bzw. aktiv an der Lösung dieser Probleme mitzuarbeiten. Wer im Sumpf steckt, so denkt man sich, ist nicht in der Lage, sich selbst herauszuziehen – oder auch nur mit nach Lösungen zu suchen. Und von hier ist es dann für viele nur ein kleiner Schritt bis zur Behauptung, daß nur ein anderer die betreffende Person aus dem Sumpf ziehen kann, wobei diese kein Recht hat mitzubestimmen, wie sie aus dem Sumpf gezogen werden soll.

Die Prostituierte wird also oft noch als ein bloßes Opfer angesehen: Opfer der allgemeinen ökonomischen Lage oder Opfer skrupelloser Zuhälter – oder beides zugleich. Und ein Opfer ist *per definitionem* schwach.[42] Wenn es aber schwach ist, dann kann es sein Schicksal nicht selbst in die Hand nehmen. Es mag zwar durchaus glauben, es sei dazu imstande, doch schließt sein vorausgesetzter Opferstatus dies aus. Wenn die Prostituierte also gerettet werden soll, kann sie es nur, wenn andere sie retten. Damit diese anderen sie aber retten können, darf sie sich den Rettungsversuchen nicht widersetzen. Und wagt sie zu behaupten, daß sie nicht gerettet werden will oder daß sie nicht gerettet zu werden braucht, dann zeigt diese Behauptung nur, wie notwendig es ist, sie zu retten: Denn sie ist nicht einmal mehr imstande zu sehen, daß sie sich in einer Situation befindet, aus der sie herausmuß. Auf diese Weise entwickelt sich ein paternalistischer Umgang mit Prostituierten, der in den Augen der betroffenen Frauen manchmal genauso entehrend erscheint wie der Umgang, den manche Kunden mit ihnen haben. Während einige Kunden sie wie Sexualobjekte behandeln, behandeln einige Sozialarbeiter sie wie kleine Kinder. In keinem der beiden Fälle fühlt die Prostituierte sich als frei entscheidende Person, als Subjekt ihres eigenen Lebens ernst genommen.

In seinem Buch versucht Mathieu zu zeigen, daß die Prostituierten – und er befaßt sich in erster Linie mit den französischen

---

42 Wie Jacqueline Lewis bemerkt, kann diese Sicht der sich prostituierenden Frau als eines schwachen Wesens unerwartete negative Konsequenzen haben: „Indem man rechtliche Präzedenzfälle schafft, in denen die Frauen als schwach und als der Hilfe bedürftig vorgestellt werden, können die Gerichte tatsächlich dazu beitragen, das Bewußtsein der Frauen als handelnde Subjekte abzubauen, ein ‚ängstliches, beschütztes weibliches Objekt‘ zu schaffen und die patriarchalen Gedanken eines untergeordneten Status der Frauen gegenüber den Männern zu verewigen, wodurch die gleiche Teilnahme der Frauen in unserer Gesellschaft eingeschränkt wird" (Lewis 2000: 213).

Prostituierten – nicht mehr als bloße Opfer angesehen werden wollen – genausowenig wie sie übrigens als Verbrecherinnen als Verrückte, als Nymphomaninnen etc. angesehen werden wollen. Es geht ihnen vielmehr darum, eine eigene Identität als Prostituierte auszuarbeiten, wobei diese Identität eine selbstgewählte sein soll. Der von einigen Abolitionisten verspürten Pflicht, die Prostituierten aus ihrer Misere – und gemeint ist nicht die Misere *in* der Prostitution, sondern die Prostitution als Misere – zu retten, setzen die Prostituierten ihr Recht entgegen, sich zu prostituieren und auf diese Weise ihren Lebensunterhalt zu verdienen. Das muß nicht unbedingt bedeuten, daß sie stolz sind, Prostituierte zu sein – auch wenn es durchaus vorkommen kann, daß einige Prostituierte, um ihre Belange auf eine provozierende Art und Weise auszudrücken, einen solchen Stolz behaupten.[43] Es bedeutet nur, daß die Prostituierten nicht bevormundet werden wollen und daß sie die Voraussetzung dieser Bevormundung in Frage stellen, nämlich die Sicht der Prostituierten als eines hilflosen Opfers.

Im Hinblick auf die Gesellschaft haben die Prostituierten also an zwei Fronten zu kämpfen. Von manchen konservativen Kreisen werden sie zwar als Subjekte angesehen, aber als teuflische Subjekte, als Wesen, die sich in aller Freiheit für einen unmoralischen Lebenswandel entschieden haben. Gegenüber diesen Kreisen müssen die Prostituierten den moralisch indifferenten Charakter ihrer Arbeit in den Vordergrund rücken. Dies geschieht meistens dadurch, daß die Prostitution in Analogie zu anderen Berufen gedacht wird, in denen es auch zu Körperkontakten kommt und wo also auch gesagt werden kann, daß eine Person ihren Körper zur Verfügung stellt. Die Prostituierten können hier allerdings noch einen Schritt weiter gehen und ihre Tätigkeit nicht nur als moralisch *indifferent*, sondern sogar als moralisch *gut* darstellen. Dabei ist natürlich keine intrinsische moralische Güte gemeint, sondern der Begriff ist konsequentialistisch zu verstehen, also hinsichtlich der moralisch positiven Konsequenzen, die sich aus der Existenz der Prostitution ergeben: weniger Vergewaltigungen; die Möglichkeit eines Sexuallebens für Behinderte usw. In diesem Zusammenhang findet man auch den Vergleich, den viele Prostituierte zwi-

---

43 „Ich bin eine Hure und stolz darauf", sagt Stephanie Klee, die in Deutschland an vorderster Front für die volle rechtliche Anerkennung der Prostitution kämpft (zitiert in: Feige 2003: 370).

schen sich und den traditionellen therapeutischen Berufen herstellen.

An der zweiten Front findet ein Kampf gegen die Abolitionisten statt und allgemein gegen alle diejenigen, die die Prostituierten – notfalls gegen deren eigenen Willen – retten wollen. Die Prostituierte wird hier als – um in der oben begonnenen Metapher zu bleiben – „Engelchen" betrachtet, aber nicht als engelhaftes Subjekt. Sie ist nicht der gefallene Engel, dem man die volle Verantwortung für seinen Fall zuschreiben kann, sondern der aufgrund seiner Schwäche oder Armut von den Mächten des Bösen irregeleitete Engel. Gegenüber diesen Kreisen müssen die Prostituierten ihre eigene Subjektivität behaupten, ihre Fähigkeit, selbst zu entscheiden, wie sie ihr Leben unter den gegebenen Bedingungen gestalten wollen. Lilian Mathieu zufolge behaupten die Prostituierten dieses Subjektsein durch Kundgebungen, Massenmobilisationen – wie in Lyon Mitte der 70er Jahre – oder auch durch die Gründung von Gewerkschaften.[44]

Besonders letztere sind wichtig, stellen sie doch eine aus der Welt der Prostitution hervorgegangene Instanz dar, die sich der Belange der Prostituierten annimmt. Für diese Gewerkschaften ist das Ziel nicht, die Prostituierten von der Prostitution zu befreien, sondern sie *innerhalb* der Prostitution zu befreien.[45] Es wird also

---

44 Der Gedanke einer Prostituiertengewerkschaft kam übrigens schon im 19. Jahrhundert auf (HG IX: 194).

45 Max Chaleil zweifelt an der Wirksamkeit solcher Vereinigungen: „Einer Vereinigung von Prostituierten, die oft einem Zuhälter unterstehen, auch wenn man es nicht sieht, die Sorge um ihre Befreiung anzuvertrauen, entspricht gewissermaßen dem Glauben, daß eine von Sklaven begründete Struktur, welche die Sklaverei als Beruf anerkannt haben will, um die bestmöglichen ‚Arbeits'-Bedingungen zu erhalten, auf das Ziel hinarbeiten würde, ihre Geschwister aus dieser selben Sklaverei zu befreien" (Chaleil 2002: 187). Für Chaleil ist die Prostitution sexuelle Sklaverei, und eine Prostitution mit menschlichem Antlitz wäre in seinen Augen ein ähnliches moralisches Unding wie eine Sklaverei mit menschlichem Antlitz. Nicht als ob man keinen Unterschied zwischen einer humaneren und einer inhumaneren Behandlung eines Sklaven machen könnte, nur: Die Sklaverei ist schon als solche inhuman. Chaleils These funktioniert allerdings nur für die durch Zuhälter kontrollierte Prostitution. Da er aber voraussetzt, daß so gut wie hinter jeder Prostituierten ein Zuhälter steht, glaubt er, daß seine These für die Prostitution als solche gilt und daß Prostitution dementsprechend Sklaverei ist. Seine Voraussetzung entspricht aber nicht der Wirklichkeit. Und selbst wenn sie der jetzigen Wirklichkeit entspräche, so könnte Chaleil nur behaupten, daß hier und jetzt – und auch vielleicht in der Vergangenheit – die Prostitution mit der Sklaverei gleichgesetzt werden kann. Erin-

nicht geleugnet, daß Prostituierte manchmal – wenn nicht sogar oft – Opfer sind oder sein können, sondern es wird nur bestritten, daß eine Prostituierte nichts anderes als ein zu befreiendes Opfer sein kann. Der begrifflichen These wird also eine empirische These und dem von außen definierten Projekt der Abschaffung der Prostitution wird ein von innen definiertes Projekt der Abschaffung der Ausbeutung in der Prostitution entgegengestellt. Der Entmachtung und Bevormundung auf der einen Seite soll also auf der anderen Seite eine Ermächtigung entsprechen. Der soziale, politische und rechtliche – und hier besonders der arbeitsrechtliche – Rahmen soll so gestaltet werden, daß die Prostituierten sich nicht mehr in einer Position der Schwäche befinden noch als sich in einer solchen Position befindend angesehen werden. Das bedeutet u. a., daß alle Vereinigungen, die es sich zum Ziel gesetzt haben, den Prostituierten zu helfen, die Möglichkeit und Legitimität einer freien Entscheidung für die Sexarbeit bei den Prostituierten anerkennen müssen und daß ihr Ziel ein beschränktes sein sollte: darauf hinzuarbeiten, daß die Bedingungen, unter denen diese Arbeit ausgeübt wird, genauso sicher gestaltet werden wie die Bedingungen, unter denen andere Arbeiten ausgeübt werden. Die Prostituierte soll als eine sich frei entscheidende Frau angesehen werden, und sie soll die Macht erhalten, über die Bedingungen zu bestimmen, unter denen die individuelle prostitutionelle Beziehung gestaltet wird. Sie soll also weder den Wünschen des Kunden unterworfen sein noch sich den paternalistischen Bestrebungen bestimmter abolitionistischer Vereinigungen beugen müssen, wenn sie von diesen weiter unterstützt werden will.

Viele Organisationen haben dies übrigens in der Zwischenzeit auch eingesehen. Helen Ward und Sophie Day meinen, die Aufgabe des Sozialarbeiters, der sich mit den gesundheitlichen Aspekten befaßt, sollte nicht darin bestehen, das Verhalten der betroffenen Personen zu kommentieren – als Beispiele geben sie den Drogenkonsum, die sexuelle Orientierung und die Prostitution an –, sondern zu helfen, die mit diesem Verhalten verbundenen Risiken auf ein Minimum zu reduzieren (Ward/Day 1997: 160). Man braucht vielleicht nicht bis zur absoluten Enthaltsamkeit zu gehen, wie

nern wir uns: Vor tausend Jahren waren die allermeisten Bauern Leibeigene oder hingen doch zumindest stark vom Grundbesitzer ab. Heißt das, daß man den Beruf des Bauern mit der Sklaverei gleichsetzen darf?

Ward und Day dies vorschlagen. Es gibt nämlich einen Unterschied zwischen einer Verurteilung des Verhaltens und der an die betroffene Person gerichteten Frage, warum sie sich auf eine bestimmte Art und Weise verhält. Diese Frage kommt nicht unbedingt einer impliziten Verurteilung gleich, sondern soll nur dazu dienen, die andere Person zum Nachdenken zu bringen. Sie soll durch sie nicht unbedingt zum Aussteigen gebracht werden, sondern sich überhaupt fragen, warum sie ‚drin‘ ist.

Wie eine Sozialarbeiterin von Looks – einer Vereinigung, die sich vor allem um männliche Prostituierte kümmert – es formuliert, kann die sogenannte Ausstiegshaltung negative Konsequenzen haben: „Wenn wir mit dieser ‚Ausstiegshaltung‘ unseren Klienten begegnen würden, würden wir vermitteln: ‚Das, was du machst, ist schlecht. Deshalb bist du ein schlechter Mensch. Dir muss geholfen werden.‘ Mit dieser Haltung würden wir keinen Kontakt und keine tragfähige Beziehung zu den Jungs aufbauen können, und sie würden uns niemals vertrauen. Für viele Jungs ist es die einzige Chance, überhaupt Geld zu verdienen, und für viele ist die Szene ihr Zuhause“ (zitiert in: Feige 2003: 406). Hilfe ist also nur dann möglich, wenn man den anderen nicht von vornherein ausschließt, also nicht von Anfang an eine Distanz zu ihm aufbaut: die Distanz zwischen der guten Welt des guten Sozialarbeiters und der bösen Welt des bösen Strichers. Der Sozialarbeiter muß sein Gegenüber als das akzeptieren, was er ist, und nicht mit dem Willen an ihn herantreten, ihn zum Guten zu bekehren. Wie Marc Oraison es sehr schön gesagt hat: „[I]ch habe den Eindruck, daß, wenn die an diesen Bewegungen teilnehmenden Personen die Prostituierten, die zum Gespräch zu ihnen kommen, einfach *empfangen*, ohne vorgefaßten festen Willen, ihre Lebensweise zu ändern, die Hilfe realer ist. So paradox es auch klingen mag, würde ich sagen, daß die Hilfe dann mehr Respekt für die *konkrete* Situation der Betroffenen zeigt, eine Situation, die immer sehr komplex ist“ (Oraison 1979: 82). Es geht also darum, die sich prostituierenden Personen zu verstehen und die von diesen Personen gegebene Interpretation ihrer Situation nicht durch seine eigene Interpretation zu ersetzen.

Im Zusammenhang dieses Kampfes der Prostituierten um gesellschaftliche Anerkennung soll auch die Frage der Beziehung der Prostituierten zu ihren unmittelbaren Familienangehörigen aufgeworfen werden, und an erster Stelle die Beziehung zu ihren

Kindern. Denn Prostituierte haben auch oft Kinder[46], und viele von ihnen wehren sich dagegen, daß ihre Identität als Prostituierte zum Vorwand wird, um ihnen die Mutteridentität abzusprechen, indem ihnen das Sorgerecht genommen wird.

Im zweiten Kapitel des XXIII. Buches seines Hauptwerkes *De l'esprit des lois* schreibt Montesquieu: „Den Frauen, die sich der öffentlichen Prostitution gewidmet haben, ist es nicht gegeben, ihre Kinder zu erziehen. Die Mühen dieser Erziehung sind sogar unvereinbar mit ihrer Situation; und sie sind so verdorben, daß das Gesetz ihnen nicht vertrauen kann" (Montesquieu 1951: 684). Diese vor zweieinhalb Jahrhunderten verfaßten Zeilen haben weit über ihre Epoche hinaus gewirkt. In ihnen kommt die Vorstellung der Prostituierten als einer in ihrem Kern verdorbenen Frau zum Ausdruck, die als solche nicht in der Lage ist, ihre Kinder normal zu erziehen. Denn wie sollte sie ihnen den Respekt für die Moral einflößen, wo sie doch selbst ein durch und durch unmoralisches Leben führt?

Diesem moralisch bestimmten Argument wird noch ein pragmatisches Argument hinzugestellt: Es ist den Prostituierten materiell nicht möglich, ihre Kinder zu erziehen. Montesquieu will hier wahrscheinlich zum Ausdruck bringen, daß die Prostituierten sich aus zeitlichen Gründen nicht genügend um ihre Kinder kümmern können, so daß diese Kinder, wenn man sie ihren Müttern überlassen würde, verwahrlosen würden. Soll also das Kind eine, wie man zu sagen pflegt, gehörige Erziehung erhalten, eine Erziehung die es zu einem wohlintegrierten Mitglied der Gemeinschaft macht, so kann und darf man es nicht einer Frau überlassen, die sich mit ihrer Tätigkeit selbst an den äußersten Rand der Gesellschaft gestellt hat.

In seinem zuerst 1836 erschienen Standardwerk *La prostitution à Paris au XIXe siècle* widerspricht der Pariser Arzt Alexandre Parent-Duchâtelet Montesquieu zumindest in einem Punkt: „Wie es auch immer hierum stehen mag, eine Tatsache bleibt konstant, und zwar die Tatsache, daß die Prostituierten, die gebären, sehr viel stärker dazu neigen, ihre Kinder zu behalten und zu ernähren als die unverheirateten jungen Mütter [filles-mères], die sich noch

---

46 Gail Pheterson behauptet, daß für viele Frauen, die sich prostituieren, „der Lebensunterhalt der Kinder der wichtigste Grund ist, warum sie als Prostituierte arbeiten" (Pheterson 2001: 21).

nicht im Zustand der Prostitution befinden und, was einem schwer zu sagen fällt, mehr dazu neigen als viele verheiratete Frauen und Familienmütter. Diese Eigenart kann auf eine natürliche Weise durch den Zustand erklärt werden, in dem die einen und die anderen sich befinden; das öffentliche Mädchen erhöht sich selbst, indem es sein Kind großzieht; die unverheiratete junge Mutter, wenn sie genauso handeln würde, täte nichts anderes als ihre Scham öffentlich kundzutun, und würde dadurch auf alle Ressourcen verzichten" (Parent-Duchâtelet 1981: 108–9).

Wo Montesquieu davon auszugehen schien, daß das unmoralische Verhalten der Mutter das Kind beeinflussen würde, scheint Parent-Duchâtelet davon auszugehen, daß eine Prostituierte eventuell durch das Kind wieder auf den guten Weg gebracht werden kann. Sie kommt gewissermaßen vom tiefsten und von der Gesellschaft am meisten verabscheuten zum höchsten und von der Gesellschaft am meisten bewunderten Punkt: Die Hure wird zur Mutter. Geht man von dieser Voraussetzung aus, dann scheint es angebracht, der Prostituierten ihr Kind zu lassen – zumal, wie Parent-Duchâtelet es selbst in einer sicherlich ganz bewußt geäußerten kritischen Bemerkung festhält, die Prostituierten sich oft besser um ihren Nachwuchs kümmern als manche ehrbare Frau und Familienmutter.

Um dem Problem der Mutter-Kind-Trennung im Fall der Prostitution zu entgehen, wird Margaret Sanger – jene Frau, die sich in Amerika als eine der ersten für die Rechte der Frau und vor allem für das Recht der Frauen auf Empfängnisverhütung eingesetzt hat – eine radikale Lösung vorsehen: Zusammen mit geistig Behinderten, Analphabeten, Unbeschäftigbaren, Drogenabhängigen, Kriminellen usw. sollen die Prostituierten schlichtweg sterilisiert werden, damit sie überhaupt keine Kinder mehr in die Welt setzen können. Diese Forderung Sangers wird man allerdings erst dann richtig verstehen, wenn man berücksichtigt, daß im ersten Drittel des 20. Jahrhunderts der genetische Determinismus einen starken Einfluß auf die Geister ausübte. Die Zeitgenossen Sangers glaubten, daß moralische – und demnach auch unmoralische – Eigenschaften sich genauso wie andere Eigenschaften von den Eltern auf das Kind übertragen. Wenn also die Mutter das unmoralische Leben einer Prostituierten führte, dann schien es so gut wie sicher, daß auch ihre Kinder ein solches Leben führen würden. Da man nun die Gesellschaft von allen nicht einem bestimmten Standardbild der Normalität entsprechenden Existenzen befreien wollte, wurden auch die Prostituierten als Ziele der Sterilisierung bestimmt.

In ihrem *L'attribution à une mère prostituée ayant deux enfants naturels d'un droit de visite et d'hébergement* überschriebenen juristischen Kommentar stellt Edwige Petit-Bataert kurz, aber prägnant die juristischen Argumente für und wider das Zugestehen eines Besuchs- und Beherbergungsrechtes vor, wobei sie sowohl die französische wie auch die europäische Rechtsprechung berücksichtigt (Edwige Petit-Bataert 1993: 122).[47] Als Grundprinzip der Rechtsprechung gilt, daß einer Prostituierten das elterliche Fürsorgerecht – im Falle einer Scheidung – nicht zugestanden werden kann. Es wird vorausgesetzt, daß es schädlich für das Kind sein würde, von einer sich prostituierenden Mutter erzogen zu werden.

Weniger kategorisch ist das Recht, wenn es sich um das Besuchs- und zeitweise Beherbergungsrecht handelt. Auch wenn das Kind unter keinen Umständen den größten Teil seiner Zeit mit seiner sich prostituierenden Mutter verbringen soll, ist das Recht doch nicht so inhuman, daß es jeglichen Kontakt zwischen Mutter und Kind verbieten würde. Die Autorin erwähnt in diesem Zusammenhang die Urteilsbegründung eines französischen Gerichts: Auch wenn die Mutter der zwei Kinder sich der Prostitution widmet, so liebt sie doch ihre Kinder, und diese Liebe, genauso wie das Aufrechterhalten der Mutter-Kind-Beziehung, kann den Kindern in ihrer affektiven Entwicklung förderlich sein. Allerdings: Dieser positive Aspekt rechtfertigt nur ein Besuchs- und zeitlich beschränktes Beherbergungsrecht.

Die Autorin zeigt, wie sich hier zwei Typen von Prinzipien gegenüberstehen. Auf der einen Seite haben wir das Recht einer jeden Person, nicht wegen ihres moralischen oder unmoralischen Verhaltens zum Gegenstand rechtlicher Diskriminierungen gemacht zu werden, das Recht auf den Respekt des Privat- und Familienlebens und das Recht des Kindes, mit beiden Elternteilen normale Beziehungen zu pflegen. Dem steht auf der anderen Seite das Interesse des Kindes entgegen. Die Frage ist hier, ob es für ein Kind schädlich ist, von einer sich prostituierenden Mutter erzogen zu werden.

---

47 Diesen Beitrag hat mir meine frühere Schülerin Maryse Thill zur Verfügung gestellt, als wir das Thema Prostitution in der Sekunda behandelten. Ihr sei an dieser Stelle dafür gedankt.

Kann man auch die Sorge des Gesetzgebers und der Richter um das Wohl des Kindes teilen, so sollte man es doch vermeiden, pauschal zu urteilen und allgemeine Voraussetzungen zu machen. Wie schon Parent-Duchâtelet richtig bemerkte, gibt es auch viele sich nicht prostituierende Frauen, die ihre Kinder schlecht oder nicht erziehen. Anstatt den Entschluß über die Entziehung des Fürsorgerechts von der Tätigkeit der Mutter abhängig zu machen, sollte man sich vielmehr mit den konkreten Umständen auseinandersetzen, unter denen die Mutter lebt. Und außerdem: Der Gesetzgeber sollte die notwendigen Maßnahmen ergreifen, um es auch einer sich prostituierenden Frau zu ermöglichen, ihre Kinder normal zu erziehen – ich denke hier etwa an einen möglichen Mutterschaftsurlaub. Diese Maßnahmen werden allerdings erst dann richtig wirksam werden können, wenn das Bild der Prostituierten in der Gesellschaft sich ändern wird und wenn die Kinder einer sich prostituierenden Frau sich nicht mehr werden schämen müssen, wenn jemand sie fragt, welchen Beruf ihre Mutter ausübt. Mit anderen Worten: Nur wenn die Prostitution als ein Beruf wie jeder andere anerkannt sein wird, besteht Hoffnung darauf, daß die Beziehung einer sich prostituierenden Mutter zu ihren Kindern und die Situation der Kinder sich normalisieren werden.

Catherine François und Françoise Raes haben die 46jährige Francine über ihr Verhältnis zu ihrem Sohn befragt. Ich möchte hier Francines Antwort *in extenso* bringen, da sie die in diesem Zusammenhang auftretenden Probleme veranschaulicht: „Mit meinem Sohn habe ich immer versucht, mein Bestes zu tun. Als er klein war, ging das sehr gut. Ich tat es für ihn, damit ihm nichts fehle. Ich hatte eine Unmenge Leute, die vorbeikamen, um zu sehen, ob ich meinen Sohn anständig erzog, und ich hatte niemals Probleme. Da ich nachts arbeitete, stand ich tagsüber zur Verfügung, um mich um ihn zu kümmern, seine Hausaufgaben mit ihm zu machen, für ihn zu kochen usw. Am Abend blieb ein Kindermädchen bei ihm zu Hause, um über ihn zu wachen, während ich arbeitete. Ich kam morgens um sieben Uhr nach Hause zurück, um ihm sein Frühstück vorzubereiten. Ich wollte, daß er unbedingt ein stabiles Familienleben habe. Ich denke, daß mein Kind, als es klein war, nicht darunter gelitten hat, daß ich in den Bars arbeitete. (Schweigen). Schlimm wird es, wenn sie 17 oder 18 Jahre werden: Man geht mit Freunden aus, man fährt mit dem Auto, ... Meine Angst war, daß einer seiner Freunde mich hier sehen würde. Ich mußte ihm also sagen, was ich tat. Denn es ist nicht gesund für ein Kind, mit der Hypokrisie zu leben. Ich meinerseits empfand es als eher richtig, ihm zu sagen: ‚So, Mutti übt diesen Beruf aus.‘ So konnte er sich zumindest eine Schutzhaut bilden, denn wenn jemand ihm in der Schule eine Bemerkung machte wie ‚Ja, ich habe deine Mutter in einer Vitrine gesehen ...‘, was hätte er gesagt? Im Augenblick selbst war es ein Schock. Und jetzt sagt er mir immer: ‚Hör doch, Mutti, willst du nicht aufhören?‘ Und ich antworte ihm: ‚Ja, aber was werde ich tun?‘" (zitiert in: François/Raes 2001: 49–50).

Für viele Prostituierte stellt sich die Frage, ob und wann sie ihren Kindern sagen sollen, wie sie ihren Lebensunterhalt verdienen. Die Tatsache, daß die meisten Prostituierten Schwierigkeiten damit haben, ihren eigenen Kindern gegenüber zuzugeben, daß sie sich prostituieren, könnte den einen oder die andere dazu verleiten zu behaupten, daß die Prostitution moralisch problematisch ist. Denn warum sollte man sich sonst schämen, seinen Kindern seine Tätigkeit als Prostituierte zu offenbaren, nicht aber etwa seine Tätigkeit als Verkäuferin in einem Supermarkt oder als Angestellte in einem Büro?

Hier sollte man allerdings berücksichtigen, daß die prostituierte Mutter immer an das Bild denkt, das sich die anderen Menschen von der Prostituierten machen. In den Augen vieler wird ihr Sohn nicht das Kind einer sich als Prostituierte ihren Lebensunterhalt verdienenden Frau sein, sondern er wird als „Hurensohn" abgestempelt werden. Das Problem liegt nicht in der prostitutionellen Tätigkeit als solcher, sondern in dem Bild, das sich die Gesellschaft immer noch von der Prostituierten macht. Die Stigmatisierung der Prostituierten wird auf ihre Kinder übertragen. Und diese Kinder werden auch, über den Umgang mit anderen und durch die Medien vermittelt, ein bestimmtes Bild der Prostituierten haben, nämlich das Bild einer moralisch verdorbenen Frau, die keinen Respekt verdient. Würde die Gesellschaft die Prostitution als normalen Beruf akzeptieren, hätten die prostituierten Mütter sicherlich weniger Schwierigkeiten damit, ihre Kinder über die genaue Natur ihres Berufes ins Bild zu setzen – zumindest ab einem bestimmten Alter.

Francine macht im weiteren Verlauf ihres Interviews darauf aufmerksam, daß sie bei vielen ihrer Familienmitglieder zur *persona non grata* geworden ist und daß sich ihr dort manche Tür verschlossen hat. Auch hier bildet das Stigma der Prostitution den Hintergrund: Für viele ist es eine Schande, eine Prostituierte in der Familie zu haben, und um dieser Schande zu entgehen, drängt man das schwarze Schaf ins Abseits, grenzt man es aus.

In diesem Zusammenhang wird oft von den Gegnern der Prostitution die Frage aufgeworfen: „Was würden Sie denn sagen, wenn sich Ihre Tochter prostituieren würde?" Diese Frage richtet sich an diejenigen, die die Prostitution als einen normalen Beruf anerkannt sehen wollen. Es wird erwartet, daß der Befragte zugibt, er würde es nicht zulassen, daß sich seine Tochter prostituiert. Mit diesem Zugeständnis hätte man ihn dann in einen Widerspruch verstrickt, denn er kann anscheinend nicht einerseits behaupten, die Prostitution sei ein Beruf wie jeder andere, und sich andererseits dagegen aussprechen, daß sich seine eigene Tochter prostituiert.

Hier wäre folgendes zu bemerken. Man kann sehr wohl einerseits für die Anerkennung der Prostitution eintreten und andererseits negativ zur Entscheidung der eigenen Tochter stehen, sich zu prostituieren. So könnte man etwa sagen, daß man der Entscheidung *unter den jetzigen Umständen* negativ gegenübersteht, Umstände, die dadurch gekennzeichnet sind, daß die Prostituierten nicht als respektwürdige Personen betrachtet werden und deshalb sehr oft zu Opfern von Gewalttaten oder doch zumindest von verbalen Aggressionen werden. Wenn ich eine Tochter hätte und in einer Gesellschaft leben würde, in welcher Hausherren ungeschoren davonkommen, wenn sie ihre Dienstmädchen vergewaltigen, würde ich auch nicht froh über die Entscheidung meiner Tochter sein, ihren Lebensunterhalt als Dienstmädchen zu verdienen. Aber das hätte nichts mit der Arbeit *als Dienstmädchen* zu tun, sondern mit den Umständen, unter denen meine Tochter arbeiten müßte. Man sollte hier klar und deutlich unterscheiden zwischen der Tätigkeit als solcher und den konkreten, historisch, kulturell, rechtlich und sozial bedingten Umständen, unter denen die Tätigkeit ausgeübt wird. Die Anerkennung der Prostitution läuft nicht auf die Anerkennung der jetzigen Ausbeutung innerhalb der Prostitution hinaus, sondern soll gerade dazu beitragen, dieser Ausbeutung ein Ende zu setzen.

Wenden wir uns schließlich noch einer vierten Gruppe zu, die zum Umfeld der Prostituierten gehört, nämlich den Anrainern von Orten, an denen Prostitution, und vor allem Straßenprostitution, betrieben wird. Hier kommt es regelmäßig zu mehr oder weniger heftigen Auseinandersetzungen und zu Aktionen, durch die versucht werden soll, die Prostituierten aus bestimmten Vierteln zu vertreiben. Die Anrainer haben dabei eine ganze Reihe von Vorwürfen.

Ein oft gehörter Vorwurf betrifft das vor allem in den späten Abendstunden zunehmende Verkehrsaufkommen. Während Stunden folgen sich die Autos im Schritttempo, sie bleiben stehen, Türen werden geöffnet und zugeschlagen usw. Viele Anrainer sehen sich hier in ihrer nächtlichen Ruhe gestört und fordern deshalb, daß zumindest die Straßenprostitution nicht in Wohnvierteln geduldet werden sollte. Als Alternative werden Orte außerhalb der Städte vorgeschlagen.

Ein weiterer Vorwurf betrifft die Belästigungen, denen sich nichtprostituierte Frauen ausgesetzt sehen, wenn sie sich zu später Stunde nach Hause begeben.[48] Insofern Prostituierte heute kein sie besonders kennzeichnendes Zeichen tragen – wie es etwa im alten Rom oder auch oft im Mittelalter oder in der frühen Neuzeit der Fall war –, ist der Unterschied zwischen einer sich prostituierenden und einer sich nicht prostituierenden Frau nicht immer leicht zu treffen, und manch ein potentieller Kunde glaubt, daß eine Frau, die sich abends um neun allein auf dem Bürgersteig eines bestimmten Stadtviertels aufhält, eine Prostituierte sein muß.

Ein dritter Vorwurf betrifft die Kinder. Wo Prostituierte ihr Gewerbe in Wohnvierteln ausüben und auf offener Straße auf Kunden warten, ist das Risiko groß, daß Kinder das ganze Spektakel mitbekommen und auf den Gedanken kommen, ihre Eltern zu fragen, was es bedeuten soll. Oder wenn die Prostituierten sexuell provokante Kleidung tragen, wird befürchtet, daß dies die Kinder traumatisieren könnte – ganz zu schweigen von sexuellen Handlungen, die manchmal in dieser oder jener halbversteckten Ecke ausgeführt werden. Und wo sexuelle Handlungen derart auf offener Straße oder in Parks ausgeführt werden, besteht weiterhin die Gefahr, daß Kinder auf gebrauchte Präservative stoßen und damit spielen – was unter bestimmten Umständen das Risiko einer HIV-Infektion in sich birgt.

Ein weiterer Vorwurf betrifft die Angst vor der Kriminalität. Insofern ein Teil des prostitutionellen Milieus durch kriminelle Ban-

---

48 Siehe hierzu etwa Kantola/Squires (2004).

den kontrolliert wird, befürchtet man, daß sich diese Banden im eigenen Viertel etablieren und daß dort mit der Zeit nicht nur Prostitution ausgeübt wird, sondern auch Drogen- und Waffenhandel. Im Schlepptau der Prostituierten befindet sich also eine Reihe von Verbrechern. Und da man weiß, daß die Polizei sich oft nicht mehr in ein Viertel traut, in dem kriminelle Banden sich etabliert haben und ihre eigenen Gesetze machen, will man der Gefahr vorbeugen.

Die eben genannten Vorwürfe geben Anlaß zu einem fünften Vorwurf. Ist ein Viertel einmal dafür bekannt, daß sich Prostituierte und Kriminelle dort aufhalten, werden die Immobilienpreise sinken – denn wer ist schon bereit, viel Geld auszugeben, um in einem solchen Viertel zu leben? Das hat zwei Konsequenzen. Erstens wird man selbst nicht mehr viel für die eigene Immobilie erhalten, wenn man sie verkaufen will, um sich etwa in einem ruhigeren Viertel niederzulassen. Und zweitens werden die Immobilien, die einen Käufer oder einen Mieter finden, von Leuten gekauft oder gemietet, die dem guten Normalbürger oft suspekt erscheinen – Ausländer, Sozialhilfeempfänger usw. Aus dem Viertel wird somit eine Art Ghetto für Menschen, die oft als am Rande der Wohlstandsgesellschaft stehend betrachtet werden. Und das wird dann den Wert der eigenen Immobilie noch stärker sinken lassen.

Manche Anrainer haben, wie schon vorher angedeutet, auf mehr oder weniger radikale Maßnahmen zurückgegriffen, um ihre Interessen zu verteidigen. Wo ihre Appelle an die Politiker nicht gehört wurden, haben sie sich oft organisiert und haben u. a. Fotos von den Kunden und deren Autos geschossen, Fotos, die dann ins Internet gesetzt oder auf eine sonstige Art und Weise veröffentlicht wurden. Auch wilde Straßenblockaden wurden manchmal durchgeführt. Prostituierte und Kunden sind die beliebtesten Ziele solcher Aktionen (Brock 1998: 89).

Wenn man auch legitime Bedenken gegen bestimmte dieser Anraineraktionen hegen kann – bei denen ganz oft die Situation der sich prostituierenden Frauen vernachlässigt wird –, sollten die Anliegen der Anrainer ernst genommen und zum Gegenstand einer öffentlichen Diskussion gemacht werden, an welcher man auch die Prostituierten teilnehmen lassen sollte. Hier gilt es, gemeinsam Lösungen zu finden, und keine Partei sollte der anderen Lösungen von oben herab aufdrängen. Wo etwa der Stadtrat ohne vorhergehende Diskussion mit den Prostituierten die Prostitution in einem bestimmten Viertel verbietet, trifft er eine Maßnahme, durch welche die Prostitution von einem Viertel in ein anderes exportiert wird, wobei sich in diesem neuen Viertel mit großer Wahrscheinlichkeit dieselben Probleme ergeben werden wie im alten Viertel. Und eine Maßnahme, durch welche die Prostitution ganz aus der Stadt verdrängt wird, kann gefährliche Konsequenzen für die Prostituierten haben: Wenn diese nämlich abseits von jeder Wohnung auf Kunden warten müssen, ist für sie die Gefahr größer, Opfer von Gewalttaten zu werden. Als Einzelmaßnahme wäre eine solche Verdrängung aus der Stadt bzw. aus bewohnten Gebieten sicherlich nicht optimal bzw. würde sie die Ruhe der Anrainer um den Preis der Sicherheit der Prostituierten erkaufen. Vertretbar könnte sie höchstens dann werden, wenn man den Prostituierten an dem neuen Ort einen zwar diskreten, aber doch wirksamen Polizeischutz gewähren würde – und sei es nur, um die Prostituierten nicht vor die Notwendigkeit zu stellen, sich zum Zweck des Schutzes einem Zuhälter zu unterwerfen.

Anstatt auf Konfrontationskurs zu gehen, sollte Kooperation angestrebt werden. Das setzt aber voraus, daß die Prostituierten als würdige Gesprächspartner anerkannt werden: „Leute, die sich für die Rechte der Prostituierten einsetzen, weisen darauf hin, daß die Straßenprostituierten eher dazu neigen, mit den Anrainern zu kooperieren, wenn sie mit Würde statt mit Verachtung behandelt werden" (Brock 1998: 89). Viele Menschen glauben, die sich prostituierenden Frauen seien ja ‚nur' Huren, und schließen dann daraus, daß diese Frauen keine Achtung verdienen.

Wenn wir alle Fäden zusammenspinnen, ergibt sich eine klare Forderung: Die Gesellschaft sollte den sich prostituierenden Personen mit Respekt statt mit Verachtung oder Mitleid begegnen. Es wird vielleicht leichter sein, die Gesellschaft zum Respektieren der sich prostituierenden Personen zu erziehen, als die Prostitution abzuschaffen. Das Ziel der Gesetzgebung sollte dementsprechend darin bestehen, den Prostituierten mehr Macht zu geben und alle Formen von Zwangsprostitution schärfstens zu bekämpfen.

4. Der Gesetzgeber und die Prostitution

Es gibt für den Gesetzgeber grundsätzlich drei Möglichkeiten – wobei jede dieser Möglichkeiten eine Reihe von Varianten zuläßt –, mit der Prostitution umzugehen: Prohibition, Abolition und Regulierung. Wir wollen diese drei Möglichkeiten zunächst kurz zusammenfassen, um dann einen historischen Überblick zu geben.

Prohibition bedeutet, daß man die Prostitution gesetzlich verbietet und auf strafrechtliche Sanktionen zurückgreift, wenn dieses Verbot nicht eingehalten wird. Diese Sanktionen können entweder eine, zwei oder drei der folgenden Gruppen betreffen: die Prostituierten, die Kunden, die Zuhälter bzw. allgemeiner noch diejenigen, die von der Prostitution anderer leben (worunter auch etwa ein Hotelbesitzer fallen kann, der einer Prostituierten ein Zimmer vermietet, wohl wissend, was in diesem Zimmer passiert). Ziel einer prohibitionistischen Politik ist es, der Prostitution ein Ende zu setzen.

Ein Blick auf die Rechtsgeschichte zeigt uns, daß in den prohibitionistischen Rechtstexten meistens die Prostituierten und die Zuhälter an den Pranger gestellt und Strafandrohungen ausgesetzt sind. Ein Blick auf die Rechtswirklichkeit der prohibitionistischen Systeme zeigt uns allerdings, daß die Hauptleidtragenden oft nur die Prostituierten waren. Die Prostitutionsverbote, so Gail Pheterson, „sind Unterdrückungsinstrumente, die dazu gebraucht werden, bestimmte Praktiken zu rationalisieren: das Absprechen von Rechten, die Stigmatisierung und die staatliche Unterdrückung bestimmter Gruppen, mögen deren Mitglieder Jugendliche, Frauen, Homosexuelle, Transvestiten, Ausländer, Schwarze oder Arme sein" (Pheterson 2001: 141).

Der Prohibitionismus kann sich entweder auf moralische oder auf sozialhygienische Gründe berufen. Das erste tut er z. B. dann, wenn er die Prostitution im Namen des Kampfes gegen das Laster verbietet, wobei der lasterhafte Charakter entweder darin bestehen kann, daß die Prostituierte mit vielen Männern geschlechtlich verkehrt – der promiskuitive Aspekt, der meistens mit der Prostitution verbunden ist –, oder darin, daß sie sich dafür bezahlen läßt – der rein prostitutionelle Aspekt. Wo der Prohibitionismus sich auf sozialhygienische Gründe beruft, rückt er die Gesundheit, und zwar in erster Linie die Volksgesundheit, in den Mittelpunkt und sieht in einem radikalen Verbot der Prostitution ein angemessenes, wenn nicht sogar das einzig angemessene Mittel, um der Verbreitung der Geschlechtskrankheiten Einhalt zu gebieten.

Abolition bedeutet, daß man alle spezifisch die Prostitution betreffenden Gesetze abschafft. Das heißt weder, daß die Prostitution zu einem völlig rechtsfreien Raum wird – eine von einem

Kunden geschlagene Prostituierte kann durchaus wegen vorsätzlicher Körperverletzung Anklage erheben –, noch, daß die Prostitution als etwas Selbstverständliches angesehen wird. Als der Abolitionismus im 19. Jahrhundert aufkam – vor allem in England unter dem Einfluß von Josephine Butler –, verstand er sich als Antwort auf eine Gesetzgebung, welche sich primär gegen die Prostituierten richtete. Die damalige Gesellschaft ließ Prostitution als notwendiges Übel zu und umgab sie mit Gesetzen, aber mit Gesetzen, die vor allem die Prostituierten verpflichteten oder trafen. Die Gesetze sollten nicht in erster Linie – wenn überhaupt – die Prostituierten vor den Kunden, sondern die Gesellschaft vor den Prostituierten schützen. Die Prostituierte wurde als eine Gefahrenquelle angesehen, die man nur dulden konnte, weil durch sie größere Gefahren – als solche wurden sie zumindest damals angesehen – abgewendet werden konnten.

Man sollte in diesem Kontext zwischen einem libertären und einem feministischen – sehr oft religiös geprägten – Abolitionismus unterscheiden.[49] Der libertäre Abolitionismus lehnt jegliches die Prostitution betreffende Gesetz ab, weil er glaubt, daß man in der sexuellen Sphäre jedem/jeder die Freiheit lassen sollte zu tun, was er/sie für richtig hält – solange das Ganze natürlich auf freiwilliger Basis abläuft und kein Schaden für Drittpersonen entsteht. Hier wird dem Staat als *Staat überhaupt* mißtraut. Im Mittelpunkt steht die Entscheidungsfreiheit des Individuums – wobei ein libertärer Abolitionismus durchaus zugeben kann, daß es Formen von Zwangsprostitution gibt und daß man diese bekämpfen muß. Der Libertin braucht also keineswegs den Fehler zu begehen, nur den Staat als Unterdrückungsinstrument anzusehen. Er kann auch die Existenz sozialer Gruppen anerkennen, die eine große Macht besitzen und die diese gebrauchen, um die Entscheidungsfreiheit der Individuen zu beschneiden. Allerdings wird ein Libertin nur zähneknirschend, wenn überhaupt, auf die Macht des Staates zählen wollen, um den Machtmißbrauch durch die gesellschaftlichen Gruppen zu unterbinden.

---

49 Dabei muß betont werden, daß es keinen „allgemeinen" Feminismus gibt. Wenn ich hier von einem feministischen Abolitionismus spreche, soll damit nur gesagt werden, daß es eine Reihe von Feministinnen gibt, die den Abolitionismus mit bestimmten feministischen Argumenten untermauern. Und diese Argumente ähneln oft den Argumenten von religiös orientierten Gruppen.

Der feministische oder doch zumindest feministisch inspirierte Abolitionismus lehnt seinerseits jedes die Prostitution betreffende Gesetz ab, weil er glaubt, daß solche Gesetze in den Händen von Männern immer nur zum Nachteil der sich prostituierenden Frauen durchgesetzt werden können – hier wird dem Staat als *Männerstaat* mißtraut. Anhänger dieser zweiten Art von Abolitionismus können durchaus, wie es etwa bei dem *Mouvement du Nid* in Frankreich der Fall ist, eine Welt ohne Prostitution anstreben.[50] Sie können also dasselbe Ziel haben wie die Prohibitionisten, dieses Ziel aber mit anderen Mitteln zu erreichen versuchen: Wo der Prohibitionist vor allem mit den Mitteln der strafrechtlichen Sanktionsandrohungen arbeitet, zieht der Abolitionist es vor, durch breitangelegte soziale, ökonomische, pädagogische Maßnahmen usw. das Phänomen der Prostitution in den Griff zu kriegen, in der Hoffnung, es aus der Welt schaffen zu können.

Einer sich am Prinzip der Regulierung orientierenden Gesetzgebung geht es auch darum, das Phänomen der Prostitution in den Griff zu kriegen. Aber dies geschieht nicht, um es irgendwann einmal endgültig zum Verschwinden zu bringen[51], sondern man greift auf eine gesetzliche Regulierung zurück, um das Phänomen innerhalb bestimmter Schranken zu halten. Prostitution wird als soziales Faktum akzeptiert, aber damit dieses Faktum keine allzu schlimmen Konsequenzen – für die Kunden, für die Gesellschaft, für die Moral, für die Prostituierten – nach sich zieht oder damit auch der Staat von ihm profitieren kann, umgibt man es mit bestimmten gesetzlichen Schranken.

Kathleen Barry identifiziert vier Ziele einer regulatorischen Politik (Barry 1995: 228). Erstens soll sie es erlauben, die mögliche Ausbreitung von Geschlechtskrankheiten zu verhindern: Den Prostituierten wird dann etwa vorgeschrieben, sich alle sieben oder vierzehn Tage einer gesundheitlichen Kontrolle zu unterwerfen. Zweitens soll durch sie das Risiko der Vergewaltigungen „ehrbarer" Frauen herabgesetzt werden: Indem den Männern die Möglichkeit

---

50   In Deutschland vertrat der 1880 gegründete *Deutsche Kulturbund* eine abolitionistische Position (Schmitter 2004: 76).

51   Anhänger einer sich am Prinzip der Regulierung orientierenden Politik gehen meist davon aus, daß man die Prostitution nicht abschaffen kann und daß es unter diesen Umständen ratsam ist, sie innerhalb eines legalen Rahmens zu dulden, statt sie ganz zu verbieten oder sie überhaupt nicht zu kontrollieren.

gegeben wird, ihre angeblich unkontrollierbaren sexuellen Triebe mit Prostituierten zu befriedigen, brauchen sie dies nicht mit „ehrbaren" Frauen zu tun. Drittes Ziel ist die Bekämpfung der Zuhälterei. Dieses Ziel soll dadurch erreicht werden, daß die Gesetze die Zuhälterei verbieten. Beim vierten und letzten von Barry aufgeführten Ziel geht es darum, für öffentliche Ruhe und Ordnung zu sorgen: Wenn man Prostitution schon zuläßt, dann soll sie die Nachbarschaft so wenig wie nur möglich stören. Um dieses Ziel zu erreichen, greift eine regulatorische Politik auf die Einführung sogenannter Sperrbezirke zurück, d. h., Prostitution wird nur an bestimmten Orten erlaubt – wobei bei der Wahl dieser Orte meistens ein größerer Wert auf die Ruhe der Anrainer als auf die Sicherheit der Prostituierten gelegt wird. Barry meint allerdings, daß eine regulatorische Politik keines dieser vier Ziele erreicht.

Im Rahmen einer regulatorischen Politik ist das Ausüben der Prostitution also an bestimmte rechtliche Bedingungen geknüpft. Werden diese Bedingungen eingehalten, bleiben Sanktionen aus; werden sie verletzt, sind Sanktionen fällig – und diese treffen meistens das schwächste Glied der prostitutionellen Beziehung, d. h. die sich prostituierende Frau. Man bekämpft also nicht die Prostitution, wie im Falle des Prohibitionismus, sondern die mit der Prostitution einhergehenden Risiken. Dabei wird natürlich vorausgesetzt – und der Prohibitionismus geht manchmal von der entgegengesetzten Voraussetzung aus –, daß es möglich ist, den Risiken vorzubeugen, ohne die Prostitution als solche zu verbieten.

Sieht man vom Vorwurf der Ineffizienz ab, wird einer regulatorischen Politik hauptsächlich vorgeworfen, die Prostitution indirekt anzuerkennen. Denn auch wenn sie ihre Ausübung an bestimmte Bedingungen knüpft, liegt einer regulatorischen Politik doch der Gedanke zugrunde, daß es erlaubt ist, sich zu prostituieren. Und es kann dann leicht dazu kommen, so zumindest die Gegner einer regulatorischen Politik, daß die Erlaubnis mit einer positiven Berechtigung gleichgesetzt wird. Aus dem „Ich darf" wird dann ein „Ich habe ein Recht". Und hat sich einmal der Gedanke eines solchen positiven Rechts auf Prostitution eingebürgert, wird in der Prostitution keine unmoralische Praxis mehr gesehen, und sie wird gewissermaßen salonfähig.

Ein weiterer Vorwurf wurde schon im Rahmen unserer Darstellung der abolitionistischen Politik gegeben: Prostitutionsgesetze, mögen diese prohibitionistisch oder regulatorisch ausgerichtet sein, wenden sich vornehmlich gegen die Frauen. August Bebel zitiert folgende Passage aus einer Erklärung des Fünften Kongresses zur Bekämpfung der Unsittlichkeit wider die polizeiliche Regelung der Prostitution: „Der Staat, der die Prostitution polizeilich regeln will, vergißt, daß er beiden Geschlechtern gleichen Schutz schuldet, er verdirbt moralisch und entwürdigt die Frau. Jedes System offizieller Regelung der Prostitution hat Polizeiwillkür zur Folge sowie Verletzung gerichtlicher Garantien, die jedem Individuum, selbst dem größten Verbrecher, gegen willkürliche Verhaftung und Einsperrung zugesichert sind. Da diese Rechtsverletzung nur zum Nachteil der Frau geschieht, so folgt daraus eine widernatürliche Ungleichheit zwischen ihr und dem Manne. Die Frau wird zum bloßen Mittel herabgewürdigt und nicht mehr als Person behandelt. *Sie steht außerhalb des Gesetzes*" (zitiert in: Bebel 1954: 244). Eine Politik, welche die Prostituierte in den Rahmen des Gesetzes bringen sollte, hat somit scheinbar die paradoxe Konsequenz, daß sie die Prostituierte außerhalb des Gesetzes stellt. Gemeint ist damit, daß die Prostituierte der Willkür der gesetzesausführenden Organe ausgesetzt ist.

Prohibitionismus, Abolitionismus und regulatorische Politik sind, wie schon gesagt, die drei großen Optionen, die dem Gesetzgeber zur Verfügung stehen. Wie es der folgende – skizzenhafte – Überblick zeigen wird, wurden sie im Laufe der Jahrtausende alle ausprobiert, wobei das Scheitern der einen oder anderen Option von ihren Gegnern als Argument angesehen wurde, eine jeweils andere Politik durchzusetzen.

Fangen wir unseren historischen Überblick im zweiten Jahrtausend v. Chr. an, der Zeit, aus der uns die ersten Gesetzestexte überliefert sind. Diese Texte befaßten sich schon relativ früh mit der Prostitution, wobei auffällt, daß manches Gesetz die Prostituierte beschützte, wie Romina Schmitter berichtet: „Zum anderen war ihre Arbeit gesetzlich geregelt und damit auch ökonomisch geschützt. Ein Paragraph des Gesetzbuches des Lipiteschtar, eines Königs der babylonischen Stadt Isin (1870–1860 v. Chr.) besagte, daß die Kinder, die eine Prostituierte von ihrem Ehemann hatte, erbberechtigt waren, und ihre Mutter einen Anspruch auf Entlohnung hatte" (Schmitter 2004: 17). Der Mann mußte, wie es in dem von Schmitter zitierten Gesetz festgehalten wird, die Prostituierte mit „Korn, Öl und Kleidung" versorgen (Schmitter 2004: 17). Und wenn die legitime Ehefrau des Mannes gestorben war –

und er auch –, durfte die Prostituierte in das Haus ihres früheren Kunden einziehen.

Die Prostituierte erscheint hier noch nicht als eine Ausgestoßene, als eine Frau, die an den Rand der Gesellschaft gedrängt wird und die das Recht mit allen Mitteln dort festzumachen sucht. Das ändert sich allerdings gegen Ende des zweiten Jahrtausends. So sah etwa ein Gesetzesparagraph des Rechtssystems des Mittelassyrischen Reiches (zweite Hälfte des zweiten Jahrtausends v. Chr.) vor, daß Prostituierte keine Kopfbedeckung auf offener Straße tragen durften. Die Prostituierte sollte auf diese Weise von den ehrbaren Frauen unterscheidbar sein. Die Strafen für eine Übertretung des Gesetzes waren ziemlich drastisch: 50 Stockschläge, Übergießen des Kopfes mit Erdpech und Verlust der Kleidung.

Schmitter, die auf diesen Gesetzesparagraphen aufmerksam macht, vermutet, daß diese stigmatisierende Form von Gesetzgebung vor dem Hintergrund des Geschlechterkampfes zu sehen ist: Hatte die Frau im dritten vorchristlichen Jahrtausend noch eine ziemlich wichtige Rolle in der Gesellschaft zu spielen, ändert sich das mit dem Übergang zum zweiten Jahrtausend, an dessen Ende der Kampf zugunsten der Männer entschieden zu sein scheint (Schmitter 2004: 19).

Bei den Juden zur Zeit Moses' und der Propheten, so heißt es im ersten Band der *Histoire de la Galanterie*, hatte die Prostitution eine „legale, erlaubte, geschützte Existenz" (HG I: 70). Allerdings durften nur ausländische Frauen das Gewerbe ausüben. Prostitution wurde als notwendiges Übel toleriert: Jüdische Männer durften ihrem als übermäßig stark gedachten Sexualtrieb nachgeben, aber um die Reinheit der jüdischen Frauen zu bewahren, durften sie es nur mit ausländischen Frauen tun. Der jüdischen Frau war es strengstens untersagt, sich zu prostituieren. Hier zeigt sich schon ganz deutlich die Stigmatisierung und die Diskriminierung der sich prostituierenden Frau. Gleichzeitig zeigt sich hier auch die Doppelmoral, die fast die ganze bisherige Geschichte durchzieht und auf die August Bebel mit folgenden Worten aufmerksam gemacht hat: „Man denkt nur an den Mann, dem das zölibatäre Leben ein Greuel und eine Marter ist; aber die Millionen zölibatärer Frauen haben sich zu bescheiden. Was bei den Männern Recht ist, ist bei den Frauen Unrecht, Unmoralität und Verbrechen" (Bebel 1954: 236).

Verboten war bei den Juden auch die sogenannte Tempelprostitution – über deren prostitutionellen Charakter man streiten kann –, wobei allerdings nicht in erster Linie die Prostitution den Stein des Anstoßes lieferte, als vielmehr die Tatsache, daß hier fremden Göttern gedient wurde. Die Tempelprostitution war eine religiöse Praxis der nichtjüdischen und nicht monotheistischen Völker, und sie war deshalb schon aus rein religiösen Gründen verurteilenswert. Der jüdische Gott war ein Gott, dessen radikale Transzendenz jeden Geschlechtsverkehr zwischen sich und einer menschlichen Frau ausschloß, selbst durch die Vermittlung eines Priesters. Doch auch wenn die Prostituierten in der altjüdischen Gesellschaft toleriert waren, so waren diese Frauen doch meistens am Rande der Gesellschaft – einerseits, weil sie Nicht-Jüdinnen waren, und andererseits, weil sie sich prostituierten.

Im alten Griechenland kam es zu den ersten Versuchen, die Prostitution durch positive Gesetze zu regulieren, aber auch für den Staat – sprich: die Polis – nutzbar zu machen. Es war der als weiser Gesetzgeber in die Geschichtsbücher eingegangene Solon, der mit der Errichtung des ersten Dikterions in Athen die Institution des öffentlichen Bordells erfand – eine Institution, der wir noch im Mittelalter wiederbegegnen werden. Das Dikterion war ein Ort, an dem Sklavinnen, die mit öffentlichen Geldern gekauft worden waren, sich prostituieren mußten – dem Ort entsprechend nannte man diese Prostituierten auch Dikteriaden. Der Lohn dieser Prostituierten floß in die öffentlichen Kassen Athens, so daß man sagen kann, daß Solon eigentlich zwei Fliegen mit einem Schlag traf: Einerseits schuf er eine neue Einnahmequelle für die Polis, und andererseits – und das war, wie auch in den folgenden Jahrhunderten, die offizielle Rechtfertigung für die Prostitution – fand er ein Mittel, um die ehrenhaften athenischen Frauen vor der unkontrollierten Sexualität der Männer zu schützen. Solon war es auch, der als erster ein Gesetz gegen die Zuhälterei erließ, wobei die Frage berechtigt ist, ob der Zweck dieses Gesetzes darin bestand, die Prostituierten zu schützen, oder nicht vielmehr darin, keine zu starke Konkurrenz für die öffentlichen Dikteria aufkommen zu lassen.

In Athen mußten alle Prostituierten eine Steuer bezahlen, das sogenannte *Pornikontelos:* „Man betrachtete alle Kurtisanen, unabhängig von ihrem Rang, als einem öffentlichen Dienst gewidmet und als in absoluter Abhängigkeit vom Volk stehend" (HG I: 126). Das Volk konnte also frei über sie bestimmen. Durch die Steuer erkauften sich die Prostituierten einerseits die Duldung und ande-

rerseits den Schutz. Für die Dikteria wurden besondere Steuerein-
treiber ernannt.

Um sich von den ehrenhaften Frauen abzugrenzen, mußten die
athenischen Prostituierten besondere Kleider tragen. Diese Forderung wird sich in der Folge in vielen Ländern und zu vielen Zeiten
wiederfinden: Auch wenn man es der Prostituierten erlaubt, in der
Gesellschaft zu leben, legt man doch einen großen Wert darauf,
daß sie nicht gewissermaßen in der Gesellschaft aufgeht und sich
dort integriert. Die Prostituierte muß, auch wenn sie nicht auf der
Suche nach Kunden ist, sofort wiedererkannt werden können.
Oder wenn man es aus einer anderen Perspektive betrachtet: Die
ehrenhafte Frau, wenn sie außer Haus geht, soll nicht mit einer
Prostituierten verwechselt werden können. Die spezielle Kleidung
dient also einerseits der Stigmatisierung der Prostituierten und
andererseits dem Schutz der ehrenhaften Frauen. Sie erinnert
gleichzeitig die Prostituierte an ihr Außenseitertum: Sie soll sich
selbst als stigmatisierte Frau wahrnehmen.

Erwähnen wir noch, daß im antiken Griechenland die Kinderprostitution verboten war und daß die männliche Prostitution als
unehrenhaft betrachtet wurde. Wenn ein freier Bürger sich prostituierte, mußte er damit rechnen, seine Bürgerrechte zu verlieren,
und er wurde außerdem noch wegen Sittenwidrigkeit sanktioniert.
Dabei muß aber betont werden, daß das eigentliche Problem nicht
in der homosexuellen Natur der prostitutionellen Beziehung
bestand, sondern darin, daß ein freier Bürger sich für eine sexuelle
Dienstleistung bezahlen ließ. Und wo der Prostituierte die *passive*
Rolle beim Geschlechtsverkehr hatte, war die Sittenwidrigkeit
noch schwerwiegender. Nicht-Griechen, die sich prostituierten,
mußten, genauso wie die sich prostituierenden Frauen, eine spezielle Steuer zahlen.

Wir haben also auf der einen Seite die freien Bürger, die sich
nicht selbst prostituieren dürfen, die aber freien Zugang zu den
Prostituierten haben, und andererseits alle nichtfreien Mitglieder
der Polis – von den Ehefrauen und Töchtern der freien Bürger
abgesehen –, die sich prinzipiell prostituieren dürfen. Die Erlaubnis, sich zu prostituieren, hängt also hier von ethnischen und sozialen Bedingungen ab.

Im alten Rom sind sowohl die Prostituierten als auch die
Zuhälter einer Reihe von politischen und rechtlichen Einschränkungen unterworfen: So konnten sie z. B. nicht erben, waren von

bestimmten Zeremonien ausgeschlossen, konnten nicht als Zeugen vor Gericht auftreten usw. Sie waren, sagt Mc Ginn, durch den Stempel der *infamia* gekennzeichnet und standen auf einer Stufe mit den Gladiatoren, den Züchtern wilder Tiere für die Arena und den Schauspielern (Mc Ginn 1998: 68).[52] Es ging den Römern vor allem darum, diese niederen Kategorien aus den obersten Rängen der römischen Aristokratie – vornehmlich dem Senatoren- und dem Ritterstand – auszuschließen und von dort fernzuhalten. Zur Zeit der römischen Republik, so Mc Ginn, war die „Heirat eines Freigeborenen mit einer befreiten Frau genauso strafbar wie die Heirat mit einer Prostituierten" (Mc Ginn 1998: 89). Die alteingesessenen römischen Adelsfamilien wollten sich abschotten gegen alles, was von ‚unten' kam.

Die *lex Iulia et Papia* ist das beste Beispiel für diesen Ausschlußwillen: Es geht in diesem Gesetz nicht darum, die Prostitution zu verbieten, sondern soziale Grenzen zu ziehen, die Prostituierte und Zuhälter nicht überschreiten dürfen. Das Problem im alten Rom bestand nicht darin, daß bestimmte Menschen Geld *für sexuelle Dienstleistungen* verlangten, sondern die römische Aristokratie betrachtete es als entehrend und moralisch zweifelhaft, daß man überhaupt Geld für erwiesene Dienstleistungen erhielt – was auch immer diese Dienstleistungen gewesen sein mögen. Was hier in Frage steht, ist also nicht mehr und nicht weniger als die Lohnarbeit schlechthin. Wer nicht für Geld zu arbeiten brauchte, sah mit Verachtung auf diejenigen herab, die darauf angewiesen waren, Geld zu erhalten.

Genauso wie in Athen galt die Prostitution auch in Rom als eine Art Sicherheitsventil bzw. als Schutz für die ehrenhaften römischen Familienmütter: „Für die Männer spielen diese Kurtisanen eine wichtige Rolle, verhindern sie doch, daß sie die moralischen Verbote übertreten, indem sie ihnen erlauben, ihre Begierden zu befriedigen, ohne die *pudicitia* der Römerinnen zu verletzen" (Robert 1998: 58). Selbst ein derart strenger Sittenrichter wie Cato, so Robert, wird es selbstverständlich finden, daß die römischen Männer – und vornehmlich die jungen Männer – die Bordelle aufsuchen, um sich dort auf eine für die Keuschheit der römi-

---

52 Im Widerspruch dazu meint Jean-Noël Robert: „In Rom wird die Prostitution nicht als entehrend betrachtet. Sie ist der Ausdruck der Freiheit, aber einer Freiheit, welche den Römerinnen untersagt ist" (Robert 1998: 58).

schen Frauen harmlose Art und Weise zu befriedigen (Robert 1998: 148).

Genauso wie Solon es zu seiner Zeit in Athen getan hatte, wird auch der römische Kaiser Caligula im Jahre 40 n. Chr. eine Steuer auf die Prostituierten – die sogenannte *vectigalia meretricum* – einführen, die noch bis ins Jahr 498, also lange nach der Christianisierung Roms, bestehen bleiben wird. Laut Mc Ginn ist der Grund für die Einführung dieser Steuer – die übrigens nur Teil eines größeren „Steuerpakets", wie man heute sagen würde, ist – allerdings allgemeiner Natur und richtet sich nicht spezifisch gegen die Prostituierten: Caligula brauchte Geld, und die Prostitution war ein Gewerbe, dessen Besteuerung dem Staat große Gewinne bringen konnte, da viele Römer die Dienste von Prostituierten in Anspruch nahmen. Diese Steuer belief sich unter Caligula auf ein Achtel der Gewinne einer Prostituierten, eine Summe, die dann aber später noch verändert wurde (HG I: 87–88). Da Prostituierte sich offiziell eintragen lassen mußten, war es relativ leicht, die Steuer einzutreiben.

Was die von ihm untersuchte Epoche betrifft – die römische Republik bis zum ersten Jahrhundert n. Chr. –, meint Mc Ginn schlußfolgernd: „Nirgends ist es möglich, ein ‚Gesetz zur Prostitution' (law of prostitution) zu finden. Das Gesetz setzte Prostituierte und Zuhälter an den Rand der Gesellschaft, indem es ihnen eine Reihe bürgerlicher und rechtlicher Einschränkungen auferlegte, deren Funktion darin bestand, diejenigen, die diese Gewerbe ausübten, aus der Ehrgemeinschaft (community of honor) auszuschließen [...]" (Mc Ginn 1998: 341). Die römischen Gesetze zielten also eher auf eine soziale Diskriminierung bestimmter gesellschaftlicher Gruppen ab, als daß irgendein Wille bestanden hätte, die Prostitution aus sexualmoralischen Gründen zu verbieten. So ist es auch zu verstehen, daß es den Frauen aus den oberen Schichten unter Tiberius verboten war, sich als Prostituierte einschreiben zu lassen, oder daß die Töchter von Senatoren, die zu Prostituierten wurden, ihren sozialen Rang verloren.[53]

Das Ganze wird sich natürlich mit der Christianisierung Roms ändern: Die soziale Logik wird jetzt einer religiös-moralischen

---

53 Erwähnt werden muß hier natürlich Messalina, die Gattin des Kaisers Claudius, die sich nächtlich aus dem kaiserlichen Ehebett begab, um sich in einem *lupanar* zu prostituieren.

Platz machen. Ein erster Stein des Anstoßes ist dabei die von Caligula eingeführte Steuer. Wie Mc Ginn nämlich schreibt: „Während ihrer ganzen Geschichte hatte die Steuer auf die Prostituierten drei Hauptimplikationen für die Stellung dieses Gewerbes im ökonomischen und sozialen System Roms: Profitabilität, Legitimität und soziale Kontrolle" (Mc Ginn 1998: 286–7). Uns interessiert hier besonders die zweite Implikation, also die Legitimität. Wo der Staat ein bestimmtes Gewerbe bzw. die dieses Gewerbe ausführenden Personen besteuert, liegt eine implizite Anerkennung eben dieses Gewerbes vor, und zwar eine Anerkennung, die weiter geht, als wenn der Staat sich damit begnügen würde, das Gewerbe einfach zu tolerieren. Wenn der Staat das Geld der Prostituierten nimmt und es benutzt, dann kann dieses Geld nicht ‚schmutzig' sein. Aber wenn das Geld nicht ‚schmutzig' ist, kann dann die Praxis ‚schmutzig' sein, die zu diesem Gelderwerb geführt hat?[54]

Die ersten christlichen Kaiser standen hier vor einem Dilemma. Als Kaiser mußten sie dafür Sorge tragen, daß immer genügend Geld in den Staatskassen war. Die von Caligula eingeführte Steuer war dabei ein wirksames Mittel, um dieser Sorge gerecht zu werden. Als Christen mußte ihnen die Prostitution aber als ein durch und durch unmoralisches Phänomen erscheinen, das der Staat, auch wenn er es vielleicht nicht per Gesetz verbieten und abschaffen konnte[55], doch zumindest nicht implizit anerkennen durfte, indem er es besteuerte und gewissermaßen von ihm lebte.

Es wird bis zum Jahr 498 dauern, bis man die Steuer auf die Prostituierten abschaffen wird. Inzwischen besteht von dem einstigen einheitlichen römischen Kaiserreich nur noch das Oströmische Reich mit seinem Kaisersitz in Byzanz. Hatten schon Konstantin und Theodosius erste Gesetze erlassen, die diejenigen Eltern bestraften, die ihre Töchter, oder Meister, die ihre Sklav(inn)en

---

54 Im mittelalterlichen Kirchenrecht wird man sich die Frage stellen, ob die Kirche eine Spende oder eine Gabe aus den Händen einer Prostituierten akzeptieren darf. Für die Rigoristen kam es natürlich nicht in Frage, dieses Geld zu akzeptieren, da es seinen Ursprung in einer sittenwidrigen Praxis hatte. Eher pragmatisch denkende Kirchenrechtler sahen in erster Linie das Bedürfnis der Kirche nach Geld und waren dementsprechend bereit, das Geld anzunehmen.

55 „Alle christlichen Kaiser, von Konstantin bis Justinian, haben Anstrengungen unternommen, nicht um die Prostitution abzuschaffen – sie hatten erkannt, daß ein solches Unterfangen nutzlos war –, sondern um sie einzuschränken und zu kontrollieren" (HG I: 87).

prostituierten (Chauvin 1983: 29; Bullough/Bullough 1993: 111)[56], so wird die eigentliche Regulierungswelle hinsichtlich der Prostitution ab dem sechsten Jahrhundert in Byzanz, im Rahmen des orthodoxen Christentums, beginnen. Ein Phänomen, das bislang eher nebenher vom Gesetz berührt wurde, wird von jetzt an zu einem vollwertigen Element der Gesetzgebung werden.

Eine große Rolle spielt hier der Kaiser Justinian, dessen Frau Theodora in ihrer Jugend eine Schauspielerin war und, so wird gesagt, auch eine Prostituierte gewesen sein soll. Justinian wird sich in erster Linie gegen die Zuhälterei wenden, und vor allem gegen jene Zuhälter, die junge Mädchen durch das Angebot von Geschenken zur Prostitution zu verführen versuchten – eine Praxis, die bis heute besteht, bloß daß man jungen Mädchen aus dem Osten heute Stellen im traditionellen Dienstleistungsbereich oder in der Filmindustrie anbietet, um sie nach Europa zu locken, wo sie dann, ihrer offiziellen Papiere beraubt, als Prostituierte arbeiten müssen. Unter Justinian wurde auch der prostitutionelle Vertrag für rechtlich null und nichtig erklärt, d. h., daß weder der Kunde noch die Prostituierte die Einhaltung dieses Vertrages vor Gericht einklagen konnten (HG I: 100). Des weiteren wird Justinian alle Kupplerinnen und Bordellbesitzer aus der Kaiserstadt verbannen.

Während Justinian vor allem die Zuhälterei mit den Mitteln des Rechts zu bekämpfen versuchte, widmete sich die Kaiserin Theodora der Rettung der Prostituierten. Um den jungen Mädchen zu erlauben, die Prostitution zu verlassen, schuf sie ein Kloster, das auf den vielsagenden Namen *Metanoia* – Bekehrung – getauft wurde: Hier sollten die oft durch trügerische Versprechen in die Bordelle der Städte gelockten jungen Mädchen vom Land wieder auf den richtigen Weg gebracht werden. Bis zu 500 Mädchen sollen zu Theodoras Lebzeiten in diesem Kloster gewesen sein, wobei allerdings berichtet wird, daß nicht alle freiwillig den Weg dorthin fanden bzw. nicht freiwillig dort bleiben wollten. Dies führte zu vielen Selbstmorden (HG I: 92).

Ganz allgemein läßt sich sagen, daß die durch eine doch zum Teil relativ sexualfeindliche Moral der frühen Kirchenväter geprägten byzantinischen Kaiser nicht davon ausgingen, die Prostitution endgültig abschaffen zu können. Die Prostitution war einfach der-

---

56 Schon Domitian hatte im ersten Jahrhundert ein Gesetz erlassen, durch das es verboten war, junge Personen in einem Bordell zur Prostitution zu zwingen.

art präsent im Byzantinischen Reich, daß man realistischerweise nur hoffen konnte, ihre schlimmsten Exzesse in den Griff zu bekommen – also das, was man heute Zwangsprostitution (mag das Opfer durch direkte Gewalt oder durch Täuschung zur Prostitution gebracht worden sein) nennen würde. Vern und Bonnie Bullough machen aber auf einen wichtigen Aspekt aufmerksam: Die Gesetzgebung der byzantinischen Kaiser richtete sich *gegen die Exzesse der Prostitution, nicht gegen die Prostituierte* (Bullough/Bullough 1993: 114).[57] Der christliche Gedanke der Nächstenliebe und die neutestamentlichen Hinweise auf die Prostituierten hatten hier ihre Spur hinterlassen: Konnte die Prostituierte bei den Römern nicht von ihrer *infamia* befreit werden, geht die christliche Kultur davon aus, daß man niemand endgültig von der Erlösung ausschließen darf. Dementsprechend wurden die Prostituierten nicht als Frauen betrachtet, die man an den Rand der christlichen Gemeinschaft drängen sollte, sondern als verlorene Schafe, die man wieder in diese Gemeinschaft eingliedern mußte. Diese Eingliederung war aber an die Bedingung geknüpft, daß sie von ihrem ehrlosen und sündhaften Gewerbe ablassen – eine Bedingung, die angesichts des ökonomischen Elends vieler junger Mädchen und ihrer Familien nur selten eingehalten werden konnte.

Einen viel strengeren Umgang mit den Prostituierten pflegten manche der sich im Laufe der Völkerwanderung in Mittel- und Westeuropa ansiedelnden Völker. Bei einigen gotischen Stämmen wurde die Prostituierte aus dem Dorf oder der Stadt verbannt (HG I: 114). Noch schwerere Strafen erwarteten die Prostituierte im von den Westgoten beherrschten Spanien: „Prostituierte, die im westgotischen Königreich Spanien ihrem Gewerbe nachgingen, sollten 300 Peitschenhiebe erhalten, die höchste Zahl von Hieben, die der westgotische Kodex für ein Verbrechen vorsah. Man schnitt den Prostituierten auch oft ihr Haar ab, und wenn sie dann noch weitermachten, konnten sie in die Sklaverei verkauft werden. Da nicht alle männlichen Hüter der weiblichen Tugend sich dazu verpflichtet fühlten, ihre weiblichen Verwandten zu rächen, die Prostitution trieben, legte das Gesetz auch fest, daß diejenigen, die es

---

57   Und auch James Brundage schreibt: „Obwohl [Justinian] deutlich zu erkennen gab, daß er der Prostitution ablehnend gegenüberstand, ließ er seine Feindschaft nicht auf dem Rücken der Prostituierten aus, sondern auf dem Rücken derjenigen, die von ihrer Tätigkeit profitierten" (Brundage 1990: 123).

einer Frau ermöglichten, Prostituierte zu werden, oder die vom Ertrag der Prostituierten lebten, auch mit 100 Peitschenhieben bestraft werden konnten" (Bullough/Bullough 1993: 116).

Das unterschiedliche Strafmaß für Prostituierte und Zuhälter – 300 Peitschenhiebe für erstere, ‚nur' 100 für letztere – zeigt ganz deutlich, daß die Prostitution hier in erster Linie als ein von der Frau begangenes Verbrechen angesehen wird, so daß allen voran sie bestraft werden mußte. Und wenn auch der Zuhälter bestraft wird, so nicht, weil er eine Frau ausgebeutet hat, sondern weil er nichts unternommen hat, um sie von einem Verbrechen abzuhalten.

Die Haltung des christlichen Mittelalters ist in einem gewissen Maße ambivalent. Diese Ambivalenz hängt zum Teil damit zusammen, daß u. a. Aurelius Augustinus und einige Kirchenväter auf einen Punkt aufmerksam gemacht hatten, der die Christen vor die Wahl zwischen zwei Übeln stellte: Wenn man die Prostitution verbietet und wenn sie demnach auch verschwindet, werden die Männer ihre Triebe im Rahmen homosexueller Beziehungen zu befriedigen versuchen oder aber ehrbare Mädchen und Frauen vergewaltigen. Im Rahmen der *civitas terrena* war es illusorisch zu glauben, man könne diese drei Übel kurz- oder mittelfristig gleichzeitig abschaffen. Allerdings bestand die realistische Aussicht, zwei dieser drei Übel durch Zulassung des dritten einzudämmen, wenn nicht sogar abzuschaffen. Die Frage war also: Was waren die zwei größeren der drei Übel, um deren Abschaffung willen man das relativ kleinere tolerieren konnte – als notwendiges Übel?

So schwierig sich die Frage auch anfänglich anhören mag, die Antwort war relativ schnell gefunden: Indem der Mann im Falle der Prostitution mit einer Frau vaginalen Geschlechtsverkehr hatte, übte er eine sexuelle Handlung aus, die der allein durch die göttliche Naturordnung zugelassenen – zumindest wenn man beim rein Äußerlichen stehenbleibt – sehr nahe kam.[58] Es war eine Handlung, die, wenn sie mit der Ehefrau, also im Rahmen der kirchlich sanktionierten Ehe, praktiziert wurde, einen reproduktiven, und d. h. legitimen Zweck erfüllen konnte. Auszusetzen an der Handlung war nur, daß sie nicht mit der Ehefrau und nicht für

---

58 Thomas von Aquin unterschied vier unnatürliche sexuelle Handlungsarten: Masturbation, Geschlechtsverkehr mit Tieren, unnatürliche Positionen beim Geschlechtsverkehr (z. B. die Frau oben, der Mann unten) und Homosexualität (dazu Murray 1996: 200).

reproduktive Zwecke ausgeführt wurde. Nicht das Materielle der Handlung war also zu beanstanden, sondern die Natur der Beziehung, innerhalb welcher die Handlung stattfand. Viel schlimmer war im Vergleich dazu der homosexuelle Geschlechtsverkehr: Diese sexuelle Handlung glich keiner Handlung, die den legitimen Zweck der Reproduktion verfolgte. Hier wurde die Grenze des moralisch Legitimen schon mit dem materiellen Aspekt der Handlung überschritten, und die Frage nach der Beziehung zwischen den Partnern brauchte gar nicht erst gestellt zu werden.[59] Dementsprechend entfernt man sich hier viel weiter von der göttlichen Naturordnung, und es liegt auf der Hand, daß der homosexuelle Geschlechtsverkehr das größere Übel ist.[60] Ergo, man darf die Prostitution dulden, wenn sie das einzige Mittel ist, um die Ausbreitung des homosexuellen Geschlechtsverkehrs zu bremsen. Und da davon ausgegangen wurde, daß Predigten, welche zur Enthaltsamkeit aufriefen, nur wenig Erfolg haben würden, nahm man *nolens volens* die Prostitution in Kauf.

Was dann schließlich noch die Vergewaltigung betraf, wurde die Ehre der betroffenen Mädchen und Frauen in den Vordergrund gestellt: Um die Ehre vieler Frauen zu retten, durfte man es zulassen, daß bestimmte Frauen sich jeder Ehre entledigten. Wobei gesagt werden muß, daß die Ehre der Frau ganz oft um der Ehre des Mannes willen schützenswert war. Damit die Ehemänner nicht

---

59   Während man im Mittelalter die unterschiedlichen Praktiken aus einem moralischen Blickwinkel betrachtete, warf man im 19. Jahrhundert einen medizinischen Blick auf sie: „[D]ie meisten Autoren aus dem Gebiet der Medizin akzeptierten den Gedanken, daß Geschlechtsverkehr mit einer weiblichen Prostituierten nicht so gefährlich war wie Masturbation oder Homosexualität" (Bullough/Bullough 1993: 239).

60   So komisch es auch klingen mag, man findet diese augustinische Logik noch bei Prostituierten im ausgehenden 20. Jahrhundert wieder: „Da sie sich als die einzigen sehen, die durch die allgemeine Liberalisierung der Sitten weiterhin im Abseits stehen, haben die Prostituierten ihre Lage als um so ungerechter aufgefaßt, als sie sich selbst als Personen betrachten, die weniger ‚abweichend' sind als andere Bevölkerungsgruppen, die eine gewisse Toleranz und Anerkennung erobert haben – wie etwa die Homosexuellen – und sie stellen ihre eigenen Praktiken als solche dar, die den herrschenden sexuellen Normen und der ‚natürlichen' Ordnung der Dinge stärker entsprechen" (Mathieu 2001: 112). Man wird sich hier natürlich die Frage stellen müssen, inwiefern diese Gegenüberstellung von natürlicheren und unnatürlicheren sexuellen Praktiken einer tiefempfundenen Überzeugung entspricht und inwiefern sie taktisch eingesetzt wird, um das eigene Gewerbe akzeptierbarer zu machen.

ständig befürchten mußten, daß ihre Ehefrauen oder Töchter an jeder Ecke überfallen und vergewaltigt wurden, nahm man die Existenz einer Klasse von Frauen in Kauf, an denen die Männer ihre überflüssige – oder zumindest als solche gedachte – sexuelle Energie auslassen konnten.

Das christliche Mittelalter konnte also gewissermaßen nicht umhin, die Prostitution zumindest zu tolerieren, da scheinbar nur durch die Prostitution noch schlimmere Übel vermieden werden konnten. Diese Duldung setzte sich vor allem dort durch, wo große Scharen von Männern für längere Zeit zusammenleben mußten, so etwa im Heer.[61] Man vertrieb zwar manchmal die Prostituierten aus den Lagern, aber diese Vertreibung gelang meistens nur provisorisch. Im Jahre 1158 erließ Friedrich I. Barbarossa die *Lex Pacis Castrensis*, die vorsah, Soldaten zu bestrafen, die mit Prostituierten erwischt wurden – auch die Prostituierte sollte bestraft werden, und zwar sollte ihr die Nase abgeschnitten werden (Bullough/Bullough 1993: 123). Viele Prostituierte fand man übrigens auch anläßlich von Konzilen – besonders bekannt ist hier das Konstanzer Konzil – oder auf Pilgerfahrten – nach Canterbury oder nach Santiago de Compostela.

Trotz der allgemeinen Duldung der Prostitution als ein notwendiges, der Homosexualität vorzuziehendes und die Vergewaltigung unschuldiger Frauen verhinderndes Übel findet man einige weltliche Herrscher, die die Hoffnung auf einen endgültigen Sieg über die Prostitution hegten und diese Hoffnung dann auch mit rechtlichen Mitteln zu verwirklichen versuchten. Zu erwähnen ist hier der französische König Ludwig IX., der ob seiner Frömmigkeit auch Ludwig der Heilige genannt wird. Mit seiner berühmten Verordnung aus dem Jahre 1254 wollte er die Prostitution endgültig abschaffen. Diese Verordnung sah u. a. vor, daß die Prostituierten sowohl aus den Städten wie auch aus den Landdörfern verbannt werden sollten, daß die Gerichte ihnen, wenn sie ihr Gewerbe nicht aufgeben wollten, Hab und Gut konfiszieren sollten und daß auch all diejenigen, die einer Prostituierten ein Zimmer oder ein

---

61 Die Untersuchung des Zusammenhanges zwischen Prostitution und Heerwesen würde schon ein Buch für sich verdienen. Marc Oraison meint, daß man nicht ohne Risiken eine größere Menge Männer zur sexuellen Enthaltsamkeit zwingen könne, und leitet daraus den Gedanken ab, Prostitution könne notwendig sein in Situationen, in denen viele junge Männer unter sich sind (Oraison 1979: 133).

Haus vermieteten bzw. die Prostituierte bei sich aufnahmen, bestraft werden sollten (HG II: 164). Es war dies nur die drastischste Maßnahme, die der König ergriff. Schon kurz nachdem er 1226 den Thron bestiegen hatte, gründete er ein Kloster, in welchem reuige Prostituierte aufgenommen und wieder auf den rechten Weg gebracht werden sollten.

Ludwig IX. war nicht der einzige Herrscher im 13. Jahrhundert, der sich dem Problem der Prostitution mit zum Teil drastischen Maßnahmen zuwandte, bloß daß die anderen Herrscher sich nicht in erster Linie gegen die Prostituierten, sondern gegen die Zuhälter wandten. Schon im Jahr 1221 hatte, um nur ein Beispiel zu nennen, Kaiser Friedrich II. ein Gesetz erlassen, durch das alle Frauen bestraft wurden, welche andere Frauen oder Mädchen zur Prostitution verleiteten. Dieses Gesetz galt auch für Mütter, die ihre Töchter prostituierten, wobei allerdings eine Ausnahme für diejenigen Mütter gemacht wurde, deren ökonomische Lage derart schlimm war, daß sie, wenn sie und ihre Kinder überhaupt überleben wollten, keine andere Wahl hatten, als ihre Töchter zu prostituieren (HG II: 165). Der Hungertod wurde also hier als ein schlimmeres Übel angesehen als der Verlust der sexuellen Ehre. Wo die Prostitution zum lebensnotwendigen Übel einer Frau wird, soll die Strafe also unterbleiben.

Um aber wieder auf Ludwig IX. zurückzukommen: Knapp zwei Jahre nach seinem Versuch, die Prostitution abzuschaffen, mußte er eingestehen, daß der Versuch gescheitert war. Trotz gesetzlichen Verbotes und trotz Strafandrohungen gab es noch immer viele Prostituierte in Frankreich im allgemeinen und in Paris im besonderen. Eine Verordnung aus dem Jahre 1256 kam auf diejenige von 1254 zurück. Diese neue Verordnung wich von der prohibitionistischen Logik der Verordnung aus dem Jahre 1254 ab und wandte sich einer eher regulierenden Logik zu. Sie schränkte die Ausübung der Prostitution ein, und es wurde den Prostituierten z. B. verboten, ihr Gewerbe an bestimmten Orten – im Stadtkern, in der Nähe von Kirchen oder Friedhöfen usw. – auszuüben (HG II: 166).

Damit war eine Politik in die Wege geleitet, die sich über die Jahrhunderte hinweg durchhalten sollte: Wenn man die Prostitution nicht abschaffen kann, dann sollte man zumindest versuchen, sie so unsichtbar wie möglich zu machen. Viele europäische Städte werden der Prostitution besondere Orte zuweisen, meistens außerhalb der Stadtmauern. Gleichzeitig wurden die Prostituierten aber dazu gezwungen, eine besondere Kleidung zu tragen oder ihre Haare zu färben, damit man sie von ehrbaren Frauen unterscheiden konnte. Besondere Kleiderordnungen gab es allerdings nicht nur für die Prostituierten, sondern man fand sie auch in anderen Berufen wieder, bloß daß sie hier meistens keinen stigmatisierenden Charakter hatten. Die Prostituierte mußte gewissermaßen auffallen und nicht auffallen, sich als *Prostituierte* sichtbar machen und zugleich nicht sichtbar sein. Da man sie nicht ganz aus der Gemeinschaft verbannen konnte, sollte sie doch an ihren äußersten Rand gedrängt werden.

Man findet aber manche Versuche, die Prostituierten zu retten: „Päpste und andere Kirchenleute versuchten während dieser Periode [gemeint ist das 13. Jahrhundert – N. C.] nicht, die Prostitution zu unterdrücken (sie waren anscheinend zur Schlußfolgerung gekommen, daß es ein hoffnungsloses Unternehmen war), sondern zielten darauf ab, es für Frauen einfacher zu machen, die die Prostitution verlassen wollten, sei es durch Heirat oder durch Eintritt in einen religiösen Orden" (Brundage 1990: 342).

So diskutierten etwa die Kirchenrechtler über die Frage, ob ein Mann eine Prostituierte heiraten durfte. Rigoristen widersetzten sich einer solchen Heirat, u. a. mit dem Hinweis, daß man keine Gewähr dafür habe, daß die Prostituierte ihr Gewerbe nicht weiterpraktizieren würde. Andere Kirchenrechtler meinten hingegen, daß ein Mann, wenn er eine berechtigte Hoffnung hegen konnte, eine Prostituierte durch die Heirat von der Prostitution abbringen zu können, sich durchaus mit einer solchen Frau vermählen konnte. Manche kamen sogar dem Gedanken sehr nahe, eine solche Heirat zu empfehlen – denn der Mann brachte schließlich die Frau von der Sünde ab.

Im 13. Jahrhundert kam es auch zur Gründung von religiösen Orden, die speziell für reuige Prostituierte gedacht waren. Zu erwähnen ist z. B. der Orden der heiligen Maria Magdalena. Bedingung für die Aufnahme in einen solchen Orden war natürlich, daß man der Prostitution definitiv entsagte. Anders gesagt: Hilfe gewährte man nur denjenigen Frauen, die von ihrem unmoralischen Handeln abließen.

Im ausgehenden Mittelalter kam auch wieder der Gedanke einer besonderen Steuer für Prostituierte auf: „Hatten die Staaten einmal die Notwendigkeit erkannt, die Prostitution zu regulieren, war schnell eine Rechtfertigung dafür gefunden, daß der Staat eine Entschädigung für seine Anstrengungen erhalten sollte. In dieser Angelegenheit waren die Haltungen gegenüber der Prostitution tatsächlich fast wieder zum Anfangspunkt zurückgekehrt: Von den Versuchen Justinians, die Prostituiertensteuer abzuschaffen, zu den Versuchen Ludwig IX., die Prostitution abzuschaffen, zur Regulierung und schließlich zum Rückgriff auf Bordelle als Einkommensquelle. Einige Städte richteten sogar offizielle Bordelle ein" (Bullough/Bullough 1993: 126). Man war also wieder zu den Zeiten Solons zurückgekehrt, als Athen auch die Einkommen der Bordelle besteuerte. Pikantes Detail: Auch einige Kirchenfürsten hatten kein schlechtes Gewissen, einen Teil ihres Einkommens über den Weg der Prostituiertensteuer einzuziehen.

Die Bordelle waren allerdings nicht nur als Einkommensquelle gedacht. Durch sie sollte auch eine bessere Kontrolle der Prostitution erreicht werden, da sie es nämlich erlaubten, alle Prostituierten an einem Ort zu versammeln und ihre Bewegungen zu kontrollieren. Wichtig war aber auch die medizinische Kontrolle, die man schon 1347 in der internen Hausordnung eines Bordells in Avignon findet (Bullough/Bullough 1993: 126). Diese medizinische Kontrolle sollte zu einem der zentralen Regulierungselemente der Prostitution in den darauffolgenden Jahrhunderten werden. Der Grund hierfür liegt natürlich in der Ausbreitung der Syphilis und anderer Geschlechtskrankheiten ab dem 16. Jahrhundert.

Doch bevor wir noch genauer auf diesen Punkt zu sprechen kommen, sei kurz ein Wort über die Prostitution als Thema der Kontroverse zwischen Katholiken und Protestanten gesagt. Wie aus dem Vorhergehenden ersichtlich geworden ist, duldeten die katholischen Herrscher die Prostitution, und auch die römische Kirche nahm die Prostitution als notwendiges Übel hin, wenn sie und ihre höchsten Würdenträger nicht sogar – ökonomisch für die Kirche, sexuell für manche Würdenträger – davon profitierten.

Die Prostitution war dementsprechend ein Thema, mit dem die Reformatoren sich von der neuen, jetzt in Rom angesiedelten „Hure Babylon" abgrenzen konnten. Und die führenden Reformatoren werden auch die Kirche an diesem Punkt angreifen (Bullough/Bullough 1993: 139 ff.). Martin Luther wird etwa die augustinische Lehre von der Prostitution als notwendiges geringeres Übel in Frage stellen und darauf hinweisen, daß die zur Wahl stehenden Optionen sich nicht auf zwei reduzieren – Homosexualität und Prostitution –, sondern auf drei: Homosexualität, Prostitution und Keuschheit. Und setzt man dies voraus, dann ist es klar, daß es für einen Christen keinen guten Grund gibt, die Prostitution zu dulden.

Die sich zu dieser Zeit verbreitende Syphilis lieferte darüber hinaus einen guten Grund, die Prostitution zu verbieten, da die Prostituierten als einer der Hauptinfektionsfaktoren angesehen wurden. Im Jahre 1536 wurde jede Form von außerehelichem Geschlechtsverkehr – und die Prostitution fiel selbstverständlich darunter – durch kaiserlichen Erlaß verboten. Viele Städte – u. a. Paris und London – ordneten die Schließung der öffentlichen Bordelle an. Aber trotz dieser Schließungen und trotz der oft drastischen Strafen konnte das Weiterbestehen der Prostitution nicht verhindert werden. Ob reiche und gebildete Kurtisanen oder arme Mädchen vom Land, viele Frauen sahen im Angebot einer sexuellen Dienstleistung ein Instrument, um ihre ökonomische Lage zu verbessern.

Wie Françoise d'Eaubonne, Autorin des IV. Bandes der *Histoire de la Galanterie,* allerdings bemerkt: „[D]er Kampf gegen die Syphilis kennt keine schlimmere Strategie als die Schließung besagter Orte der Ausschweifung, da die Ausbreitung doppelt so schnell vor sich geht, wenn die Prostitution in die Klandestinität fällt" (HG IV: 10). Als die Syphilis mit der Zeit zu einer Wirklichkeit wurde, an die man sich gewissermaßen gewöhnt hatte und die man mit oft zweifelhaften Mitteln – hauptsächlich Quecksilber – zu heilen suchte, florierten auch wieder die Bordelle in Europa. Paris, Venedig, Rom und London, um nur einige Beispiele zu nennen, waren im 18. Jahrhundert Hochburgen der Prostitution – 1793 soll es etwa in London um die 50 000 Prostituierte gegeben haben, wobei die Einwohnerzahl der englischen Hauptstadt um diese Zeit bei rund einer Million gelegen hat (HG VII: 268).

Ihren Höhepunkt wird die Regulierungswelle nach der Französischen Revolution erfahren, und dies vor allem in Paris. Den französischen Revolutionären und auch Napoleon I. ging es in erster Linie darum, die jungen französischen Männer, die sie für ihre Eroberungskriege brauchte, gegen schwächende und manchmal tödlich verlaufende Geschlechtskrankheiten zu schützen. Da man damals allgemein glaubte, daß erstens die Prostituierten zur Ausbreitung dieser Krankheiten beitrugen und daß zweitens die Prostitution nicht abgeschafft werden konnte, blieb einem, wenn man sein Ziel erreichen wollte, keine andere Wahl, als die Prostituierten einer größtmöglichen administrativen und medizinischen Kontrolle zu unterwerfen.

Zwei Maßnahmen sind hier besonders hervorzuheben. Die erste betrifft die Einschreibung ins Polizeiregister: Wer also dem Gewerbe der Prostitution auf eine legale Weise nachgehen wollte, mußte sich bei der Polizei als Prostituierte melden. Die betreffende Frau wurde dann in ein Register eingetragen. Diese Eintragung war allerdings nicht folgenlos. Die zweite damals getroffene Maßnahme betraf nämlich die medizinische Kontrolle: Eine Prostituierte durfte nur dann weiter ihr Gewerbe betreiben, wenn sie sich regelmäßig kontrollieren ließ und wenn man keine Geschlechtskrankheit bei ihr feststellte. Wer sich diesen zwei Maßnahmen zu entziehen wagte, mußte mit einer Gefängnisstrafe rechnen.

Die medizinische Kontrolle fand in der Regel einmal pro Woche statt. Angesichts der großen Zahl von Prostituierten und der relativ geringen Zahl von Ärzten war diese Kontrolle mehr eine Formsache, als daß sie eine große Wirksamkeit gehabt hätte. Außerdem wurde sie manchmal unter fraglichen hygienischen Bedingungen ausgeführt, da die Ärzte entweder nicht die nötige Zeit oder dann nicht die nötigen Mittel hatten, um ihre Instrumente nach jeder Patientin zu desinfizieren. Aus der zum Zweck der Sicherheit eingeführten Kontrolle wurde somit ein Infektionsherd. Die Kunden der Prostituierten konnten sich über das Resultat der medizinischen Untersuchung informieren, da jede Prostituierte dazu verpflichtet war, ein Kärtchen bei sich zu haben, auf dem dieses Resultat festgehalten wurde.

Während das Regulierungssystem in Frankreich und auch in anderen Staaten – wie etwa Preußen – kaum oder nur einen relativ geringen Protest auslöste, sollten die sogenannten *Contagious Diseases Prevention Acts* in Großbritannien zur ersten großen – zunächst englischen, dann internationalen – abolitionistischen Bewegung führen, an deren Spitze sich Josephine Butler stellte (Walkowitz 1999). Es handelte sich hierbei um mehrere Gesetze, die zwischen 1864 und 1869 erlassen wurden. Diese Gesetze, so Walkowitz, entsprangen aus drei grundlegenden Motiven. Erstens sah man in der Prostitution ein gefährliches Gewerbe: gefährlich für die körperliche Gesundheit der jungen Engländer, aber auch gefährlich für das moralische Wohlergehen der Nation. Dieses gefährliche Gewerbe wurde zweitens meist durch Mitglieder einer gefährlichen Bevölkerungsgruppe – den sogenannten Armen – ausgeübt und konnte demnach auch eine soziale Gefahr darstellen. Und das dritte Motiv war militärischer Natur: England wollte ein Heer von unverheirateten, und d. h. emotional ungebundenen Männern aufbauen, wobei diese Männer jedoch vor der homosexuellen Versuchung geschützt werden sollten (Walkowitz 1999: 3). Das Viktorianische England glaubte auch nicht an die Möglichkeit der sexuellen Enthaltsamkeit seiner kämpfenden Jugend.

Diese damals erlassenen Gesetze setzten sich also überhaupt nicht zum Ziel, die Prostituierten zu beschützen. Im Gegenteil, da letztere aus den armen Schichten der Bevölkerung stammten und darüber hinaus ein unsittliches Gewerbe ausübten, sah man sie überhaupt nicht als schutz- oder respektwürdig an. Für viele war es damals selbstverständlich, daß es die Prostituierten und nicht die Kunden – und in erster Linie die Soldaten, bei denen es relativ leicht möglich gewesen wäre – waren, die einer medizinischen Kontrolle unterworfen werden sollten.[62] Da die Prostituierten, so etwa die Überlegung, ihre Geschlechtsteile sowieso jedem Mann zur Verfügung stellten, hatten sie kein Recht, dagegen zu protestieren, wenn man sie dazu zwang, diese Geschlechtsteile jede Woche einem männlichen Arzt zu zeigen. Insofern die Prostituierte als schamloses Wesen *par excellence* galt, konnte sie den in der Viktorianischen Epoche alle anderen Gründe übertrumpfenden Grund der Scham nicht geltend machen: Was bei einer ‚normalen‘ Frau skandalös gewesen wäre, war bei der Prostituierten normal.

Da dem so war, wird man sich nicht darüber zu wundern haben, wenn bei der Anwendung des Gesetzes keine Rücksicht auf die Frauen genommen wurde. Butler und der von ihr ins Leben gerufenen abolitionistischen Bewegung ging es nicht darum, die Prostitution salonfähig zu machen oder sie irgendwie als unabänderliches Faktum zu akzeptieren. Die die Prostitution betreffenden Gesetze sollten nicht abgeschafft werden, damit die Prostitution

---

62 Bebel schreibt in seinem Werk *Die Frau und der Sozialismus:* „Auch trifft die von den staatlichen Organen ausgeübte Überwachung und Kontrolle der eingeschriebenen Prostituierten nicht auch den Mann, der die Prostituierte sucht, was, wenn die polizeiärztliche Kontrolle einen Sinn und halbwegs Erfolg haben sollte, selbstverständlich wäre – davon abgesehen, daß die Gerechtigkeit die gleiche Anwendung des Gesetzes auf beide Geschlechter erfordert" (Bebel 1954: 239). Eine medizinische Kontrolle der Kunden wäre also sowohl aus rein medizinischen wie auch aus Gerechtigkeitsgründen gerechtfertigt.

sich ohne Hindernis als ein freier Markt organisieren konnte, sondern die Gesetze sollten abgeschafft werden, weil sie sich nicht gegen die Prostitution, sondern gegen die Prostituierten richteten. Eine gesetzliche Regulierung der Prostitution erschien unter diesen Umständen als eine doppelte Form von Unterdrückung oder Demütigung der Frau: Unterdrückung und Demütigung im Rahmen der gesetzlich anerkannten prostitutionellen Beziehung als solcher – die Frau als Sexualobjekt des Mannes – und Unterdrückung und Demütigung im Rahmen der gesetzlichen Regulierung – die Frau als Gegenstand, über den das Gesetz und die Polizei mehr oder weniger frei verfügen können.

Für Josephine Butler kam ein Verbot der Prostitution genausowenig in Frage wie eine Regulierung. Sie konnte zwar das Ziel der Prohibitionisten teilen – eine Welt ohne Prostitution –, aber ihre Argumente gegen die Regulierung trafen auch auf die Prohibition zu: Es bestand die Gefahr, daß Gesetze gegen die Prostitution letzten Endes als Gesetze gegen die Prostituierten angewendet werden würden, daß also die Prostituierten am meisten unter einer solchen Prohibition zu leiden hätten. Im Gegensatz zu bestimmten – wie man heute sagen würde – fundamentalistischen christlichen Gruppen, mit denen sie sich auseinanderzusetzen hatte, trennte Butler prinzipielle moralische und pragmatische rechtliche Fragen: Aus der Tatsache, daß eine Handlungsweise unmoralisch ist, folgt noch nicht, daß man sie auch gesetzlich verbieten sollte. Und sie machte auch einen Unterschied zwischen der Handlung und der handelnden Person: Aus der Tatsache, daß eine Handlung moralisch verurteilenswert ist, folgt noch nicht, daß man auch die sie ausübende Person moralisch verurteilen bzw. rechtlich belangen soll. Mit Butler und der von ihr ins Leben gerufenen Bewegung hört die Prostitution auf, eine Sache rein individueller Entscheidungen zu sein, Entscheidungen, für die man dann einzig und allein die sie treffende Person – ihren perversen Charakter – verantwortlich macht. Prostitution wird jetzt als ein soziales Phänomen gesehen, und vor allem: Butler deckt die Unterdrückung auf, unter der die Prostituierten gelitten haben, sei es die Unterdrückung durch skrupellose Zuhälter oder durch den Staat, der mit seinen Gesetzen und Regulierungen in allererster Linie die Prostituierten traf.

Für heutige Feministinnen ging dieser Kampf Butlers nicht weit genug. So meint etwa Kathleen Barry kritisch: „Anstatt gegen die Prostitution als Mißbrauch der Frauen durch die Kunden vor-

zugehen, beschränkte Butler ihre Feldzüge auf Handlungen gegen
den Zwang durch Drittpersonen – die Zuhälter – und gegen staatliche Regulierungen" (Barry 1995: 99). Butler wird also vorgeworfen, einen wichtigen Akteur ganz vergessen zu haben, nämlich den
Kunden, ohne dessen Nachfrage es keine Prostitution geben würde. Am Anfang des 20. Jahrhunderts, so Barry weiter, wird Chri-
stabel Pankhurst den Blick auf die Kunden richten und die Männer zu sexueller Enthaltsamkeit aufrufen, um auf diesem Weg der
Prostitution ein Ende zu setzen (Barry 1995: 120).

In ihrem Kampf wies Butler auch auf die symbolische Bedeutung einer staatlichen Regulierung hin. Die italienische Autorin
Roberta Sapio identifiziert drei Stoßrichtungen der Butlerschen
Kritik an der Regulierung. Wo der Staat ein Gewerbe reguliert,
erkennt er es implizit als legitim an bzw. gibt er ihm eine legitime
Fassade. Einmal reguliert, erscheint die Prostitution also als normales Element des sozialen Lebens, und was einst noch als notwendiges Übel angesehen wurde, wird ganz schnell als notwendige
soziale Institution betrachtet. Durch eine Regulierung bestärkt der
Staat außerdem die Männer in ihrem Glauben, Frauen seien
Wesen, deren sexuelle Gunst man kaufen kann, und er unterstützt
sie auch noch – sofern sie verheiratet sind – in ihrem Fremdgehen.
Und drittens wies Butler darauf hin, daß eine Regulierung die Prostituierten der staatlichen Macht ausliefert: Wer sich als Prostituierte eintragen läßt, muß alle von den staatlichen Instanzen dekre-
tierten Kontrollen über sich ergehen lassen (Sapio 1999: 47).

Roberta Sapio meint, daß, im Gegensatz zu den oft den kirch-
lichen Kreisen nahestehenden Prohibitionisten, die Abolitionisten
und die Verteidiger einer Regulierung der Prostitution im 19. Jahrhundert „die zwei Seelen des aufklärerischen Denkens [darstellten]:
jene, die auf die Notwendigkeit einer Rationalisierung des
Gebrauchs der sich in den Händen der modernen Staaten befind-
lichen Macht pochte, und zwar mittels einer Erweiterung der Ein-
griffsgebiete der Institutionen; und jene, die vor alle anderen Überlegungen auf ideale Weise diejenige des Schutzes der bürgerlichen
Rechte der einzelnen Bürger stellte" (Sapio 1999: 45). Wir hätten
also auf der einen Seite die *politische* Dimension der Aufklärung,
die das Ganze in den Mittelpunkt stellt: Hier herrscht der Wille,
die Gesellschaft von oben rational zu organisieren, damit sie optimal funktioniert und jeder glücklich sein kann. Ihr gegenüber steht
die *rechtliche* Dimension, bei der das Individuum im Mittelpunkt

steht: Hier liegt der Wille vor, dem Individuum den größtmöglichen Freiheitsraum zu lassen – wobei die Freiheit mit der Abwesenheit staatlicher Interventionen gleichgesetzt wird. Diese beiden Logiken kollidieren bei der Frage, ob es legitim ist, den Freiheitsraum der Prostituierten einzuschränken, um bestimmte gesellschaftliche Güter – wie etwa die öffentliche Gesundheit oder Moral – zu schützen.

Die *Contagious Diseases Prevention Acts* wurden schließlich zurückgezogen. Doch war damit der Kampf Butlers noch nicht beendet: Lehnte sie es auch ab, die Prostitution zu regulieren oder zu verbieten, so setzte sie sich um so vehementer für ein Verbot des Menschenhandels für prostitutionelle Zwecke ein. Wie noch heute gab es auch schon damals einen internationalen Handel mit Frauen, den man gewöhnlich mit dem französischen Ausdruck *traite des blanches* – also: Weißenhandel – oder dem englischen Ausdruck *white slavery* – also: weiße Sklaverei – bezeichnete. Dieser Handel betraf, wie sein Name es schon sagt, weiße, sprich: europäische Mädchen, die man durch irgendein Versprechen in Bordelle lockte, um sie dort zur Prostitution zu zwingen.

Dieser Kampf führte 1899 zum ersten Internationalen Kongreß über den Sklavenhandel mit Weißen, der in London abgehalten wurde. 1902 fand ein Nachfolgekongreß in Paris statt, der 1904 in einen Vertrag mündete, durch den sich die unterzeichnenden Parteien dazu verpflichteten, genauere Informationen über den Handel mit weißen Frauen zu sammeln. Zu den 13 unterzeichnenden europäischen Staaten sollten sich 1908 auch die Vereinigten Staaten gesellen.

Um seinen vertraglichen Verpflichtungen voll und ganz gerecht zu werden, stimmte der amerikanische Gesetzgeber über den nach seinem Urheber benannten *Mann Act* ab. Dieses Gesetz, das 1910 in Kraft trat – und zum Teil auch heute noch in Kraft ist –, machte es zum Verbrechen, eine Frau für unmoralische Zwecke über eine Staatsgrenze zu bringen. Und unter Staatsgrenze verstand der Gesetzgeber dabei sowohl die Grenzen der Vereinigten Staaten von Amerika wie auch die Grenzen der einzelnen Bundesstaaten. Außerdem berücksichtigte das Gesetz nicht, ob die Frau freiwillig oder gegen ihren Willen über die Staatsgrenzen transportiert wurde. Wer also mit seiner Freundin in den Urlaub fuhr, dabei eine Staatsgrenze überquerte und auch nur den geringsten Verdacht erweckte, während dieses Urlaubs Geschlechtsverkehr mit der

Freundin haben zu wollen, der machte sich eines Verbrechens schuldig, das ihn bis ins Gefängnis bringen konnte.[63]

Sieht man vom Bundesstaat Nevada ab, ist die Prostitution in den Vereinigten Staaten von Amerika verboten. Während eine Reihe von Staaten eine Strafe nur für die Zuhälter, die Prostituierten oder Personen, die der Prostituierten ein Zimmer zur Verfügung stellen, vorsehen, gibt es auch einige Staaten, die eine Strafe für den Kunden vorsehen (Kling 1965). Von Nevada also abgesehen, das im Rahmen seines Bordellsystems den Weg der Regulierung eingeschlagen hat[64], herrscht in den Vereinigten Staaten von Amerika eine prohibitionistische Politik, der, so Weitzer, jährlich ungefähr 90 000 Menschen – vornehmlich Prostituierte – zum Opfer fallen (Weitzer 2000b: 159). China sowie eine Reihe islamischer Staaten halten auch an einer prohibitionistischen Politik fest. Dieser prohibitionistischen Politik gelingt es allerdings nicht, die Prostitution zum Verschwinden zu bringen. In all diesen Ländern wurde die Prostitution in die Klandestinität verdrängt, was kaum im Interesse der Prostituierten ist, da diese dadurch ziemlich leicht unter die Kontrolle von kriminellen Banden geraten.

Für Prohibitionisten stellt sich somit ein Problem. Was ist schlimmer: eine anerkannte und regulierte Prostitution, in welcher es einigermaßen menschlich zugeht, oder eine versteckte, illegale Prostitution, in welcher es den Prostituierten schlechtgeht? Im ersten Fall hat man die konkrete Sorge um die real existierenden Prostituierten über die Sorge betreffend die Reinheit der Prinzipien gestellt, während man im zweiten Fall die Reinheit der Prinzipien bewahrt, dafür aber in Kauf nimmt, daß es den Frauen schlechtgeht. Der Prohibitionist kann dem Problem entgehen, indem er nachweist, daß es den Prostituierten im Rahmen eines regulationistischen Systems nicht wesentlich besser gehen kann, als wenn man die Prostitution durch die Anwendung eines prohibitionistischen Modells in die Klandestinität verbannt. Mag dieser Nachweis auch für bestimmte Epochen oder unter bestimmten Umständen zu

---

63 David Langum hat eine detaillierte Schilderung der oft haarsträubenden Anwendungen dieses Gesetzes verfaßt (Langum 1994). Das wohl bekannteste Opfer des *Mann Act* ist Charlie Chaplin.

64 In den Bordellen Nevadas, so zwei Autorinnen, herrscht „eine Menge fast feudaler Einschränkungen, denen sich die arbeitenden Frauen kaum widersetzen können" (Hausbeck/Brents 2000: 231).

erbringen sein, so scheint doch ausgeschlossen, daß der Prohibitionist zeigen kann, daß es immer so sein *muß.*

Eine abolitionistische Politik wird u. a. in Frankreich, Italien,
Portugal, Großbritannien und auch in den skandinavischen Ländern – mit Ausnahme von Schweden – verfolgt. Kennzeichnend
für diese Länder ist, daß sie die Prostituierte, *sofern sie sich prostituiert,* keinen Regulierungen unterwerfen. Jede Frau ist also frei,
sich zu prostituieren, was aber nicht unbedingt bedeutet, daß sie
auch frei ist, auf sichtbare Weise nach Kunden Ausschau zu halten.
Ein abolitionistisches System kann, wenn es z. B. jede Art von Wer-
bung sowie jede Form des ,Kundenfangs' verbietet, einem Verbot
gleichkommen.

Der Abolitionismus schließt auch nicht aus, daß Phänomene
wie die Zuhälterei oder die Ausbeutung der Prostituierten
bekämpft werden. Genausowenig schließt ein abolitionistisches
Rechtssystem aus, daß Kunden bestraft werden können. In Großbritannien gibt es z. B. Gesetze gegen das sogenannte *kerb crawling:*
Schuldig machen sich Autofahrer, die, auf der Suche nach einer
geeigneten Prostituierten, mit geringer Geschwindigkeit entlang
den Bürgersteigen fahren, auf denen die Prostituierten ihre Dienste anbieten. 1989 wurden 1 230 Männer wegen dieses Deliktes
verurteilt (Fondation Scelles 2002: 159).[65] Wo die Prostitution zu
Handlungen führt, die die öffentliche Ordnung oder Ruhe stören
können, schrecken auch abolitionistische Länder nicht davor
zurück einzugreifen.

Ganz nahe am Prohibitionismus ist Schweden.[66] Durch das am
1. Januar 1999 in Kraft getretene Gesetz – dem der Name *Kvinno-
frid* (Frieden für die Frauen) gegeben wurde – wird nicht, wie das
sonst meistens der Fall war, das Angebot sexueller Dienste verboten
und unter Strafe gestellt noch ausschließlich der auf bestimmte
Personen ausgeübte Zwang, solche Dienste anzubieten, sondern
der in der Öffentlichkeit getätigte Kauf sexueller Dienstleistungen.
Wer auf offener Straße einer Frau Geld für eine sexuelle Dienstleistung anbietet, kann in Schweden mit einer Geldstrafe und gege-

---

65   Catherine Benson und Roger Matthews weisen darauf hin, daß in England in der
     Regel zehnmal mehr Frauen wegen ,Kundenfangs' als Männer wegen *kerb crawling*
     verurteilt werden (Benson/Matthews 2000: 258).

66   Yvonne Svanström hat die Entwicklung des schwedischen Gesetzes nachgezeichnet
     (Svanström 2004).

benenfalls sogar mit einer Haftstrafe von bis zu sechs Monaten bestraft werden.

Laut der Schwedin Gunila Ekberg, die ein Projekt gegen die Prostitution und gegen den Menschenhandel koordiniert, ist das schwedische Experiment bislang positiv zu bewerten: Bis Mitte 2003 wurden rund 500 Männer festgenommen, wovon zwei Drittel verurteilt wurden. Die Zahl der schwedischen Männer, die die Dienste einer Prostituierten in Anspruch nehmen, ist gesunken, und die Zahl der jungen Mädchen oder Frauen, die jedes Jahr illegal nach Schweden eingeschleust werden, liegt zwischen 200 und 500 – während diese Zahl für Finnland bei etwa 7 000 liegt (Ekberg 2003).

Länder wie Deutschland oder die Niederlande haben sich für ein System der Regulierung entschieden, wobei die beiden eben genannten Länder es nicht nur bei einem bloßen Dulden belassen, wie es bisher praktiziert wurde, sondern einen Schritt weiter gehen und die Prostitution mehr oder weniger offiziell anerkennen. Für den Gesetzgeber dieser Länder sollte die Prostitution als ein normales Gewerbe anerkannt werden, mit allem, was eine solche Anerkennung mit sich bringt: Sozialversicherung, vor Gericht durchsetzbare Dienstleistungsverträge usw.

Die Niederlande haben auf diesem Gebiet, wie übrigens auf vielen anderen, Pionierarbeit geleistet – wobei die Frage offenbleiben soll, ob diese Pionierarbeit immer zu begrüßen ist. 1988 wurde die Prostitution in den Niederlanden entkriminalisiert, und im Jahre 2000 trat ein Gesetz in Kraft, durch welches die Zuhälterei, sofern sie nicht auf Zwang oder Manipulation beruht, auch nicht mehr strafbar ist. Das hatte u. a. zur Folge, daß Bordelle zu legalen Einrichtungen wurden.[67] Die Niederlande erkennen auch ein Recht der Frau an, sich zu prostituieren. In einer Stellungnahme der niederländischen Regierung, die dem Wirtschafts- und Sozialrat der Vereinten Nationen vorgelegt wurde, heißt es: „Das Recht auf Selbstbestimmung, das jeder unabhängige erwachsene Mann und jede unabhängige erwachsene Frau genießen, sofern sie keinem widerrechtlichen Einfluß ausgesetzt worden sind, impliziert für diese Person das Recht, sich zu prostituieren" (zitiert in: Fondation Scelles 2002: 84–5). Lucile Ouvrard macht allerdings dar-

---

67 Joyce Outshoorn hat die Entwicklung des Rechtssetzungsprozesses in den Niederlanden im Detail nachgezeichnet (Outshoorn 2004a).

auf aufmerksam, daß die Prostitution in den Niederlanden, wiewohl sie rechtlich erlaubt wurde, trotzdem noch immer offiziell als eine Form unmoralischen Verhaltens angesehen wird. Das niederländische Gesetz hätte demnach die Prostitution nicht moralisch rehabilitiert, sondern es hätte lediglich das für ein liberales Gemeinwesen wesentliche Prinzip zum Ausdruck gebracht, daß nicht jedes unmoralische Handeln rechtlich verboten werden soll.[68]

Das niederländische Modell diente dem am 1.1.2002 in Kraft getretenen deutschen ‚Gesetz zur Regelung der Rechtsverhältnisse der Prostituierten‘ als Vorbild. Paragraph 1 sieht vor, daß eine Vereinbarung betreffend eine sexuelle Handlung gegen Entgelt eine rechtswirksame Forderung begründet, daß also die Prostituierte vor einem Richter das ihr versprochene Entgelt einklagen kann. Die Prostitution fällt somit nicht mehr unter die Kategorie der Sittenwidrigkeit, und eine Vereinbarung zu prostitutionellen Zwecken ist nicht mehr *eo ipso* eine sittenwidrige, und d. h. rechtlich nicht einklagbare Vereinbarung. Genauso wie man den Frisör bezahlen muß, der einem die Haare schneidet, muß man auch eine Prostituierte bezahlen, die einen sexuell befriedigt – wobei angemerkt werden muß, daß die allermeisten Prostituierten eine Vorauszahlung verlangen, so daß also das durch das neue Gesetz geregelte Problem sich nur in seltenen Fällen stellen dürfte. Zu bemerken ist dann auch noch, daß das Gesetz nicht vorsieht, daß der Kunde irgendein Recht hat, eine bestimmte Leistung seitens der Prostituierten einzuklagen. Hat er einmal bezahlt, kann die Prostituierte mit ihm tun und lassen, was sie will.

Insofern das Gesetz es Prostituierten erlaubt, normale Arbeitsverträge abzuschließen, eröffnet es für sie die Möglichkeit, in eine Krankenkasse aufgenommen zu werden und auch von der Arbeitslosen- und Rentenversicherung zu profitieren. Auch eine durch das Arbeitsamt finanzierte Umschulung sowie Mutterschutz werden zu Optionen, die einer Prostituierten nicht von vornherein verschlossen sind.[69]

---

68   In Australien ist es auch zu einer Legalisierung der Prostitution gekommen. Und auch hier hat die Lokalregierung von New South Wales darauf gepocht, daß man die Legalisierung auf keinen Fall mit einer moralischen Rehabilitation gleichsetzen sollte (Sullivan 2004: 21).

69   Eine detaillierte juristische Analyse des neuen Gesetzes hat Margarete Gräfin von Galen (2004) geliefert.

Mit diesem Gesetz hat Deutschland, knapp zwei Jahre nach den Niederlanden, den Weg der öffentlichen Anerkennung der Prostitution beschritten. Allerdings wird es sicherlich noch eine Weile dauern, bis die vom Recht vorgenommene Anerkennung in der Mentalität der Bevölkerung Fuß faßt.

Wenn wir dann noch abschließend einen kurzen Blick auf die internationale Lage werfen, läßt sich mit Jo Doezema festhalten, daß bis in die Mitte der 80er Jahre die allermeisten internationalen Texte einen abolitionistischen Standpunkt vertraten (Doezema 1998: 38). Dabei muß aber betont werden, daß dieser Abolitionismus von der Prämisse ausging, daß es sich bei der Prostitution um eine menschenunwürdige Praxis handelte. Die abolitionistische Position sollte also keineswegs die Prostitution anerkennen, sondern sie sollte den – vornehmlich für die sich prostituierenden Frauen – negativen Wirkungen einer prohibitionistischen und einer regulatorischen Politik entgegenwirken. Die bedeutendsten Texte sind hier erstens die schon in einem vorigen Kapitel erwähnte UN-Konvention aus dem Jahre 1949, in welcher behauptet wurde, die Prostitution sei unvereinbar mit der Würde und dem Wert der menschlichen Person, und zweitens die Akten der 1975 in Mexiko abgehaltenen UN-Konferenz über Frauen, in welchen die Prostitution als eine Verletzung der Menschenrechte bezeichnet wird. Länder, welche die erste dieser beiden Konventionen ratifiziert haben, müssen jeden Versuch einer gesetzlichen Regulierung der Prostitution unterlassen.

Seit den 80er Jahren läßt sich in den internationalen Texten der Versuch identifizieren, zwischen freiwilliger und Zwangsprostitution zu unterscheiden und nur letztere als einen Verstoß gegen die Menschenwürde und gegen die fundamentalen Rechte der menschlichen Person zu betrachten. Manche Länder lehnen eine solche Unterscheidung radikal ab, wohingegen andere an ihr festhalten wollen. Unter anderem diese Divergenz macht es bis auf weiteres unmöglich, eine einheitliche Prostitutionspolitik in Europa durchzusetzen. Allerdings sollte das Fehlen einer solchen einheitlichen Position die verschiedenen Parteien nicht daran hindern, zumindest dort zusammenzuarbeiten, wo ein Konsens besteht, nämlich beim Kampf gegen den organisierten Menschenhandel. Denn letzten Endes gibt es zumindest einen Punkt, mit dem alle einverstanden sind: Kein Mensch sollte wie ein bloßes Mittel behandelt werden. Von diesem Punkt ausgehend, sollten dementsprechend alle Länder diejenigen Formen von Prostitution bekämpfen, bei denen alle der Meinung sind, daß die Opfer als bloße Mittel behandelt werden. Ein solcher Fall liegt z. B. dort vor, wo ein Zuhälter monatlich 10 000 Euro in die Tasche steckt, die für ihn arbeitende Frau aber nur 1 000 Euro behalten darf. Wenn auch große Meinungsverschiedenheiten darüber herrschen mögen, ob man Prostitution verbieten sollte, werden die Dinge doch klarer, wenn es darum geht, gegen Ausbeutung oder Gewalt vorzugehen.

Schluß

Hat die Prostitution, wie die meisten ihrer Gegner es behaupten, eine unmenschliche Seele? Das heißt, ist sie schon ihrem Wesen nach unmenschlich und demnach moralisch verurteilenswert? Oder trifft der Unmenschlichkeitsvorwurf nur das Erscheinen der Prostitution, nicht aber ihre Seele oder ihr Wesen? Sind prostitutionelle Beziehungen schon an sich, unabhängig von ihrer jeweiligen Verwirklichung in dieser oder jener Gesellschaft, in dieser oder jener Epoche, menschenverachtend, oder ist der menschenverachtende Charakter etwas, was eine prostitutionelle Beziehung kennzeichnen *kann*, aber nicht unbedingt kennzeichnen *muß*? Kann man einen sinnvollen Unterschied zwischen menschenverachtenden und nichtmenschenverachtenden prostitutionellen Beziehungen machen, oder ist jede solche Unterscheidung bloße Sophisterei? In diesem Buch haben wir versucht zu zeigen, daß die prostitutionelle Beziehung nicht schon an sich menschenverachtend ist. Sie kann, muß aber nicht zum Ort eines menschenverachtenden Handelns werden. Und auch die Prostitution als System prostitutioneller Beziehungen muß nicht unbedingt einen menschenverachtenden Charakter haben. Damit soll keineswegs der jetzige menschenverachtende Charakter der Prostitution als soziales System schöngeredet werden. Um es klar und deutlich zu sagen: Dieses Buch wollte weder die Zwangsprostitution noch den Menschenhandel, noch den respektlosen Umgang vieler Kunden mit Prostituierten, noch die Ausbeutung vieler Prostituierter rechtfertigen. Und es wollte auch nicht zeigen, daß Männer ein irgendwie geartetes Anspruchsrecht darauf haben, daß ihnen bezahlbare Frauen zum Zwecke der sexuellen Befriedigung zur Verfügung stehen. Es sollte lediglich gezeigt werden, daß es im logischen und ethischen Raum Platz für den Gedanken einer nichtmenschenverachtenden Prostitution gibt. Das Buch versteht sich als eine *philosophische* Untersuchung, und die Aufgabe des Philosophen besteht darin, von der konkreten Wirklichkeit seines Gegenstandes zu abstrahieren, um diesen Gegenstand in seinem Wesen zu befragen. Daß damit den leidenden Prostituierten nicht geholfen wird, leuchtet mir durchaus ein. Doch sollte daraus nicht geschlossen werden, daß dadurch das jetzige System der Prostitution untermauert wird.

In diesem abschließenden Teil möchte ich noch einmal in geraffter Form versuchen zu zeigen, inwiefern die Prostitution nicht schon an sich menschenverachtend ist, wieso es also nicht schon genügt zu wissen, daß eine Person A eine Person B bezahlt, damit diese sie mittels direkten Körperkontaktes sexuell befriedigt, um behaupten zu können, daß einerseits Person B sich selbst zum bloßen Mittel macht, indem sie in den Tausch einwilligt, und daß andererseits Person A Person B zum bloßen Mittel macht, indem sie den Tausch mit B vollzieht.

Wer, wie manche Feministinnen es tun, Prostitution und Sklaverei gleichsetzt, also behauptet, daß es keinen normativ relevanten Unterschied zwischen einer Prostituierten und einer Sklavin gibt, wird den intrinsischen menschenverachtenden Charakter der prostitutionellen Beziehungen behaupten. Sklaverei, und gegen diese These kann man wohl nichts einwenden, ist immer menschenverachtend, wie gutmütig der einzelne Herr auch immer gegenüber diesem oder jenem Sklaven sein mag. Dieser intrinsische menschenverachtende Charakter der Sklaverei gründet auf der Tatsache, daß der Herr seinen Sklaven als *Eigentum* betrachtet. Oder genauer: Insofern wir die Sklaverei als eine Rechtsinstitution betrachten – eine Institution, die es zwar im römischen Recht gab, die dem heutigen Recht aber nicht nur unbekannt, sondern von ihm sogar abgelehnt wird –, kann der Herr gewissermaßen nicht umhin, den Sklaven als sein Eigentum zu betrachten, zumindest solange er den Sklaven als Sklaven hält. Man kann sich die Sklaverei nicht anders vorstellen. Die Institution der Sklaverei sieht im Sklaven ein Stück Eigentum, über das frei verfügt werden kann. Wir haben es hier mit einer institutionellen Tatsache zu tun, und diese Tatsache existiert auch noch dann, wenn dieser oder jener Herr seinen Sklaven in allen Hinsichten gut behandelt. Die Sklaverei hat, so könnte man sagen, eine menschenverachtende Seele, und sie kann manchmal ein nicht menschenverachtendes Antlitz annehmen. Sie kann aber nicht anders denn als eine menschenverachtende Institution gedacht werden, da sie den Eigentumscharakter des Menschen rechtlich festschreibt. Und da man einen Menschen nicht gleichzeitig als ein Stück Eigentum und als Zweck an sich betrachten kann, ist die Sklaverei an sich menschenverachtend.

Kinderarbeit ist auch eine Praxis, die allgemein als menschenverachtend betrachtet wird. Es soll hier selbstverständlich nicht geleugnet werden, daß Kinderarbeit sehr oft, wenn nicht sogar meistens menschenverachtend ist. Man denke hier etwa an die englischen Kinder, die im 19. Jahrhundert mehrere Stunden täglich unter schrecklichen Bedingungen in Minenschächten arbeiten mußten. Oder man denke an die Kinder in Indien, Pakistan usw., die den ganzen Tag lang Teppiche knüpfen oder Fußbälle nähen müssen und dafür einen Hungerlohn erhalten. Die Liste ließe sich, leider, beliebig fortsetzen.

Doch wie abscheulich diese Beispiele von Kinderarbeit auch sein mögen, erlauben sie es uns doch nicht, in der Kinderarbeit als solcher eine menschenverachtende Praxis zu sehen. Nehmen wir etwa folgenden Fall: Ein zehnjähriges Kind verbringt jeden Tag eine Stunde damit, Möhren zu schälen, die dann zu Konserven verarbeitet werden. Es tut diese Arbeit unter hygienisch einwandfreien Bedingungen, auch auf die Sicherheit des Kindes wird geachtet, und es erhält einen angemessenen Lohn für seine Arbeit. Und schließlich: Es kann frei entscheiden, wann es die Arbeit nicht mehr leistet. Wo läge hier die Menschenverachtung gegenüber dem Kind? Es kann doch wohl nicht schon an sich menschenverachtend sein, wenn ein Kind arbeitet, d. h. Zeit und Energie gegen Geld tauscht. Der menschenverachtende Charakter der Kinderarbeit haftet nicht der Kinderarbeit als solcher an, sondern den konkreten Bedingungen, unter denen das Kind arbeiten muß. Wenn das Kind jeden Tag acht oder noch mehr Stunden arbeiten muß, wenn die Arbeitsbedingungen seine Gesundheit oder seine physische und psychische Entwicklung gefährden, wenn es zur Arbeit unter diesen Bedingungen gezwungen wird oder wenn es einen Hungerlohn erhält, dann wird man von Menschenverachtung sprechen können.

Und mag es auch der Fall sein, daß die Kinderarbeit in den allermeisten Fällen unter dieser zweiten Form existiert, so kann doch daraus noch nicht geschlossen werden, daß Kinderarbeit intrinsisch, also an sich und in ihrem tiefsten Wesen, menschenverachtend ist. So verbietet auch der 8. Grundsatz der am 20. November 1959 von der UNO verabschiedeten Kinderrechtserklärung nicht die Kinderarbeit schlechthin: „Das Kind wird erst nach Erreichung eines geeigneten Mindestalters zur Arbeit zugelassen; nie wird es gezwungen oder wird ihm erlaubt, einen Beruf oder eine Tätigkeit auszuüben, die seiner Gesundheit oder Erziehung

schaden oder seine körperliche, geistige oder moralische Entwicklung hemmen."

Das Kind wird hier nicht vor der Arbeit schlechthin geschützt,
sondern vor der gezwungenen oder gefährlichen Arbeit – wobei
allerdings ein nicht weiter spezifiziertes Mindestalter vorausgesetzt
wird. Oder genauer noch: Es wird vor einem System geschützt, in
welchem es Menschen gibt, die nur an der Produktivität des Kindes interessiert sind und nicht am Kind als Menschen. Das Kind
soll also nicht so sehr vor der Arbeit als vor der Ausbeutung
geschützt werden, und dieser Schutz ist um so notwendiger, als das
Kind sich nicht verteidigen und sich nicht im Kampf um Anerkennung behaupten kann. Wären alle Arbeitgeber Kinderfreunde
und wäre ihnen am optimalen Wohlergehen der Kinder gelegen,
brauchte man kein Verbot der Kinderarbeit, da dann kein Arbeitgeber Kinder länger und schwerer arbeiten lassen würde, als dies
mit ihrem allgemeinen Wohlergehen vereinbar ist. Es würde dann
zwar wahrscheinlich Kinderarbeit geben, aber es gäbe keine Ausbeutung der Kinderarbeit mehr und auch keine Formen der Kinderarbeit, die der körperlichen, geistigen oder moralischen Entwicklung der Kinder widersprechen würden.

Im Falle der Prostitution gehen auch viele Menschen von ihrem
menschenverachtenden – bzw. frauenverachtenden – Charakter
aus. Ist dieser menschenverachtende Charakter der Prostitution
inhärent – und dann fällt sie in die Kategorie der Sklaverei –, oder
hängt er von äußerlichen Bedingungen ab – und dann fällt die Prostitution in die Kategorie der Kinderarbeit? Im ersten Fall käme
nur die Abschaffung in Frage, während man im zweiten Fall
zumindest den Gedanken einer möglichen Reform hegen könnte.

Im Rahmen einer sich an Kant orientierenden Philosophie fällt
die Verachtung damit zusammen, daß man sich oder den anderen
nur als Mittel behandelt und also nicht auch als Zweck an sich
selbst. Der kategorische Imperativ in seiner Mittel-Zweck-Formu-
lierung fordert uns nicht auf – und manche Interpreten vergessen
oft diese kleine, aber überaus wichtige Nuance –, den anderen oder
sich selbst *überhaupt nicht* als Mittel zu behandeln, sondern nur,
ihn oder sich nie *zum bloßen Mittel* zu machen. Der andere bzw.
ich selbst darf also auch als Mittel behandelt werden, sofern er bzw.
ich selbst dabei auch immer noch als Zweck an sich behandelt wird
bzw. werde. Wären wir reine Vernunftwesen, bar jeder sinnlichen
oder empirischen Bestimmung, dann würde jeder sich selbst genü-

gen, und man würde der anderen nicht bedürfen. Aber da die Menschen empirische Wesen sind und empirische Bedürfnisse haben, sind sie aufeinander angewiesen, um diese Bedürfnisse zu befriedigen. Aufgrund dieser empirischen Angewiesenheit kommen wir einfach nicht daran vorbei, den anderen auch als Mittel zu sehen: Durch die von ihm geleistete Arbeit kann ich meine Bedürfnisse befriedigen und kann ich auch meine selbstgesetzten Zwecke verfolgen.

Aber auch wenn ich nicht umhinkomme, den anderen als Mittel zu betrachten, bin ich doch zugleich dazu verpflichtet, ihn auch als Zweck zu betrachten. Diese Zweckhaftigkeit des anderen – oder meiner selbst – setzt seiner – oder meiner – Behandlung als Mittel gewissermaßen eine Grenze. Die Anerkennung des anderen – oder seiner selbst – als Zweck bildet den Horizont, vor dem wir ihn – oder uns – auch als Mittel betrachten oder behandeln dürfen. Vergessen wir diesen Horizont, handeln wir gegen den kategorischen Imperativ, und dann wird unser Handeln auch menschenverachtend.

Wer die These einer unmenschlichen Seele der Prostitution behauptet, sagt also damit implizit, daß es im Rahmen einer prostitutionellen Beziehung unmöglich ist, den anderen oder sich selbst auch noch als Zweck an sich zu betrachten. Oder noch anders formuliert: Er behauptet, daß es im Rahmen einer prostitutionellen Beziehung notwendigerweise dazu kommt, daß der andere bzw. man selbst als bloßes Mittel behandelt wird. Diese Reduktion auf ein Mittel soll dabei auf drei Ebenen stattfinden können – wobei B die sich prostituierende Person ist und A diejenige Person, die ihre Dienste in Anspruch nimmt:

1) B macht sich zum bloßen Mittel zur sexuellen Befriedigung von A
2) A macht B zum bloßen Mittel zu seiner eigenen sexuellen Befriedigung
3) B macht A zum bloßen Mittel zu seiner eigenen Bereicherung

Punkt 3 wird selten erwähnt, es sei denn von den sich prostituierenden Personen, wenn sie die feministische These widerlegen wollen, daß es in der Prostitution zu einer einseitigen Vergegenständlichung der Prostituierten kommt, die zum bloßen sexuellen Objekt gemacht wird. Eine Reihe von Prostituierten behaupten, daß, wenn sie vielleicht zum sexuellen Objekt durch den Kunden gemacht werden, so der Kunde seinerseits zum ökonomischen Objekt durch die Prostituierte, also zu jemandem, für den man sich nur insofern interessiert, als er Geld besitzt und auch bereit ist, dieses Geld gegen eine sexuelle Befriedigung zu tauschen. Wir hätten also eine doppelte Verdinglichung, damit aber auch gleichzeitig zwei freie Subjekte, da nur freie Subjekte andere Wesen als bloße Mittel betrachten können.

In der Prostitutionsdebatte wird gewöhnlich auf die beiden ersten Punkte Bezug genommen. Feministische Kreise heben dabei meistens besonders den zweiten Punkt hervor: Prostitution ist menschen- und vor allem frauenverachtend, weil in ihr Frauen als bloße sexuelle Objekte betrachtet werden, als bloße Mittel zur Befriedigung der angeblich unerschöpflichen und unkontrollierbaren Bedürfnisse der Männer. Im Mittelpunkt steht hier das verdinglichende Bild, das Männer sich von Frauen machen. Genauso wie der Sklave das bloße ökonomische Instrument seines Herrn war, soll jetzt die Prostituierte das bloße sexuelle Instrument des männlichen Kunden sein.

Andere Kreise neigen eher dazu, den ersten Punkt zu betonen. Läuft die Betonung des zweiten Punktes meistens darauf hinaus, die Männer zu verurteilen, weil sie die Frauen zu bloßen Mitteln herabwürdigen, mündet die Betonung des ersten Punktes manchmal in eine Verurteilung der sich prostituierenden Personen, denen vorgeworfen wird, ihre eigene Würde vor die Hunde zu werfen – und im Extremfall wird vergessen, auch die Hunde dafür zu verurteilen, daß sie diese Würde zerreißen. Die größte Schuld trifft dann nicht den anderen, der mich zum bloßen Mittel macht, sondern mich selbst, der ich, indem ich mich selbst zum bloßen Mittel mache, den anderen gewissermaßen dazu einlade, mich auch als bloßes Mittel zu gebrauchen. Es ist also hier so wie mit der Mär von der provozierenden Bekleidung der Frauen: Die Hauptschuld trifft nicht den Vergewaltiger, sondern die Frau, die durch ihre provozierende Kleidung den Mann derart verwirrt hat, daß er sich nicht mehr kontrollieren konnte.

Lassen wir den dritten Punkt außer Betracht, so stehen wir vor folgender Frage: Wird in einer prostitutionellen Beziehung die sich prostituierende Person *notwendigerweise* zum bloßen Mittel gemacht – wobei es jetzt keine Rolle spielen soll, ob sie sich selbst dazu macht oder ob sie von der anderen Person dazu gemacht wird? Die in diesem Buch vertretene These bestreitet die Existenz einer solchen Notwendigkeit. Mag es auch sehr oft dazu kommen, daß die sich prostituierende Person zum bloßen Mittel wird – sich selbst dazu macht oder dazu gemacht wird –, so besteht doch kein Grund für die Annahme, daß dem notwendigerweise so sein muß. Man wird vielleicht zugeben können, daß es notwendigerweise so sein wird, solange bestimmte Dinge sich nicht geändert haben, gleichzeitig aber behaupten, daß diese Dinge geändert werden können. Aus der Tatsache, daß sie geändert werden *können*, folgt natürlich noch nicht, daß sie auch geändert werden *sollen*. Und daraus folgt auch noch nicht, daß unter geänderten Umständen *alle* prostitutionellen Beziehungen notwendigerweise ein menschliches Antlitz haben werden und daß niemals mehr eine sich prostituierende Person als bloßes Mittel behandelt werden wird. Es geht lediglich darum, einen institutionellen, sozialen, kulturellen, ökonomischen Rahmen usw. zu schaffen, innerhalb dessen prostitutionelle Beziehungen ein menschliches Antlitz haben können. Wenn eine sich prostituierende Person zum bloßen Mittel wird, so hängt dies nicht schon damit zusammen, daß sie sich prostituiert, sondern damit, wie andere mit ihr umgehen, bzw. mit ihrer Bereitschaft, sich von anderen auf eine bestimmte Art und Weise behandeln zu lassen.

Das spezifische Problem bei der Prostitution – oder zumindest das Problem, das viele ihrer Gegner in den Mittelpunkt ihrer Kritik stellen – hängt sicherlich damit zusammen, daß in einer prostitutionellen Beziehung der Körper gebraucht wird, um eine andere Person sexuell zu befriedigen, wobei die sich prostituierende Person dafür entlohnt wird. Es ist diese Vermischung von Körperlichkeit, Sexualität, Tausch und Geld, welche vielen ein Dorn im Auge ist und Anlaß für eine Verurteilung der Prostitution bildet. Manche glauben, die prostitutionelle Beziehung käme einem regelrechten Verkauf des eigenen Körpers gleich – was dann auch zum Vergleich von Prostitution und Sklaverei führt, da in letzterer der Körper des Sklaven auch ein Gegenstand ist, den man kaufen kann. Doch haben wir zur Genüge betont, daß dem nicht so ist und daß die sich prostituierende Person nicht ihren Körper verkauft, sondern eine bestimmte Dienstleistung bzw. ein bestimmtes primäres sexuelles Gut, das durch diese Dienstleistung herbeigeführt werden kann.

Die Gegner der Prostitution gehen von einer engen Verbindung zwischen Körper und Person aus. Ihr Hauptargument läßt sich etwa wie folgt zusammenfassen:

1.   In einer prostitutionellen Beziehung wird der Körper
          einer Person zum Mittel.
2.   Man kann die Person nicht von ihrem Körper trennen.
Also 3.: In einer prostitutionellen Beziehung wird eine Person zum
          Mittel.
4.   Eine Person darf nicht zum Mittel gemacht werden.
Also 5.: Prostitutionelle Beziehungen dürfen nicht sein.

Rein formallogisch gesehen, scheint das Argument schlüssig zu sein, und dies sogar, was die normative Schlußfolgerung betrifft. Diese wird nämlich nicht nur von faktischen Prämissen abgeleitet – geschähe dies, so wäre eventuell der Vorwurf des sogenannten naturalistischen Fehlschlusses angebracht –, sondern Prämisse 4 ist eine normative Prämisse. Wer das Argument angreifen will, muß demnach den Inhalt der Prämissen genauer unter die Lupe nehmen.

Tut man dies, so wird man feststellen, daß dieses Argument der Kantischen Unterscheidung zwischen einem *bloßen Mittel* und einem, so könnte man sagen, *Auch-Mittel* nicht Rechnung trägt. Wenn man dieser Unterscheidung Rechnung trägt, dann muß man zwischen drei Varianten des Argumentes differenzieren:

Variante 1:

1.   In einer prostitutionellen Beziehung wird der Körper
          einer Person zum *bloßen Mittel.*
2.   Man kann die Person nicht von ihrem Körper trennen.
Also 3.: In einer prostitutionellen Beziehung wird eine Person
          zum *bloßen Mittel.*
4.   Eine Person darf nicht zum *bloßen Mittel* gemacht werden.
Also 5.: Prostitutionelle Beziehungen dürfen nicht sein.

Variante 2:

1.   In einer prostitutionellen Beziehung wird der Körper
          einer Person *auch zum Mittel.*
2.   Man kann die Person nicht von ihrem Körper trennen.
Also 3.: In einer prostitutionellen Beziehung wird eine Person
          auch zum Mittel.
4.   Eine Person darf nicht zum *bloßen Mittel* gemacht werden.
Also 5.: Prostitutionelle Beziehungen dürfen nicht sein.

Variante 3:

1.   In einer prostitutionellen Beziehung wird der Körper
        einer Person *auch zum Mittel.*
2.   Man kann die Person nicht von ihrem Körper trennen.
Also 3.: In einer prostitutionellen Beziehung wird eine Person
        auch zum Mittel.
4.   Eine Person darf nicht *auch zum Mittel* gemacht werden.
Also 5.: Prostitutionelle Beziehungen dürfen nicht sein.

Variante 2 ist allein schon aufgrund von formallogischen Überlegungen zu verwerfen, da der Mittel-Begriff der vierten Prämisse ein anderer als derjenige der dritten Prämisse ist. Bleiben also nur Varianten 1 und 3 übrig. Formallogisch sind sie in Ordnung. Hinsichtlich der ersten Variante kann gleich die erste Prämisse in Frage gestellt werden: Wird in einer prostitutionellen Beziehung der Körper einer Person tatsächlich zum *bloßen Mittel?* Variante 3 ist hier vorsichtiger und behauptet nur, daß in einer prostitutionellen Beziehung der Körper *auch als Mittel* benutzt wird, wobei also nicht ausgeschlossen ist, daß er gleichzeitig als Zweck betrachtet wird. Dieser abgeschwächten ersten Prämisse steht aber eine stärkere normative vierte Prämisse gegenüber: Es wird nicht nur behauptet, daß die Person nicht zum *bloßen* Mittel gemacht werden darf, sondern daß sie *überhaupt nicht* zum Mittel gemacht werden darf. Wer die erste Variante angreifen will, der muß zeigen, daß in einer prostitutionellen Beziehung die Person nicht notwendigerweise zum bloßen Mittel gemacht wird, daß also das Wesen der prostitutionellen Beziehung nicht schon eine totale Vergegenständlichung einschließt. Und wer die dritte Variante angreifen will, der muß zeigen, daß man eine Person auch als Mittel behandeln darf und daß nur ihre Behandlung als bloßes Mittel moralisch illegitim ist – ihre Behandlung auch als Mittel wäre dann moralisch zulässig, und ihre Behandlung als bloßer Zweck könnte als moralisch lobenswert angesehen werden.

Die Behauptung, daß im Rahmen einer prostitutionellen Beziehung der Körper zum Mittel wird, steht außer Zweifel. Für die sich prostituierende Person ist ihr eigener Körper – aber in einem bestimmten Sinne auch der Körper der anderen Person – ein Mittel zum Gelderwerb, und für die ihre Dienste in Anspruch nehmende Person ist der Körper der sich prostituierenden Person ein Mittel zur sexuellen Befriedigung. Jede Partei macht also den Körper der anderen Partei, und zum Teil auch ihren eigenen Körper, zu einem Mittel.

Aber eine solche Instrumentalisierung geschieht auch in vielen, wenn nicht sogar in allen anderen Berufen. Wenn ich zu einem Kinesiotherapeuten gehe, damit er meine Sehnenentzündung heilt, dann mache ich seinen Körper auch zu einem Mittel, und daran hat m. W. bislang noch niemand etwas auszusetzen gehabt. Oder nehmen wir noch ein anderes Beispiel: Wenn jemand zum Profiathleten wird, dann macht er seinen Körper zu einem Mittel. Der zwei Meter große Basketballspieler nutzt eine körperliche Eigenschaft aus, um damit sein Geld zu verdienen. Es wird von ihm erwartet, daß er eine körperliche Leistung bringt, und für diese Leistung sind einige Vereine bereit, beträchtliche Summen Geld zu zahlen. Die Liste ließe sich beliebig fortsetzen.

Problematisch ist also nicht schon die Tatsache der Instrumentalisierung als solcher, sondern erst die Tatsache der vollständigen Instrumentalisierung. Ich kann den Körper einer anderen Person – und damit auch gegebenenfalls diese andere Person, wenn man die Person nicht vom Körper trennen kann (was hier einfach vorausgesetzt werden soll) – auf drei unterschiedliche Weisen behandeln:

1. als bloßen Zweck an sich selbst
2. als Mittel und auch als Zweck an sich selbst
3. als bloßes Mittel

Wenn wir andere und uns selbst immer nur als bloße Zwecke behandeln *könnten*, dann wäre es sicherlich wünschenswert, wenn nicht sogar geboten, es auch zu tun. Es soll nicht geleugnet werden, daß es bestimmte Beziehungen gibt, in denen zwei Partner sich als bloße Zwecke an sich selbst betrachten können und vielleicht sogar auch sollen – ich denke hier etwa an ganz enge Freundschaften, an Liebesbeziehungen oder an ganz enge Familienbeziehungen. Zwei Freunde sind und bleiben nicht Freunde, weil und solange der eine den anderen braucht, sondern weil sie sich gegenseitig als das schätzen, was sie sind. Am Freund sollte mich *nur* seine Identität, nicht auch sein Nützlichkeitswert interessieren. Ähnlich im Fall einer Liebesbeziehung: Man liebt den anderen nicht, weil man ihn braucht, sondern um seiner selbst willen. Reine Freundschaft und reine Liebe setzen Interesselosigkeit voraus und schließen demnach auch aus, daß man den anderen so umzugestalten versucht, wie er für uns nützlich sein kann. Würde ich etwa meine Frau in einen italienischen Kochkurs schicken, damit sie mir gute italienische Gerichte zubereiten kann, und nicht, damit sie sich um eine kulinarische Dimension erweitert und Freude daran empfindet, käme dies einer Instrumentalisierung gleich. Was mich dann primär interessiert, ist nicht, daß meine Frau sich bereichert, sondern daß ich von dieser Bereicherung profitieren kann.

Es lassen sich grundsätzlich zwei Begriffe der totalen Instrumentalisierung unterscheiden. Eine totale Instrumentalisierung kann nämlich einerseits in einem quantitativen Sinne total sein. Gemeint ist damit, daß ich den anderen in *allen* seinen Dimensionen – zumindest allen mir zugänglichen Dimensionen – als mögliches Mittel betrachte. Andererseits haben wir die totale Instrumentalisierung in einem qualitativen Sinn, wo ich den anderen in zumindest einer seiner Dimensionen *nur* als Mittel betrachte. Beispiele für Dimensionen des anderen sind z. B.: sein Arzt-Sein, sein Nachbarsein, sein Mannsein, usw.

Eine totale Instrumentalisierung im quantitativen Sinn muß keine totale Instrumentalisierung im qualitativen Sinn beinhalten. Aus der Tatsache, daß ich den anderen in allen mir zugänglichen Dimensionen immer auch als Mittel betrachte, folgt also noch nicht, daß ich ihn in einer oder mehreren dieser Dimensionen als *bloßes* Mittel betrachten muß. Bestimmte Personen behandle ich in allen mir zugänglichen Dimensionen als Mittel – aber nicht nur als Mittel. So etwa den Bäcker, den ich nur als Bäcker und Geschäftsmann kenne.

Kann ich aber jemanden in einer mir zugänglichen Dimension als *bloßes* Mittel behandeln, in anderen Dimensionen aber nicht? Folgt nicht aus der Tatsache, daß ich seinen Zweckcharakter in einer Dimension vollständig geleugnet habe, daß ich diesen nicht mehr in anderen Dimensionen gewissermaßen auferstehen lassen kann, ohne in eine geradezu schizophrene Haltung zu verfallen?

Der Zweck- und damit auch der Personencharakter des anderen kann nicht in einer Dimension vollständig und in anderen Dimensionen nur teilweise oder gegebenenfalls überhaupt nicht geleugnet werden. Der Mensch ist – auch – Person in allen Dimensionen, oder er ist Person in keiner Dimension. Jede Dimension ist die Dimension der Person, und in keiner dieser Dimensionen kann die Person total geleugnet werden, ohne dadurch auch in allen anderen Dimensionen total geleugnet zu werden. Die qualitative Instrumentalisierung kommt dementsprechend einer absoluten Reduktion des anderen, der anderen Person, auf ein Mittel gleich. Mag es also moralisch zulässig sein, jemanden in allen zugänglichen Dimensionen *auch* als Mittel zu behandeln, so ist es moralisch unzulässig, jemanden auch nur in einer zugänglichen Dimension *nur* als Mittel zu betrachten.

Wenn jemand eine sich prostituierende Person als bloßes Mittel betrachtet, leugnet er ihre Existenz als Person. Nur: Kommt es in einer prostitutionellen Beziehung immer und notwendigerweise zu einer im qualitativen Sinne totalen Instrumentalisierung? Es ist nicht *a priori* einzusehen, warum dies der Fall sein sollte. Daß die gegenwärtige Stigmatisierung der sich prostituierenden Personen eine solche qualitativ totale Instrumentalisierung fördert und wahrscheinlich macht, kann nicht als Argument zur Begründung der These gebraucht werden, daß es immer so sein wird und daß es notwendigerweise so sein muß.

Was die Gegner der Prostitution letztendlich wahrscheinlich am meisten stört, ist die Tatsache, daß im Falle der Prostitution in einer bestimmten Dimension, nämlich in der sexuellen, die Nur-Zweck-Logik weicht, um der Mittel-und-Zweck-Logik Platz zu machen. Es wird also davon ausgegangen, daß nicht alle Dimensionen gleichwertig sind und daß auch dann, wenn in dieser oder jener Dimension eine Mittel-und-Zweck-Logik moralisch zulässig ist, eine solche moralische Zulässigkeit nicht im Falle der sexuellen Dimension behauptet werden kann. Die sexuelle Dimension wäre also *sui generis* und sollte demnach gesondert betrachtet werden. Hier kann man übrigens zwischen einer schwächeren und einer stärkeren These unterscheiden.

Laut der starken These kann es im Rahmen einer sexuellen Beziehung immer nur entweder die Nur-Zweck- oder die Nur-Mittel-Logik geben. Während andere Beziehungen also die Möglichkeit der Mittel-und-Zweck-Logik zulassen, wäre diese Logik im Fall der sexuellen Beziehungen ausgeschlossen. Sexuelle Beziehungen, so könnte argumentiert werden, sind ganz enge Beziehungen – wie etwa Freundschaftsbeziehungen –, und als solche kann es für sie legitimerweise bloß die Nur-Zweck-Logik geben. Im sexuellen Bereich wäre es also unmöglich, den anderen zugleich als Mittel und als Zweck zu behandeln. Daraus folgt dann, daß wer den anderen in einer solchen Beziehung nicht als bloßen Zweck behandelt, ihn notwendigerweise als bloßes Mittel behandelt – denn die Zwischenposition (Mittel und Zweck) steht ihm aufgrund der spezifischen Natur sexueller Beziehungen nicht zur Verfügung.

Die schwächere These läßt die Möglichkeit zu, daß man auch im Rahmen der sexuellen Beziehungen den anderen als Mittel und Zweck zugleich behandeln kann, sieht aber eine Gefahr darin, ein instrumentalisierendes Handeln im Rahmen einer sexuellen Beziehung als legitim zuzulassen. Der Grundgedanke ist hier folgender: Die sexuelle Dimension sollte nicht – und sei es auch nur teilweise – in den Schlund der alles vertilgenden Instrumentalisierung hineingerissen werden, und sie muß die ihr eigentümliche Nur-Zweck-Logik behalten, und zwar immer. Das Argument ist hier folgendes: Wenn man in der sexuellen Dimension die Mittel-und-Zweck-Logik als legitim zuläßt, dann läuft man Gefahr, daß am Ende die Nur-Mittel-Logik akzeptiert wird oder daß die für diesen Bereich angemessene Nur-Zweck-Logik in den Hintergrund gerät.

Gegen die starke These läßt sich behaupten, daß die sexuellen Beziehungen die Möglichkeit nicht *a priori* ausschließen, den anderen sowohl als Zweck wie auch als Mittel zu behandeln. Es gibt keinen überzeugenden Grund, warum man im Bereich des Sexuellen beides nicht gleichzeitig tun könnte, es sei denn, man würde als Ausgangspunkt der Argumentation die Behauptung nehmen, sexuelle Beziehungen seien nur im Rahmen von Liebesbeziehungen legitim. Das Argument würde dann wie folgt lauten:

1. Sexuelle Beziehungen sind nur im Rahmen von Liebesbeziehungen legitim.
2. Liebesbeziehungen schließen die Behandlung des anderen als Mittel aus.

Also: Im Rahmen legitimer sexueller Beziehungen kann man den anderen nicht als Mittel behandeln – weder als Auch-Mittel noch als bloßes Mittel.

Hier ist die erste Prämisse problematisch: Warum sollte die Legitimität einer sexuellen Beziehung vom Liebesgefühl abhängen und nicht etwa vom gegenseitigen Respekt? Dieser Respekt bedeutet nicht, daß man den anderen *nur* als Zweck behandeln muß. Die Tatsache, daß ich einen anderen Menschen auch als Mittel behandle, schließt demnach noch nicht den Respekt für diesen Menschen aus. Einen anderen Menschen respektieren heißt nur, daß man ihn

immer *auch* als Zweck betrachtet. Und als Zweck behandeln wir
ihn im Rahmen einer prostitutionellen Beziehung schon dann,
wenn wir ihm nicht unsere Wünsche aufzwingen, keine Sexual-
praktik von ihm verlangen, die seine Gesundheit gefährden könnte, und wenn wir die minimalen Bedingungen einer zwischenmenschlichen Kommunikation aufrechterhalten – also ihn
begrüßen, mit ihm sprechen, uns von ihm verabschieden usw. Die
Tatsache, daß die andere Person uns sexuell befriedigt und wir sie
dafür entlohnen, ist also durchaus mit der Zweck-Mittel-Formulierung des kategorischen Imperativs vereinbar. Voraussetzung ist
natürlich, daß man die erste Prämisse des soeben skizzierten Argumentes aufgibt.

Der schwächeren These könnte man insofern zustimmen, als
sexuelle Handlungen vielleicht nicht *prinzipiell* als erkaufbare
Handlungen betrachtet werden sollten. Sexuelle Handlungen, so
könnte man sagen, haben nur dann einen wirklich intrinsischen
Wert, wenn sie aus Liebe geschenkt werden – wobei allerdings
betont werden sollte, daß nicht nur das moralisch zulässig ist, was
einen intrinsischen Wert besitzt. Neben ihrer befriedigenden Funktion haben solche Handlungen auch oft eine symbolische oder
kommunikative Funktion: Sie dienen dazu, dem anderen auszudrücken, daß man ihn liebt und ihm volles Vertrauen schenkt. Im
Falle der prostitutionellen Handlung fällt diese kommunikative
Funktion natürlich weg. Aber daraus sollte man noch nicht schließen, daß es zu einer *vollkommenen* Instrumentalisierung der Person
kommt.

Bei der schwächeren These könnte ebenfalls der Gedanke im
Hintergrund stehen, daß auch eine nur partielle Instrumentalisierung im Bereich der Sexualität das Risiko in sich birgt, auf die schiefe Bahn zu geraten. Damit ist folgendes gemeint: Wer im Bereich
des Sexuellen anfängt, den anderen auch als Mittel zu betrachten,
der wird damit enden, ihn nur noch als Mittel zu betrachten. Oder
allgemeiner: Eine Gesellschaft, welche die partielle Instrumentalisierung sexueller Handlungen zuläßt, wird deren qualitativ totale
Instrumentalisierung nicht mehr bremsen können.

Daß ein solches Risiko besteht, kann natürlich nicht ausgeschlossen werden. Aber aus der Existenz des Risikos kann nicht
geschlossen werden, daß prostitutionelle Handlungen uns notwendigerweise auf die schiefe Bahn bringen werden. Die absolute
Instrumentalisierung des anderen ist insofern kein wesentliches

Merkmal der prostitutionellen Handlung. Solche Handlungen mögen zwar aus unterschiedlichen Gründen für eine totale Instrumentalisierung anfälliger sein, aber es kann nicht behauptet werden, daß es bei ihnen immer und notwendigerweise zu einer totalen Instrumentalisierung kommen muß.

Wie sähe eine prostitutionelle Beziehung aus, in welcher die sich prostituierende Person sowohl als Mittel wie auch als Zweck an sich selbst behandelt wird? Wir haben es schon angedeutet: Die ihre Dienste in Anspruch nehmende Person versichert sich, daß die sich prostituierende Person nicht zur Prostitution gezwungen wird; sie versichert sich, daß diese Person auch das Geld behält, das sie für ihre Dienstleistung bekommt; sie erfragt keine anderen sexuellen Handlungen als diejenigen, die die sich prostituierende Person von sich aus anbietet; sie verzichtet auf alle sexuellen Handlungen, welche die Gesundheit der sich prostituierenden Person gefährden könnten, und zwar auch dann, wenn diese Handlungen von letzterer angeboten werden; sie behandelt die sich prostituierende Person mit derselben Höflichkeit, mit welcher ein zivilisierter Mensch andere Menschen behandelt (begrüßen, sich bedanken, sich verabschieden usw.).

Ob man jemanden als bloßes Mittel oder als Mittel und Zweck zugleich behandelt, hängt letztendlich nicht so sehr von den Handlungen ab, die man ausführt, als von der Einstellung, die man dieser Person gegenüber hat. Die Tatsache, daß man eine Person bezahlt, um mit ihr Geschlechtsverkehr zu haben, bedeutet noch nicht, daß man diese Person als bloßes Sexualobjekt behandelt, d. h. aus ihr ein bloßes Mittel macht, um die eigenen sexuellen Bedürfnisse zu befriedigen, genausowenig wie die Tatsache, daß man einen Koch bezahlt, damit er etwas für uns kocht, bedeutet, daß man aus ihm ein bloßes Mittel macht, um unsere kulinarischen Bedürfnisse zu befriedigen, oder genausowenig wie die Tatsache, daß man eine Putzfrau bezahlt, damit sie unsere Wohnung saubermacht, bedeutet, daß wir aus ihr ein bloßes Mittel machen, um unsere hygienischen Bedürfnisse zu befriedigen.

Man kann in allen diesen Fällen zwischen der Funktion und der Person unterscheiden. Wer nur die Funktion sieht, der reduziert das Gegenüber tatsächlich zum bloßen Mittel. Die Putzfrau ist dann keine *Person* mehr, die saubermacht, sondern ein *Mittel*, das saubermacht. Wenn in unserem Schulgebäude Roboter die Klassenräume saubermachen würden, würde ich an ihnen vorbeigehen, ohne sie zu begrüßen oder mich sonstwie um sie zu kümmern. Ich bin mir nämlich keiner Pflicht bewußt, Handlungen auszuführen, durch welche ihnen bestätigt wird, daß sie und ich ein und derselben menschlichen Gemeinschaft angehören. Anders im Fall der Putzfrauen: Hier bin ich mir einer solchen Pflicht bewußt[1], und dementsprechend begrüße ich diese Personen auch. Sie gehen für mich nicht in ihrer saubermachenden Funktion auf, sondern diese Funktion ist in meinen Augen nur etwas Oberflächliches. Hinter der Funktion sehe ich den Menschen, und dieser Mensch hat als Mensch ein Recht darauf, in seinem Mensch- oder Personensein bestätigt zu werden, und sei es nur dadurch, daß ich ihn mit einem freundlichen Lächeln begrüße. Und diese Bestätigung muß ihm in allen seinen Dimensionen zukommen. Es geht also nicht, daß ich die Putzfrau, insofern sie Putzfrau ist, wie ein bloßes Mittel behandle, dieselbe Frau aber als Mittel und Zweck behandle, wenn sie sich an einem Elternabend über die schulischen Leistungen ihres Sohnes informieren kommt.

Handlungen sind sicherlich ein Indiz für Einstellungen, und die Frage stellt sich, ob bestimmte Handlungen nicht notwendigerweise auf bestimmte Einstellungen hinweisen. Im Klartext: Steht nicht notwendigerweise eine menschenverachtende Einstellung hinter der Handlung, einen Menschen dafür zu bezahlen, damit er uns durch direkten Körperkontakt sexuell befriedigt? Eine andere Einstellung als diese wäre gewissermaßen bei einer solchen Handlung undenkbar.

Auch hier ist nicht einzusehen, warum dies so sein sollte. Wieso muß man jemanden verachten, wenn man ihm Geld dafür gibt, damit er einen sexuell befriedigt? Vielleicht weil man denkt: Diese Person muß tief gesunken sein, daß sie solche Dinge tut. Dieser Gedanke setzt voraus, daß es verachtenswert ist, Menschen sexuell zu befriedigen und dafür eine Entlohnung zu verlangen. Aber warum sollte das verachtenswerter sein, als Menschen intellektuell, ästhetisch oder kulinarisch zu befriedigen und dafür eine Entlohnung zu verlangen? Verachten wir den Künstler, der sein künstlerisches Talent, oder den Philosophen, der sein philosophisches Talent vermarktet? Warum sollten wir dann eine Person verachten, die ihre erotischen Talente vermarktet?

---

1   Eigentlich habe ich diese Pflicht schon derart internalisiert, daß ich die betreffende Handlung automatisch ausführe.

Es gibt natürlich einen Grund, warum viele sie tatsächlich verachten: Unter den jetzigen Umständen setzt eine solche Person sich nämlich der oft respektlosen Behandlung vieler Kunden aus. Eine Person, die alles mit sich machen läßt, die alles, bis zu den schlimmsten Demütigungen, erduldet, zeigt, daß sie keine Achtung mehr vor sich selbst hat. Und wer keine Achtung mehr vor sich selbst hat, der sollte nicht erwarten, daß andere ihn achten.

Auch dieses Argument geht von der Prostitution aus, wie sie tatsächlich ist. An sich ist dies natürlich noch kein Fehler. Allerdings begeht man einen Fehler, wenn man die Prostitution, so wie sie jetzt existiert, als Ausdruck des ewigen Wesens der Prostitution nimmt, wenn man also automatisch vom unmenschlichen Antlitz der Prostitution auf ihre unmenschliche Seele schließt.

Daß die sich prostituierenden Personen, und in allererster Linie die Frauen, in unserer Gesellschaft oft verachtet und respektlos behandelt werden, soll gar nicht geleugnet werden. Die Behauptung, die Prostitution habe keine unmenschliche Seele, impliziert nicht die Behauptung, daß das Antlitz der Prostitution automatisch auch menschlich ist. Unter den jetzt gegebenen Umständen ist das Antlitz der Prostitution in vielen Fällen unmenschlich. Diese Situation läßt zwei mögliche Antworten zu:

1. Bekämpfung der Prostitution
2. Bekämpfung der respektlosen Behandlung

Die Anhänger dieser beiden Antworten verfolgen dasselbe Ziel: dafür zu sorgen, daß niemand mehr im Rahmen der Prostitution respektlos, und d. h. als bloßes Mittel, behandelt wird. Der Unterschied ist lediglich folgender: Die Anhänger der zweiten Antwort glauben, daß man den Rahmen bestehen lassen kann und daß Reformen innerhalb des Rahmens genügen, wohingegen die Anhänger der ersten Antwort glauben, daß nur das Verschwinden des Rahmens zum gewünschten Ziel führen wird. Dieser letzte Glaube verweist entweder auf den Glauben, daß die sich prostituierenden Personen immer und notwendigerweise respektlos behandelt werden bzw. daß Prostitution an sich eine menschenverachtende Institution ist, oder aber auf den Glauben, daß aus bestimmten empirischen und kontingenten Grunden keine Hoffnung auf eine Veränderung des Verhaltens gegenüber den sich prostituierenden Personen besteht – eine Reform wäre dann zwar denkbar, aber nicht mit den Menschen, wie sie derzeit sind. Die Befürworter der zweiten Antwort glauben ihrerseits an die Möglichkeit einer Reform.

Innerhalb des Lagers derjenigen, die die zweite Antwort vorschlagen, sollte unterschieden werden zwischen einerseits denjenigen, die glauben, Prostitution könne nicht abgeschafft werden, und die sich dementsprechend vielleicht überhaupt nicht mehr die Frage stellen, ob sie nicht abgeschafft werden sollte, und andererseits denjenigen, die glauben, Prostitution sollte nicht abgeschafft werden, und zwar auch dann nicht, wenn man sie abschaffen könnte.

Der Gesetzgeber steht vor diesen möglichen Antworten und muß sich für eine von ihnen entscheiden – falls er nicht den Weg der Einfachheit sucht und die Welt der Prostitution sich selbst überläßt. Schweden, so haben wir gesehen, hat den Weg der ersten Antwort beschritten: Ziel ist hier eine Gesellschaft ohne Prostitution. Dabei wird nicht, wie dies in der Vergangenheit meistens der Fall war, die anbietende Partei sanktioniert, sondern die nachfragende Seite. Die Niederlande und Deutschland tendieren ihrerseits zur zweiten Antwort: Ziel ist eine Gesellschaft, in welcher die sich prostituierenden Personen nicht mehr verachtet und aufgrund dieser allgemeinen Verachtung respektlos behandelt werden.

Versuchen wir ganz kurz, die möglichen Fragen darzustellen, vor die sich der Gesetzgeber gestellt sieht, wenn er sich der Prostitution annimmt.

Frage 1: Was gilt als eine prostitutionelle Beziehung?

Frage 2: Können prostitutionelle Beziehungen abgeschafft werden?

Frage 3: Sollten prostitutionelle Beziehungen abgeschafft werden?

Frage 4a: Wenn sie nicht abgeschafft werden können, welchen gesetzlichen Rahmen sollte man für sie schaffen?

Frage 4b: Wenn sie abgeschafft werden können, sollten sie abgeschafft werden?

Frage 5a: Wenn sie abgeschafft werden sollten, auf welchem Wege sollte man sie abschaffen?

Frage 5b: Wenn sie nicht abgeschafft werden sollten, welchen gesetzlichen Rahmen sollte man für sie schaffen?

Hinsichtlich dieser Fragen wird der Gesetzgeber sich stets fragen müssen, ob er *alle* prostitutionellen Beziehungen abschaffen will oder nur *bestimmte.* Wie wir gesehen haben, gibt es nämlich auch solche Beziehungen außerhalb dessen, was man als traditionelle Prostitution bezeichnen könnte. Wo der Gesetzgeber sich bislang mit der Prostitution auseinandergesetzt hat, hatte er so gut wie immer die Prostitution als Haupterwerbsquelle im Blickpunkt bzw. die öffentliche Prostitution. Es ging nicht so sehr darum, *was* eine Person *tat,* sondern wo, wie oft und mit wem sie es tat. Den Gesetzgeber interessierte die Frau, die in der Öffentlichkeit gewohnheitsmäßig und mit vielen unterschiedlichen Partnern sexuell verkehrte und sich dafür bezahlen ließ. Wo eine Frau genau dasselbe mit einem einzigen Partner – ihrem Ehepartner – in der Intimität des ehelichen Schlafzimmers tat, ließ der Gesetzgeber sie gewähren, obwohl auch hier eine prostitutionelle Beziehung vorlag.

Insofern wir in diesem Buch die These vertreten haben, daß eine prostitutionelle Beziehung nicht schon an sich menschenverachtend ist, gibt es keine *prinzipiellen* Gründe für eine Politik der Bekämpfung der Prostitution. Ein prinzipieller Grund gilt unter allen Umständen und in allen möglichen Welten. Zum Vergleich: Es gibt *prinzipielle* Gründe für eine Politik der Bekämpfung der Vergewaltigung, da diese an sich menschenverachtend ist. Oder auch noch: Es gibt *prinzipielle* Gründe für eine Politik der Bekämpfung des Menschenhandels und der Zwangsprostitution, da auch diese Praktiken an sich menschenverachtend sind. Eine Praxis, die an sich schon menschenverachtend ist, kann nicht grundsätzlich reformiert werden. Die Prostitution ist aber nicht schon an sich menschenverachtend. Also ist es legitim, sich die Frage nach einer möglichen Reform zu stellen.

Gibt es *prinzipielle* Gründe gegen eine Bekämpfung der Prostitution? Worin könnte überhaupt ein solcher Grund bestehen? Entweder in dem Recht einer jeden Person, sich zu prostituieren, oder in dem Recht einer jeden Person, die Dienste einer sich prostituierenden Person in Anspruch zu nehmen. Insofern eine Bekämpfung der Prostitution darauf hinausläuft, die Ausübung dieser Rechte unmöglich zu machen, scheint sie diese Rechte zu verletzen. Aber gibt es überhaupt solche Rechte, und welchen Wert haben sie?

Nehmen wir zunächst den Gedanken eines Rechts, sich zu prostituieren. Zu unterscheiden ist hier zwischen einem moralischen und einem legalen Recht. Wird es als legales Recht verstanden, so ist damit gemeint, daß der Staat niemanden daran hindern darf – etwa durch Strafandrohung –, eine prostitutionelle Beziehung einzugehen. Aber aus der Tatsache, daß der Staat es zuläßt, daß seine Bürger prostitutionelle Beziehungen eingehen, folgt noch nicht, daß seine Bürger auch ein moralisches Recht haben, solche Beziehungen einzugehen. In einem Rechtssystem, das einen – mehr oder weniger – strikten Unterschied zwischen Moral und Recht macht, können bestimmte unmoralische Handlungen rechtlich erlaubt sein. Die Existenz des moralischen Rechts ergibt sich also noch nicht aus derjenigen des legalen Rechts, wie auch umgekehrt übrigens die Existenz des legalen Rechts sich nicht schon aus der Existenz des moralischen Rechts ergibt.

Gehen wir von der in diesem Buch vorausgesetzten Ethik des Respekts aus, dann läßt sich behaupten, daß die Sphäre der moralischen Rechte sich so weit erstreckt wie der Respekt. Ein moralisches Recht, sich zu prostituieren, hat man nur insofern, als eine prostitutionelle Beziehung nicht schon an sich den Respekt ausschließt. Wenn also die in diesem Buch vertretene These stimmt, nämlich daß eine prostitutionelle Beziehung nicht schon an sich menschenverachtend ist, dann gibt es ein moralisches Recht, sich zu prostituieren.

Dieses eben konstruierte moralische Recht ist kein abgeleitetes Notrecht. Ein solches ließe sich nämlich auch konstruieren. Man würde dann von der Prämisse ausgehen, daß jeder Mensch ein Recht auf Handlungen hat, durch die er sein Leben erhalten kann – unter der eventuellen Voraussetzung, daß er das Leben anderer nicht gefährdet. Nun befinden sich aber einige Personen in einer Situation, in welcher die Prostitution für sie die einzige Möglichkeit ist, sich am Leben zu erhalten. Eine solche Person hätte dann ein Recht, sich *in einer Notsituation* zu prostituieren. Die Anerkennung eines solchen Notrechts führt nicht zur Anerkennung eines allgemeinen Rechts, sich zu prostituieren.

Das von uns konstruierte Recht ist unabhängig von einer solchen Notsituation. Folgendes sollte aber berücksichtigt werden: In einer Notsituation sind Menschen weitaus anfälliger für eine respektlose Behandlung. Anders gesagt: Die Existenz von Notsituationen gefährdet die Bedingungen der Ausübung des von uns konstruierten subjektiven Rechts, sich zu prostituieren. Die Ausübung dieses Rechts ist nämlich an eine Bedingung geknüpft: den

Respekt. Ich bin moralisch dazu verpflichtet, keine Handlung auszuführen, in welcher der andere mich als ein bloßes Mittel betrachtet. Diese moralische Verpflichtung kann in Notsituationen provisorisch in Klammern gesetzt werden, gilt aber ansonsten allgemein.

Wer sich prostituiert – und dies nicht aus Not tut und selbstverständlich auch nicht dazu gezwungen wird –, hat also zwar einerseits ein moralisches Recht dazu, hat aber andererseits gleichzeitig eine mit diesem Recht einhergehende Verpflichtung, und zwar
die Pflicht, Situationen zu meiden, in denen er nicht respektiert
wird.[2] Ist er auf sich selbst gestellt und läßt das Gesetz ihn im Stich,
so wird er es sicherlich schwer haben, dieser Pflicht nachzukommen. Um sich Respekt verschaffen zu können bzw. um respektiert
zu werden, braucht man manchmal, wenn nicht sogar oft, Macht.
Das Gesetz kann einem diese Macht geben. Um dies zu tun, muß
es einen aber zunächst einmal anerkennen. Im Klartext: *Nur wenn
die Prostitution legalisiert wird, besteht Hoffnung, daß die sich prostituierenden Personen die notwendige Macht erhalten, durch die sie sich
Respekt verschaffen können.*

Wie steht es mit dem Recht, die Dienste einer sich prostituierenden Person in Anspruch zu nehmen? Auch hier wird man zwischen einem legalen und einem moralischen Recht unterscheiden
müssen. Sehen wir uns letzteres an, und gehen wir auch in diesem
Fall von der Ethik des Respekts aus. Es ergibt sich dann, daß nur
derjenige ein solches moralisches Recht in Anspruch nehmen
kann, der bereit ist, die sich prostituierende Person als Menschen
zu respektieren, in ihr also nicht nur ein bloßes Mittel, sondern
auch einen Zweck an sich zu sehen. Das Recht kann also nur derjenige in Anspruch nehmen, der gleichzeitig bereit ist, die Verpflichtung zu akzeptieren. Und entgegen dem, was viele Gegner
der Prostitution behaupten, läßt sich diese Pflicht auch in einer
prostitutionellen Beziehung erfüllen.

Die Behauptung, daß es sowohl ein moralisches Recht gibt, sich
zu prostituieren, wie auch ein moralisches Recht, die Dienste einer
sich prostituierenden Person in Anspruch zu nehmen, bedeutet

---

2   Ich kann leider nicht genauer auf diesen Punkt eingehen. Es sei aber folgendes
     gesagt: Rechte verpflichten nicht nur die Rechtsadressaten, also diejenigen, gegen
     die man die Rechte geltend machen kann, sondern sie verpflichten auch den
     Rechtsträger. Dieser muß einen mit der allgemeinen Ausübung des Rechts kompa-
     tiblen individuellen Gebrauch des Rechts machen.

nicht, daß diese Rechte auch fundamentale Rechte sind, Rechte, die unter keinen Umständen eingeschränkt werden dürfen. Auch wenn es prinzipiell erlaubt sein sollte, sich zu prostituieren oder die Dienste einer sich prostituierenden Person in Anspruch zu nehmen, und auch wenn solche Handlungen prinzipiell keine Form von Menschenverachtung darstellen, kann es doch unter bestimmten Bedingungen und aus rechtspragmatischen Gründen erlaubt sein, die Ausübung dieser Rechte einzuschränken. Wenn der Gesetzgeber etwa glaubt, er könne die auf Menschenhandel und Zwang beruhende Prostitution nur dann wirksam bekämpfen, wenn er prostitutionelle Beziehungen als solche verbietet, dann ist er moralisch dazu berechtigt. Die Überlegung ist hier folgende: Ein schwächeres moralisches Recht bestimmter Personen kann durch ein stärkeres moralisches Recht anderer Personen übertrumpft werden. Das stärkere moralische Recht ist hier natürlich das Recht auf Selbstbestimmung der Opfer von Menschenhandel und Zwangsprostitution. Es wäre selbstverständlich besser, wenn man den Kampf gegen Menschenhandel und Zwangsprostitution führen könnte, ohne die Ausübung der vorhin erwähnten moralischen Rechte zu beschneiden.

Der Gesetzgeber ist zunächst dazu verpflichtet, den Kampf gegen Menschenhandel und gegen Zwangsprostitution ohne eine solche Beschneidung durchzuführen. Wo es zu einer solchen Beschneidung kommt, trägt der Gesetzgeber die Beweislast, d.h., er muß zeigen, daß er keine andere Wahl hatte.

Gleichzeitig sollte der Gesetzgeber den sich prostituierenden Personen mehr rechtliche Macht geben. Will man, daß die sich prostituierenden Personen als Menschen anerkannt werden, dann müssen sie als vollwertige Rechtssubjekte konstruiert und wahrgenommen werden. Nur wenn die Prostituierte ihren Lohn vor Gericht einklagen kann, besteht eine Hoffnung, daß die Kunden sie nicht mehr nur wie eine Ware betrachten, über die sie frei verfügen können.

Eine menschenwürdige Form der Prostitution ist nur dann möglich, wenn der Staat *sich selbst* mehr Macht im Kampf gegen Menschenhandel, Zwangsprostitution und ausbeuterische Formen der Zuhälterei gibt und wenn er den *sich prostituierenden Personen* mehr rechtliche Macht in ihrem täglichen Umgang mit den Kunden zugesteht.

Literaturverzeichnis

Addams, Jane (2002), *A new conscience and an ancient evil.* Urbana/Chicago. (Erstdruck: 1912.)

Adler, Laure (1998), *La vita quotidiana nelle case chiuse in Francia.* Milano.

Ahlemeyer, Heinrich W. (2000), *Geldgesteuerte Intimkommunikation.* Gießen.

Alexander, Priscilla (1998), ‚Prostitution: *Still* a difficult issue for feminists'. In: Delacoste, Frédérique/Alexander, Priscilla (1998).

Anthony, Catherine (1996), *La prostitution clandestine.* Paris.

Arnoux, Irma (1994), *Les droits de l'être humain sur son corps.* Bordeaux.

Authier, Christian (2002), *Le nouvel ordre sexuel.* Paris.

Badinter, Elisabeth (2002), ‚Si c'est leur choix ...'. In: Le nouvel observateur: L'Hebdo en ligne. Numéro 1972.

Balzer, Philipp/Rippe, Klaus-Peter (Hrsg.) (2000), *Philosophie und Sex.* München.

Barry, Kathleen (1984), *Female sexual slavery.* New York and London.

Barry, Kathleen (1995), *The prostitution of sexuality.* New York and London.

Barstow, Anne Llewellyn (Hrsg.) (2000), *War's dirty secrets. Rape, prostitution, and other crimes against women.* Cleveland.

Beauvoir, Simone de (1976), *Le deuxième sexe II.* Paris. (Erstdruck: 1949).

Bebel, August (1954), *Die Frau im Sozialismus.* Berlin. (Erstdruck: 1878).

Benson, Catherine/Matthews, Roger (2000), ‚Police and prostitution: Vice squads in Britain'. In: Weitzer, Ronald (2000).

Bertrand, Claude-Jean/Baron-Carvais, Annie (2001), *Introduction à la pornographie. Panorama critique.* Paris.

Bindman, Jo (1998), ‚An international perspective on slavery in the sex industry'. In: Kempadoo, Kamala/Doezema, Jo (1998).

Bologne, Jean-Claude (1997, 2. Ausgabe), *Histoire de la pudeur.* Paris.

Bonnet, Gérard (2003), *Défi à la pudeur.* Paris.

Borneman, Ernest (1994), *Sexuelle Marktwirtschaft.* Frankfurt am Main.

Bozon, Michel (2002), *Sociologie de la sexualité.* Paris.

Brock, Deborah (1998), *Making work, making trouble.* Toronto et al.

Brock, Rita N./Thistlethwaite, Susan B. (1996), *Casting stones: Prostitution and liberation in Asia and the United States.* Minneapolis.

Brundage, James A. (1990), *Law, sex, and Christian society in Medieval Europe.* Chicago and London.

Bullough Vern/Bullough, Bonnie (1993), *Women and prostitution.* Buffalo (NY).

Bullough, Vern/Brundage, James (Hrsg.) (1996), *Handbook of medieval sexuality.* New York and London.

Butler, Jennifer S. (2000), ‚Militarized prostitution. The untold story (U.S.A.)‘. In: Barstow, Anne L. (2000).

Califia, Pat (2000, 2. Ausgabe), *Public sex. The culture of radical sex.* San Francisco.

Campagna, Norbert (1998), *La pornographie, l'éthique et le droit.* Paris.

Campagna, Norbert (1999), ‚Prostitution et pornographie. Le respect sexuel doit être une priorité de vie‘. In: *Prostitution et société*, numéro 126. S. 10.

Campagna, Norbert (i.E.), ‚Immanuel Kant et la morale sexuelle‘. Luxembourg.

Chaleil, Max (2002), *Prostitution – Le désir mystifié.* Paris.

Chapkis, Wendy (1997), *Live sex acts.* New York.

Chapkis, Wendy (2000), ‚Power and control in the commercial sex trade‘. In: Weitzer, Ronald (2000).

Chauvin, Charles (1983), *Les chrétiens et la prostitution.* Paris.

Coquart, Elizabeth/Huet, Philippe (2000), *Le livre noir de la prostitution.* Paris.

Cordovana, Luigi (2002), ‚Gli atti sessuali penalmente rilevanti nella giurisprudenza‘. In: Gulotta, Guglielmo/Pezzati, Serena (2002).

Coyote/National Task Force on Prostitution. In: Delacoste, Frédérique/Alexander, Priscilla (1998).

Danielle (1982), ‚Prostitution‘. In: Mc Elroy, Wendy (1982).

Davies, Peter/Feldman, Rayah (1997), ‚Prostitute men now‘. In: Scrambler, Graham/Scrambler, Annette (1997).

Davide, Tamara di (2002), *Le radici della prostituzione.* Diegaro di Cesena.

Delacoste, Frédérique/Alexander, Priscilla (Hrsg.) (1998, 2. Ausgabe), *Sex work. Writings by women in the sex industry.* San Francisco.

Deleu, Xavier (2002), *Le consensus pornographie.* Paris.

Dessieux, Christine (1993), *La prostitution conjugale.* Paris.

Die Prostitution unter den Völkern der alten und neuen Welt, geschichtlich und staatsrechtlich gesehen (1874). Ohne Autorenangabe. Abgekürzt: PVW. Stuttgart.

Doezema, Jo (1998), ‚Forced to choose. Beyond the voluntary v. forced prostitution dichotomy'. In: Kempadoo, Kamala/Doezema, Jo (1998).

Draft statements from the 2nd World Whores' Congress. In: Delacoste, Frédérique/Alexander, Priscilla (1998).

Duché, Didier-Jacques (1994), *Histoire de l'onanisme.* Paris.

Edwards, Susan (1997), ‚The legal regulation of prostitution: a human rights issue'. In: Scrambler, Graham/Scrambler, Annette (1997).

Ekberg, Gunila (2003), ‚Prostitution is violence'. In: woxx, Nummer 712. S. 2. (woxx ist eine luxemburgische Wochenzeitschrift).

Elias, James et al. (Hrsg.) (1999), *Porn 101.* Amherst (NY).

Ericsson, Lars (1980), ‚Charges against prostitution: An attempt at a philosophical assessment'. In: *Ethics* 90: 335-366.

Faraoni, Alicia Benedetta (2002), *La maternità surrogata.* Milano.

Feige, Marcel (2003), *Das Lexikon der Prostitution.* Berlin.

Fichte, Johann Gottlieb (1979), *Grundlage des Naturrechts.* Hamburg.

Folscheid, Dominique (2002), *Sexe mécanique.* Paris.

Fondation Scelles (2001), *La prostitution face au SIDA.* Ramonville Saint-Agne.

Fondation Scelles (2002), *La prostitution adulte en Europe.* Ramonville Saint-Agne.

Fornari, Ugo (2002), ‚Sesso e morte nei serial killer'. In: Gulotta, Guglielmo/Pezzati, Serena (2002).

François, Catherine/Raes, Françoise (2001), *Paroles de prostituées.* Bruxelles.

Galen, Margarete Gräfin von (2004), *Rechtsfragen der Prostitution. Das ProstG und seine Auswirkungen.* München.

Gödtel, Reiner (1995), *Sexualität und Gewalt. Die dunklen Seiten der Lust.* Reinbek bei Hamburg.

Goldman, Alan (2000), ‚Reiner Sex'. In: Balzer, Philipp/Rippe, Klaus-Peter (2000).

Gregory, Paul (2000), ,Wider die feste Zweierbeziehung'. In: Balzer, Philipp/Rippe, Klaus-Peter (2000).

Guillebaut, Jean-Claude (1998), *La tyrannie du plaisir*. Paris.

Gulotta, Guglielmo/Pezzati, Serena (Hrsg.) (2002), *Sessualità, diritto e processo*. Milano.

Guyenot, Laurent (2000), *Le livre noir de l'industrie rose*. Paris.

Histoire de la galanterie (1980). 12 Bände. Diverse Autoren. Abgekürzt HG, gefolgt von Bandnummer und Seite. Genève.

Habib, Claude (1994), *Pensées sur la prostitution*. Paris.

Halimi, Gisèle (2002), ,Débat autour de la légalisation de la prostitution – L'esclavage sexuel, pépère et labellisé'. In: Le Devoir.com. Edition du jeudi 1er août 2002.

Hausbeck, Kathryn/Brents G., Barbara (2000), ,Inside Nevada's brothel industry'. In: Weitzer, Ronald (2000).

Herodotus (1954), *The histories*. Harmondsworth.

Hobson, Barbara Meil (1990), *Uneasy virtue*. Chicago.

Hoigard, Cecilie/Finstad, Liv (1992), *Backstreets. Prostitution, money and love*. University Park.

Holli, Anne Maria (2004), ,Towards a new prohibitionism? State feminism, women's movements and prostitution policies in Finland'. In: Outshoorn, Joyce (2004).

Hunold Günther (1980), *Hetären, Callgirls und Bordelle*. München.

Hyde, Alan (1997), *Bodies of law*. Princeton.

Ihlefeldt, Felix (2003), *Abenteuer Hure. Prostitution als heimliches Hobby*. Berlin.

Kant, Immanuel (1991), *Eine Vorlesung über Ethik*. Frankfurt am Main.

Kantola, Johanna/Squires, Judith (2004), ,Prostitution policies in Britain 1982–2202'. In: Outshoorn, Joyce (2004).

Karras, Ruth Mazo (1998), ,Prostitution in medieval Europe'. In: Bullough, Vern/Brundage, James (1996).

Karras, Ruth Mazo (1998), *Common women. Prostitution and sexuality in medieval England*. New York and Oxford.

Kempadoo, Kamala/Doezema, Jo (Hrsg.) (1998), *Global sex workers*. New York and London.

Kempadoo, Kamala, ,Introduction: Globalizing sex workers' rights'. In: Kempadoo, Kamala/Doezema, Jo (1998).

Kling, Samuel G. (1965), *Sexual behaviour and the law*. New York.

Knibiehler, Yvonne (2002), *La sexualité et l'histoire*. Paris.

Kupfer, Joseph (1995), ‚Prostitutes, musicians, and self-respect‘. In: *Journal of social philosophy.* Band 26. Nummer 3: 75–88.

Langum, David J. (1994), *Crossing over the line. Legislating morality and the Mann Act.* Chicago and London.

Larivaille, Paul (1998), *Delle cortigiane nell'Italia del Rinascimento.* Milano.

Legardinier, Claudine (2002), *La prostitution.* Toulouse.

Legardinier, Claudine (2002a), *Les trafics du sexe.* Toulouse.

Lenzen, Wolfgang (1999), *Liebe, Leben, Tod.* Stuttgart.

Lever, Janet/Dolnick, Deanne (2000), ‚Clients and call-girls: Seeking sex and intimacy‘. In: Weitzer, Ronald (2000).

Lewis, Jacqueline (2000), ‚Controlling lap dancing: Law, morality and sex work‘. In: Weitzer, Ronald (2000).

Loftus, David (2002), *Watching sex.* New York.

Lombroso, Cesare (1991), *La femme criminelle et la prostituée.* Grenoble. (Erstdruck: 1895.)

Lopez-Jones, Nina (1998), ‚Workers: Introducing the English collective of prostitutes‘. In: Delacoste, Frédérique/Alexander, Priscilla (1998).

Mc Elroy, Wendy (Hrsg.) (1982), *Freedom, feminism and the State.* Washington.

Mc Ginn, Thomas (1998), *Prostitution, sexuality and the law in Ancient Rome.* Oxford.

Mc Keganey, Neil/Barnard, Marina (1997, reprint), *Sex work on the streets.* Buckingham.

Mc Kinnon, Catharine (1989), *Toward a feminist theory of the state.* Cambridge (MA).

Maffei, Maria Clara (2002), *Tratta, prostituzione forzata e diritto internazionale.* Milano.

Marzano-Parisoli, Maria Michela (2002), *Penser le corps.* Paris.

Mathieu, Lilian (2001), *Mobilisations de prostituées.* Paris.

Monet, Veronica (1999), ‚What is feminist porn?‘ In: Elias, James et al. (1999)

Montgomery, Heather (1998), ‚Children, prostitution and identity‘. In: Kempadoo, Kamala/Doezema, Jo (1998).

Monto, Martin A. (2000), ‚Why men seek out prostitutes‘. In: Weitzer, Ronald (2000).

Moon, Katharine (2000), *Sex among allies: Military prostitution in U.S.-Korea relations.* New York.

Murray, Alison (1998), ‚Debt-bondage and trafficking‘. In: Kempadoo, Kamala/Doezema, Jo (1998).

Nagl-Docekal, Herta/Pauer-Studer, Herlinde (Hrsg.) (1993), *Jenseits der Geschlechtermoral.* Frankfurt am Main.

Nissen, Henry W. (1951), ,Social behavior in animals'. In: Stone, Calvin (1951).

Nor, Malika (2001), *La prostitution.* Paris.

Nussbaum, Martha C. (2000), *Sex and social justice.* Oxford.

O'Connell Davidson, Julia (1998), *Prostitution, power and freedom.* Cambridge.

Ogien, Ruwen (2003), *Penser la pornographie.* Paris.

O'Neill, Maggie (2001), *Prostitution and feminism.* Cambridge.

O'Neill, Maggie/Barberet, Rosemary (2000), ,Victimization and the social organization of prostitution in England and Spain'. In: Weitzer, Ronald (2000).

O'Neill, Onora (1993), ,Einverständnis und Verletzbarkeit: Eine Neubewertung von Kants Begriff der Achtung für Personen'. In: Nagl-Docekal, Herta/Pauer-Studer, Herlinde (1993).

Oraison, Marc (1979), *La prostitution ... et alors?* Paris.

Outshoorn, Joyce (Hrsg.) (2004), *The politics of prostitution.* Cambridge.

Outshoorn, Joyce (2004a), ,Voluntary and forced prostitution: the „realistic approach" of the Netherlands'. In: Outshoorn, Joyce (2004).

Ouvrard, Lucile (2000), *La prostitution. Analyse juridique et choix de politique criminelle.* Paris.

Ovidie (2002), *Porno manifesto.* Paris.

Parent-Duchâtelet, Alexandre (1981), *La prostitution à Paris au XIXe siècle.* Paris. (Erstdruck: 1836.)

Pateman, Carole (1983), ,Defending prostitution: Charges against Ericsson'. In: *Ethics* 93: 561–565.

Pateman, Carole (1995, reprint), *The sexual contract.* Cambridge.

Paul, Christa (1994), *Zwangsprostitution.* Berlin.

Pheterson, Gail (1998), ,The social consequences of unchastity'. In: Delacoste, Frédérique/Alexander, Priscilla (1998).

Pheterson, Gail (2001), *Le prisme de la prostitution.* Paris.

Phoenix, Joanna (2001), *Making sense of prostitution.* Houndsmill.

Pierrat, Emmanuel (1996), *Le sexe et la loi.* O.O.

Plant, Martin (1997), ,Alcohol, drugs and social milieu'. In: Scrambler, Graham/Scrambler, Annette (1997).

Posner, Richard A. (1998), *Sex and reason.* Cambridge (MA).

Pryen, Stéphanie (1999), *Stigmate et métier.* Rennes.

Py, Bruno (1999), *Le sexe et le droit.* Paris.

Radin, Margaret J. (1996), *Contested commodities.* Cambridge (MA).

Rich, Grant Jewell/Guidroz, Kathleen (2000), ‚Smart girls who like sex: Telephone sex workers'. In: Weitzer, Ronald (2000).

Riecker, Joachim (1995), *Ware Lust.* Frankfurt am Main.

Robert, Jean-Noël (1998), *Eros romain.* Paris.

Rössler, Beate (2001), *Der Wert des Privaten.* Frankfurt am Main.

Rotter, Ekkehart/Rotter, Gernot (2002), *Geschichte der Lust.* Düsseldorf.

Russell, Bertrand (2001), *Marriage and morals.* London. (Erstdruck: 1929)

Sapio, Roberta (1999), *Prostituzione. Dal diritto ai diritti.* Milano.

Satz, Debra (1995), ‚Markets in women's sexual labor'. In: *Ethics* 106: 107–131.

Sauer, Birgit (2004), ‚Taxes, rights and regimentation: discourses on prostitution in Austria'. In: Outshoorn, Joyce (2004).

Schmidt, Dieter (Hrsg.) (1996), *Gebuchte Lust.* Leipzig.

Schmidt, Michael (1997), *Das Hurenhaus.* Rostock.

Schmitter, Romina (2004), *Prostitution – Das älteste Gewerbe der Welt?* Oldenburg.

Schmölzer, Hilde (1993), *Ehe, Liebe und Prostitution im Patriarchat.* Bad Sauerbrunn.

Schwarzenbach, Sibyl (2000), ‚Prostitution und der Besitz des eigenen Körpers'. In: Balzer, Philipp/Rippe, Klaus-Peter (2000).

Scrambler, Graham/Scrambler, Annette (Hrsg.) (1997), *Rethinking prostitution.* London.

Scruton, Roger (1994), *Sexual desire. A philosophical investigation.* London.

Shrage, Laurie (1994), *Moral dilemmas of feminism.* New York and London.

Soble, Alan (2002), *Pornography, sex and feminism.* Amherst.

Solé, Jacques (1993), *L'âge d'or de la prostitution. De 1870 à nos jours.* Paris.

Solomon, Robert C. (2000), ‚Sexuelle Paradigmen'. In: Balzer, Philipp/Rippe, Klaus-Peter (2000).

Sullivan, Barbara (2004), ‚The women's movement and prostitution politics in Australia'. In: Outshoorn, Joyce (2004).

Svanström, Yvonne (2004), ‚Criminalising the john – a Swedish gender model?' In: Outshoorn, Joyce (2004).

Trebilock, Michael J. (1997), *The limits of freedom of contract*. Cambridge (MA).

Tremmel, Jörg (1994), *Sweet little sixteen. Jugend und Sexualmoral.* Frankfurt am Main.

Vigarello, Georges (1998), *Histoire du viol.* Paris.

Vincineau, Michel (1985), *La débauche en droit et le droit à la débauche.* Bruxelles.

Waal, Frans de/Lanting, Frans (1997), *Bonobo. The forgotten ape.* Berkeley.

Walkowitz, Judith R. (1999, reprint), *Prostitution and Victorian society.* Cambridge.

Washburn, Josia (1998), *The Underworld Sewer. A prostitute reflects on life in the trade 1871–1909.* Lincoln and London. (Erstdruck: 1909.)

Watenabe, Satoko (1998), ,From Thailand to Japan'. In: Kempadoo, Kamala/Doezema, Jo (1998.)

Weitzer, Ronald (Hrsg.) (2000), *Sex for sale.* New York.

Weitzer, Ronald (2000a), ,Why we need more research on sex work'. In: Weitzer, Ronald (2000).

Weitzer, Ronald (2000b), ,The politics of prostitution in America'. In: Weitzer, Ronald (2000).

Welzer-Lang, Daniel/Barbosa, Odette/Mathieu, Lilian (1994), *Prostitution: les uns, les unes et les autres.* Paris.

West, Donald J./de Villiers, Buzz (1993), *Male prostitution.* New York et al.

West, Rachel (1998), ,US Prostitutes Collective'. In: Delacoste, Frédérique/Alexander, Priscilla (1998).

Wittgenstein, Ludwig (1982, 3. Auflage), *Philosophische Untersuchungen.* Frankfurt am Main.

Wynter, Sarah (1998), ,Whisper: Women hurt in systems of prostitution engaged in revolt'. In: Delacoste, Frédérique/Alexander, Priscilla (1998).

Personenregister